KB150038

최종길 저

전후 일본의 사상운동과

식민지 지배책임

ART 아토앤피플

세계		한국		일본		중국	
파리선언	1856						
제네바협정	1868						
베를린회의 일반의정서 (~1985)	1884			1885	청 · 일텐진조약		
부뤼셀 조약	1890	동학농민봉기 (청 · 일전쟁)	1894				
		대한제국 선포	1897				
		러 · 일전쟁	1904				
		을사조약	1905				
		통감부설치	1906				
헤이그육전규칙	1907	한일합병	1910			1911	신해혁명
1차 세계대전	1914						
1차 세계대전 종결	1918						
파리강화회의 (베르사이유조약 체결)	1919	3 · 1 운동	1919			1919	5 · 4운동
				1922	일본공산당 창당 야마카와 방향전환론		
제네바의정서	1925					1924	1차 국공합(~1927)
						1926	북벌시작
				1927	산통출병	1927	장제스난징정부수립
				1928	장쭤린폭발사건 3 · 15 공산당 탄압 나프 조직(3월)		
				1929	4 · 16 공산당 탄압 나루프 조직(1월)		
				1931	만주사변 코프 결성(11월)	1931	1차 상해사변
				1932	정치와 문학논쟁(~1934)		
				1933	사노 · 나베야마 전향		
				1934	작가동맹 해산(2월)		
이탈리아, 에티오피아 식민지화	1936						
				1937	중 · 일전쟁 인민전선 사건 『국체의 본위』 출판	1937	2차 상해사변 2차 국공합(~1945) 난징학살(~1938)
독일 폴란드 침략	1939	국가총동원령	1938				
독일 소련 침공	1941	국민징용령실시	1939	1941	태평양 전쟁		

세계		한국		일본		중국	
전쟁범죄처벌에 관한 선언	1942			1942	다케우치 「대동아전쟁과 우리들의 결의」 발표 (1월) 「대동아문학자 대회에 대하여」 발표(11월)		
카이로회담(11월) 모스크바선언(11월)	1943			1943	『국사개설』 출판		
		징병제 실시	1944				
얄타회담(2월) 포츠담회담(7월) 뉘른베르크재판(11월) 모스크바외상회의(12월)	1945	해방	1945	1945	국사편수원(8월) 일본패전(8월) 문부성 「국사교육의방침」 발표(9월) 일본공산당 「인민에게 고함」 발표(10월) 정치범 석방(10월) 일본공산당 제4회 당대회 (12월) 일본사연구회 창립(11월)		
				1946	천황 인간선언(1월) 「근대문학」 창간(1월) 국사편수원 폐지(1월) 「나라의 발자취」 발간(1월) 일본공산당 노사카이론 채택(2월) 「신일본문학」 창간(3월) 이시모다 『중세적 세계의 형성』 발간(3월) 도쿄재판(5월) 민주주의과학자협의회 결성(5월) 식량 메이데이 사건(5월) 일본국헌법 공표(11월) 다케우치 「각서」발표		
				1947	2 · 1총파업 좌절 사회당내각 설립(4월)		
제노사이드조약	1948	대한민국정부 수립	1948	1948	일본공산당 민주민족전선 전술 채택(2월) 요시다보수내각 탄생(10월) 진힉련 결성 정령201호 (공무원파업금지령. 7월) 쇼와전공사건(6월)		
				1949	보수당 중의원선거 압승(1월) 3대 의혹사건(7월~9월)	1949	중국인민공화국수립
		한국전쟁	1950	1950	공직추방해제		

세계		한국		일본	중국
				코민포른 일본공산당 비판. 「일본의 정세에 대하여」(1월) 일본공산당 「소감」 제출 (1월) 미군병사 폭행사건(5월) 『아카하타』 발행금지 일본공산당 무장투쟁선언 (10월)	
		한일예비회담	1951	1951 샌프란시스코강화조약 (9월) 미일안전보장조약 체결 (9월) 일본공산당 민족해방민주혁명론 채택(8월)	
		제1차 한일회담	1952	1952 일본주권회복(4월) 피의 메이데이(5월)	
				1955 자민당 결성 일본공산당 6전협. 무장투쟁에 대한 자기비판	
				1959 「공동연구 전향」 출판(~1962)	
				1960 미·일신안보조약체결	
		한일협정체결	1965	1965 베트남 전쟁	
				1968 전공투 결성	
					1972 중·일 공동성명
				1982 일본역사교과서문제 발생	
				1983 도쿄재판국제심포지움	
				1985 나카소네수상 야스쿠니신사 참배	
소련해체	1989				
		일본군 '위안부' 수요집회 시작(1월)	1992		
아부자 선언	1993	김복동 위안부 증언 (8월)			
				2000 일본군 성노예 전범 여성국제법정	
더반회의	2001				
더반리뷰회의	2009				
더반Ⅲ	2011	평화의 소녀상 설치 (12월)	2011		
		대법원 강제징용 배상 판결	2018		

머리말

이 책을 내면서 두 가지 하고 싶은 이야기가 있다. 하나는 자신의 시각과 언어로 일본을 연구하는 것이고, 다른 하나는 해방 이후 한일관계를 규정하고 있는 '65년 체제'에서 탈피하여 새로운 한일관계를 재구축하자는 것이다.

먼저 첫 번째 주제에 대하여 간략하게 언급한다. 식민지 시기에 한국인들은 일본으로 유학하여 서양과 일본에 대하여 많은 것들을 배워서 돌아왔다. 귀국 이후 이들 가운데 다수가 일본전문가로서 대학과 정부기관에서 활동하였다. 그러나 해방 직후부터 1965년 한일협정을 통해서 한일관계가 정상화되기까지 공식적인 절차를 통해 일본으로 유학하는 것은 거의 불가능에 가까웠다. 그 사이 한국내의 일본연구는 불모지나 다름없었으며, 그나마 미미하게 이어진 연구는 식민지 지식인들에 의해 이어졌다.

그 이후 한국의 일본연구 전문가 집단은 다음과 같은 과정을 거쳐 형성되었다. 1980년 교육개혁조치의 일환으로 실시된 졸업정원제로 인하여 대학이 팽창하였다. 한국에서 일본관련 학과들은 몇 개의 대학을 제외하고는 대체로 이 때 신설되었다. 신설된 학과에 전임교수로 부임한 이들은 대부분 1970년대 말에 일본 혹은 국내 대학에서 박사과정에 재학 중이던 연구자들이다. 이들이 전후 일본연구 1세대라고 할 수 있다. 2세대는 이들에게 배우고 이후에 일본에 유학하여 박사학위를 받고 1990년대부터 귀국하기 시작한 연구자들이라고 할 수 있다. 특히 2세대 연구자들은 1989년에 실시된 해외여행 자유화로 인하여 좀 더 쉽게 유학을 갈 수 있는 상황에 있었다. 이로 인하여 2세대 집단에는 일본유학을 경험한 연구자들이 대거 등장하였다. 3세대 연구자들은 일본유학파 교수들에게서 배운 이후 일본에 유학하여 공부한 연구자들로 아직은 소수라고 할 수 있다. 이렇게 보면 현재 한국에서 중심적인 일본연구 전문가 집단은 2세대 연구자들이라고 할 수 있다. 필자 역시 2세대 집단에 속한다.

2세대 연구자들은 일본에서 유학하여 자신의 전공분야에서 만큼은 일본인 연구자들과 거의 동일한 정도로까지 연구수준을 끌어올렸다. 한국이나 일본에서 단행본으로 출판된 이들의 박사학위 논문의 내용은 일본에서 출판된 일본인 연구자들의 수준과 비교하여 결코 뒤떨어지지 않는다. 이렇게 보면, 일본을 제외한 각국의 일본연구 수준에서 현재의 한국은 단연 최상위 등급에 속한다. 단, 문제는 귀국 이후 이들의 연구가 일본에서 박사학위를 받은 수준과 범위에 머물러 있다는 점이다. 귀국 이후 연구의 범위를 넓히고, 깊이를 더하여 자신이 발 딛고 있는 연구의 토대를 확고히 하여 자신의 시각과 자신의 언어로 발신하는 보다 심화된 연구는 여전히 미미하다. 이러한 사실은 이들의 박사학위 논문과 그 이후에 출판된 저서들을 비교하면 명확하게 확인할 수 있다. 즉, 2세대 연구자들은 여전히 일본에서 박사학위를 받을 당시의 연구시각과 관심범위에서 연구를 재생산하고 있다. 이것은 일본인들이 진행하는 일본연구의 시각과 관심범위를 벗어나지 못하고 그들의 자장 안에 갇혀있다는 사실을 나타낸다. 한국내의 일본연구는 이제 한국의 시각과 관심범위에서 자신들의 언어로 발신해야 한다.

다음으로 두 번째 주제에 대하여 언급한다. 두 번째 주제는 첫 번째 주제에 내포된 문제의식을 구체화한 것이기도 하다. 최근 한일관계는 해방이후 최악이라고 할 만큼 악화되고 있다. 다수의 논자들은 이러한 상황악화의 배경으로 흔히 한일 간의 과거사 문제 특히 일본군 '위안부' 문제와 2018년 10월 한국 대법원 판결을 지적한다. 그러나 필자는 보다 장기 지속적으로 다양한 분야에서 한일 간 국력의 차이가 좁혀진 사실을 지적하고 싶다. 즉, 한일회담이 체결될 1965년에 비하여 2022년 현재 양국의 힘의 차이는 매우 줄어들었다. 물론 여전히 일본이 종합적으로 한국보다 힘의 우위를 점하고 있는 것은 사실이지만, 그렇다고 한국이 자신의 목소리를 내지 못할 만큼 열세에 있는 것은 결코 아니다. 즉, 한국이 성장한 만큼 자신의 목소리를 내는 것이다. 이러한 한국의 목소리는 지금까지 일본의 주장과 궤를 달리하는 것이기 때문에 갈등을 낳고 있다. 이러한 상황은 앞으로 더욱 확대될 것으로 판단된다. 따라서 필자는 한일 간의 갈등은 한동안 더욱 확대될 것으로 전망한다.

일본군 '위안부' 문제에 대하여 한국 측은 1965년에 체결된 한일협정에서 논의되지 않은 사항인 만큼 일본정부에 배·보상의 책임이 있다고 주장하는 반면, 일본 측은 일본군 '위안부' 문제 역시 폭넓게 한일협정의 대상에 포함된 만큼 새로운 배·보상의 책임은 없다고 주장한다. 이러한 대립 상황 속에서 2018년 10월 한국의 대법원은 '한일협정은 식민지 지배와 관련하여 한일 간에 배·보상 문제를 논의한 것이 아니'며, 혹시라도 식민지 지배와 관련한 문제를 논의했다고 하더라도 '불법행위에 의해 발생한 문제는 청구권협정의 대상이 아니'라고 확인하였다.

판결에 대한 찬반문제와는 별도로 이 판결이 대법원의 판결인 만큼 법률적으로는 최종적인 판단이며 이를 받아들여 후속조치를 취하지 않으면 안 되는 현실이 존재한다. 이러한 대법원의 판단은 1951년 9월에 조인된 샌프란시스코 강화조약과 그 후속조치로 진행된 1965년 한일 협정의 틀을 넘어서서 새로운 시각에서 한일관계를 재설정할 것을 요구한 것이라고 할 수 있다. 즉, 이 판결은 한일회담이 일본의 식민지 지배 책임을 명확하게 논하지 않은 상태에서 진행된 만큼 지금부터라도 일본의 식민지 지배책임을 명확하게 논의해야 한다는 과제를 제기한 것이라 할 수 있다. 그리고 그 논의의 기본적인 시각은 제국주의 국가의 식민지 지배는 인류 보편적 가치에 위배되는 것이며, 식민지 지배의 최종적인 형태로 나타난 전쟁과 여기에 동원된 각종의 정책과 그 결과는 한두 가지의 국가 간 협상으로 종결되는 것이 아니라 장기지속적인 청산대상이라고 판단한 것이다.

역사학의 입장에서 이러한 문제를 수용한다면, 이는 식민지 역사의 재검토로 이어진다. 즉, 지금까지 한국사회에서 강조해온 식민지 지배의 부당성이나 참혹한 실상에 대한 고발이란 시각을 넘어서야 한다는 점이다. 바꾸어 말하면, 식민지 지배의 다양한 실상은 인류 보편적 가치와 상치되며, 나아가 식민지 지배와 그 연장선상에서 일어난 전쟁동원에 직간접적으로 관련된 모든 정책과 법률은 구조적으로 정상적인 법 상식에서 벗어나 있다는 사실을 규명할 수 있는 형태로 연구를 진척시켜야한다는 것이다. 연구가 이렇게 진행되었을 때 일본이 주장하는 것처럼 자신들의 식민지 지배는 당시의 실정법에 기초하여 실시된 합법적 조치로 전혀 위법적인 상황이 없었던 만큼 자신들이 져야할 법적 책임은 없다는 논리를 극복할 수 있다. 이러한 연구를 위한 선행조건이 '식민지 지배책임론'의 정립이다. 이 책은 위의 두 가지 목적을 위해 집필된 것이다.

이러한 두 가지 목적을 달성하기 위하여 이 책에서는 전후 일본의 진보진영이 진척시켜온 전쟁책임론을 한국의 입장에서 비판적으로 재론한다. 특히 이 주제는 조금만 더 논의 구조를 확대시키면 자연스럽게 식민지 지배책임으로 이어질 수 있는 것이었다. 그럼에도 불구하고 일본의 진보진영이 논의구조를 확대하지 못한 원인을 3개의 층위로 나누어 분석하고 있다. 본문에서 논하는 3개의 층위와 관련하여 일본의 진보진영에 주목하는 이유는 그들은 여전히 한국이 연대해야할 대상이며 일본의 개혁을 담당할 중심적인 세력이라고 믿기 때문이다. 이와는 정반대의 위치에 있는 일본 우익의 전쟁책임론이나 식민지 지배책임에 대해서는 논외로 한다. 이들 우익과의 논쟁은 생산적인 결과물을 낳을 가능성이 없을 뿐만 아니라 진보진영이 경계해야할 내셔널리즘의 함정에 빠지기 쉽기 때문이다. 특히 후자의 관점에 관해서는 이 책의 1부에서 살펴본 전후 일본 진보진영의 사상운동이 어떻게 내셔널리즘으로 수렴되었는지를 참조하기 바란다.

사실 위와 같은 시각에 입각한 연구는 처음부터 기획된 것은 아니고 전향문제를 다루면서 조금씩 문제의식과 연구 과제를 확장시킨 결과물이다. 필자는 박사학위 논문의 후속작업으로 진보진영의 전향문제 즉, 전쟁협력에 관한 문제를 다루었다. 이러한 주제를 다루면서 새롭게 눈에 들어온 사실은 왜 그들은 전쟁협력의 문제를 1931년에서 45년까지로 한정하여 다루고 있을까라는 의문이었다. 만주사변부터 이어진 전쟁이 일본의 식민지 지배의 연장선상에서 일어난 것이며, 세계사적으로도 식민지 지배와 관련한 제국주의 국가 상호간의 갈등으로 일어난 것이라면, 일본의 우익은 차치하더라도 일본의 진보진영이 진척시켜온 전쟁책임론은 자연스럽게 자신들의 식민지 지배책임으로 논의구조를 확대해야함에도 불구하고 그렇게 하지 못했다. 전향, 전쟁협력, 전쟁책임에 대한 연구와 관련하여 패전 직후 일본의 진보진영이 추진한 사상운동을 추적하면서 여기에 대한 필자 나름대로의 답을 얻어가는 과정이 이 책에 게재한 논문들이다. 각각의 논문은 여러 프로젝트를 수행하는 과정에서 각 프로젝트와 자신의 연구주제를 합치시키면서 진행해온 결과물이기도 하다. 그러한 측면에서 이 책은 먼 길을 돌아온 결과물이다.

먼 길을 돌아다녀야 하는 상황 때문에 두 분의 은사님에게 자주 연락드리지 못해 죄송할 따름이다. 학위 논문의 지도교수였던 치모토 히데키千本秀樹 교수님, 학부과정에서 연구자로 성장할 수 있도록 많은 가르침을 주신 백승대 교수님, 두 분의 은사님에게 이 책을 드리면서 연구자로 조금씩 성장하고 있는 모습을 보여드리고 감사한 마음을 전한다. 그리고 긴 시간 옆에서 지켜봐준 사랑하는 아내 윤주와 아들 성윤이에게도 고마움을 전한다. 마지막으로, 이 책이 연구자로서 마지막 저서가 되지 않기를 희망한다.

목차

서장

'식민지 지배책임론'을
제기하며

1. 서론

한중일 동아시아 3국의 관계를 미래지향적으로 설계하고 인류 보편적 가치에 기초하여 화해와 공존의 가능성을 넓히기 위해서는 19세기 이후 3국의 과거사를 재논의하고 정리할 필요가 있다. 물론 재논의와 정리의 기준은 인류 보편적 가치 구현을 통한 3국의 화해와 공존이어야 한다. 이러한 목적을 달성하기 위해서는 한국과 중국에 대한 일본의 식민지[1] 지배 책임 문제를 3국의 공통 이슈로 다룰 필요가 있다.

일본은 1965년에 체결된 한일협정에서 식민지 지배를 포함하여 한일 간에 발생한 과거사문제는 모두 청산되었다고 주장하고 있다. 특히 일본은 식민지 지배는 당시의 실정법에 기초하여 실시된 합법적 조치로 전혀 위법적 상황이 없었던 만큼 자신들이 져야할 법적 책임은 없다는 논리를 전개하고 있다. 일본이 이러한 역사인식에 서있는 이상 현재 동아시아 3국의 갈등을 유발하고 있는 근원인 식민지 지배와 관련된 문제를 해결할 수는 없다. 이러한 동아시아의 정치 상황을 근본적으로 변경하기 위해서는 식민지 지배 그 자체가 인류의 보

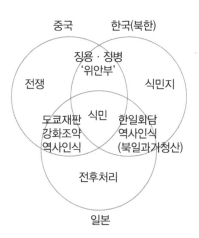

〈그림1〉 한중일 3국의 과거사 관련문제

---

1) 일본이 한국과 타이완을 완전한 식민지로 지배한 것은 역사적인 사실이나 중국에 대해서는 이렇게 단정할 수 없다. 대체적으로 중국에 대한 일본의 지배는 반식민지 혹은 전쟁 상황으로 정의할 수 있다. 특히 중국과 일본의 관계를 전쟁 상황으로 본다면 '전쟁책임'이라는 용어가 더 적절하다. 따라서 본문에서 사용하는 '식민지 지배'란 표현은 중국의 당시 상황과는 어울리지 않는다. 본문에서 중국과 관련하여 사용된 '식민지 지배'란 표현은 19세기 동아시아 상황에 대한 문제제기와 이를 표현하는 용어로 사용하였다.

편적 가치에 위배되는 것임을 제기하고 여기서 발생하는 모든 문제에 대한 책임여부를 묻는 담론 구조를 창출할 필요가 있다. 즉, 전쟁책임론에서 '식민지 지배책임론'으로의 전환이다. 이러한 담론구조를 도식화하면 〈그림1〉과 같다.

즉, 한중일의 관계에서 식민지 지배책임을 3국의 공통분모로 하면, 한국과 일본 사이에서 일본의 전후처리와 연동되어 진행된 한일회담은 본질적으로 식민지 지배책임을 명확하게 논하지 않은 상태에서 진행되었기 때문에 한일회담 그 자체는 재론되어야 하며 북한과 일본 사이에는 여전히 과거사 청산이 미해결의 과제로 남아있다는 사실을 확인할 수 있다. 나아가 한국과 중국에게 인류 보편적 가치에 위배된 일본의 징용이나 징병과 관련된 행위 그리고 일본군 '위안부' 문제는 여전히 미해결의 현안으로 존재한다는 사실을 지적할 수 있다. 따라서 3국 사이의 역사인식 문제는 식민지 지배책임을 논하는 키워드임을 확인할 수 있다.

이러한 문제제기는 몇 가지 측면에서 유의미하다. 첫째, 일본의 우파들이 도쿄재판을 민주주의로 위장한 승리한 제국주의 국가들의 재판이라는 이유로 이를 부정한다고 하더라도 식민지 침략과 지배 과정에서 발생한 책임은 도쿄재판에서 논의되지 않은 만큼 도쿄재판 부정을 통해 노리는 목적을 완전하게 달성할 수 없다는 점을 명확히 할 수 있다. 즉, 도쿄재판은 1928년부터 45년 사이 특히 1931년 만주사변 이후부터 진행된 전쟁에 관련된 문제만을 취급한 만큼 일본의 우익들이 도쿄재판을 부정한다고 하더라도 일본은 식민지 침략과 지배 과정에서 발생한 책임에서 벗어날 수 없다는 것이다. 나아가 식민지 지배과정에서 발생한 문제는 한일 간 또는 중일 간에 존재하는 지엽적인 문제가 아니라 인류 보편적인 문제로 이는 세계사적 과제이며 지구상에 존재하는 모든 국가와 인간들의 공통적인 문제임을 제기하여 일본이 이를 진지하게 검토하지 않고서는 자신들의 미래 역시 불투명하다는 점을 강조할 수 있다.

둘째, 이렇게 시각을 변화시킨다면, 일본이 매번 주장하고 있는 1965년 한일회담으로 양국 간의 과거사 문제는 해결되었다고 하는 논리 역시 그 근거를 상실하게 된다. 즉, 한일회담이 포괄하지 못한 인류 보편적 가치와 관련된 문제를 다시금 논의해야 하는 과제가 재차 부상한다. 예를 들면, 일본군 '위안부' 문제, 강제동원 등 전쟁과정에서 벌어진 문제뿐만 아니라 식민지 침략과 지배 과정에서 발생한 문화, 전통, 가치의식의 파괴에 대한 책임문제는 여전히 현재진행형으로 남아 있게 된다. 특히 식민지 침략의 연장선상에 있는 일본군의 동학농민 대량 학살과 1937-38년 사이에 중국의 난징南京에서 일본군이 자행한 학살은 헤이그 육전규칙 등에도 위반되는 전쟁범죄에 속하며, 3·1운동 진압과정에서 발생한 제암리堤岩里 집단 사살은 제노사이드에 해당한다고 할 수 있다. 이것은 인도에 반하는 죄에 속한다.

이러한 문제의식에 입각하여 서장에서는 현대사에 대한 통설을 재검토하고, 2차 세계대전의 전후처리 가운데 하나인 도쿄재판의 문제점을 점검한다. 이러한 작업을 통해 일본에서 진행된 전쟁책임론이 가지는 다양한 문제점을 지적하고 기존의 논의를 식민지 지배책임론으로 변경할 것을 제안한다. 물론 이러한 논의 변경은 제국주의 국가들이 행한 식민지 지배 그 자체를 부정하고 이들이 행한 식민지 지배는 인류 보편적 가치에 반하는 것임을 선언하는 작업이기도 하다. 이러한 작업은 일국사적인 한계를 넘어서서 인류 보편적 가치에 입각하여 동아시아의 역사화해를 실현하기 위한 노력이기도 하다.

2. 현대사에 대한 재론

서양사의 시대구분 기준으로 본다면 현대사의 시작은 대체적으로 1차 세계대전 전후이다. 그러나 동아시아 3국의 역사적 기준으로 본다면 현대사의 시작은 대체로 1945년 8월 이후이다. 즉, 동아시아 역사에 있어 현대사의 시작은 근대 이후 지속되어 온 식민지 지배/피지배 관계의 파기에서 출발한다. 따라서 동아시아 3국의 관계를 미래지향적으로 재고하기 위해서 우리들은 현대사에 대한 재론을 필요로 한다. 이러한 목적으로 현대사를 재론하는 만큼 여기서 지칭하는 현대사는 동아시아 3국과 관련해서는 대체적으로 1945년 8월 이후 혹은 2차 세계대전까지도 포함하는 범위로 설정한다. 그러나 문맥에 따라서 서양의 상황을 논의할 경우 1차 세계대전까지도 포함한다.

큰 틀에서 현대사에 대한 통설적 설명은 1차 세계대전은 제국주의 전쟁이었다고 기술하고 있으나 2차 세계대전에 대한 서술 방식은 이와는 다르다. 즉, 2차 세계대전은 전쟁을 일으킨 파시즘의 이탈리아, 나치즘의 독일, 군국주의 일본이라는 반이성적이고 인류 보편적 가치에 위배되는 추축국과 민주주의를 지향하는 미국, 영국, 프랑스가 중심이 되어 인류 보편적 가치인 민주주의를 지키기 위하여 전쟁을 치른 것이라고 서술하는 것이 일반적이다. 2차 세계대전 종료 이후 민주주의를 지향한 미국 중심의 연합국에 의해 진행된 뉘른베르크 재판과 도쿄재판은 이러한 보편적 가치가 승리했다는 점을 증명하는 것이라고 설명한다. 과연 2차 세계대전은 독재국가와 민주국가 사이의 전쟁이었던가. 필자는 이제 이러한 역사 인식이 사실에 부합하는지 재론할 시점에 들어섰다고 본다.

대체적으로 역사가들은 1차 세계대전은 제국주의 국가들이 영토 확장의 방법으로 식민지를 확대하기 위해 지구상의 여러 곳에서 경쟁을 격화시켜가는 과정에서 발생한 제1세계 국가들 간의 제국주의 전쟁, 즉 식민지 확대 쟁탈 전쟁이었다고 정의한다. 그리고 여기에 대하여 역사가들은 대체적으로 동의한다. 위르겐 오스터함멜은 이를 간결하게 "'제국주의 시기'는 1914년에 종료되었다"[2]고 표현하였다. 필자는 이 표현을 1차 세계대전을 전후하여 세계 각 지역에서 영토분할이 거의 완성되었다는 것으로 이해한다. 왜냐하면, 1차 세계대전 발발의 원인과 참혹함이 제국주의 국가 간에 일어난 식민지 확대 때문이었다고 파악한 전승국은 독일의 모든 해외 식민지 포기와 1차 대전을 끝으로 더 이상 식민지 확대를 위한 행동을 금지하는 내용을 베르사유 조약에 첨가하였기 때문이다.

위르겐은 같은 책에서 "식민지 세계의 확장은 세계사적으로 볼 때 1920년대에 정점에 이르렀다. 식민주의의 확장은……1차 대전 이후에도 계속되고……식민주의 체제의 종식이란 상상조차 할 수 없는 일이었다"[3]고 주장하였다. 그의 주장처럼 1차 세계대전이라는 미증유의 전쟁을 치른 강대국들은 중간 휴식기를 거치면서도 자국의 이해관계를 관철시키기 위한 경쟁을 지속하고 있었다. 이러한 경쟁을 제국주의로 부를 것인지 아니면 식민주의로 부를 것인지에 대한 논의는 우선 접어둔다. 분명한 사실은 세계사의 통상적인 서술과는 달리 1차 세계대전 이후에도 여전히 제국주의 국가들의 식민지는 존재했으며 일본에 의한 새로운 식민지(만주, 동

---

2) 위르겐 오스트함멜 저, 이유재 · 박은영 옮김, 「식민주의」, 역사비평사, 2006, 62쪽. 그는 이 책에서 제국주의와 식민주의를 분리하여 고찰하는 문제의식과 방법론에 입각해있다. 따라서 문제는 제국주의와 식민지와의 관계설정을 어떻게 이해하고 재평가할 것인가이다. 그는 제국주의를 초식민지적 제국의 건설과 유지를 위한 모든 노력과 활동을 포괄하는 세계정책이라 정의한다. 그리고 그는 식민화는 영토 점령의 한 과정으로, 식민지주의는 하나의 지배관계를 지칭하는 것으로 정의한다.

3) 위의 책, 64쪽.

남아시아) 건설도 이루어졌다. 2차 세계대전의 과정에서 독일이 폴란드를 침공한 것 역시 새로운 지배지역의 확대이다. 1937년 11월 5일 히틀러는 베를린에 있는 총통관저에서 군과 외교의 수뇌를 모아놓고 진행한 회의에서 "좁은 국토에 밀집된 8,500만 명의 독일인에게 그 생존과 발전을 위해 필요한 식료와 원료를 조달할 '생존권Lebensraum' 획득이 급선무임을 강조"하고 영국과 프랑스가 방해하겠지만 "독일의 군사력이 우세를 점하고 있는 동안 이를 실행해야 한다고 하면서 그 시기를 1943년–45년 이전"[4]으로 정했다. 즉, 히틀러의 전쟁 목적은 "동방식민제국의 수립구상과 이를 위한 일종의 예방전쟁"으로 "동유럽에서 소련에 이르는 광대한 지역을 독일민족의 생존권을 위해 획득하는 것"[5]이었다. 이탈리아는 1936년에 에티오피아를 식민지로 삼았다. 1차 세계대전 이후에도 제국주국가들 간의 경쟁과 팽창은 계속되었으며 그 과정에서 갈등이 고조되고 충돌하여 세계전쟁으로 확대된 것이 2차 세계대전이라고 할 수 있다.

일본의 정치가 코노에 후미마로近衛文麿는 1차 세계대전이 끝나고 전승국 중심의 국제질서가 완성된 1918년에 잡지『일본 및 일본인日本及日本人』에 발표한 논문「영미 본위의 평화주의를 비판한다英米本位の平和主義を排す」에서 1차 세계대전 후의 국제정세를 다음과 같이 평가한다.

평화주의란 가진 나라인 영미의 현상유지 희망에서 나온 것이며 정의 인도人道와는 관계없다. 독일과 같이 가지지 못한 나라 일본이 영미 본위의 평화주의를 택하는 것은 오류이며 자기 존생의 필요상 현상 타파에 나서지 않으면 안 된다.[6]

---

4) 荒井信一, 『戦争責任論』, 岩波書店, 2005, 108쪽.

5) 위의 책, 109–110쪽.

6) 粟屋憲太郎, 『東京裁判への道』, 講談社, 2013, 118–119쪽에서 재인용.

영국과 프랑스 등의 선진 제국주의 국가에 비하여 여러 가지 측면에서 뒤처진 후발 제국주의 국가 일본은 1차 세계대전 이후 해군군축조약에 의해 마련된 아시아의 현상유지 정책인 워싱턴 체제에서 벗어나려고 하였다. 결국 일본은 1920년대에 발생한 일련의 공황에서 벗어나기 위하여 1927년 5월의 제1차 산둥山東출병에 이어 1928년 4월, 5월에 연이은 출병을 단행하였다. 이러한 행동은 28년 6월의 장쮀린張作霖 폭살사건으로 이어졌으며 이 사건은 결국 만주사변의 발단이 되었다.

즉, 일본이 아시아에서 자신들의 생존을 위해 1차 세계대전 이후의 국제협조체제였던 워싱턴 체제를 타파하고 만주사변을 일으켜 전쟁을 시작한 것이 중일전쟁, 태평양전쟁으로 확대되었다고 할 수 있다. 이러한 성격을 가진 전쟁에서 승리한 미국은 문명의 이름으로 패전국을 재판하고 자신들의 정당성을 주장하기 위한 수사rhetoric가 필요했다. 이러한 연합국의 수사가 구체화된 뉘른베르크 재판과 도쿄재판에 대한 미영중소 4대국 공통의 전제조건을 아와야 겐타로粟屋憲太郎는 다음과 같이 정리한다.

국제군사재판의 기본목적은 연합국의 '정의'와 추축국의 '사악함'을 명확히 하고, 제2차 세계대전을 연합국의 '성전'으로 제시하는 것, 이를 위해 재판이 추축국의 선전의 장이 되도록 해서는 안 되며 그리고 여기서는 연합국의 나쁜 짓所業이 문제가 되어서는 안 된다. 신속한 재판이 필요하며 그리고 재판의 이론적 기초는 국제법, 형법, 역사학의 비판에 견딜 수 있는 것이어야만 한다.[7]

연합국은 추축국의 '악행'에 대하여 '정의의 재판'을 행한다는 '전쟁에

---

7) 粟屋憲太郎, 『東京裁判論』, 大月書店, 1987, 34쪽.

대한 성격규정'이 필요하였다.[8] 여기서 앞에서 살펴본 현대사의 통설이 등장한다. 역으로 말하면 2차 세계대전의 성격은 민주주의 대 독재의 전쟁은 아니라고 할 수 있다. 따라서 두 재판에 대해서는 이를 긍정하는 '문명의 재판론'과 이를 부정하는 '승자의 재판론'이 여전히 공존한다.

2차 세계대전이 민주주의 대 독재국가의 전쟁이 아니라면 이 역시 제국주의 국가 간의 전쟁이라고 할 수밖에 없다. 당시의 세계사적 상황에서 판단한다면, 제국주의 국가 상호간이 아니라면 그렇게 큰 규모의 세계적인 전쟁은 불가능하다. 따라서 두 번에 걸친 세계전쟁의 근본원인은 제국주의 국가 간의 팽창정책이 충돌한 것이라 보아야 마땅하다. 그렇다면 인류의 참혹한 희생을 가져온 전쟁의 근본 원인은 제국주의 국가의 식민지 침략과 지배정책이라고 할 수 있다. 따라서 이제 인류 보편적 가치의 구현을 통한 화해와 공존을 실현하기 위해서 제국주의 국가들이 자행한 식민지 지배에 관한 책임을 논할 필요가 있다.

1990년대 냉전구조의 해체, 냉전에 의해 유지하고 있던 세계 각 지역 독재정치의 종말로 과거사에 대한 관심이 높아져 3세계 국가들은 식민 모국에게 식민지 지배에 대한 책임을 묻기 시작하였다. 예를 들면 아이티 Haiti가 옛 종주국인 프랑스에 요구한 반환과 보상요구, 케냐가 마우마우 투사 학살에 대하여 영국에 보상청구 소송을 제기한 것, 나미비아가 독일에 사죄와 보상을 요구한 것 등 다양한 사례가 존재한다.[9] 물론 한국 측에서 제기한 일본군 '위안부' 문제 역시 이러한 것과 궤를 같이한다.

이러한 움직임은 1993년의 아부자Abuja 선언으로 나타났다. 즉, 이 선언

---

8) 日暮吉延, 『東京裁判』, 講談社, 2008, 30쪽.

9) 여기에 대해서는 永原陽子編, 『植民地責任論』, 青木書店, 2009를 볼 것.

은 과거의 "노예화, 식민지화, 신식민지화가 초래한 손해는 과거가 아닌 현재의 것"이라고 정의하여 식민지 책임을 근현대 역사 전체의 문제로 취급하였다.[10] 이러한 인식은 더반회의로 이어진다. 2001년 8월 31일부터 9월 8일까지 남아프리카 공화국의 더반Durban에서 국제연합 주체로 '인종주의, 인종차별, 외국인 혐오 및 이와 관련한 불관용 철폐를 위한 세계회의'(일명 더반회의)가 개최되었다. 이 회의는 인종차별주의의 역사적 배경인 노예제, 노예무역, 식민지주의를 인도에 반하는 죄로 강력하게 비판하면서 제국주의 국가의 식민지 지배책임을 강하게 추궁하였다. 이러한 주장은 2차 세계대전 이후에 성립한 세계체제, 즉 식민지 지배에 대한 책임추궁을 거치지 않은 채 성립한 지금의 세계질서에 대한 문제제기였다. 이러한 문제제기에 대하여 미국을 비롯한 제국주의 국가들은 강력하게 반발하였다. 그 결과 제국주의 국가의 식민지 지배 그 자체에 대한 책임인정은 이루어 낼 수 없었지만, 노예제와 노예무역은 인도에 반하는 죄임을 명기하고 이러한 구조를 낳은 식민지주의는 바람직한 것이 아니었다는 내용을 암묵적으로 기술하는 타협안이 마련되었다.[11] 이 회의는 3세계가 1세계에 대해 식민지 지배책임을 제기했다는 측면에서 상당한 의미를 가진다. 그러나 이후 2009년의 더반리뷰회의, 2011년의 더반Ⅲ으로 진행되었음에도 불구하고 더 이상의 진전은 없었다.

위에서 제기한 문제를 풀어가는 중요한 키워드가 최근 정치학을 시작으로 점차 타 학문분야로 확대되고 있는 이행기 정의Transitional Justice 개념이다. 이 용어는 1980년대 후반 전 세계적인 민주화 현상 이후 독재정권

---

10) 김경원 외 옮김, 『그들은 왜 일본군 '위안부'를 공격하는가』, 휴머니스트, 2014, 248–249쪽.

11) 여기에 대해서는 『더반선언문 및 행동프로그램』, 국가인권위원회, 2009를 참고할 것.

하에서 이루어진 비인도적 행위 청산을 위해 제기된 개념이다. 예를 들면, 법정에 선 독재자가 자신의 통치행위가 비록 사악한 행위였음에도 불구하고 이것은 실정법에 근거한 통치행위였던 만큼 합법적이며 법률위반이 아니라고 항변하는 것에 대처하기 위한 사법개념의 정립이 요청되었다. 특히 독재자를 처벌해야 한다는 의견에는 찬성하지만 그럼에도 불구하고 사후입법을 통한 처벌에는 반대한다는 논자들을 설득할 수 있는 법철학이 요구되었다. 이러한 시대적 요구를 반영하면서 이행기 정의 개념은 특히 남미와 남아프리카 공화국의 민주화 과정에서 정교화 되고 현실 정치 속에 구현되었다. 이행기 정의 개념이 사회적인 국면과 결합하여 정교화 된 과정을 보면, 곧바로 식민지 지배책임을 추궁하는 논리로 사용하기는 어려울 수도 있으나 기본적으로는 인류 보편적 가치에 위배되는 인간의 행동을 법적인 개념에 기초하여 책임을 묻는다는 본질적인 목적은 동일한 것이다. 따라서 필자는 이행기 정의 개념을 식민지 지배책임 추궁에 적절하게 활용할 수 있다고 본다. 다만, 구체적으로 어떻게 활용하고 적용할 수 있을지는 향후의 과제이다.

이 개념은 국가기관이나 국가권력에 의해 자행된 범죄를 인류 보편적 가치에 입각하여 처벌할 수 있다고 본다. 특히 국가기관이나 권력자가 당시의 실정법에 기초하여 행한 통치행위라 하더라도 이것이 법률보다 상위의 개념인 인류 보편적 가치에 반하는 행위라면 이후에도 처벌할 수 있다고 정의한다. 즉, 이행기 정의는 당시의 국내법이나 국제법의 논리와 다른 차원에서의 논의, 즉 실정법이 극도로 부정의不正義 한 경우 법의 이름을 빌린 불법이라 규정하고 처벌대상으로 삼고 있다.[12] 특히 이러한 사상이

---

12) 이재승, 「이행기 정의」 『법과 사회』 제22권, 2002년, 56쪽. 일명 라드브루흐 공식이라고도 한다.

구체적으로 발현된 최초의 국제규정은 뉘른베르크 7원칙 중 6원칙[13]이다. 2차 세계대전의 전후 처리 가운데 하나로 진행된 뉘른베르크 재판은 나치가 자행한 유대인학살을 인도에 반하는 죄로 선언하고 이에 대한 처벌을 단행하였다. 이로써 지금까지 존재하지 않았던 새로운 개념, 즉 평화에 반하는 죄와 인도에 반하는 죄라는 개념이 탄생하였다.[14] 이 개념은 그 이후 1948년 제노사이드 조약으로 결실을 맺기도 하였다. 그러나 이 개념이 활성화된 것은 1990년대에 들어와서이다.

3. 도쿄재판 재검토

다음 장에서 상술하겠지만 일본에서 진행된 전쟁책임론의 제3기에 해당하는 1965년부터 1988년까지는 수상의 야스쿠니 참배 등 일본의 국내정치 상황과 중일 국교정상화를 배경으로 전쟁책임론에 아시아 각국의 관점이 반영되던 시기였다. 오누마 야스아키大沼保昭는 이러한 상황변화의 상징이 1983년이라고 판단한다. 그는 1983년에 개최된 "도쿄재판과 전쟁책임의 문제를 의식적으로 아시아와의 관계에서 생각하는 관점을 제시

---

13) 뉘른베르크 제6원칙은 다음과 같다. 평화에 반하는 죄는 '1) 침략전쟁 또는 국제조약, 협정 또는 서약에 위배되는 전쟁의 계획 · 준비 · 개시 또는 수행. 2) 위의 1)에서 언급된 행위의 어느 것이든 그것을 달성하기 위한 공동의 계획 또는 공동모의 참가'로, 인도에 반하는 죄는 '모든 민간인에 대한 살인 · 대량살인 · 노예화 · 강제적 이송 기타 비인도적 행위 또는 정치적 · 인종적 · 종교적 이유에 의한 박해로써 이와 같은 행위 또는 박해가 평화에 반하는 죄 또는 전쟁범죄의 수행으로써 또는 이에 관련하여 행하여졌을 때'로, 전쟁범죄는 '전쟁의 법규 또는 관례의 위반, 점령지에 있는 민간인의 살인 · 학대 또는 노예노동 기타 목적을 위한 강제적 이송, 포로 또는 공해상에서의 민간인의 살인 또는 학대, 인질의 살해, 공사(公私) 재산의 약탈, 도시와 농촌의 자의적인 파괴 또는 군사적 필요에 의해 정당화될 수 없는 황폐를 포함한다. 그러나 위에 열거한 범죄에만 국한되지는 않는다.'로 규정한다(다야 치카코 저, 이민효 · 김유성 역, 『전쟁범죄와 법』, 연경문화사, 2010, 220-221쪽).

14) 앞의 책, 『그들은 왜 일본군 '위안부'를 공격하는가』, 246쪽.

한 도쿄재판 국제 심포지엄"과 "'아시아에 대한 전후책임을 생각하는 모임'이 발족한" 때부터 "비로소 전후책임이라는 관념이 공유되기 시작했다"[15]고 회상한다. 오누마가 전쟁책임과 도쿄재판에 대하여 생각하기 시작한 것은 1960년대 말부터이나 "70년대 시민운동의 성장"과 "72년의 중일국교회복을 커다란 계기로 하여"[16] 그는 다시 '전후책임'을 생각하게 된다. 다음의 인용문을 보자.

일본이 아시아의 여러 민족 특히 중국인들에게 심대한 피해를 입히고, 스스로도 피해를 입은 1931년부터 45년의 '15년 전쟁' 그 최종 국면의 '대동아전쟁'을 우리들 일본국민은 어떻게 총괄해 왔는가.……중국의 민중과 아시아 사람들에게 많은 희생을 강요한 1931년부터 45년까지의 전쟁에 대한 '전후책임'을 다시 한 번 생각해야 하지 않을까.[17]

여기서 오누마가 말하는 전쟁책임과 전후책임은 일본의 내적인 자기성찰에서 유래한 것이라기보다는 오히려 외적인 충격인 도쿄재판과의 상관관계 속에서 고찰되고 있다. 그 결과 전쟁책임과 전후책임의 범위는 1931년의 만주사변에서 45년 패전까지의 시기에 일어난 각종 사건에 한정되고 있다. 위 문장의 어디에도 일본이 전쟁책임을 져야 하는 근본적인 배경이 식민지 개척과 그 지배과정의 '최종 국면'으로써 '대동아전쟁'이란 발상은 보이지 않는다. 따라서 오누마가 말하는 전쟁책임은 1931년에서 45년까지의 것이며 전후책임 역시 '15년 전쟁'이 낳은 결과에 대한 처리책임이지 식민지 지배의 총체적 결과로서의 책임은 아니다.[18] 위와 같

---

15) 内海愛子 他, 『戦後責任』, 岩波書店, 2014, 118쪽.

16) 위의 책, 117쪽.

17) 위의 책, 4-5쪽.

18) 이러한 오누마의 인식은 치모토의 연구서를 인용하는 과정에서 언급한 것처럼 오누마가 국제법

은 문제를 비판적으로 검토하기 위하여 우리는 도쿄재판과 관련된 다양한 내용을 점검하여 왜 일본에서 논의되는 전쟁책임과 전후책임이 1931년에서 45년 사이로 한정되는지 살펴봐야 한다.

도쿄재판에 관해서는 상당한 연구 성과들이 발간되었으며 논점들도 다양하다. 여기서는 본 논문의 논지와 관련된 두 가지 사항만 논한다. 한 가지는 도쿄재판의 대상 시기에 대한 문제이고, 다른 한 가지는 인도에 반하는 죄가 최종적으로 검찰조서에서 삭제된 문제이다.

2차 세계대전의 막바지에 승리를 예감한 연합국은 1942년 2월에 런던에서 전쟁 종결 이후에 진행할 전쟁범죄에 관한 회의를 개최하여 전쟁범죄 처벌에 관한 선언을 발표하였다. 선언은 '조직된 재판절차에 따라 범죄자의 처벌을 주요한 전쟁목적 속에 포함하여 이러한 재판, 판결의 집행을 배려한다'는 내용을 포함하였다. 즉, 연합국은 이 선언을 통해 전쟁범죄를 재판에 의해 처벌하겠다는 태도를 명확히 하였다. 이러한 선언이 구체화 된 것이 1943년 11월 1일 미영소 3국 수뇌의 이름으로 발표된 '독일의 잔학행위에 관한 선언'(모스크바 선언)과 동년 11월 27일 미영중 3국 수뇌의 이름으로 발표된 카이로 선언이다. 카이로 선언은 '일본의 침략을 저지하고 이를 벌하기 위하여 이후의 전쟁을 수행하는 것이다'고 하여 일본의 전쟁책임을 처벌하겠다는 기본원칙에 합의하였다.[19] 그러나 연합국 수뇌부는 이러한 기본원칙에 합의하였음에도 불구하고 구체적인 세부사항

적인 관점에 서있기 때문인지도 모르겠다. 전쟁책임론의 제2기에 이루어진 내적 성찰의 주요한 내용은 자유주의자들과 좌파진영의 전쟁협력과 민중들과 진보진영이 전쟁을 저지하지 못한 것에 대한 반성적인 자기비판이었지 메이지유신 이후 일본의 근대화 과정에서 발생한 식민지 개척을 위한 전쟁과 식민지 지배과정에서 발생한 인류 보편적 가치에 위배되는 행위에 대한 내적 성찰은 아니다.

19] 앞의 책, 『東京裁判への道』, 27–30쪽.

에 대해서는 좀처럼 합의하지 못하였다. 영국은 법적인 번거로움과 국제 법적인 곤란함을 이유로 재판을 통한 처벌에 반대하였다. 그러나 소련과 미국은 문명의 방식을 통해서 자신들이 수행한 전쟁의 정당성을 관철시 키기 위하여 추축국의 전쟁 지도자에 대한 즉결처형에 반대하였다. 특히 재판을 통한 처벌은 시간이 걸릴 뿐만 아니라 구체적인 전쟁범죄 행위의 입증이 곤란하다는 비판에 대하여 미국은 재판에 필요한 증거와 절차상 의 요건을 완화하기 위한 공동모의共同謀議 죄의 도입을 제안하였다. 즉, 미 국은 "침략전쟁을 비롯한 전쟁범죄에 대하여 '범죄 전체 과정에서 개별적 인 범죄행위에 대한 주관적 요건을 필요로 하지 않으며, 범죄 전체의 계획 에 대한 관여가 있으면 그것만으로 범죄의 성립을 인정하는' 일망타진 적 인 성격을 갖는"[20] 공동모의 죄 적용을 관철시켰다. 이러한 미국의 의도는 2차 세계대전 당시 자신들의 교전 상대국이 아닌 미국을 공격한 일본의 행위 그 자체를 전쟁범죄로 규정하여 벌하려는 것이었다. 일본의 전쟁범 죄를 이렇게 규정하면 일본 전쟁 지도자의 개별적인 전쟁범죄 행위를 입 증하지 않아도 되는 장점이 있다. 따라서 미국은 일본이 진주만을 공격하 게 된 단초를 만주사변에 있다고 판단하고 만주사변의 시발점이 된 1928 년의 장쭤린 폭살사건부터 1945년 8월 패전까지를 도쿄재판의 대상기간 으로 설정하였다. 여기에는 일본이 1931년 이전에 자행한 식민지 확보를 위한 침략전쟁에 대한 고려는 전혀 없다. 이러한 기준으로 본다면, 2차 세 계대전의 전후 처리로 진행된 두 재판은 제국주의 국가 간의 전쟁책임 문 제를 다룬 것이며 전쟁의 근본적인 원인이었던 식민지 침략의 과정과 지 배로 인해 발생한 문제를 취급하지 않았다. 이러한 측면에서 두 재판은 온

---

20) 앞의 책, 『東京裁判論』, 33쪽.

전한 '문명의 재판'이 되기에는 함량미달이라고 할 수밖에 없다.

다음으로 도쿄재판의 기획단계에서 제기된 식민지문제를 본 재판에서 제외하여 인도에 반하는 죄가 기소항목에서 빠지게 된 내용에 대하여 검토하자. 1945년 6월부터 런던에서 개최된 회의에서 통상의 전쟁범죄에 더하여 평화에 반하는 죄와 인도에 반하는 죄가 전후 처리의 중요한 내용으로 채택되었다. 이어서 45년 7월 26일 일본에 대한 전후 처리 특히 전쟁책임의 기본원칙을 내용으로 하는 포츠담 선언이 공표되었다. 선언은 제6항에서 '세계정복의 행동에 나선 과오를 범한 권력과 세력을 영구히 제거하지 않으면 안 된다'고 하였으며, 제10항에서는 '우리들의 포로를 학대한 것을 포함하여 모든 전쟁범죄에 대하여 엄중한 처벌이 가해질 것이'라고 하여 전쟁범죄 처벌에 관한 원칙을 명시하였다.[21] 제6항에는 '세계정복의 행동에 나선 과오를 범한 권력'에 천황을 포함할지 말지에 대한 중대한 문제가 담겨 있다. 그러나 결과적으로 천황에 대한 소추는 미국의 반대로 이루어지지 않았다.[22] 이러한 과정을 거쳐 1946년 5월 3일 도쿄재판은 시작되었다.

---

21) 앞의 책, 『東京裁判への道』, 32쪽.

22) 1차 세계대전의 전후 처리과정에서 독일황제에 대한 처벌문제가 제기되었을 때 미국은 죄형법정주의에 입각한 소급입법금지와 원수무답책론(元首無答責論-그 기원은 군주무답책론이다. 즉, 군주는 그의 행위에 대하여 누구에 대해서도 정치상·법률상 책임을 지지 않는다는 원칙)을 이유로 처벌에 반대하였다. 그러나 영국은 좁은 법률적 논의보다는 도덕과 정의에 대한 배려가 우선되어야 한다고 주장하면서 국제범죄의 처벌을 주장하였다. 결국 미국과 일본이 영국의 의견에 동의하여 독일황제를 재판에 회부하기로 결정하였다. 이러한 사실에 대하여 아라이 신이치(荒井信一)는 "법질서의 확립은 동시에 대담한 법의 변혁을 동반할 수밖에 없으며 그 변혁 방향은 평화와 인권을 강력하게 지향하는 것이 되어야만 한다"고 평가한다(荒井信一, 『戦争責任論』, 岩波書店, 2005, 73쪽). 일본이 원수무답책론을 무시하고 영국의 의견에 찬성한 것을 보면, 2차 세계대전 이후 일본에 대한 전쟁책임이 문제가 되었을 때 천황무답책론을 내세워 천황에 대한 전쟁책임을 물을 수 없다고 한 일본의 태도는 이중적이라고 할 수밖에 없다.

미국 주도로 운영된 도쿄재판의 기소장 역시 미국 주도로 작성되었다. 미국의 검찰진이 작성한 제1차 기소장의 내용은 대체적으로 뉘른베르크 재판의 기소장을 원용한 것으로 재판에 회부한 죄목은 전쟁을 수행하는 과정에서 자행한 일반적 전쟁범죄, 인도에 반한 죄, 평화에 반한 죄, 공동모의 죄였다. 이 가운데서도 가장 큰 의미를 가진 것은 평화에 반한 죄와 인도에 반한 죄였다. 도쿄재판을 기획하던 초기단계에는 조선에서 일어난 일반적 전쟁 범죄와 인도에 반한 죄도 포함되어 있었다. 그러나 일본의 완전한 식민지였던 조선에서 일어난 두 항목에 대한 죄는 최종적으로 재판대상에 포함되지 않았다.[23] 그 결과 도쿄재판에서 인도에 반한 죄로 유죄판결을 받은 사례는 없었다. 도쿄재판에서 난징학살의 책임자로 교수형을 받은 마츠이 이와네松井石根는 인도에 반하는 죄가 아니라 중지나中支那방면 군사령관으로서 전쟁법규 위반의 방지책임을 게을리 하였다는 통상의 전쟁범죄로 유죄판결을 받았다. 최종적으로 식민지와 관련된 사항이 재판에서 제외되면서 좌·우파를 막론하고 일본에서 진행된 전쟁책임론은 일본이 식민지를 획득하고 경영하는 과정에서 발생한 다양한 문제를 사상捨象시켜버렸다.

시미즈 마사요시淸水正義, 시바노 요시카즈芝野由和, 마츠모토 아키라松本彰 세 사람은 공동으로 집필한 논문 「서독에서 나치즘의 정치와 역사인식西

---

23) 앞의 책, 『東京裁判への道』, 301–302쪽. 잘 알려진 바와 같이 한국이 미국과 일본의 샌프란시스코 강화조약 회의에 참가할 수 없었던 이유는 강화를 둘러싼 냉전의 진행, 2차 세계대전 중 한국과 일본이 교전상태에 있었다는 주장에 대한 실증적인 근거의 미약, 식민지는 강화조약의 대상자가 될 수 없다고 하면서 한국의 참가를 강력하게 반대한 일본의 입장 등이다. 특히 이러한 일본의 입장을 지지한 제국주의 국가들은 직접적인 식민지 지배든 아니면 간접적인 정치, 경제, 문화적 지배든 기존의 식민지 체제를 유지하여 지속적으로 자신들의 이익을 관철시키려고 하는 국제정치적인 이해관계를 고려하고 있었다. 본문에서도 언급하는 것처럼 이러한 제국주의 국가의 의지가 도쿄재판에서 식민지 지배와 관련된 사항이 전혀 포함되지 않는 배경을 이룬다.

ドイツにおける'ナチズム'の政治と歴史意識」에서 서독과 일본의 전쟁책임 비교를 통해 인도에 반하는 죄가 뉘른베르크 재판과 도쿄재판에서 어떻게 다르게 취급되었는지에 대하여 분석하였다. 이들은 "일본에서의 '전쟁책임'론의 특징"이 "'전쟁'에 집착하는 것에 있다면" 독일의 경우는 전쟁이라기보다는 "'나치즘 범죄'"[24]를 중요시한다고 판단한다. 즉, "죄 혹은 책임의 대상이 되는 악의 존재가 일본에서는 '전쟁'에 있으며 독일에서는 '나치즘'에 있다"[25]는 것이다. 이들은 이러한 양국의 차이는 인도에 관한 죄와 관련된 뉘른베르크재판과 도쿄재판의 차이에서 유래한다고 유추한다.[26] 이들은 뉘른베르크 재판에 비하여 도쿄재판에서 인도에 반한 죄가 중시되지 않은 이유로 "첫째는 아우슈비츠로 상징되는 절대 악의 존재가 일본에는 없었으"며, "둘째로 여러 피해국의 국제적인 차이, 즉 나치즘의 가장 직접적인 피해국인 소련, 폴란드, 동유럽 여러 나라가……'전쟁책임' 추궁에 적극적으로 관여한 것에 반해 일본에서는 '전쟁책임' 추궁의 주체인 미·영·프·소의 전승국은 대전 상대국이기는 하지만 일본군에 의한 '인도에 반한 죄'에 대한 직접적인 피해국이 아니었"던 점, "셋째로 유럽인의 아시아 멸시"[27]를 들고 있다. 문제는 이들의 논의에서도 제국주의 국가의 식민지 지배책임에 대한 의식이 없으며 전쟁과 관련된 죄만을 논한다는 점이다.

일본의 우파들은 도쿄재판을 승자인 미국에 의한 일방적인 재판이라고

---

24) 清水正義 · 芝野由和 · 松本彰, 「西ドイツにおける'ナチズム'の政治と歴史意識」藤原彰 · 荒井信一編『現代史における戦争責任』, 青木書店, 1990, 57쪽.

25) 위의 논문, 57쪽.

26) 위의 논문, 58쪽.

27) 위의 논문, 62-64쪽.

주장하면서 자신들의 전쟁책임은 재론되어야 한다고 강조한다. 이러한 주장을 통해 일본의 우파가 노리는 것은 자신들에 대한 전쟁책임론을 부정하는데 그치지 않고 2차 세계대전의 성격 그 자체에 대한 변경이다. 즉, 2차 세계대전은 민주주의 대 파시즘의 전쟁이 아니라 단지 당시의 강대국들 사이에서 일어난 정치적 긴장관계의 일부라는 것이다. 이러한 의도에는 식민지 지배에 대한 당위성의 주장과 더불어 패자였기 때문에 자신들에게 지워진 책임을 부정하고자 하는 목적이 있다. 즉, 부당한 전쟁을 하지 않은 자신들은 당연히 스스로를 지키기 위하여 재무장할 권한을 가지고 있다고 주장하는 것이다. 여기에는 일본이 대외적으로 군사력을 행사할 수 있는 이른바 '보통국가'로서의 변신을 꾀하고 이를 통해 동아시아의 강자로 재도약하려는 의도가 깔려 있다. 그러면서 일본은(물론 일본뿐만 아니라 당시 식민지를 소유했던 제국주의 국가 모두가 동일하지만) 자신들의 식민지 지배는 당시에 행해진 세계적 현상으로 일본이 조선을 식민지로 지배한 것 역시 이러한 연장선상에 있다고 주장하면서 식민지 지배 자체를 당연시 하고 있다.

분명 도쿄재판에는 승자의 재판이라고 해도 반론하기 어려운 부분이 있다. 특히 미국은 너무도 명백한 731부대의 인도에 반한 죄를 재판 대상에서 제외하였으며 전쟁의 총괄 책임자인 천황을 기소하지 않았다.[28] 이러한 측면에서 도쿄재판은 '문명의 재판'이 되지 못하고 '승자의 재판'이 되어버릴 수밖에 없는 요소를 포함하게 되었다. 따라서 히쿠라시 요시노

---

[28] 아라이 신이치(荒井信一)는 "샌프란시스코 강화조약은 어떠한 형태로도 천황에 대하여 언급하지 않았으며, 도쿄재판도 검찰관이……정치적인 이유로 천황을 피고로 소추하지 않았기 때문에 천황은 재판받지 않았을 뿐이다. 바꾸어 말하면 천황의 전쟁책임 문제는 법적으로 현재에 이르기까지 미해결인 채로 남아 있다"고 주장한다(荒井信一, 『戦争責任論』, 岩波書店, 2005, 178쪽).

부日暮吉延는 도쿄재판을 문명의 재판과 승자의 재판 양 측면을 동시에 가지는 국제정치라고 정의한다.[29] 이제 다시 도쿄재판을 재론하면서 평화에 반한 죄로 천황의 전쟁책임을, 인도에 반한 죄로 731부대의 만행, 중국전선에서 사용한 독가스와 세균무기, 민간인에 대한 강제수용, 일본군 '위안부'문제 등을 언급해야 한다. 나아가 식민지 지배로 인해 발생한 다양한 형태의 인도에 반한 죄 역시 다시금 논의해야 한다.

4. 일본의 전쟁책임론이 가지는 문제점

아카자와 시로赤澤史朗는 1996년에 이시다 타케시石田雄가 집필한「전쟁책임론 50년의 변천과 오늘날의 과제戦争責任論50年の変遷と今日的課題」에 대한 비판의 형태로 1990년대 중반까지 일본에서 진행된 전쟁책임론의 동향을 4개의 시기로 구분하여 정리하였다. 제1기는 전쟁책임론이 제기되는 1945년부터 1954년까지, 제2기는 주체적인 전쟁책임론을 전개하는 1955년부터 1964년까지, 제3기는 천황과 국민의 전쟁책임을 논한 1965년부터 1988년까지, 제4기는 외부의 충격과 '전후보상'론이 등장하는 1989년 이후로 구분한다.

그에 의하면, 제1기에 전쟁책임이란 용어가 등장하게 된 배경에는 연합국에 의한 "도쿄재판·BC급 전범재판·공직추방 실시라는 형태로 법적·정치적·행정적으로 일본인의 전쟁책임을 묻는 움직임"과 다른 한편으로 "국내에서도 대중운동에 의해 전시 중의 부정이나 인권무시 행위, 전쟁협력 발언이 폭로되어 정치적·사상적으로 그 책임을 추궁"[30]하게 된

---

29) 앞의 책,『東京裁判』, 33쪽.

30) 赤澤史朗,「戦後日本の戦争責任論の動向」『立命館法学』2000年6号(274号), 2000년 6월, 140쪽.

사실이 있다고 한다. 따라서 이 시기의 전쟁책임이란 용어에는 '연합국이 가해자인 일본과 일본인에게 전쟁범죄를 추궁하는 의미'와 일본국민이 자신들에게 '피해를 입힌 국가와 국가지도자에게 책임'을 묻는 의미가 포함된다.[31] 제1기 전쟁책임론의 특징은, 첫째 전전에 일본에서 유일하게 전쟁에 반대하였다는 논리로 전쟁 책임에서 '자유롭다'고 생각한 일본공산당을 중심으로 한 진보진영의 법적·정치적 책임론이었다. 둘째, 본인들의 전쟁협력에 대한 자각이 부족한 가운데 도쿄재판으로 대표되는 점령군의 전쟁책임 추궁이 보편적 이념에 입각한 것으로 판단한 자유주의자들이 일본인의 내면적이고 윤리적인 책임을 논한 점이다. 그러나 이후에 도쿄재판 과정에서 나타난 다양한 문제점으로 인하여 도쿄재판은 일본인들에게 "전쟁에 대한 반성"의 "계기가 되지는 못하"[32]였다.

제2기 전쟁책임론의 배경이 된 것은 소련 공산당을 비롯하여 각국 공산당이 안고 있는 다양한 문제를 폭로한 스탈린비판과 전후에 비로소 마르크스주의와 자유주의를 접하면서 자신들의 전쟁체험에 강하게 집착하는 전중파戰中派의 등장이다. 이러한 시대적 배경으로 인하여 이 시기 전쟁책임론의 특징은 '내면적이고 윤리적인 책임론이 우위를 점'하면서 '전쟁책임에 대한 일본인들의 자각을 심화시키고 이를 주체적으로 수용할 수 있는 길'을 찾는 것 즉, '전쟁책임 문제에 대한 시각이 논의의 중심'으로 부상한 점이다.[33]

제3기 전쟁책임론의 특징은 제2기에 진행된 논의를 사료에 입각하여 천황과 일본 국민들의 전쟁책임을 구체적이고 실증적으로 논한 점이다.

---

31) 위의 논문, 140쪽.

32) 위의 논문, 143쪽.

33) 위의 논문, 147쪽.

즉, 제3기는 "취급하는 범위가 넓어지고 확대된 문제의식에 기초하여" 전쟁책임 문제와 관련한 "과거의 사실을 발굴하는"[34] 시기였다. 이러한 과정을 통해 이 시기에는 민중들의 전쟁책임 문제가 본격적으로 대두한다. 특히 이 시기에는 1940년대에 소학교에 다니던 이른바 전후파들이 "전쟁 중에는 아이들에게 전쟁협력을 강요하면서 패전 후 재빠르게 민주주의 시대에 적응한" 교육자와 아동 문학자 등의 전쟁책임을 추궁한 "어른 세대에 대한 강한 불신감"[35]이 존재한다. 이러한 가운데 1982년에 문부성의 역사교과서 검정문제가 표면화되면서 한국과 중국은 일본에게 공식적으로 과거사 문제에 대한 이의제기를 한다. 나아가 1985년 전후 처음으로 나카소네 야스히로中曽根康弘 수상이 수상의 자격으로 야스쿠니 신사를 공식적으로 참배하자 여기에 대한 동아시아 각국의 비판이 높아졌다. 이러한 과정에서 아시아의 관점에서 본 전쟁책임론이 등장하기 시작한다. 이러한 관점은 "전쟁책임에 대한 처리를 게을리 한 책임이란 의미의 '전후책임'이란 단어"[36]를 확산시켰다.

제4기에는 1989년을 계기로 하는 세계적인 냉전체제의 붕괴와 더불어 세계 각 지역에서 이전의 식민모국에 대한 책임추궁이 시작되었다. 이러한 책임추궁은 식민지 개척과 지배 과정에서 발생한 반인권적인 범죄행위에 대한 배·보상의 국제적인 재판으로 나타났다.[37] 특히 1992년 8

---

34) 위의 논문, 148쪽.

35) 위의 논문, 150쪽.

36) 위의 논문, 148쪽.

37) 아카자와는 제4기의 특징을 논하면서 "세계적으로 전쟁책임·전후 보상 문제에 대한 대처(取リ組み)가 진전되었다"(156쪽)고 표현하고 있다. 필자는 이러한 용어법은 적절하지 않다고 판단한다. 즉, 1990년대에 들어서면서 과거의 피식민국가가 식민모국에 대하여 제기한 다양한 형태의 소송은 전쟁(특히 2차 세계대전)에 관련된 것이라기보다는 식민지 개척과 지배과정에서 일어난

월 한국의 김복동 할머니가 자신의 일본군 '위안부' 피해에 대하여 증언하고 일본의 사법부에 재판을 신청하였다. 이것은 일본의 외부에서 전달된 전쟁 피해자의 목소리이며 세계적인 냉전 종결과 더불어 제기된 인권침해에 대한 구제라는 시각을 강하게 띤 것으로 배·보상이라는 소송으로 구체화되었다. 따라서 이 시기의 전쟁책임론에는 "전쟁피해자의 개인보상요구를 의미하는 '전후보상'"[38]이란 용어와 법률가들이 대거 등장한다. 따라서 제4기에는 "전쟁책임이란 개념이 보다 확대되어 식민지 지배·점령지 지배에 대한 책임의 문제가 보다 중시"[39]된다.

위에서 살펴본 것처럼 일본에서 통상적으로 논의되는 전쟁책임론에는 식민지 지배책임까지를 포함하지는 않으며 주로 15년 전쟁 동안에 일어난 강제동원, 징집 등의 문제에 한정하여 논하는 경향이 강하다.[40] 전후의 비판적 지식인으로 분류되는 다케우치 요시미竹内好조차도 1960년 2월 10일에 발행된 『현대의 발견現代の発見』 제3권에 발표한 「전쟁책임에 대하

대량학살이나 인권침해 등 인류 보편적 가치에 위배되는 것으로 뉘른베르크 재판에서 중요하게 취급된 인도에 반하는 죄에 해당하는 내용들이 주를 이룬다. 따라서 이러한 문제를 언급할 때는 '식민지 지배책임'이라는 용어를 사용하는 것이 내용적으로 타당하다고 필자는 생각한다. 이러한 내용은 본 논문의 주요한 논지이기도 하다. 아카자와 역시 "전쟁책임이란 개념이 보다 확대되어 식민지 지배·점령지 지배에 대한 책임의 문제가 보다 중시"(赤澤史朗, 「戰後日本の戰争責任論の動向」, 『立命館法学』 2000年6号(274号), 2000년 6월, 158쪽)된다고 밝히고 있으나 그의 논문에서는 식민지 지배책임이란 용어보다는 전쟁책임이란 용어가 중심을 이루고 있다.

38) 위의 논문, 157~158쪽.

39) 위의 논문, 158쪽.

40) 여기에는 류큐(琉球) 합병이나 홋카이도(北海道) 편입 나아가 타이완과 조선의 식민지화 과정에서 발생하는 다양한 문제는 포함되지 않는 경우가 일반적이다. 물론 그렇다고 해서 일본의 진보적 인사들이 1931년 이전에 발생한 문제에 대하여 침묵한다고 주장하는 것은 아니다. 주장하고 싶은 것은 일본에서 좌파든 우파든 '전쟁책임'이라고 했을 때 이 용어가 포괄하고 있는 범주는 대체적으로 1931년에서 45년 사이의 매우 한정적이라는 점이다. 그리고 청일전쟁이나 러일전쟁까지 포함하여 일본의 전쟁책임을 논하는 경우도 있으나 이 경우는 본문에서 논한 '전쟁책임'론이라기보다는 근대사의 과정에서 발생한 제국주의적 침략으로서의 '전쟁'이라는 측면이 강하다.

여「戦争責任について」에서 "일본이 행한 전쟁의 성격을 침략전쟁임과 동시에 제국주의 대 제국주의의 전쟁"이라고 규정하면서 "침략전쟁의 측면에 관해서는 일본인에게 책임이 있으나 대對 제국주의 전쟁의 측면에 관해서는 일본인에게만 일방적으로 책임을 지울 수는 없다"[41]고 주장하였다.

오누마 야스아키大沼保昭는 2014년에 발간한 대담집『전후책임戰後責任』에서 "이 책에서 다루는 '위안부'와 강제연행 노동자 문제를 한일 양국이 해결했다고 하는 것은 1965년의 한일청구권협정, 중일 간에는 1972년 중일공동성명"[42]이라고 판단한다. 한중일 3국간의 이러한 식민지 지배문제 해결에 따라 일본은 한국에게 거액의 배상을 했으며, 중국에게는 장기간에 걸쳐 막대한 경제협력을 했다고 오누마는 판단한다. 일본의 이러한 노력에도 불구하고 오누마는 "한국의 너무 완강한 자세, 일본 측의 노력에 대한 몰이해에 실망"하여 "그만 좀 했으면 한다いい加減にして欲しい"[43]는 다수 일본국민의 감정에 동감한다. 그러면서도 그는 피해자와 유족들의 강한 반감에도 공감을 표한다. 오누마의 이러한 감정은 과거사에 대한 진지한 반성을 실천해 온 다수 일본인들의 솔직한 심정이라고 필자는 생각한다. 언론이나 운동가들 사이에서 흔히 하는 말로 표현한다면, 한일 간의 과거사 문제에 대한 '피로감'이라고 할 수 있다. 그렇다고 한일 양국의 과거사 문제 해결을 위한 노력을 여기서 포기할 수도 없는 오누마는 이와 같

---

41) 竹内好,「戦争責任について」(1960년)『全集』第八巻, 筑摩書房, 1980, 216쪽. 아라이 신이치는 위의 문장을 "다케우치는 제국주의 대 제국주의의 전쟁을 버리고 대 아시아 특히 중국에 대한 침략 사실을 전쟁책임론의 입구로 가져옴으로써 전쟁책임의 문제를 '오늘의 건설 과제'로 위치지우고 있다"(荒井信一,『戦争責任論』, 岩波書店, 2005, 235쪽)고 긍정적으로 해석한다. 필자는 아라이와는 다른 입장을 취하고 있다. 여기에 대해서는 이 책의 7장을 참고할 것.

42) 앞의 책,『戦後責任』「はしがき」, vi쪽.

43) 위의 책, viii쪽.

은 한계상황을 넘어서기 위하여 1980년대 중반에 등장한 '전후책임'이라는 개념을 다시금 논한다.

오누마는 '전후책임'을 "일본국민이 1931년부터 45년까지의 전쟁과 과거의 식민지 지배라는 역사를 어떻게 총괄하고 미래에 대한 교훈으로 삼을 것인가라는 일본국민의 자기 정체성의 존재방식과 깊이 관련된 문제"[44]라고 정의한다. 이 문장에 의하면, 오누마의 '전후책임'에는 두 가지 범주가 존재한다. 하나는 1931년의 만주사변부터 45년까지의 전쟁이며 다른 하나는 식민지 지배의 역사이다. 짧은 문장 속에 두 가지 요소를 나열하고 있어 보다 명확하게 이 두 가지를 어떻게 관계 지워서 생각해야 할지 애매하다. 시간적인 순서와 그에 따른 인과관계로 보면, 후자가 더 빠른 것이며 원인에 해당하며 전자는 후자의 극한적 상황 속에서 발현된 결과이다. 따라서 전자와 후자는 분리해서는 안 되며 인과관계로 결합된 하나의 사건으로 봐야한다. 그렇다면 이 두 가지는 하나의 개념으로 파악하여 두 요소를 총칭하는 다른 용어, 즉 '식민지 지배책임'이라 표현하는 것이 보다 바람직하다.

이 용어에 대한 상세한 논의는 잠시 미루고 오누마가 이야기한 한국 측의 '몰이해'에 대한 대표적인 사례부터 살펴보자. 오누마가 말한 한국 측의 '몰이해'에는 크고 작은 다양한 사례가 존재할 수 있으나 가장 대표적인 것이 2018년 10월 한국 대법원 판결[45]일 것이다. 물론 이 판결은 『전

---

44) 위의 책, x쪽.

45) 이 대법원 판결은 징용에 의한 강제노동 피해자인 원고가 신일철주금을 상대로 낸 손해배상청구소송이며 사건번호는 2013다61381이다. 일본은 이 판결을 한국 측의 '몰이해'와 한일협정 위반이라고 하며, 한국은 받아들여야할 대법원의 판결이라고 주장한다. 이 판결로 인해 발생한 한일 간의 갈등은 현재 매우 심각한 수준으로 진행되고 있다. 이 판결을 한일관계에서가 아니라 피식민국가가 식민모국에 대하여 내놓은 문제제기라고 볼 필요가 있다.

후책임』이 출판되고 난 이후의 사례인 만큼 적절하지 않을 수도 있으나 오누마가 이야기한 크고 작은 다양한 '몰이해'의 집적集積이 구체적으로 발현된 사례라는 점에는 한일 양국에서 모두 공감하리라 생각한다. 이 대법원 판결의 요지는 두 가지로 요약할 수 있다. 하나는 1965년의 한일협정은 식민지 지배와 관련하여 한일 간에 배·보상 문제를 논의한 것이 아님을 확인한 점이며, 다른 하나는 불법행위에 의해 발생한 문제는 청구권협정의 대상이 아님을 확인한 점이다. 첫 번째 요지와 관련하여 판결문은 다음과 같이 판단한다.

"청구권협정은 일본의 불법적 식민지 지배에 대한 배상을 청구하기 위한 협상이 아니라 기본적으로 샌프란시스코 조약 제4조에 근거하여 한일 양국 간의 재정적·민사적 채권·채무관계를 정치적 합의에 의하여 해결하기 위한 것"(판결문, 13쪽)

"일본 측의 입장도 청구권협정 제1조의 돈이 기본적으로 경제협력의 성격이라는 것"(판결문, 15쪽)

두 번째 요지와 관련하여 판결문은 다음과 같이 판단한다.

"청구권협정문이나 그 부속서 어디에도 일본 식민지배의 불법성을 언급하는 내용은 전혀 없다.……식민지배의 불법성이 전혀 언급되어 있지 않은 이상……식민지배의 불법성과 직결되는 청구권까지도 위 대상에 포함된다고 보기는 어렵다."(판결문, 14쪽)

"청구권협정의 협상과정에서 일본 정부는 식민지배의 불법성을 인정하지 않은 채, 강제동원 피해의 법적 배상을 원천적으로 부인하였고……이러한 상황에서 강제동원 위자료 청구권이 청구권협정의 적용대상에 포함되었다고 보기는 어렵다."(판결문, 15-16쪽)

첫 번째 요지와 관련한 판결문의 논리는 한일협정은 '식민지 지배에 대한 배상을 청구하기 위한 협상이 아니라' 일본이 한국의 '경제협력'을 위해 제공하는 개발기금이라는 것이다. 즉, 판결문은 한일협정의 협상과정에서 식민지 지배시기에 일어난 다양한 내용에 대하여 서로 논의하였다고 하더라도 이러한 논의를 협정문에 포함하지 않았다면, 한일협정은 '식민지 지배에 대한 배상을 청구하기 위한 협상'이 될 수 없다는 점을 확인하고 있다. 따라서 실질적으로 한일협정이 식민지 지배에 대한 '처리'를 포함하고 있으나 이를 분명하게 명기하지 않았다는 사실을 어떻게 판단할 것인지가 과제로 대두한다.

두 번째 요지와 관련해서는 '불법성'에 대한 정의와 증명이 논쟁거리로 대두할 수 있다. 두 번째 논쟁은 논리적으로 식민지 지배 그 자체가 불법인지 아닌지에 대한 논쟁과 식민지 지배 그 자체가 불법인지 아닌지를 유보한 채 '강제동원'이 당시의 실정법과 보편적 인권이라는 인류 보편적 가치에 위배되는지 아닌지를 논하는 문제로 대별할 수 있다. 그러나 식민지 지배 그 자체가 불법이라면, 불법적인 지배 하에서 이루어진 모든 행위는 불법일 수밖에 없으므로 결국 논쟁은 식민지 지배 그 자체의 불법성 여부로 귀결될 것이다. 이러한 측면에서도 전쟁책임과 전후책임의 개념을 모두 포괄하는 '식민지 지배책임'이라는 용어를 사용하여 한일 간의 과거사를 논해야 하는 단계에 들어섰다고 하지 않을 수 없다.

일본군 '위안부' 문제에 관한 국제법률가위원회ICJ 조사보고서인 『국제법에서 본 '종군위안부' 문제国際法からみら『従軍慰安婦』問題』自由人権協会・日本の戦争責任センター訳, 明石書店, 1995는 한일 "회담의 합의 의사록 또는 협정의 어떠한 부속문서에서도 '청구권'이라는 단어는 정의되지 않았다는 것을 지적"하고 "조약의 배후에 있는 목적의 하나가 양국 간의 미래 경제협력의 기

초를 세우는 것에 있다는 점을 유의한다면, 이것이 조약의 주요한 목적이 었음은 이상하지 않다. 이 조약의 문맥에서 '청구권'이라는 용어에는 일본 이 주장하는 것과 같은 넓은 의미를 부여할 수는 없다. 따라서 일본은 한 국 위안부들의 청구를 저지하기 위하여 1965년 협정을 원용할 수 없다는 것이 우리들의 결론이다"[46]고 적고 있다.

다시 전후책임과 식민지 지배책임을 논한 부분으로 돌아가서 전쟁책 임, 전후책임, 식민지 지배책임을 서로의 관련성 속에서 살펴보자. 먼저 이론異論이 별로 없을 것으로 생각되는 전쟁책임에 대하여 살펴보자. 일 본에서는 좌·우파 모두 앞서 오누마가 '전후책임'의 정의에서 언급한 '1931년부터 45년까지의 전쟁과' 관련한 일본국민의 책임을 전쟁책임이 라는 개념으로 사용하고 있다. 물론 전쟁책임을 상세하게 나누면, 패전책 임인지, 개전책임인지, 전쟁을 저지하지 못한 일본공산당과 일본 민중들 의 책임인지, 자신들의 가치관에 반하여 전쟁에 협력한 특히 좌파 지식인 과 운동가들의 책임인지, 논자에 따라서 다양하게 사용하고 있으나 이들 대부분의 전쟁책임 논의에 공통되는 범위는 1931년부터 45년까지의 전 쟁에 한정된다. 따라서 일본에서 전쟁책임을 논할 때 식민지 지배 전반을 상정하고 논하는 경우는 거의 없다고 할 수 있다.

다음으로 전후책임에 대하여 살펴보자. 천황제의 전후책임을 논한 치모 토 히데키千本秀樹는 『천황제의 침략책임과 전후책임』에서 전후책임에 대 한 다양한 논의를 분석하고 있다. 그는 츠보이 시게지壺井繁治가 전전에 자 신의 전쟁협력에 대한 문제를 회피하고 전후 활동을 시작한 것에 대한 타 케이 테루오武井昭夫의 비판과 문학자의 전쟁책임을 논한 요시모토 다카아

---

46) 앞의 책, 『戦争責任論』, 247쪽.

키吉本隆明의 논의를 분석하면서 이들이 말한 전후책임이란 이전에 어떠한 형태로든 전쟁에 협력한 자들이 전후에 져야 하는 전쟁책임이란 의미로 이해한다.[47] 나아가 그는 국제법의 관점에서 전후책임이란 용어를 사용한 오누마 야스아키의 문장을 인용하면서 결국 오누마의 주장은 "'대동아전쟁'을 일으킨 일본의 사회 심리적 기반이 전후에도 변하지 않았으며, 전후 아시아 여러 민족에게 대동아공영권의 경제구상이 이제 반 정도는 현실이 되어버"린 상황에서 전전을 계승한 전후 일본의 성과를 향유하고는 있지만 "15년 전쟁에 대한 직접적인 책임이 없는 전후파·전무파戰無派에게도 전후책임이 존재한다는 사실을 지적하기 위한 것"[48]이라고 분석한다. 이렇게 본다면, 어쨌든 전후책임이란 전쟁과 이어진 상황에서 발생한 전후의 책임이며 이것은 개인적인 것일 수도 있으며, 앞에서 본 아카자와의 주장처럼 아시아 여러 나라의 피해자에 대한 처리를 게을리 한 일본정부의 책임일 수도 있다. 나아가 일본정부가 져야할 책임을 적극적으로 수행하도록 추동하지 못한 자각적인 일본 '시민'[49]의 책임일 수도 있다.

47] 치모토 히데키 지음, 최종길 옮김, 『천황제의 침략책임과 전후책임』, 경북대학교출판부, 2017, 21쪽.

48] 위의 책, 23쪽.

49] 여기서 굳이 '시민'이라는 용어를 사용한 것은 본문에서 인용한 『전후책임』에서 오누마를 포함한 대담자들은 일본이 져야할 전후책임의 주체로서 '시민'을 언급하고 있기 때문이다. 이 경우 자신이 속한 국가의 문제를 주체적이고 자각적으로 담당하려는 '시민'은 국가이익 우선주의에서 벗어나기 어려운 정부≒국가 혹은 국민을 대신할 수 있는 적극적인 의미가 있다. 그러나 다른 한편으로 국가의 이름으로 행해진 문제에 대한 책임은 역시 국가의 이름으로 해결해야 마땅하다는 측면에서 본다면, 이들의 역할은 국가가 문제해결에 적극적으로 나설 수밖에 없도록 강제하는 제한적인 범위에 한정될 수밖에 없다. 이러한 측면에서 본다면 일본군 '위안부' 문제를 해결하기 위해 일본의 진보적 인사들이 대거 결합하고 활동한 '여성을 위한 아시아 평화 국민기금'은 많은 한계를 가질 수밖에 없었다. 이러한 측면에서 오누마가 이야기하는 '일본'과 '일본시민'들의 노력을 몰라주는 그들의 섭섭한 감정은 충분히 이해하면서도 여기에는 논의해야 할 많은 문제가 있다고 생각한다. 즉, 한일 간의 과거사문제와 관련하여 일본의 진보적 인사들이 해야 할 '전후책임'의 중요한 방향은 국가의 이름으로 자행된 과거사는 국가의 이름으로 해결해야한다고 정

2차 세계대전 이후 제국주의 국가 간의 힘의 균형이 파괴되면서 패전국 일본, 독일, 이탈리아의 식민지로 있던 한국, 폴란드[50], 에티오피아는 식민지 상황에서 벗어났다. 그러나 승리한 제국주의 국가의 식민지였던 지역과 국가는 여전히 식민지인 채로 남아 있었다. 이후 1950년대에 들어서면서 식민지로 남아 있던 국가와 지역에서 독립운동이 지속적으로 전개되어 대부분의 식민지가 신생 독립국으로 바뀌었다. 이러한 세계사의 움직임 뒤에는 영국, 프랑스, 미국을 중심으로 하는 식민지영유국가의 강한 현상유지 욕망이 존재하고 있었다. 전승국의 이러한 욕망으로 인하여 2차 세계대전 이후 국제사회는 "식민지주의의 책임추궁을 회피하는 방식으로 성립"[51]하였다.

2차 세계대전의 종결과 더불어 시작된 냉전이란 국제질서 속에서 새롭게 독립한 국가들은 구식민지 종주국에 대하여 식민지 지배 기간에 일어난 각종의 범죄행위에 대한 배상이나 보상을 요구할 수가 없었다. 냉전이

부에 압력을 가하여 국가의 이름으로 해결할 수밖에 없도록 강제하는 것이다. 따라서 원칙론적으로 본다면 과거사의 해결을 위해 그들이 선택한 아시아여성기금이란 방향은 올바른 것은 아니다. 물론 해결을 위해 나설 의사가 없는 국가를 대신하여 '시민'의 이름으로 해결하려고 한 선택은 정부의 미온적 태도를 더 이상 두고 볼 수 없는 궁여지책 속에서 나온 것인 만큼 이러한 상황에서 발생할 한계(예를 들면 한국의 몰이해)와 성과를 모두 안고 갈 수밖에 없다. 일본 시민들의 진정성 있는 노력이라 하더라도 그것이 피해자들이 원하는 것과는 다른 것이라면 그 노력을 몰라주는 행위에 대하여 섭섭해 할 수는 없다.

50) 1차 세계대전 이후 독립한 폴란드는 2차 세계대전 기간 중인 1939년 9월 독일과 소련의 침공에 의해 폴란드 서부는 독일에게 동부는 소련에 분할 점령되었다. 독일이 점령한 서부 지역에서는 나치 독일에 의한 잔악한 학살이 진행되었으며, 소련이 점령한 동부 지역에서는 폴란드에 의해 건설된 시스템이 해체되고 사회주의화가 진척되었다. 이후 2차 세계대전의 결과 새롭게 통일 정부가 성립되었다. 1939년부터 45년까지의 폴란드 상황을 식민지로 볼 것인지 아니면 점령시기로 볼 것인지 필자는 답하기 어려우나 이 장에서 다루는 '식민지 지배책임'이란 문제와 관련하여 본문에서 '식민지 상황에서 벗어났다'고 표기한다.

51) 永原陽子, 「'植民地責任'論とは何か」永原陽子編『植民地責任論』, 青木書店. 2009, 10쪽.

라는 국제질서 속에서 신생국은 인도에 반하는 죄를 단죄하여 인류 보편적인 인권을 강화하기보다는 막 독립한 국가의 정치적인 안정을 위해 경제개발과 사회적 안정을 우선시하였다. 그리고 신생국의 배후에 있는 강대국은 자신들의 이데올로기에 친화적인 정권을 안정적으로 유지하려고 하였다. 그러나 1990년에 들어서면서 세계적인 냉전 질서가 무너지자 잠재하고 있던 과거사 문제는 세계적인 형태로 분출하기 시작하였다. 이러한 세계사적인 변화를 반영하여 "식민지주의와 노예무역·노예제의 '죄'와 '책임'을 묻는 움직임과 이를 둘러싼 연구를 '식민지 책임'"[52]이라는 키워드로 총괄한 도쿄외국어대학 아시아·아프리카 언어문화연구소의 연구 책임자 나가하라 요코永原陽子는 1931년부터 45년 사이의 전쟁에서 일본이 져야할 다양한 책임을 '전쟁책임론' 속에서 논해왔지만 "일본의 전쟁범죄가 식민지 지배 위에서 존재하는 이상""'전쟁책임'론에는 '식민지 책임'론의 요소가 내재하"고 있음에도 불구하고 "일본의 전쟁책임론에는 처음부터 식민지 지배책임에 대한 관점이 빠져있었다"[53]고 지적한다. 이러한 논의는 기존의 전쟁책임론에서 한 발 더 진전된 것이기는 하나 여전히 문제도 존재한다.

나가하라는 식민지 지배과정에서 발생할 수 있는 범죄를 첫째 '인도에 반하는 죄'나 '제노사이드', 둘째 식민지 전쟁에서 발생한 대량학살이

---

52) 위의 논문, 11쪽. 나가하라는 여기서 '식민지책임'이란 용어를 사용하면서도 다른 의견으로 '식민지 지배책임'이란 용어 사용을 주장하는 측의 의견도 검토하고 있다. 어느 쪽이 더 적절한지는 독자들의 판단에 맡긴다. 관련된 논의는 『植民地責任論』의 27–29쪽을 참조하기 바란다. 참고로 필자는 '식민지 지배책임'이란 용어가 더 적절하다고 판단한다. 본 논문에서는 단행본 『植民地責任論』과 관련된 문맥에서 '식민지책임'이란 용어를 사용하나 이는 필자가 사용하는 '식민지 지배책임'과 동일한 의미로 사용하였음을 밝혀둔다.

53) 위의 논문, 11쪽. 이것과 유사한 주장으로는 荒井信一, 『戦争責任論』, 岩波書店, 1995가 있다. 특히 227–231쪽을 볼 것.

나 포로학대, 셋째 식민지에서의 강제이주나 강제노동으로 구분한다. 이어서 나가하라는 이러한 식민지 범죄의 "대상은 당연히 근거로 해야 할 법이 성립한 시기 이후의 사상事象에 한정된다"[54]고 한다. 구체적으로 나가하라는 "'인도에 반하는 죄'나 '제노사이드'를 기준으로 한다면 제2차 세계대전 이후"이며, 식민지 전쟁에서 발생한 대량학살이나 포로학대는 "19세기 후반부터 본격적으로 정비"된 전쟁법규 예를 들면 "1899년과 1907년 헤이그 육전규칙" 등을 적용할 수 있으며, 식민지에서의 강제이주와 강제노동 등에 대한 것은 "1884-85년의 베를린회의 일반의정서의 '원주민보호'규정이나 1890년의 브뤼셀조약의 노예무역 단속에 관한 결정 등을 채용하여" "동시대의 법 기준에 따라서 '식민지 범죄'를 논할 수"[55] 있다고 한다. 그녀의 기준에 따르면, 첫 번째의 식민지 범죄는 2차 세계대전이 발생하고 난 이후의 사건에 한정되며, 두 번째와 세 번째의 식민지 범죄는 "서구 식민지주의의 기나긴 역사 속의 겨우 마지막 1세기 정도에 한정"[56]될 수밖에 없다. 나가하라는 많은 법률가들이 말하는 소급입법금지 원칙을 적용하여 식민지 범죄를 논해야 한다고 주장한 것이다.[57]

---

54) 위의 논문, 24쪽.

55) 위의 논문, 24-25쪽.

56) 위의 논문, 25쪽.

57) 1963년 12월 도쿄지방재판소는 미국이 히로시마와 나가사키에 원폭을 투하한 행위를 국제법상 위법이라고 판결하면서 그 이유를 다음과 같이 논한다. "국제법상의 관습법에 의하면, 무방위 도시, 무방위 지역에서는 비전투인 및 비전투시설에 대한 포격이 허용되지 않는다. 그리고 독, 독가스, 세균을 전쟁에 사용하는 것도 육전규칙과 그 외에서 금지하고 있다. 원폭투하에 대해서는 특별한 조약은 없으나 원폭이 가진 파괴력을 생각하면 이것은 동일하게 해석해야만 하는 것으로 히로시마·나가사키에 원폭의 무차별 투하는 국제법에 위반된다."(『判例時報』 255号, 荒井信一. 『戦争責任論』, 岩波書店, 2005. 252쪽에서 재인용). 이 판결에 따르면, 일본 731부대의 행위와 일본군이 중국전선에서 독가스를 사용한 것은 명확한 국제법 위반이다. 그리고 판결문은 기존의 국제조약에 원자폭탄에 관한 구체적인 언급이 없었던 만큼 '원폭투하에 대해서는 특별한

뉘른베르크 재판 과정을 좀 더 정확히 검토해 보면 이 재판에서 처음으로 인도에 반하는 죄와 평화에 반하는 죄라는 개념이 제시되었으며 재판 당시에도 이러한 법적용은 소급입법금지 원칙에 위배된다는 주장이 존재했었다. 한국에 잘 알려진 사례를 소개하면, 도쿄재판 과정에서 인도인 판사 라다비노드 팔Radhabinod Pal은 죄형법정주의에 기초하여 재판을 진행해야 한다는 대원칙에 입각하여 '평화에 반하는 죄'와 '인도에 반하는 죄'는 사후법인 만큼 이를 근거로 피고인들을 유죄로 판단할 수는 없다고 하였다. 그러나 팔 판사의 견해와는 별개로 인류사회가 노예무역이나 식민지 개척 과정에서 드러낸 전쟁의 야만성과 잔인성을 인류 보편적 가치라는 '문명화'의 실현 과정으로 당위성을 부여한 1856년의 파리선언, 1868년의 제네바 협정, 1899년과 1907년의 헤이그 육전규칙, 1919년 베르사유 강화조약의 전쟁책임 조항, 1925년의 제네바 의정서, 1948년의 제네바 적십자 4조약 등은 역시 사후입법이었다. 이러한 사후입법을 인류의 보편적 가치를 실현하기 위하여 정치적인 형태로 합의하고 적용한 것이 뉘른베르크 재판과 도쿄재판이다.[58] 물론 여기에는 승전국의 이해관계가 다양

조약은 없으나'라고 한정하고 있지만 결국 전쟁에 관한 국제법이나 규정이 제정된 기본적인 법철학을 고려하면 원자폭탄 역시 '독, 독가스, 세균'을 전쟁에서 사용해서는 안 되는 이유와 '동일하게 해석해야 하는 것으로' 판단하였다. 이러한 내용을 사후입법을 금지한 죄형법정주의 원칙에 의거하여 판단한다면, 원폭투하에 대한 행위를 '당시의 국제법'에 비추어 위법이라고 판시할 수는 없다. 따라서 도쿄재판에서 팔 판사의 주장을 지지하는 일본인들은 위의 도쿄지방재판소 판결을 부정해야 마땅하다. 우리는 인류에게 심대한 악영향을 미친 인간의 행위를 '이행기 정의'라는 법철학에 입각하여 판단할 필요가 있다.

58) 도쿄재판의 판사였던 네덜란드의 벌터 롤링(Bernard Victor Aloysius Röling)은 "침략전쟁은 전쟁이 개시되었던 시점에서는 국제법상의 범죄가 아니었다. 이것은 뉘른베르크, 도쿄 양 재판이 도입한 것이었다. 국제법이 패한 자에게 적용됨으로써 보다 발전할 수 있도록 된 좋은 예이다. 이처럼 패전국에게 부과된 새로운 원칙이 그 자신의 생명을 얻고 최종적으로 보편적인 원칙으로 채용되기에 이른 것은 종종 일어나는 일이다"(B.V.A. Röling and A. Cassese, The Tokyo Trial and Beyond, 1993. 荒井信一, 『戦争責任論』, 岩波書店, 2005, 280쪽에서 재인용)고 하

한 형태로 반영된 사실도 인정할 수밖에 없다. 양 재판 역시 이러한 범주를 벗어나지 않는다. 이러한 경과에 더하여 필자는 이행기 정의와 관련한 법 논리를 논하는 과정에서 밝힌 내용에 의거하여 소급입법금지 원칙을 적용하여 식민지 범죄를 논해야 한다는 나가하라의 주장에는 동의할 수 없다.

1946년 5월부터 48년 11월까지 진행된 도쿄재판은 1931년 만주사변의 원인이 되었다고 하는 1928년 장쮀린 폭살사건부터 1945년까지 발생한 전쟁범죄를 다루었다. 도쿄재판이 적용한 일본의 전쟁범죄 기간과 나가하라의 논거에 의하면, 결국 일본의 '식민지 범죄'에 관한 책임은 길게 잡아야 1928년부터 45년 사이이며 대체적으로는 1931년부터 45년 사이로 한정된다. 대상 시기를 이렇게 좁힌다면, 식민지 지배과정에서 발생한 범죄는 거의 다룰 수 없으며 오히려 나가하라가 제시한 '식민지 책임'보다는 기존의 전쟁책임이라는 용어가 더 적절하다. 앞에서도 언급한 것처럼 한반도에서 발생한 청일전쟁을 전후한 과정에서 일본군이 자행한 동학농민운동 참가자들에 대한 대량학살, 일본의 군과 경찰이 3·1운동을 진압하는 과정에서 자행한 대량학살 특히 제암리 학살 사건 등은 식민지를 개척하고 지배하는 과정에서 발생한 명확한 식민지 범죄이며 인류의 보편

여 뉘른베르크 재판과 도쿄재판에서 적용된 인도에 반하는 죄와 평화에 반하는 죄가 죄형법정주의에는 어긋나지만 인류의 보편적 법철학 발전에 기여하였음을 인정하였다. 한편 서독의 헌법재판소는 나치 범죄와 같은 인도에 반하는 죄의 시효적용 여부에 관한 헌법소원에 대하여 시효를 부정하는 것은 "법률소급금지 원칙은 형사소추와 같은 절차법에는 적용되지 않으며 법 앞의 평등이라는 원칙에도 반하지 않는다는 이유로 합헌 판단을 내렸다"(荒井信一, 『戰爭責任論』, 岩波書店, 2005, 288쪽). 이와 유사하게 70년대 후반부터 서구 각국에서는 나치 범죄와 관련된 처벌에 관한 법 개정 과정에서 소급입법금지원칙보다는 인류 보편적 가치 추구가 보다 중요하다고 판단한 사례는 많이 있다.

적인 가치에 반하는 죄이다.[59] 과거의 식민지 범죄를 적극적으로 다루기 위해서는 실정법주의, 죄형법정주의, 소급입법금지 원칙도 중요하지만 그보다는 이행기 정의에서 제기된 법 논리와 법철학을 보다 적극적으로 검토할 필요가 있다.

마지막으로 식민지 지배책임에 대한 정의와 의미에 대하여 검토하자. 시미즈 마사요시清水正義는 '식민지 책임'과 식민지 범죄를 구별하여 사용할 것을 주장하면서 '식민지 책임'이란 "타국·타지역의 영토·영역을 침범하여 자국영토화 하거나 혹은 자국의 권익 하에 두거나 또는 자국의 경제적 세력권 하에 편입하여 식민지 지역 주민에게 심대한 피해와 손해를 준 것에 대한 책임" 즉, "식민지 지배를 행한 것 자체의 책임"을 말하며, 식민지 범죄란 "식민지 지배의 과정에서 행해진 주민에 대한 폭력, 학살, 약탈, 모욕侮辱행위, 강제노동 징용, 노예화 등"의 행위, 즉 식민지 지배 "가운데서 행한 식민지 주민에 대한 범죄행위 그 자체"[60]라고 정리한다. 따라서 그의 정리에 의하면, 식민지 책임에는 "식민지 지배 중의 다양한 부정적인 행위를 포함하지만 그러한 잔학행위 자체를 의미하지는 않는"[61]다. 우선 시미즈는 '식민지 지배 중의 다양한 부정적 행위'라고 표현했는데 그렇다면 '식민지 지배 중의 다양한 긍정적 행위'도 존재한다고 생각하는지 의문이다. 시미즈가 식민지 근대화론자의 입장이라면 이렇게

---

[59] 노무현 정부에서 집중적으로 제정된 한일 간의 과거사 문제에 관한 여러 가지 법률은 식민지 문제의 시작을 대체적으로 러일전쟁을 전후한 시기부터 적용하고 있다. 그 이후에 제정되거나 발의된 한일 간의 과거사를 다룬 법률 역시 거의 동일하다. 따라서 동학농민운동 참가자에 대한 대량학살은 한국 정부의 논리 구조 속에서는 한일 간의 과거사 문제 밖에 있다.

[60] 清水正義,「戰爭責任と植民地責任もしくわ戰爭犯罪と植民地犯罪」永原陽子編『植民地責任論』, 靑木書店, 2009, 54쪽.

[61] 위의 논문, 54쪽.

표현할 수도 있겠지만, 그보다 식민모국의 사람으로 은연중에 가지게 된 의식이 아닌가 한다. 어떠한 의미인지 자료에 근거하여 분석할 수 없는 상황에서 이 문제는 지적하는 정도로 그친다. 그는 이 논문에서 '식민지 책임'과 식민지 범죄의 관계를 논하기에 앞서 전쟁책임과 전쟁범죄를 논하는데 이에 의하면, "전쟁책임이란 침략전쟁을 개시한 것 그 자체의 책임"을 지칭하는 것으로 이것이야말로 "전쟁범죄를 준비하고 일으킨 제1의 원인으로"[62] 이는 '평화에 대한 죄'에 해당한다고 분석한다. 한편, "전쟁범죄란 전쟁 중에 일어난 적병, 적국 주민, 점령지 주민에 대한 폭력, 학살, 살육, 약탈, 모욕행위 등을 의미"[63]하는 것으로 이는 '인도에 반하는 죄'에 해당한다고 분석한다. 이를 종합하면, 전쟁책임은 평화에 반하는 죄에, 전쟁범죄와 식민지 범죄는 인도에 반하는 죄에 해당한다, 그렇다면 식민지 지배책임은 어떠한 죄에 해당하는가. 시미즈의 정의에 의하면, 식민지 지배책임은 양쪽의 어느 죄에도 해당하지 않으며, 식민지 범죄와 식민지 지배책임은 밀접한 상관관계를 가지고 있지만 범주가 다른 것인 만큼 수많은 식민지 범죄의 집적集積에 의해서도 식민지 지배책임은 범죄로서는 성립하지 않는다. 따라서 시미즈는 식민지 지배책임을 "도의적 혹은 정치적 문맥에서 또는 역사적 평가의 문제로 논할 수는 있지만 그것을 법적인 의미로 인정하고 그에 기초하여 변상 등의 구체적인 조치를 취할 수는 없"[64]는 것이라고 정의한다. 여기에도 나가하라의 논리에 적용된 것과 유사한 법 개념이 바탕에 깔려 있는 듯한 느낌을 강하게 받는다. 그리고 전형적인 식민모국의 논리를 대변하고 있다는 생각을 지울 수가 없다.

---

62) 위의 논문, 52쪽.

63) 위의 논문, 51–52쪽.

64) 위의 논문, 55쪽.

시미즈의 논리에 의하면, 식민지 지배책임을 논하는 것은 완전히 역사에 속하는 것으로 과거의 식민지 범죄를 역사적인 실증에 의해 재구성하고 좁은 의미의 정치적인 평가와 넓은 의미의 역사적인 평가를 부여하는 정도로 그친다. 배상이나 보상은 하지 않아도 그만이며, 피해에 대한 원상복구의 필요성도 없고, 식민지 범죄자에 대한 처벌의 필요성도 없다. 그렇다면 그는 왜 인도에 반한 죄라는 개념을 활용하여 논리를 전개하는지 필자는 납득할 수 없다. 이러한 논리라면, 수 천 년 전의 과거에 로마제국이 저지른 식민지 범죄에 대하여 지금 누구도 배·보상, 피해에 대한 원상복구, 당사자에 대한 처벌을 요구하지 않는 것처럼 불과 몇 수 십 년 전에 일어난 사건에 대해서도 비록 피해당사자가 생존해 있다고는 하지만 모두 역사의 문제라고 치부해버리고 단지 할 수 있는 것은 역사적인 실체규명이라고 주장하면 그만이다. 이러한 사고법은 인류가 그동안 진척시켜 온 인류의 보편적 가치를 지키기 위한 노력을 야만상태로 되돌리는 것이다. 이렇게 본다면, 일본과 일본인들이 그동안 한일 간의 과거사 문제를 해결하기 위하여 해온 다양한 노력들은 하지 않아도 되는 일이 되어버린다. 그리고 여기에는 평화에 반한 죄, 인도에 반한 죄라는 개념은 필요하지 않다. 이러한 주장에 의하면 『식민지 책임론』의 필자들이 염두에 둔 '탈식민화'는 요원하다고 할 수밖에 없다. 따라서 '탈식민화'의 중심적인 주체는 역시 식민모국의 '사람'들에 의해서가 아니라 식민지 출신의 '사람'들에 의해서 이루어질 수밖에 없다.

필자는 '식민지 지배책임'을 서양의 근대화 과정에서 발생한 제국주의 국가의 식민지 건설과 운영에 관련된 일체의 행위에 대한 책임으로 정의한다. 따라서 일본의 '식민지 지배책임'이란 일본이 근대화 과정에서 타이완과 조선을 식민지, 중국을 반식민지로 만들고 이를 경영하는 과정에서 일으킨 일체의 문제에 대한 책임을 말한다. 필자는 식민지 지배 그 자체를 일류 보편적인 가치에 위배되는 행위로 정의하고 이러한 행위에 대한 비판을 통해 근대화 과정에서 진행된 식민주의를 극복하는 것을 목표로 한다.

5. 결론

한중일 동아시아 3국의 관계를 미래지향적으로 설계하고 인류 보편적 가치에 기초하여 화해와 공존의 가능성을 넓히기 위해서는 19세기 이후 3국의 과거사를 재논의하고 정리할 필요가 있다. 이를 위해서는 일본이 행한 한국과 중국에 대한 식민지 지배에 대한 책임문제를 3국의 공통 이슈로 다룰 필요가 있다. 이러한 문제의식에 입각하여 현대사에 대한 통설을 재검토하고 도쿄재판의 문제점을 점검하였다. 이러한 작업을 통해 일본에서 진행된 전쟁책임론이 가지는 다양한 문제점을 지적하고 기존의 논의를 '식민지 지배책임론'으로 변경할 것을 제안하였다.

인류의 참혹한 희생을 가져온 두 번에 걸친 세계전쟁의 근본원인은 제국주의 국가 간의 팽창정책 즉, 제국주의 국가 서로간의 식민지 침략과 지배정책이 충돌한 것이라고 할 수 있다. 이러한 성격을 가진 전쟁에서 승리한 미국은 문명의 이름으로 패전국을 재판하고 자신들의 정당성을 주장하기 위한 수사rhetoric가 필요했다. 이러한 연합국의 수사가 구체화된 것이 뉘른베르크재판과 도쿄재판이다. 이러한 성격을 갖는 도쿄재판은 그 대상 시기를 1931년 만주사변의 계기가 된 1928년 장쭤린 폭살사건에서 45년 패전까지로 한정하였으며, 식민지 확보와 지배과정에서 일어난 다양한 형태의 범죄에 대해서는 취급하지 않았다. 여기에는 제국주의 국가들이 자신의 식민지 지배에 대한 반성적 인식이 전혀 없었으며 오히려 직간접적으로 정치, 경제, 문화적 영역에서 기존의 식민지 체제를 유지하여 지속적으로 자신들의 이익을 관철시키려고 하는 국제정치적인 이해관계가 깔려있었기 때문이다.

도쿄재판의 대상 시기와 연동하여 일본에서 통상적으로 논의되는 전쟁책임론에는 식민지 지배책임까지를 포함하지는 않는다. 즉, 일본에서 말하는 전쟁책임론에는 좌·우파를 막론하고 1931년 만주사변을 시작으로 하는 15년 전쟁 동안에 일어난 강제동원, 징집 등의 문제에 한정하여 논하는 경향이 강하다. 따라서 이제 '전쟁책임론'에서 '식민지 지배책임론'으로 논의 구조를 변경할 필요가 있다. 물론 이러한 논의 변경은 제국주의 국가들이 행한 식민지 지배 그 자체를 부정하고 이들이 행한 식민지 지배는 인류 보편적 가치에 반하는 것임을 선언하는 작업이기도 하다.

필자가 제시한 '식민지 지배책임'이란 서양의 근대화 과정에서 발생한 제국주의 국가의 식민지 건설과 운영에 관련된 일체의 행위에 대한 책임을 지칭한다. 따라서 일본의 '식민지 지배책임'이란 일본이 근대화 과정에서 타이완과 조선을 식민지, 중국을 반식민지로 만들고 이를 경영하는 과정에서 일으킨 일체의 문제에 대한 책임을 말한다. 이제 65년의 한일회담과 그 결과인 한일협정과는 별도로 식민지 지배책임에 입각한 새로운 한일관계를 정립할 필요가 있다.

Part 1
전후의 시작과
내셔널리즘으로의 수렴

Chapter 1

전후의 시작과
진보진영의 전쟁책임 문제

1. 서론

일본에서 1910년을 전후하여 출생한 세대는 1930년 전후에 20대가 되어 어느 정도 자아형성을 완성한다. 특히 이들 가운데 지식인에 속하는 대학 진학자들은 1920년대 후반부터 일본 지식계에 큰 영향을 끼친 마르크스주의에 많은 영향을 받고 있었다. 그리고 마르크스주의의 영향이 커지면서 이 시기 일본사회의 변혁론은 코민테른과 밀접한 관계를 가지면서 활동하고 있던 일본공산당의 이론이 주류를 형성하고 있었다. 따라서 이들은 대학에 진학하면서 직간접적으로 사회운동에 참가하는 경우 일본공산당이 제시하는 여러 가지 형태의 전략 전술론에서 자유롭지 못했다. 대학에 진학하여 운동에 관여한 이들은 이론적이나 조직적으로 주도적인 위치에 있지는 못하였다.

마르크스주의가 큰 영향을 미치고 있는 변혁운동 진영의 상황과는 반대로 일본의 정국은 1931년 만주사변을 시작으로 중국에서의 전선 확대와 장기적이고 전면적인 전시 상황을 맞이하고 있었다. 이러한 상황에 맞추어 일본이 통치하는 모든 지역에서 사상통제는 강화되었으며 전쟁협력에 대한 국가적 요청은 집요하게 집행되었다. 그 결과 전쟁에 반대하고 국가권력에 저항하던 혁명진영에서도 탈락자들이 나오기 시작한다. 그 본격적인 시작은 1933년 6월 사노 마나부佐野学와 나베야마 사다치카鍋山貞親의 전향이었다.[1] 도쿄제국대학 출신의 지식인이며 일본공산당 내의 최고 이론가인 사노와 노동운동가 출신의 일본공산당 주요 간부였던 나베야마의 전향은 모든 혁명 운동가들에게 대단한 충격을 주었다. 정부는 이들의 전향을 대대적으로 선전하였으며 이로 인하여 각각의 분야에서 일본공산당을 지지하며 혁명운동의 일각을 담당하던 조직원들도 전향을 선언하고 운동에서 멀어졌다. 국가권력의 탄압이라는 외적 상황과 조직붕괴라는 내적 상황이 겹치면서 더 이상 운동에 관여하기 어려운 상황이 전개되자 전향을 선언하지는 않은 많은 운동가들도 침묵하였으며 활동을 중지하였다.

이러한 상황을 몸으로 체험하면서 전시체제를 지내온 이들이 이른바 1910년 전후에 출생한 전전戰前세대이다.[2] 특히 이들은 1945년 일본이

---

[1] 일본근현대사에서 전향문제가 가지는 중요성에 대해서는 후지타 쇼조 저·최종길 역, 『전향의 사상사적 연구』, 논형, 2007; 思想の科学研究会編, 『共同研究 転向』上中下, 平凡社, 1959–1962를 참조할 것.

[2] 이전에 개별 논문으로 발표할 당시에는 『근대문학』 동인들을 전중(戰中)세대로 언급하였다. 이들이 전전에 직접 마르크스주의와 접하고 그 영향을 받았다는 측면에서 이전에 전중파로 분류한 것은 오류라고 판단하여 이 책에서는 전전파로 수정하였다. 일본에서 흔히 전중파라고 하면, 2차 세계대전 중에 10대 후반에서 20대를 넘긴 세대를 지칭한다. 그러나 애매한 것이 '2차 세계대전'이라고 할 때 그 '전쟁'의 시기를 1937년의 중일전쟁, 1941년의 태평양전쟁 중 어디를 기점으로 삼는지는 저마다 조금씩 다르다.

패전하였을 때 30대로 40대의 전전세대와는 조금 다른 특징들을 가지고 있었다. 그 차이점을 가장 극명한 형태로 보여주는 것이 『근대문학近代文學』과 『신일본문학新日本文学』 지지자들 사이에서 전개된 '정치와 문학' 논쟁이다. 특히 『근대문학』 동인들이기도 한 30대의 전전세대는 전후에 새로운 출발을 위한 주체적 계기를 필요로 하였다. 여기서 이들은 전전의 일본공산당운동 특히 일본공산당의 문예정책을 비판적으로 재검토하였다. 그 구체적인 활동은 전후 민주주의와 혁명의 과제를 수행할 주체가 누구인지를 묻는 주체성 논쟁, 전후의 과제를 수행할 주체는 전전의 전쟁협력과 관련된 일련의 전쟁책임 문제를 어떻게 처리할 것인지, 그 결과 새로운 민주주의 혁명의 전략 전술론은 전전과 어떻게 달라져야 하는지에 대한 문제제기로 나타났다. 물론 이 논쟁에 대하여 어느 한쪽의 입장을 긍정하거나 부정하는 형태로 판정할 수는 없다. 특히 사회운동사 연구란 측면에서는 논쟁 당사자들 서로가 과거 운동의 오류를 확인하고 이후의 운동과정에서 이를 어떻게 수정하였는지를 추적하는 것이 중요하다.

이러한 문제를 포괄하는 '정치와 문학' 논쟁은 지금까지 대체로 운동사적인 측면에서 논의되기 보다는 문학 분야에서 진행된 논쟁의 하나로 다루어졌다. 이러한 것을 잘 보여주는 것이 1961년도 『국문학 해석과 감상國文學 解釋と鑑賞』의 7월호 특집 「근대문학논쟁사전」, 우스이 요시미臼井吉見가 1972년에 편찬한 『전후문학논쟁戰後文学論争』 상, 1975년에 편찬한 『근대문학논쟁近代文学論争』 하에 '정치와 문학' 논쟁을 분류한 사실이다. 문학 분야에서 다루는 '정치와 문학' 논쟁은 대체적으로 다음과 같이 정리할 수 있다. 정치의 우위성을 강조한 좌익문예정책 때문에 운동에 다양한 편향과 오류가 발생했으며 그 결과 작가동맹이 해체되었다고 판단한 『근대문학』 동인들은 정치에 대한 문학의 자율성을 강조한 반면, 나카노 시게하루中野重治로 대표되는『신일본문학』에 속한 작가들은 부르주아 계급이 확립되지 않은 일본에서 프롤레타리아의 지도에 의해 부르주아 민주주의 혁명을 수행할 수밖에 없는 일본적인 역사적 상황을 반영한 것이 전전 일본공산당의 문예정책이었으며 여기에 패배는 있었지만 오류는 없었다고 주장한다.

문학 분야와는 반대로 역사학 특히 운동사 영역에서 이 논쟁을 다룬 자료집은 매우 드물며 선행연구 역시 거의 전무하다고 해도 과언이 아니다. 따라서 이제 전전과 전후의 운동사를 하나의 일관된 시각에서 다루기 위해서도 이 논쟁을 운동사적인 측면에서 다룰 필요가 있다. 역사학의 관점에서 '정치와 문학' 논쟁을 다룬 와타누키 유리綿貫ゆり는 "『근대문학』동인들의 활동은 역사적으로 중요한 점을 많이 포함하고 있음에도 불구하고 창간 당시의 복잡한 역사적인 상황과 어우러져 역사학 분야에서 그 존재의 중요성을 정당하게 평가받지 못한 채로 현재에 이르렀다"[3]고 한다. 그녀는 역사적 측면에서 '정치와 문학' 논쟁을 다룰 것을 강조하였음에도 불구하고 논쟁을 전전과 전후의 일본공산당운동과 연관지어 분석하지 못하고 있다. 오히려 그녀는『근대문학』동인들이 제기한 휴머니즘의 문제를 분석하는 데 치중하고 있다.[4]

1928년 3·15사건, 1929년 4·16사건 등 일본공산당에 대한 탄압, 1933년 전향과 운동에서의 이탈, 1937년 12월의 인민전선 사건으로 인한 범 진보진영의 괴멸이란 전전 일본진보운동의 이면에 존재한 혁명이

---

3) 綿貫ゆり, 「「政治と文学」論争 ―『近代文学』の'戦中'と'戦後'」『人文公共学研究論集』第35号, 2018年9月, 42쪽.

4) 그녀는 휴머니즘의 문제를 "공산당이 지도하는 좌익운동에 관여한 경험을 가지고 있"는『근대문학』동인들이 "그 때 경험의 근저에서 끌어낸 이른바 '실존적' 문제"(43쪽)라고 정의한다.

론, 국제공산당 조직과 일본공산당의 관계, 전위정당과 대중단체의 관계, 일본공산당과 사회민주주의 단체의 관계 등 운동사의 다양한 주제 속에서 지식인과 문학자들이 수행한 역할에 대한 분석은 여전히 미미하다. 특히 일본공산당이야말로 침략전쟁에 반대한 유일한 정당이며, 옥중에서 전향하지 않고 국가권력에 저항한 당의 간부들이야말로 전후 민주주의 혁명의 담당자라는 신화에는 전전과 전후의 일본 진보운동을 정당하게 평가하기에는 많은 문제점들이 포함되어 있다. 따라서 이 장에서는 전전과 전후에 진행된 '정치와 문학' 논쟁을 운동사의 시각에서 재검토하여, 전후 진보운동의 새로운 출발점인 전쟁책임 문제를 살피기 위한 토대를 마련하는 것을 목표로 한다. 이러한 탐구는 1980~90년대의 격렬한 사회운동을 통해서 많은 변화를 도출한 한국의 진보운동이 이제는 오히려 기득권층이 되어가고 있는 현실에 대한 비판적 자성이기도 하며, 변화한 시대에 어울리는 새로운 운동방향을 모색하려는 고민이기도 하다.

2. 작가동맹 해산의 내적 원인

1926년 7월부터 시작된 국민당 정부의 북벌로 인해 27년 3월에 상하이上海와 난징南京이 국민당 정부의 세력권 안으로 들어갔다. 이러한 상황에서 상하이에 있는 노동조합과 공산당원들은 국민당 정부와 대립하면서 노동규찰대 활동을 강화하고 있었다. 그러자 장제스蔣介石의 국민당 정부는 1927년 4월 12일 새벽에 노동조합과 좌익 활동가들을 공격하였다. 국민당 정부 내의 우파가 중심이 되어 자행한 4·12 쿠데타로 인하여 국민당 좌파와 공산당은 큰 피해를 입었으며 중국공산당은 반격을 준비하고 있었다.

중국대륙의 정치적 상황이 위와 같이 전개되는 가운데 1927년 4월 20

일에 탄생한 다나카 기이치田中義一 내각은 경기불황 타개를 위해 중국에 대한 적극정책을 추진하였다. 중국에 대한 적극정책을 추진함에 있어 다나카 내각은 대륙에서 격화되고 있는 공산주의 운동이 일본에 어떠한 영향을 미칠 것인지 상당한 우려를 표명하였다. 즉, 다나카 수상은 4월 22일에 발표한 취임연설에서 "중국에서 공산당 활동의 결과 여하에 따라 직접 영향을 받을 우려가 큰 우리나라"로서는 "이에 대하여 전혀 무관할 수 없다"[5]고 하여 중국에서 일어나고 있는 상황에 대한 우려를 표명하였다. 이러한 우려는 대중국 적극정책을 추진하기 위하여 1927년 6월 27일부터 진행된 동방회의東方會議 발언에서 보다 구체적으로 나타난다. 동방회의는 대중국 적극정책을 추진하기 위하여 단행한 1927년 5월 18일 제1차 산둥山東출병을 뒷받침하기 위하여 진행된 회의였다. 이 회의에서 다나카 수상은 중국에 있는 일본인들이 공산주의자 등의 "불령분자不逞分子" 때문에 "생명, 재산 그 외의 직접적인 해를 입고 있는 자가 있는 바 이들에 대해서 우리들은 결코 묵시할 수 없다"[6]고 강조하였다. 이러한 위기의식은 중국과 소련 공산주의자들의 영향권 내에서 이들과 연계를 강화하고 있던 일본 공산주의운동에 대한 탄압으로 나타났다. 일본공산당의 활동을 지속적으로 감시·단속하고 있던 특고경찰은 이전부터 파악하고 있던 각종의 정보에 기초하여 1928년 3월 15일과 1929년 4월 16일에 일본공산당원에 대한 대대적인 검거를 실시하였다.[7] 이러한 탄압으로 인하여 일본공산당 조직은 거의 괴멸되었다.

---

5) 田中義一, 「声明書」, 佐藤元英 『史料 東方会議(1927年)に関する外務省記録』『変動期の日本外交と軍事』, 原書房, 1987, 216쪽.

6) 위의 책, 田中義一, 「田中外務大臣の訓示」, 227쪽.

7) 여기에 대한 상세한 연구는 최종길, 『근대 일본의 중정국가 구상』, 경인문화사, 2009를 참조할 것.

혁명적 전위정당인 일본공산당의 괴멸로 인하여 1929년 이후 일본의 진보운동은 "비합법주의와 급진주의가 지배하였으며" 운동에 결합한 "다양한 조직이 운동 전체 속에서 가지는 각각의 수준 차이가 무시된" 결과 "대중조직을 당원획득의 장소로 보는 경향이 강화"[8]되었다. 이러한 운동 방향 변경은 전위당으로서의 일본공산당이 괴멸되자 대중단체가 혁명적 전위정당의 역할을 대신하라고 한 코민테른의 전략변경과 밀접한 관련을 가지고 있다.[9] 그 결과 일본에서는 혁명적 전위정당과 대중단체의 역할에 대한 혼선이 발생하여 대중조직 자체가 가지는 "본연의 역할과 기능을 부차적인 것으로 만들어버리고 모든 상황을 정치로 환원시키는 정치우위의 관념성을 발생시키는 폐해를"[10] 낳았다. 이러한 문제에 대한 논쟁이 '정치와 문학' 논쟁이다.

전전의 '정치와 문학' 논쟁은 대체로 1932년 3월부터 시작되는 일본프롤레타리아 문화연맹[KOPF, コップ]에 대한 탄압에서 시작하여 1934년 2월의 일본프롤레타리아 작가동맹[NAPL, ナルプ]의 해체에 이르는 과정에서 진행된 마르크스주의 문학자들 사이의 논쟁이라고 할 수 있다. 그리고 이 논쟁의 분기점은 1933년 6월 사노 마나부와 나베야마 사다치카의 전향으로 볼 수 있다. 따라서 전전과 전후를 막론하고 '정치와 문학' 논쟁은 일본공산당의 운동론이 내포한 문제와 이로 인해 발생한 전향의 문제를 포괄하고 있다.

---

8) 渡部徹編, 『一九三〇年代日本共産主義運動史論』, 三一書房, 1981, 15~16쪽에서 재인용. 원 출전은 栗原幸夫, 「戦前日本共産党史の一帰結」竹村一編 『リンチ事件とスパイ問題』, 三一書房, 1977이다.

9) 여기에 대해서는 위의 책을 참조할 것.

10) 최종길, 「미요시 주로(三好十郎)의 전향 배경」『일본역사연구』제37집, 2013년 6월, 16쪽.

1930년대 초반 좌파 문예단체의 움직임과 변혁운동의 상관관계는 다음과 같이 정리할 수 있다. 1920년대 좌파 문예단체의 분열과 갈등이 지속되고 있는 가운데 쿠라하라 코레히토蔵原惟人는 각각의 단체와 조직을 그대로 유지한 채 연대를 강화하자고 주창하여 1928년 3월에 전일본무산자예술연맹NAPF, ナップ을 조직하였다. 나프는 기관지 『전기戦旗』를 창간하고 문학, 연극, 미술, 음악, 영화 등 다양한 예술분야의 연락기관적인 역할을 담당하였다. 이런 가운데 『전기』 동인들을 중심으로 29년 1월에 일본 프롤레타리아 작가동맹ナルプ이 결성되었다. 한편 1930년에 비밀리에 소련으로 건너가 프로핀테른 회의에 참가하고 귀국한 쿠라하라는 새로운 문화운동단체 결성을 주창하였다. 쿠라하라는 31년에 「프롤레타리아 예술운동의 조직문제プロレタリア芸術運動の組織問題」란 논문을 발표하여 공장과 농촌에 문학서클을 조직하여 운동을 더욱 확대·강화할 것을 주창하였다. 그 결과 나프를 발전적으로 해소하고 31년 11월에 일본프롤레타리아 문화연맹KOPF, コップ이 결성되었다. 코프는 다양한 문화단체의 협의체란 조직형태를 취하였기 때문에 작가동맹은 해체하지 않고 코프의 가맹단체로 가입하였다. 자신들의 조직을 발전적으로 해소한 나프와는 대조적인 행보를 보인 작가동맹의 이러한 태도는 작가동맹 내부의 일부 동인들이 정치우선주의에 대한 거부감을 가지고 있었기 때문이다. 쿠라하라가 소련과 연계된 상태에서 제기한 주장에는 3·15 일본공산당 탄압으로 파괴된 당 조직을 대체할 외곽단체의 결성 필요성이 존재했다고 판단된다.[11]

1931년 11월 코프가 결성되고 혁명운동과 연계된 문학운동을 활성화하자 정부는 1932년 3월경부터 문화운동에 대한 탄압을 강화하기 시작

---

11) 위의 논문, 17–18쪽.

한다. 그러자 코프의 지도부는 32년 6월에 문화운동 탄압에 대한 항의데 모를 진행하였다. 이러한 데모는 미야모토 켄지宮本顯治와 고바야시 타키지 小林多喜二등 괴멸된 일본공산당의 문화분과 지도자들이 가지고 있던 "문학 운동은 당면한 정치적 과제에 뒤처지고 있"[12]는데 이를 극복하기 위하여 좌익문예 운동가들은 노력해야 한다는 주장에 기초하고 있었다. 나아가 일본공산당 중앙위원회는 자신들의 명의로 코프의 기관지『프롤레타리 아문학プロレタリア文学』1932년 4월호에「우익적 위기와 투쟁에 관한 결의 右翼的危機と闘争に関する決議」를 게재하였다. 일본공산당의 이러한 태도는 문 학이 혁명운동에 복무해야만 한다는 정치우선주의적 입장을 강조하면서 당의 문화정책에 거리를 두고 있던 작가동맹의 일부 회원들을 우익적이 라고 비판한 것이다. 이러한 가운데 5월에 개최된 작가동맹 제5회 대회에 서 당의 의견을 대표하여 고바야시 타키지는「프롤레타리아문학운동의 당면 제정세 및 그 '정체' 극복을 위하여プロレタリア文学運動の当面の諸情勢及びそ の<立ち遅れ>克服のために」를 발표하였다. 이러한 입장은 당에 비판적인 좌익 문학가들 특히 정치의 우위성을 주장하는 나프와 대립하고 있던 "『문예 전선文芸戦線』계통의 작가들을 사회파시즘이라고 규정하고" 이들의 운동 을 "'쁘띠부르주아운동'이라고 비난"[13]한 것이다. 당의 입장을 대변한 작 가동맹 제5회 대회 노선은 일본혁명의 기본적인 성격은 부르주아 민주주 의 혁명이 아니라 프롤레타리아 혁명이기 때문에 사회민주주의적 경향을 사회파시즘이라고 비판하며 이들과의 투쟁을 강조한 31년 테제에 입각한

---

12) 森山重雄,「'政治と文学'論争ーコップの解体」『日本文学』23巻12号, 1974, 2쪽. 모리야마는 고바 야시 타키지의「국제작가동맹」가입에 즈음한 격문('国際革命作家同盟'加入に際して檄す)」, 미 야모토 겐지의「프롤레타리아문학의 정체와 퇴각의 극복(プロレタリア文学における立ち遅れと 退却の克服へ)」을 근거로 위와 같은 주장을 펼치고 있다.

13) 위의 논문, 1974, 3쪽.

것으로 볼 수 있다.[14]

이러한 당의 문예정책에 대하여 하야시 후사오林房雄는 명확하게 반대를 표명하였다. 하야시는 1930년 일본공산당에 대한 자금제공 혐의로 치안유지법 위반으로 검거되었다. 이후 2년간의 옥중생활을 거쳐 1932년에 전향하고 출소하였다. 출소 이후 그는 1932년 5월 도쿄아사히신문東京朝日新聞에 「작가를 위하여作家のために」를 시작으로 7월 『개조改造』에 「문학을 위하여文学のために」, 9월 『신조新潮』에 「작가로서作家として」를 발표하였다. 그는 이들 평론을 통해 작가는 혁명가이기 이전에 무엇보다 작가로서의 자기역할에 충실해야 하며, 괴멸된 당을 대신하여 대중단체가 혁명운동을 담당하는 것에 대하여 비판적인 입장을 표명하였다. 출소 이후 그가 발표한 평론은 "2년간의 옥중 생활을 통해 도달한 결론적인 심경"으로 그동안 "정치의 이름으로 문학을 밀어내고 작가로서의 자신을 비하해 온 것에 대한 반성"[15]이며, 정치에서 문학을 해방시키고 독립시켜야 한다는 재출발의 의미를 가지고 있었다. 즉, 그는 "프롤레타리아로서의 임무를 수행하기 위해서도 문학가는 정치가나 사회과학자의 꼬리를 따라가는 것을 그만두고 작가로서 충분한 자격과 권리를 올바르게 사용하고 그들이 수

14] 31년 테제는 사회주의 혁명으로의 이행을 강조한 만큼 당면한 정치적 과제로 봉건적 색체가 강한 천황제와 지주제도에 대한 비판이 매우 미약했다. 한편, 1932년 5월에 코민테른이 결정한 「일본의 정세와 일본공산당의 임무에 관한 테제」라고 통칭되는 32년 테제는 1932년 7월 10일 일본공산당 기관지 『적기(赤旗)』에 발표되었다. 테제의 내용은 당면한 일본의 혁명은 절대주의적 천황제를 타도하기 위한 부르주아 민주주의 혁명이며 이후에 프롤레타리아 혁명으로 이행하는 2단계 혁명이라고 주장하였다. 32년 테제 역시 기본적으로는 사회민주주의와 파시즘을 동일한 적으로 간주하고 있다. 그러나 전쟁이 세계적으로 확대되면서 1935년 코민테른 제7회 대회는 세계 공산주의운동의 기본적인 노선을 파시즘과의 투쟁에서 승리하기 위하여 사회민주주의자와 손을 잡는 통일전선(인민전선)으로 변경하였다.

15] 앞의 논문, 『政治と文学'論争-コップの解体』, 3쪽.

행할 수 없는 것을 이루어야 한다"[16]고 생각한 것이다.

이러한 하야시의 주장에 대하여 미야모토 겐지宮本顕治가 32년 10월 『프롤레타리아문화フロレタリア文化』에 「정치와 예술, 정치의 우위성에 관한 문제政治と芸術, 政治の優位性に関する問題」를, 고바야시 타키지가 1932년 10월 『프롤레타리아문학フロレタリア文学』에 「우익적 편향의 제문제右翼的偏向の諸問題」를 발표하였다. 미야모토는 하야시의 주장에 대하여 다음과 같이 반론하였다.

예술분야에서 비정치주의적 경향의 가장 노골적인 표현은 작가동맹의 하야시 후사오로 대표되는 일련의 경향이다.……여기서 작가의 임무는 계급투쟁과 전혀 인연이 없다.……여기에는 문학, 작가의 임무에 관한 부르주아적 사회파시스트적 규정이 공공연하게 유입되어 있다.……프롤레타리아 작가가……정치적 과제를 파악하는 것은 현대사회의 기초적 현실─객관적 진리를 가장 능동적으로 깊이 있게 파악하는 것이다. 프롤레타리아 작가는 당의 정치적 과제─당파적 관점에 입각함으로써 실로 대상의 전체적 모순을 전면적이고 구체적으로 생생하게 파악할 수 있다. 높은 예술적 기초인 올바른 관점은 당파적 작가에 의해서만 진정으로 충분히 가능하다.[17]

이렇게 하여 작가동맹은 문학의 당파성을 강조하는 지도부와 작가의 자유를 존중하자는 비판적 입장, 그리고 양자 사이에 위치한 '조정파調停

16] 위의 논문, 3쪽. 하야시 후사오는 1937년 중일전쟁이 시작되자 종군작가로 참여하여 전쟁에 협력한다. 이처럼 일본공산당의 문예정책에 반대하고 문학의 독자성을 강조한 작가의 일부는 이후 전쟁에 협력하는 길을 걷고 결국 국가지배체제에 포섭된다. 지금까지의 운동사 연구에서는 이러한 결과를 낳은 원인을 크게 두 가지로 보는데 하나는 국가권력의 강력한 탄압이며 다른 하나는 일본공산당 운동노선의 문제점이다. 특히 진보진영에서 전향과 전쟁협력의 보다 중요한 원인을 어디에 두느냐에 따라서 전후를 준비하는 시각이 달라졌다.

17] 宮本顕治, 「政治と芸術, 政治の優位性の問題(抄)」(1933.1)平野謙·小田切秀雄·山本健吉編集, 『現代日本文学論争史』 中巻, 未来社, 1956, 147-151쪽.

派'로 불린 3개의 그룹으로 분열되었다. 이어서 1933년 6월에 사노와 나베야마의 전향성명을 계기로 작가동맹의 하세가와 스스무長谷川進, 히데시마 타케시秀島武, 이토 테이스케 伊藤貞助, 쿠로시마 덴지黒島伝治가 중심이 되어 잡지『문화집단文化集団』을 창간하고 조직활동과 창작활동의 분리를 꾀하였다. 이러한 움직임은 작가동맹 내부에 별도의 집단적인 결집을 나타내는 것이다. 결국 "정치의 우위성에 대한 회의懷疑가 마침내" 문학의 당파성을 강조하는 공산당의 "지도이념에" 반대하여 "해방을 외친"[18] 것이다. 이러한 움직임의 결과 작가동맹 내부의 대립은 격화되었으며 조직기능은 점차 상실되었다. 1933년 2월 고바야시의 죽음 이후 작가동맹의 유일한 지하지도부를 담당하던 미야모토 겐지가 1933년 12월에 체포되면서 작가동맹은 더 이상 활동이 불가능했다. 이러한 상항에서 작가동맹의 서기장이었던 카지 와타루鹿地亘는 1934년 2월에 「일본프롤레타리아 문학운동 방향전환을 위하여日本プロレタリア文学運動方向転換のために」와 「문학운동의 새로운 단계를 위하여文学運動の新たなる段階のために」를 통해 "정치주의적인 것을 청산하고 새로운 조직으로 지속"[19]하려고 하였다. 즉, 그는 "마르크스주의 문학운동에 뿌리 깊은 '정치적 임무의 강제'를 문학운동 자체의 입장에서 자기비판"하고 이를 통해 "정치적인 '당파성'의 파기, 문학적인 자주성의 회복"[20]을 꾀하였다.

그러나 작가동맹은 특고경찰의 탄압으로 결국 1934년 2월에 해체성명을 발표할 수밖에 없었다. 이후 코프 역시 활동을 정지할 수밖에 없었다. 좌익문학 조직의 해체와 더불어 다수의 작가들은 전쟁이 격화되는 상황

---

18) 앞의 논문, 『'政治と文学'論争—コップの解体』, 15쪽.

19) 平野謙編, 『日本プロレタリア文学運動史』, 三一書房, 1955, 64쪽.

20) 平野謙, 『政治と文学(二)』(1946.10)『平野謙全集』第一巻, 新潮社, 1975, 213쪽.

에서 자의적이든 타의적이든 문학을 통해 전쟁에 협력하게 된다. 여기서 '정치와 문학' 논쟁은 전향의 문제, 즉 문학자들의 전향은 지배집단의 탄압 이외에도 일본공산당의 잘못된 문예정책 때문에 작가동맹이 해체되었고 그 결과 문학자들이 전쟁에 협력하게 되는 결과를 낳았다는 인식을 포함하게 된다.

전후에 진행된 '정치와 문학' 논쟁의 당사자인 히라노 켄平野謙은 작가동맹 해체의 원인을 다음과 같이 논한다.

1934년 2월 마르크스주의 문학운동의 주체인 '작가동맹'은 스스로 그 조직을 해체하고 피로 물든 역사의 막을 내렸다. 만주사변 이후의 험악한 정치정세가 그 좌절의 주요한 원인이었음에 틀림없다. 그러나 치안유지법 개악으로 상징되는 당시의 '제국주의적 전제정치'의 탄압 이외에 거기에는 또 하나의 정치적 압력이 존재한 것은 아닌가. 더욱 적나라하게 말하면, 일본공산당의 문예정책이 역으로 '작가동맹'이 해산하게 되는 패배의 역사에 박차를 가한 것은 아닌가.[21]

오다기리 히데오小田切秀雄는 전전의 "'정치와 문학 논쟁'은……'전향'의 직접적인 전 단계를 보여주는 것이며, 프롤레타리아 문학운동을 당시까지의 공산주의문학운동에서 전환시키려고 한 하야시 후사오林房雄 측의 주장뿐만 아니라 이에 대한 강렬한 반대와 공격을 행한 고바야시 타키지, 미야모토 켄지의 논문에도 프롤레타리아 문학운동의 심각한 위기감은 다양한 형태로 반영되어"[22]있었다고 평가한다.

---

21) 위의 책, 212쪽.

22) 小田切秀雄, 「解説」平野謙·小田切秀雄·山本健吉編集, 『現代日本文学論争史』中巻, 未来社, 1956, 339-340쪽.

3. 동인들의 운동체험과 『근대문학』 창간

　『근대문학』 창간 동인 7명 가운데 '정치와 문학' 논쟁에서 중심적인 역할을 한 아라 마사히토荒正人와 히라노 켄平野謙의 운동경험을 살펴보자. 이들 외의 5명에 대해서는 본문 혹은 각주에서 간략하게 언급한다. 아라 마사히토荒正人는 1913년 후쿠시마현福島県에서 태어났다. 그는 야마구치山口고등학교에 재학하던 중 독서회에 참가하면서 좌익운동과 접하게 되었다. 아라 자신의 회상에 의하면, 이 시기에 쿠라하라 코레히토蔵原惟人에게서 가장 많은 영향을 받았으며 일본공산당의 지도하에 결성된 일본노동조합전국협의회全協에 소속된 조직원과 밀접하게 교섭하고 있었다.[23] 이러한 좌익활동의 결과 그는 고등학생의 신분으로 한 달 가까이 경찰에 구류되자 퇴학처분을 받았다가 1933년에 복학하였다. 1935년에 도쿄東京제국대학에 입학한 이후 1936년경부터 사사키 키이치佐々木基一, 쿠보타 쇼분久保田正文, 오다기리 히데오(1937년부터 참가)와 함께 '문예학연구회'라는 독서회를 1943년까지 진행하였다. 이 독서모임은 마르크스주의의 입장에 선 '문예학'의 수립을 목표로 하고 있었다.[24] 1938년 대학을 졸업한 아라는 중학교 교원으로 다양한 잡지를 대상으로 집필활동도 계속하고 있던 중 1944년 4월에 이전에 행한 독서회 활동을 이유로 체포되었으나 무죄로 석방되었다.

　이러한 운동경험을 가진 아라는 1933년 6월 사노와 나베야마의 전향이란 충격 속에서 당시 좌익운동의 지표였던 '휴머니즘'에 "종지부를 찍

---

23) 앞의 논문, 「政治と文学」論争―「近代文学」の'戦中'と'戦後'」, 45쪽. 와타누키가 인용한 원문은 荒正人, 「回想·昭和文学四十年」『荒正人著作集 第二巻 文学的回想』, 三一書房, 1984, 35~37쪽이다.

24) 위의 논문, 46쪽.

고" "한 순간에 영웅숭배에서 깨어났다"[25]다. 아라는 전후 『근대문학』 창간호에 발표한 자전적인 평론 「제2의 청춘第二の青春」에서 야마구치고등학교 재학 중에 느낀 마르크스주의에 대한 실망감과 환멸을 다음과 같이 표현하였다.

문학에 종사하는 자에게 관념은 무의미한 것에 가깝고 인간이야말로 가장 소중하다.……한마디로 말하자면, 나는 스스로의 청춘을 버림과 동시에 인간에게 절망하였다. 감옥에 갈 것인가, 국외로 도망갈 것인가, 이것 외에 감각으로써 살아 있는 청춘을 확보할 수단은 없다고 생각된다.……이전에는 '그 사람은 상당히 괜찮아'라는 말을 어디에서도 들을 수 있었지만, 지금은 역전되어 저 사람은 타락했어, 이 사람도 실격이냐, 흠담, 중상, 불신, 질투……이것이 동지애의 결말이었다.[26]

여기에는 전향으로 인한 운동진영 내부의 분열과 불신의 참담함이 투영되어 있다. 그럼에도 불구하고 아라는 대학에 진학한 이후에도 자신의 반전 반체제 사상을 유지하였다.

전후 '정치와 문학' 논쟁의 가장 중요한 당사자인 히라노는 1907년 교토에서 태어났다. 히라노는 혼다 슈고와 나고야名古屋의 제8고등학교 동급생이며, 1930년 도쿄제국대학 문학부 사회학과에 입학하였다. 대학에 들어간 그는 비합법 독서회에 참가하였으며 1932년에 혼다의 추천으로 프롤레타리아 과학연구소フロ科에 들어가 프롤레타리아 문화운동에 관계하였다. 그러나 1941년 1월에 정보국 촉탁으로 근무하면서 연설원고를 작성하였고 1943년에는 문학보국회의 간사, 문화학원의 강사를 역임하였

---

25) 위의 논문, 46쪽.

26) 荒正人, 「第二の青春」(1946.2) 『戦後文学論争』上巻, 番長書房, 1972, 8쪽.

다. 빅터 코시만^{J.Victor Koschmann}에 의하면, 히라노는 1931년 일본통신노동조합 서기국에서 비합법 활동을 하고 있던 당시에 동 조합의 상임위원이었던 오바타 타츠오^{小畑達夫27)}가 1933년 특고경찰의 스파이라는 의심을 받아 심문이란 이름으로 자행된 린치사건으로 사망한 사실에 충격을 받고 운동에 대한 환멸을 느꼈다고 한다.[28]

『근대문학』 창간 동인들은 대체로 1910년 전후에 태어나서 1930년대 초반에 당시 일본 지식계에 지대한 영향을 미치고 있던 마르크스주의에 큰 영향을 받았으며 이로 인하여 직간접적으로 현실운동에 참가한 경험을 가지고 있었다. 한편 이들은 전쟁이 심화되는 과정에서 체제 측의 강력한 탄압과 일본공산당의 붕괴 특히 공산당 간부의 전향에 크게 영향을 받으면서 자신들도 전향하여 전쟁에 협력하거나 침묵을 지키면서 마르크스주의 이론과 혁명 활동에 대한 내재적 성찰을 거칠 수밖에 없었다.

이러한 사상적 과정은 전후를 맞이하여 자신들의 문제의식을 공론화할 잡지 창간으로 이어졌다. 이들 잡지는 이른바 전전세대를 중심으로 전전 일본 진보운동의 다양한 문제를 비판적으로 재고하면서 전후 민주주의 건설을 위한 매개체가 되었다. 진보진영에서 이와 같은 역할을 담당한 대표적인 잡지가 1946년 1월에 창간된 『근대문학^{近代文学}』과 3월에 창간된

---

27) 오바타는 1907년 아키타현(秋田県)에서 태어났다. 1929년 상경하여 우체국에 취직하여 도내의 각 지국에서 근무하였다. 이후 일본노동조합전국협의회(全協) 산하의 일본통신노동조합에 가입하여 조직원이 되었으며 1931년 상임위원에 취임하였다. 1932년에 일본공산당에 입당하였으며 1933년 5월에 당 중앙위원으로 재정업무를 담당하였다. 그는 1933년 12월 23일 특고경찰의 스파이란 의심을 받아 심문이란 이름의 폭력으로 24일 급사하였다. 그의 사망 직후 당 중앙은 스파이가 분명하다고 하여 제명처분을 하였다.

28) ヴィクター・コシュマン著・葛西弘隆訳, 『戦後日本の民主主義革命と主体性』, 平凡社, 2011, 102쪽. 이 사건과 관련하여 히라노는 『「リンチ共産党事件」の思い出』, 三一書房, 1976을 출판하였다.

『신일본문학新日本文学』이다. 전자는 혁명운동의 경험을 비판적으로 재고하려는 입장이며, 후자는 일본공산당의 혁명노선을 유지하려는 입장이라고 할 수 있다.

전후 『근대문학』 창간의 산파 역할을 한 사람은 혼다 슈고本多秋五라고 할 수 있다. 혼다는 1908년 생으로 1932년 도쿄제국대학 문학부 국문과를 졸업하고 대학원에 진학하면서 프롤레타리아 과학연구소에 참가하였다. 1933년 11월에 치안유지법 위반으로 체포되었다가 34년에 석방되었다. 석방 이후 체신성에 근무하면서 톨스토이의 『전쟁과 평화』 연구에 몰두하여 41년에 「전쟁과 평화」론을 발표하였다. 톨스토이에 대한 연구는 자신의 "문학관을 크게 전환시켜 전후의 문화적 행동주의를 준비"하는 계기가 되었으며, 전향을 거부하고 일본공산당의 문예정책 노선을 견지한 "쿠라하라 이론에서 탈각하여 자아의 재생을 꾀한"[29] 출발점이 되었다.

1944년 정보국 촉탁으로 근무하다가 1945년에 소집되어 입대한 혼다는 전선으로 배치되기 전에 패전을 맞아 고향으로 돌아갔다. 이후 그는 45년 9월 도쿄로 돌아와서 본격적으로 잡지 창간을 준비하였다. 먼저 혼다는 아라 마사히토와 함께 잡지 창간을 위해 중요한 역할을 담당할 히라노의 소재지를 찾았다. 이어서 그는 하니야 유타카埴谷雄高[30], 사사키 키이치佐々木基一[31] 등과 협의하여 10월 3일 마츠도松戸에 있는 사사키의 집에서

---

29) 위의 책, 66쪽.

30) 하니야는 1909년 타이완(台湾)에서 태어나 그곳에서 생활하다가 1923년에 일본으로 건너왔다. 그는 청년기에 아나키즘에 많은 영향을 받았으며 점차 마르크스주의와 친숙해져 1930년부터 좌익 농민운동에 적극적으로 참가하였으며 1931년에 일본공산당에 입당하였다. 1932년 3월 사상범 단속으로 검거되어 5월에 불경죄 및 치안유지법으로 기소되었다. 옥중에서 칸트와 토스토에프스키의 영향을 받았으며 1933년 전향성명서를 작성하고 출옥하였다가 1941년 예방구금법으로 다시 구금되었다.

31) 사사키는 1914년 히로시마현(広島県)에서 태어나 야마구치고등학교를 거쳐 도쿄제국대학 미학

위에서 이름이 나온 5명이 모여 잡지 『근대문학』을 창간하기로 결정하였다. 여기에 야마무로 시즈카山室静[32], 오다기리 히데오小田切秀雄[33]가 결합하여 7명이 『근대문학』 창간 동인이 되었다.

7명의 『근대문학』 동인은 두 개의 그룹과 이들과 개별적으로 연결된 하니야로 이루어졌다. 첫 번째 그룹은 1932년 혼다가 가입해 있던 프롤레타리아 과학연구소를 매개로 서로 알게 된 이른바 '프로과プロ科' 출신의 혼다, 야마무로, 히라노 세 사람이다. 또 다른 그룹은 야마구치고등학교 출신으로 도쿄제국대학에서 서로 알게 된 아라, 사사키, 오다기리의 3명이 세타가야구世田谷区에 살면서 1939년 10월부터 『문예학자료월보文芸学資料月報』를 같이 편집하면서 구성된 이른바 '세타가야 트리오'이다. 혼다와 히라노는 야마무로가 1937년부터 38년 말까지 자비로 출판한 잡지 『비평批評』에 글을 투고하고 있었다. 이들 투고자들 가운데 일부가 하니야가 주관하고 있던 잡지 『구상構想』에 결합하였다. 그리고 히라노가 '세타가야 트리오'를 오이 히로스케大井広介가 창간한 잡지 『현대문학現代文学』에

과를 졸업하였다. 고등학교 시절 히라노 마사히토와 학생운동에 참가하였다. 대학졸업 이후에는 문부성 사회교육국에서 근무하였다. 전전에는 『현대문학(現代文学)』 동인으로 활동하였다. 1965년부터 주오대학(中央大学) 교수로 재직하였다.

32) 야마무로는 1906년 톳토리현(鳥取県)에서 보모님이 모두 교육자인 집안에서 태어났다. 고등학교 졸업 이후 이와나미(岩波)서점에 입사하였다. 이후 도요(東洋)대학, 니혼(日本)대학 야간부를 다녔다. 1930년 노동쟁의로 아와나미서점을 퇴사하였다. 1932년 프롤레타리아 과학연구소에 소속되어 활동하였으며 이후 몇 차례의 구속과 석방을 반복하였다. 전후에는 『근대문학』 이외에 『고원(高原)』 창간에도 관여하였다. 1958년 일본여자대학 강사, 이후 교수를 역임하였다.

33) 오다기리는 1916년 도쿄에서 태어났다. 고등학생이던 1933년에 학내 공산당 서클활동 때문에 치안유지법 위반으로 체포된 이후 더 이상 운동에 관여하지 않겠다고 하여 석방되었다. 1935년 호세(法政)대학 예과에 편입하여 국문과를 졸업하였다. 1944년에 아라 마사히토, 사사키 키이치 등과 함께 한 마르크스주의 문학연구회 활동 때문에 치안유지법으로 체포되었으나 결핵에 걸려 석방되었다. 전시 중에 전쟁에 협력적인 작품을 다수 발표하였다. 전후에 자신의 전쟁협력에 대해서는 언급하지 않으면서 다른 문학자의 전쟁책임에 관해서는 비판적이었다.

소개하면서『근대문학』의 동인이 된 7명은 서로 직간접적으로 교류하게
된다.

잡지 창간에 뜻을 모은 이들은 45년 10월 말에 전국과학기술단체연합
회全科技聯 소속의 지인을 통해 문화학원 내의 사무소를 빌려 편집업무를
시작하였다. 마침내 이들은 1945년 12월 29일에『근대문학』창간호 2
천부를 인쇄하여 30일에 도쿄도東京都 내의 각 서점에 배포하였다.[34]『근
대문학』창간호에 게재된 동인들의 논고는 다음과 같다. 창간을 위해 특
별히 기획한「쿠라하라 코레히토와의 대담」, 혼다 슈고의「예술, 역사,
인간」, 히라노 켄의「시마자키 토손 1島崎藤村一」, 사카구치 안고坂口安吾의
「우리의 피를 쫓는 사람들わが血を追う人々」, 사사키 키이치의「멈추어 있을
때의 짬停れる時の合間に」, 하니야 유타카의「사령 1死霊一」이다. 이 가운데 쿠
라하라와의 대담과 혼다의 논고가『근대문학』의 방향성을 가장 잘 보여
주는 것이다.

창간호를 기획하면서 동인들은 창간호에 쿠라하라와의 대담을, 제2호
에 고바야시 히데오小林秀雄와의 대담을 구상하였다. 두 사람은 1930년대
이후 일본 근대문학의 진보와 보수를 대표하는 이론가였다. 혼다는 당시
의 기획의도를 다음과 같이 설명한다.

출발당시『근대문학』동인은……'쿠라하라 코레히토와 고바야시 히데오를 겹쳐서 지양
aufheben하는' 방향을 희망하였다. 우리들은 쿠라하라 코레히토도 고바야시 히데오도 이해
할 수 있다. 그러나 그 어느 쪽도 아닌 방향으로 빠져나가고 싶었다.……이 두 사람을 직

---

34) 本多秋五,『物語戦後文学史』, 新潮社, 1960, 46-50쪽. 공식적인『근대문학』의 창간일은 1946
년 1월로 되어 있으나 잡지 창간에 직접 관여한 혼다에 의하면, 잡지는 1945년 12월 29일에 인
쇄를 완료하여 30일에 도쿄도내 각 서점에 배포되었다.

접적인 계기로 하지 않고서는 일본에서 문예평론의 새로운 길은 생각할 수 없었다.[35]

　『근대문학』 동인들 모두가 전전에 좌익운동에 관여한 경험을 공유하고 있다는 점을 고려한다면, 기획의 초점은 역시 일본공산당의 문예정책 노선을 유지하고 있던 쿠라하라와의 대담이라고 할 수 있다. 달리 표현하면, 일본공산당의 혁명노선에 대한 비판적 재고, 혹은 '문학과 정치'의 관계를 논하면서 전전의 진보운동이 가진 문제점을 지적하고 이를 바탕으로 전후 진보운동의 새로운 방향을 모색하는 것에 기획의도가 있었다. 즉, 전후의 상황에서 『근대문학』 동인들이 문학자로서 지향한 목표는 일본공산당 산하의 문인들이 중심이 되어 조직한 "신일본문학회新日本文学会의 당초의 목표는 어디에 있었는가, 이른바 민주주의 문학이란 것의 본질은 도대체 무엇인가"[36]를 묻는 것이었다. 이를 혼다는 다음과 같이 표현하였다.

　신일본문학회의 중심에 있던 작가와 비평가에게는 혁명에 대하여, 정치와 문학의 상관관계에 대하여 어떤 고정관념의 껍질이 있으며 여기에서 연역적으로 출발하는 습관에서 벗어나지 못했다.……원리와 공식에서 연역적으로 하강하는 것이 아니라 생생한 구체적인 감촉에서……『근대문학』 동인들도 각각의 원리와 공식에 구속되지 않는 '기초체험'을 가슴에 품고서 그 시민권을 요구하고 싶었다.[37]

　혼다는 『근대문학』 창간호에 게재한 비평 「예술, 역사, 인간」에서 문학은 혁명운동에 복무할 수 있어야하며 작가는 민중을 혁명적으로 교화시키는 교사가 되어야 한다는 쿠라하라의 의견에 반대하였다. 그는 "소부

---

35) 위의 책, 46쪽.
36) 위의 책, 49쪽.
37) 위의 책, 49쪽.

르주아 작가, 인텔리겐치아 작가는 소부르주아 작가, 인텔리겐치아 작가에 충실하는 것 이외에 민중과 함께 생활하고 투쟁하는 길은 문학적으로는 없다"고 하면서 예술가는 "자기 영혼의 '여러 요구'"와 "자기 '자신'의 내부에서 분출하는 정열"[38]에서 출발해야 한다고 주장하였다. 즉, 혼다는 전후의 출발점에 서서 문학이 혁명운동에 복무해야 한다는 전전의 좌익 문예이론을 부정하였다.

문학의 길로 들어설 때 '정치의 우위성'을 철의 규율로 여기던 전전의 "프롤레타리아 문학운동에 동조하였으며 그 무참한 좌절과 패배를 바라본"『근대문학』 동인들은 전후의 새로운 시작점에서 "그 문학운동의 공과功過 특히 그것이 전향을 필연화시킬 수밖에 없었던 과정을, 그 복잡한 내외의 사정을 '하나의 필연적 편향'으로 취급하지 않으면 안 된다"[39]고 생각하였다. 『근대문학』 동인들은 전전의 운동체험에 기초하여 "계급에 대한 충성과 당파성"[40]에 의거한 활동을 지양aufheben하려고 하였다. 그러한 의미에서 그들은 "자신들의 전전과 전시체험의 의미를 마주하는" "내면적 필요성으로 기울었"으며, "내면에서 분출하는 '자기 본위적egoistic'인 힘을 억제"[41]하지 않았다. 그들은 자기 자신 나아가 인간들이 공통적으로 기초하고 있는 '생생한 구체적인 감촉'으로써 현실적 모순을 자각한 실존적 주체로 전후 민주주의 혁명에 복무하는 문학자의 길을 열고자 하였다.

---

38) 岩佐茂, 「主体性論争の批判的検討」『人文科学研究』28, 一橋大学, 1990年1月, 183쪽에서 재인용. 원출전은 本多秋五, 「芸術·歴史·人間」『現代日本文学大系』第79巻, 筑摩書房, 1972, 12–17쪽.

39) 臼井吉見, 『近代文学論争 下』, 筑摩書房, 1975, 191–192쪽.

40) 앞의 책, 『戦後日本の民主主義革命と主体性』, 102쪽. 코시만은 '정치와 문학' 논쟁에서의 '정치'를 '계급에 대한 충성과 당파성'이라고 정의한다.

41) 위의 책, 77–78쪽.

4. 전후 설계를 위한 주체설정

전후 일본에서 진행된 주체성 논쟁의 시발점은 『근대문학』의 문제제기였다. 그러나 이 논쟁이 심화되기 이전에 주요 논지가 '정치와 문학' 논쟁으로 이행하였다. 따라서 문학 분야에서는 충분히 논의되지 못하였지만 실존주의에 많은 영향을 받은 철학의 영역에서 주체성 논쟁이 진행되었다. 이후 1974년 4월 잡지 『유동流動』에서 논쟁 30년 특집으로 「주체성 논쟁으로 초대主体性論争への招待」를 기획하였다. 이와사 시게루岩佐茂는 당시 일본에서 이 논쟁이 일어난 배경으로 패전에 의한 가치체계의 붕괴, 전쟁에 대한 반성, 봉건유재의 비판과 극복을 통한 근대적 자아와 주체의 확립 요구, 민주주의적 요구를 담은 대중운동과 노동운동의 고양, 패배와 좌절 속에서 자신의 실존적 지주支柱를 확보하려는 욕구, 전전 마르크스주의 운동경험의 창조적 계승을 들고 있다.[42] 이러한 배경 하에서 진행된 주체성 논쟁의 중요한 측면은 소부르주아 인텔리겐치아의 자기인식 즉, 실존적 자기인식이었다.

패전 당시 30대였던 『근대문학』 동인들은 일본에서 마르크스주의 이론과 실천운동이 가장 왕성하던 1920년대 후반에 직간접적으로 운동에 관계하였으며 이어지는 전향의 시대를 경험한 지식인들이었다. 따라서 이들은 전후 활동의 출발점을 운동의 패배, 전향, 전쟁의 압박이라는 어두운 자기체험을 바탕으로 할 수밖에 없었다. 그리고 그들은 이러한 자기체험을 극복할 수 있는 길을 "자신의 주체성에 입각하여 새로운 근대적 문학의 기준을 탐구하는 곳에서 구하"[43]게 되었다. 전후의 새로운 출발을

---

42) 앞의 논문, 「主体性論争の批判的検討」, 178–179쪽.

43) 生松敬三, 「主体性論争」 『国文学 解釈と鑑賞』, 至文堂, 1961, 86쪽.

위한 주체(성) 확립이란 문제의식은『근대문학』2호와 3호에 게재된 아라 마사히토의「제2의 청춘」과「민중이란 누구인가^{民衆とはだれか}」에서 대표적으로 표출되었다.

아라는 "1931년에 시작된 침략전쟁 속에서 우리들의 청춘이 얼마나 짓밟혔는가. 이전에 빛나던 지도자들이……'매우 파렴치한 계급적 배신자, 당의 파괴자'로 변모한 것은 분명히 1933년이었다"[44]고 기억한다. 즉, 그는 빛나던 혁명운동의 지도자들이 1933년에 전향하여 '계급적 배신자, 당의 파괴자'가 된 사실이 자신들에게 얼마나 큰 충격을 주었는지 생생하게 기억하고 있다. 이러한 운동의 기억 속에서 아라가 "발견한 것은 아름답고도 추한, 추하고도 아름다운 것으로서의 인간이다. 위대함 속에 비열함을 인정하고 비열함 속에 위대함을 찾아내는 자각"[45]이었다. 즉, 그는 일관된 혁명이론으로 무장한 인간이 아니라 사회적 실체로서의 자신과 자신이 가진 '계급'의식의 괴리에서 발생하는 갈등과 모순을 동시에 가진 인간을 발견한 것이다. '계급에 대한 충성과 당파성'이라는 '원리와 공식'에 구속되지 않는 '기초체험'에 충실한 인간을 발견한 것이다. 그는 패전 이후의 새로운 출발점에 서서 혁명운동이라는 "휴머니즘의 가면 아래에 있는 번들거리는 에고이즘"이야말로 자신의 사회적 존재와 일치하는 있는 그대로의 실존적 자신을 표현할 수 있는 "자신의 진정한 얼굴이라고 모두의 앞에서 밝힐 것을"[46] 자각한 것이다. 아라는 프롤레타리아 해방운동의 일부를 담당한 문학가들이 결국 운동에 패배하고 전쟁에 협력하게 된 원인을 자신들의 사회적 존재와 계급적 인식의 괴리에서 찾고 있다.

---

44) 앞의 자료,「第二の青春」(1946.2), 17쪽.

45) 위의 자료, 16쪽.

46) 위의 자료, 21쪽.

즉, 그는 프롤레타리아 문학운동의 담당자들은 지식인으로서 프롤레타리아 문학운동에 어떻게 복무할 수 있을 것인지를 고민한 것이 아니라, 마치 자신들이 프롤레타리아의 일부인양 운동한 사실 즉, 실체와 인식의 괴리에서 운동의 패배가 배태되었다고 인식한다. 즉, 아라는 사회적 존재와 일치하는 자기인식에 기초한 문학운동을 통해 전후 민주주의운동에 기여하고자 하였다.

결국 아라가 전후의 출발점에서 주체적으로 자각한 것은 "예술, 문학의 영역에서의 출발점은 자신의 두 발로 서서, 육안으로 바라보며, 양 귀로 듣고, 피부로 느끼는 것 이외에는 없다는"[47] 사실이었다. 아라는 전전에 민중의 입장에 서서 문학을 한 것과는 달리 전후의 출발점에서는 "자신이 소시민 인텔리겐치아라는 것을 자랑스럽게 자각하고, 자부하고, 자신을 가지고 일을 시작"할 것이며 "이것은 우리들은 인간이지 원숭이가 아니라고 할 정도로 명확한 것조차도 허풍일 정도의 사소한 자기인식에 지나지 않는 것으로 오히려 애가 탈 정도로 명명백백한 첫걸음"[48]이라고 인식한다. 그는 이러한 인식을 다음과 같은 문장으로 정리하였다.

자신이 자신이라는 사실. 이것이 그대로 민중으로의 길이다. 이 신념에 대한 근거가 있기 때문에 모든 것을 빌려오는 것이 아니라 스스로가 자신의 자산을 사용한 감각, 감정, 의욕에서 시작하는 것이다. 가짜 출발점을 거부한 것이다. 나는 믿는다. 소시민 인텔리겐치아의 에고이즘이야말로 민중에 대한 절실한 애정의 표현이며, 최대의 휴머니즘이란 것을.[49]

47) 荒正人, 「民衆とはたれか」(1946.3) 『戰後文学論争』 上巻, 番長書房, 1972, 45쪽.

48) 위의 자료, 53쪽.

49) 위의 자료, 54쪽.

히라노 역시 「정치의 우위성이란 무엇인가政治の優位性とはなにか」에서 아라와 동일한 생각을 표현하였다. 여기서 히라노는 프롤레타리아가 될 수 없는 인텔리겐치아의 실존적인 모습에 대하여 언급한다. 그는 1922에 발표된 아리시마 타케오有島武郞의 「선언 하나宣言一つ」는 "프롤레타리아로 '이행'할 수 없는 인텔리겐치아의 숙명적인 계급관념"[50]을 묘사한 작품이라고 이해한다. 즉, 히라노는 어떠한 수단과 방법을 사용하더라도 본질적으로 작가≒지식인이라는 자신의 실존적인 존재에 뿌리를 둔 문학을 할 수밖에 없음에도 불구하고 "목적의식성의 우위"를 강조하여 "소부르주아 인텔리겐치아에 의한 프롤레타리아 문학의 수립", "프롤레타리아 리얼리즘의 제창", "'전위의 관점'에 대한 강조"라는 좌익문예 정책으로 인하여 문학운동의 "주체는 여기서 멈추어 버리고"[51] 운동은 자멸할 수밖에 없었다고 주장한다. 이러한 히라노의 주장은 "일본 프롤레타리아 문학의 주요한 담당자는 의심할 바 없이 급진적인 소부르주아 인텔리겐치아"였기 때문에 이들의 문학이 "반봉건적, 반자본주의적, 반파쇼적인"[52] 성격일 수밖에 없음에도 불구하고 프롤레타리아 계급을 위한 목적의식성, 전위와 정치의 우위성을 강조한 점은 오류였다는 것이다.

전후의 출발점에 선 『근대문학』 동인들은 이러한 실존적 자기인식에 서서 문학을 하겠다고 주장한 것이다. 그리고 이러한 문학이야말로 전후의 민주주의적 과제를 달성할 수 있는 길이며 이렇게 했을 때 또 다시 전향하지 않고, 패배하지 않고, 자신의 길을 마지막까지 갈 수 있다고 판단한 것이다.

---

50) 平野謙, 「政治の優位性とは何か」(1946.9)『戰後文學論争』上卷, 番長書房, 1972, 191쪽.

51) 위의 자료, 192-193쪽.

52) 위의 자료, 196-197쪽.

5. 정치우위성 비판과 전쟁책임 문제

히라노는 스기모토 료키치杉本良吉의 월경사건과 고바야시 타키지의 작품 『당생활자党生活者』에 묘사된 하우스 키퍼house keeper 문제를 통해 문학자의 전쟁책임 문제를 제기한다. 히라노는 1946년 5월 『신생활新生活』에 발표한 「하나의 반조정ひとつの反措定」에서 월경사건에 대하여 다음과 같이 평가한다.

오카다 요시코岡田嘉子가 스기모토 료키치杉本良吉와 손을 잡고 카라후토에서 월경越境했다는 신문기사를 읽고 나는 너무 놀랐다.……나는 스기모토가 어떠한 이상에 이끌려서 혹은 막다른 상황에 직면하여 소련으로 잠입을 결심하게 되었는지 알 수 없다. 단, 내가 분명히 하는 점은 스기모토가 자신의 목적달성을 위해 한 사람의 왜소하고 귀여운 여배우를 이용했다는 사실이다.……목적을 위해 수단을 가리지 않는다는 점에 정치의 특징이 있다.……스기모토가 매우 비장한 이상을 가지고 있었다 하더라도 그 이상을 실현하기 위해서 살아있는 한명의 여성을 발판으로 삼았다는 점에서 숭고한 이념 전체가 엄중한 비판에 직면하지 않으면 안 된다.[53]

여기서 히라노는 좌익작가로 연극을 연출하고 있던 스기모토가 집행유예 중에 군대 소집영장을 받으면 감옥에 갈 수도 있다고 생각하여 소련으로 도피할 것을 결심하고 쉽게 국경을 넘기 위하여 당시 사귀고 있던 여배우와 함께 1938년 1월 시베리아를 거쳐 소련으로 넘어간 월경사건을 다

---

[53] 平野謙,「ひとつの反措定」(1946.5)『戦後文学論争』上巻, 番長書房, 1972, 117-119쪽. 두 사람은 소련에서 스파이 용의로 고문을 받았다. 스기모토는 총살형으로 사망하였으며, 오카다는 10년형을 받았다. 코시만은 '정치와 문학' 논쟁 당시 히라노는 오카다를 자신의 주체성이 없이 그저 스기모토를 따라간 인물로 묘사하고 있다고 비판하면서 "히라노의 주체적 의지 개념은 완전히 남성적이며 가부장적이다. 히라노는 여배우 오카다를 이데올로기적 혹은 실제로는 합리적인 의지를 결여한 존재로 묘사하고 사건의 도구성을 모두 스기모토에게 돌리고 있다"(103쪽)고 하여 히라노의 여성관을 비판하고 있다.

루면서 스기모토를 자신의 목적을 위해 한명의 여성을 수단으로 취급하였다고 매우 비판적으로 평가한다. 그리고 히라노는 "여기서 나는 단순히 안이함과 곤란을 넘어선 하나의 나쁜 전형을 목도할 수밖에 없었다. 마르크스주의 예술운동 전체와 연결되는……일종의 인간멸시를"[54] 확인하지 않을 수 없었다고 주장한다.

이어서 그는 「하나의 반조정」의 주석적인 평론인 「정치와 문학 2」에서 고바야시 타키지의 유작 『당생활자』에 묘사된 카사하라笠原라는 여성에 대하여 다음과 같이 평가한다.

목적을 위해 수단을 가리지 않는 인간멸시가 '이토伊藤'라는 여성과의 보란 듯한 대비 하에 운동의 이름으로 당연하게 긍정되고 있다. 그곳에는 작가의 자그마한 고민조차도 보이지 않는다.……이러한 인간멸시의 풍조는 고바야시 타키지 개인의 잘못은 아니다. 그것은 당시 마르크스주의 예술운동 전체의 책임과 관련된 것이다.[55]

히라노가 위와 같은 문제를 제기하는 이유는 "프롤레타리아의 헤게모니를 위해 소부르주아의 자그마한 인간적인 권위는 실제로 무시되어도 어쩔 수 없다. 예술운동은 더욱 유기적이고 엄밀하게 정치운동에 종속되어야만 한다는 마르크스주의 예술운동"[56]을 비판하려는 것이었다.

히라노는 위의 2가지 사례를 들고 이어서 다음과 같이 말한다.

이러한 것을 왜 하필이면 지금 제기하는지 말하자면, 문학가의 전쟁책임이라는 테마와 마르크스주의 문학운동의 공과 및 그 전향문제란 거의 불가분의 것으로 문학계 전체의

---

54) 앞의 자료, 「政治と文学(二)」(1946.10), 210쪽.

55) 위의 자료, 210쪽.

56) 위의 자료, 211쪽.

자기비판으로 심화해야 할 커다란 말뚝이라고 믿기 때문이다.[57]

　나아가 히라노는 과거 마르크스주의 문학을 문제시하는 이유를 다음과 같이 설명한다.

　문학에서의 전쟁책임 문제, 쇼와 20년간의 문학을 관통하는 최대의 지표인 '정치와 문학'의 문제를 철저하게 자기비판하기 위해서는 어찌되었던 마르크스주의 문학의 무참한 패배, 전향문학의 범람, 불안 문학의 발생, 이들 일련의 문학석 현상에 대한 추구가 문제 해명의 첫발이라고 생각하기 때문이다.[58]

　즉, 히라노가 논의하고 싶은 문제는 결국 문학가의 전쟁책임에 관한 것과 전향문제에 대한 자기비판이었다.

　이러한 문제를 논하기 위해 히라노는 「정치와 문학 1」에서 전전 일본의 문학운동을 1936년을 전후하여 두 개의 시기로 나누고 다음과 같이 분석한다. 1936년 이전 시기에는 문학운동의 중심에 혁명운동의 한 부분을 차지한 프롤레타리아 문학이 위치하였다. 좌파 문학운동의 목적은 사회주의 의식의 확립과 무엇보다도 모든 무산계급과 관련한 정치폭로를 감행하는 정치투쟁의 '진군나팔'이라는 역할을 수행하기 위하여 그 자신의 뿌리 깊은 소부르주아성을 극복하는 것이었다. 한편 1936년 이후 일본문학계는 프롤레타리아 문학이 패퇴하고 군벌, 관료, '혁신적' 문학가들에 의한 문예통제가 강화되던 시기로 이때의 좌익문학은 전쟁의 당위성과 전쟁협력을 외치던 전향의 시기였다. 히라노는 전기의 대표적인 좌익

---

57) 앞의 자료, 「ひとつの反措定」(1946.5), 119쪽.
58) 앞의 자료, 「政治の優位性とは何か」(1946.9), 194쪽.

문학가로 고바야시 타키지를 후기의 대표자로 히노 아시헤이火野葦平를 들고 있다.[59]

히라노가 분석한 1936년을 전후한 좌익문예운동의 분열원인에 대하여 살펴보자. 히라노는 야마카와 히토시山川均의 방향전환론 이후 일본의 좌익운동은 조합주의적인 경제투쟁에서 모든 무산계급의 정치투쟁으로 전환하였다고 판단한다. 이러한 운동론의 전환과 함께 문학운동에서도 문학이 정치투쟁의 일부분을 담당해야 한다는 주장이 제기되었는데 그 대표적인 것이 아오노 스에키치青野季吉의 '목적의식론'이라고 평가한다. 즉, 자연발생적인 프롤레타리아 문학이 하나의 운동으로 결실 맺기 위해서는 확실한 정치적 목표를 내세워야 한다는 주장이 확산되었다. 이러한 이론투쟁의 결과 예술단체의 조직분열이 발생하였는데 그 대표적인 것이 당시 문예운동의 주체였던 잡지『문예전선文芸戦線』에서 아나키스트들이 이탈하고 마르크스주의적인 색채를 강화한 것이다. 물론 이러한 현상의 배후에는 당시의 지도적 운동이론이었던 후쿠모토주의가 강하게 영향을 미치고 있었다. 이후 문학에서의 정치우위성 이론이 점차 강화되어 1929년 이후 쿠라하라 코레히토에 의해 공산주의 문학의 확립, 문학의 볼세비키화, 유물변증법적 창작방법 등이 예술이론과 조직론의 측면에서 확립되었다. 그러면서 정치의 우위성은 흔들림 없는 이념으로 자리 잡았다. 그러나 1931년 만주사변 이후 정부의 탄압, 사노·나베야마의 전향, 노동운동의 편향, 일본공산당 내부의 린치사건 등의 혼란을 겪으면서 좌익문예 조직 내에서 지도부와 평회원 사이의 반목과 괴리가 발생하고 결국 작가동맹의 해체로 이어졌다고 히라노는 분석한다.[60]

---

59) 平野謙,「政治と文学(一)」(1946.7)『戦後文学論争』上巻, 番長書房, 1972, 171-172쪽.

60) 위의 자료, 172-174쪽.

여기서 우리는 전전의 '정치와 문학' 논쟁이 전후에 다시 동일한 이름으로 재현되고 있는 사실을 확인할 수 있다. 이러한 과거 운동에 대한 재론은 전후의 새로운 출발을 기획하는 진보진영에게는 전쟁에 협력한 자신들의 문제를 주체적인 입장에서 돌파하려는 의도를 포함하고 있다. 따라서 자신들을 전후 민주주의 혁명운동의 주체로 설정한『근대문학』동인들은 전후를 시작하기 위해 스스로의 전쟁책임 문제를 피해갈 수는 없었다.

패전 직후에 문학자에 의한 문학자의 전쟁책임 문제가 논의되었다. 구체적으로 1945년 말 신일본문학회는 발기인의 자격요건을 "제국주의 전쟁에 협력하지 않고 여기에 저항한 문학자만"[61]으로 한정하였다. 나아가 1946년 4월 잡지『인간人間』에서 주최한 좌담회「문학자의 책임」에서『근대문학』동인들은 "전쟁책임에 대한 추궁은 우선 추궁하는 주체의 자기성찰에서 시작해야만 한다"고 하면서 "바로 구 프롤레타리아 작가의 전향문제로 거슬러 올라"[62]갔다. 그리고 전후 민주주의 문학의 중심세력을 형성하고 있는 구 프롤레타리아 작가들이 "전쟁에 전혀 책임이 없었던 것처럼 행동하"거나 그렇지 않다고 하더라도 "전쟁에 협력한 사람들도 결국 생활 때문이었거나 혹은 강권에 억눌렸기 때문에 어쩔 수 없지 않은가"라고 변명하고 있는데 동인들은 이것을 "신일본문학회가 국민주의

---

61) 앞의 책,『物語戰後文学史』, 71쪽. 당시 발기인은 秋田雨雀, 蔵原惟人, 中野重治, 宮本百合子, 藤森成吉, 德永直, 江口渙, 窪川鶴次郎, 壺井繁治의 9명이었다. 이 가운데는 명확하게 위의 기준에 벗어나는 사람들이 있다. 혼다는 발기인을 지칭하며 "만약 이들이 '……전쟁에 협력하지 않고 여기에 저항한 것'이 사실이 아니라고 한다면, 만약 여기에 조금이라도 의혹이 있다면, 나카노 시게하루의「비평의 인간성 2」는 전쟁책임 추궁의 주체적인 입장에 서있으면서 자신의 발밑, 자신의 몸속에 있는 전쟁책임을 무의식이라고 하더라도 은폐한 것이 된다"(71쪽)고 신랄하게 비판한다.

62) 위의 책, 61쪽.

적인 문학자 전선을 광범위하게 결성하기 위한 정치적인"[63] 의도라고 보았다. 이러한 판단에 이어서 오다기리는 직접적으로 46년 6월 『신일본문학』의 지면을 빌려 25명의 전쟁책임자를 지명하고 선정기준 2가지를 제시하였다.[64]

혼다는 자신들이 "전쟁책임 문제를 제기하고 프롤레타리아 작가의 전향문제를 중요시한" 것은 "정치론에서 도출된 공식과 그 공식을 무비판적으로 받아들이는 권위주의 혹은 순응주의에 반항"[65]한 행동이었다고 주장한다. 특히 전후의 시작점에서 이러한 주장을 펼친 3가지 이유를 혼다는 다음과 같이 열거한다. 혼다가 말한 이유에는 전전 운동에 대한 비판적 자성이 전혀 없이 전후를 시작하는 일본공산당에 대한 신랄한 비판으로 가득 차있다.

첫째는 '신일본문학회'의 규약 강령 특히 그것이 토의 결정되는 과정에서 나타난 정치주의(『신일본문학』 창간호의 「창립대회 보고」 참조)이다.

둘째는 재간再刊 『아카하타赤旗』[66] 제1호에 표명된 이후 일본공산당의 극좌적 섹트주의 즉, 사회당을 민주주의와는 '완전히 대척적인 것'으로 배격하는 극좌적 독선적 섹트주의이다. 여기에 이전에 『문전文戰』 계통의 작가까지 배격한 프롤레타리아 문학 주류의 전통이 중첩되었다.

셋째는 첫째와 둘째를 연결하는 것으로 일본공산당이야말로 유일하게 '인간적'이고 '건

---

63) 위의 책, 65쪽.

64) 2가지 기준은 '첫째 문학 및 문학자의 반동적 조직화에 직접적인 책임이 있는 자. 둘째 조직상 그렇지는 않더라도 이전에 그 인물이 문단에서 가지는 지위의 무게감 때문에 그 인물이 침략찬미의 주창자가 되어서 부끄러워하지 않은 것이 광범위한 문학자 및 인민에게 심각하고 강력한 영향을 미친 자'이다. 25명의 명단은 위의 책, 64쪽을 참조할 것.

65) 위의 책, 54쪽.

66) 일본공산당의 기관지 『赤旗』는 전전에는 '섹기'라고 불렸으며 전후에는 '아카하타'로 불렸다. 따라서 이 글에서도 전전의 것은 '적기'로 전후의 것은 '아카하타'로 표기하였다.

전'하며 '순수'한 정당(新生社版 『일본문학의 제문제日本文学の諸問題』)이라는 나카노 시게 하루의 희망적 인식이라기보다는 시인적 신앙이라고 말할 수밖에 없는 것이다.[67]

위의 인용문에는 "민주주의 문학운동의 새로운 출발을 위한 조건으로 써""이전의 프롤레타리아 문학운동의 본질을 어떻게 이해하고 규정할 것인가"[68]라는 『근대문학』 동인들의 문제의식이 묻어 있다. 이러한 문제 의식의 바탕에는 전후 사회의 민주화와 평화혁명을 담당할 주체가 누구 인가에 대한 고민이 담겨 있다.

『근대문학』 동인들은 지식인이라는 실존적 자아에서, 일본공산당은 전 위집단에서 운동의 주체를 찾으면서 논쟁은 격화되었다.[69] 격화된 '정치 와 문학' 논쟁의 상세한 내용은 본 장의 주제와 직접적으로 관련이 없기 때문에 여기서는 일본공산당의 문예정책을 옹호한 나카노 시게하루中野重 治의 입장을 간략하게 소개하는 정도로 그친다. 나카노는 1946년에 출판 한 『일본문학의 제문제日本文学の諸問題』에서 다음과 같이 주장하였다.

'일본에서 부르주아민주주의 확립을 위한 투쟁, 부르주아민주주의 완성의 문제가 부르 주아에 의해 이루어지지 못하고 프롤레타리아가 담당할 수밖에 없었던 역사적 일본적 사 정' 이것이 혁명적 인텔리겐치아의 문학운동을 프롤레타리아 문학운동이라고 이름붙인 '가장 본질적인 원인'이었다. 이것은 '프롤레타리아적 지도에 의한 부르주아민주주의 혁 명의 문학적 반영'에 지나지 않는다.……

이전에 '과거의 이른바 프롤레타리아 문학운동'이 지금 현재 '민주주의적 문학운동의 이름' 하에서 부활한 것은……'운동의 정규의 성공, 발전'에 다름 아니라는 결론이 여기에

---

67) 앞의 책, 『物語戦後文学史』, 54–55쪽.

68) 앞의 책, 『近代文学論争 下』, 204쪽.

69) 久保田芳太郎, 「戦後'政治と文学'論争」『国文学 解釈と鑑賞』, 至文堂, 1961, 88쪽.

서 도출된다.[70]

히라노는 나카노의 이러한 주장을 "이전의 프롤레타리아 문학의 당면한 주요과제를 '부르주아민주주의 혁명'의 수행으로 규정하고 이를 통해 지금의 민주주의 문학운동과 연결시키고 싶"[71]은 욕망일 뿐이라고 평가한다.

6. 결론

전후의 새로운 출발점에서 진보진영이 자신들의 전쟁책임 문제를 어떻게 대면하였는지를 살펴보기 위해 전전과 전후에 진행된 '정치와 문학' 논쟁을 운동사의 시각에서 재검토하였다.

문학은 혁명운동에 복무해야만 한다는 일본공산당의 정치우선주의적 문예정책에 반대하면서 작가로서의 자기역할에 충실할 것을 강조한 좌익진영의 문학가들은 1934년 2월 작가동맹의 해체와 그로 인한 패배와 전향의 내적 원인으로 일본공산당 운동의 오류를 지적하고 있다. 따라서 '정치와 문학' 논쟁은 전향의 문제 즉, 문학자들의 전향은 지배집단의 탄압 이외에도 일본공산당의 잘못된 문예정책 때문에 작가동맹이 해체되었고 그 결과 문학자들이 전쟁에 협력하게 되었다는 인식을 포함하게 되었다.

『근대문학』 동인들은 1920년대 후반부터 직간접적으로 운동에 관계하였으며 이어지는 전향의 시대를 경험한 지식인들이었다. 따라서 이들은 전후 활동의 출발점을 운동의 패배, 전향, 전쟁의 압박이라는 어두운 자기체험을 바탕으로 할 수밖에 없었다. 따라서 그들은 스스로의 전쟁책

---

70) 앞의 자료, 「政治の優位性とは何か」(1946.9), 194-195쪽에서 재인용.

71) 위의 자료, 195쪽.

임 문제를 피해갈 수는 없었다. 과거 운동에 대한 재론은 전후의 새로운 출발을 기획하는 진보진영에게는 전쟁에 협력한 자신들의 문제를 주체적인 입장에서 돌파하려는 의도를 포함하는 것이었다.

전후의 출발점에 선 『근대문학』 동인들은 전전의 운동체험에 기초하여 계급에 대한 충성과 당파성에 의거한 활동을 지양aufheben하고 실존적 주체로 전후 민주주의 혁명에 복무하는 문학자의 길을 열고자 하였다. 그리고 그들은 어두운 자기체험을 극복할 수 있는 길을 실존적 자기인식에 서서 문학을 할 때 비로소 가능하다고 판단하였다. 그들은 이러한 문학이야말로 전후의 민주주의적 과제를 달성할 수 있는 길이며 이렇게 했을 때 또다시 전향하지 않고, 패배하지 않고, 자신의 길을 마지막까지 갈 수 있다고 판단하였다.

운동사적 시각에서 본다면, '정치와 문학' 논쟁은 결국 좌익문학가들의 전쟁책임 문제와 연결하여 전전 운동에 대한 평가와 전후 운동에 대한 모색이라고 볼 수 있다. 전후의 새로운 출발점에서 일본공산당과는 다른 형태의 전후민주주의를 모색한 『근대문학』 동인들은 전전과 전후를 이어주면서도 전후를 시작하기 위해 반드시 필요한 전쟁책임 문제를 선구적으로 제시하였다.

Chapter 2

전후 일본의 황국사관 재편과 진보적 지식인

1. 서론

1945년 8월 15일, 천황은 라디오 방송을 통해 연합국의 포츠담 선언을 수락한다는 연설을 하였다. 이 연설은 길게는 메이지 유신 이후 침략과 전쟁으로 점철된 일본 근대사의 종결, 짧게는 1931년 만주사변을 시작으로 확대일로에 있던 전쟁을 마감하는 선언이었다. 이 시점을 계기로 근대 일본의 골간을 이루던 많은 부분이 단절을 겪을 수밖에 없는 상황에 직면하였다. 특히 황국사관은 대일본제국헌법, 국가의 모든 통치 권력을 총괄하는 천황의 법적 제도적 지위, 천황을 대하는 국민들의 마음가짐을 정한 교육칙어와 군인칙유 등 메이지유신 이후 근대일본의 거의 모든 국가지배 시스템의 사상적 기초를 이루고 있었다. 따라서 황국사관은 명확하게 폐기하지 않으면 안 되는 첫 번째 대상이었다. 이러한 이유로 전후 역사학의 가장 중요한 과제는 황국사관의 극복이었다.

그러나 문제는 그리 간단하지는 않았다. 황국사관은 전전 일본의 국가 지배 시스템을 지탱한 사상적 근원이기도 하지만 또 다른 한편으로 근대 국가의 가장 중요한 기능인 국민 창출을 위한 이데올로기적 토대이기도 하였다. 그리고 이러한 국민 만들기, 즉 내면에서부터 스스로 자랑스러운 역사와 문화적 전통을 가진 일본인이라는 자의식을 가진 국민 창출의 과제는 패전 직후에도 지속되었다. 이러한 이유로 황국사관이 제시한 사유 방식은 전전과 전후를 통해 단절과 연속의 내용을 동시에 가지게 되었다.

일반적으로 일본에서 사용하는 '황국皇国'이란 용어는 초대천황이라고 하는 신화적인 인물인 진무神武天皇천황에서부터 현재의 126대 천황에 이르기까지 만세일계의 천황이 통치하는 일본을 지칭한다. 따라서 황국사관이란 천황을 중심으로 하여 일본의 역사를 파악하려는 사상적 경향이라고 할 수 있다. 그러나 하세가와 료이치長谷川亮一는 이러한 상식적인 용어 사용에는 많은 문제가 있다고 다음과 같이 지적한다.

사학사의 문맥에서 이 단어(황국사관-인용자)는 보통 일본중세사 연구자인 히라이즈미 키요시平泉澄와 그 주변의 역사관을 지칭하는 것으로 사용된다. 또한 역사교육사 분야에서는 일반적으로 국정 국사교과서의 역사관을 지칭하는 경우가 많다. 뿐만 아니라 일반적으로 이 단어가 사용되는 경우는 국학자나 신도가 등의 역사관을 지칭하거나 『신도정통기神道正統記』나 『대일본사大日本史』 등의 역사관을 지칭하기도 하며 혹은 막연히 천황 중심적이든가 일본중심적인 역사관을 지칭하는 경우도 있다. 즉, 무엇을 '황국사관'이라고 정의하는가는 실은 매우 애매하다.[1]

이러한 문제의식을 가진 하세가와는 1931년 만주사변 이후 전쟁 확대

<hr>

1) 長谷川亮一, 『「皇国史観」という問題』, 白澤社, 2008, 1~2쪽.

과정에서 문부성이 국민을 통합하고 전쟁에 동원하기 위하여 적극적으로
사용한 황국사관이란 용어에 천착한 연구를 진행하였다. 이 경우의 황국사
관이란 "대일본제국의 '정사正史' 또는 정통적 역사관-국가가 '정통'인 것
으로 인정한 역사관-의 문제"[2]를 지칭한다. 하세가와에 의하면, 1940년
대 전반부터 문부성이 『국사개설国史概説』, 『대동아사개설大東亞史概説』 등의
역사서에서 황국사관이란 단어를 적극적으로 사용하면서 이 용어가 일반
화되었다고 한다. 이처럼 1940년대 전반에 문부성에서 사용한 황국사관
이란 용어는 국체国体의 본의를 철저히 체현하고 황국신민으로서의 생명의
근원은 천황을 중심으로 한 일본의 역사와 전통에 있다는 것을 체득한 세
계관이라고 할 수 있다. 따라서 황국사관이란 스스로의 합리적 근거나 이
론을 갖지 못한 것으로 자의적으로 정한 '황국발전의 생명원리'라는 기준
에 의거하여 선정한 사실을 바탕으로 체득된 역사관을 의미한다.[3]

콘노 노부유키昆野伸幸 역시 황국사관이란 용어가 가진 애매함을 비판적
으로 고찰한 연구를 진행하였다. 그는 미·영 등 강대국을 상대로 한 장기
전을 수행하면서 천황에 대한 절대적인 충성과 전쟁에 대한 대의를 일원
적인 논리에 의해 설명하기 위하여 1937년에 편찬된 『국체의 본위国体の本
義』와 1943년에 편찬된 『국사개설』에서 제시한 용어가 황국사관이라는
사실을 논증하였다.[4]

박진우는 2가지 측면에서 이들의 연구에 주목한다. 첫째는 막연하게 황
국사관의 내실이 무엇인지 명확한 인식이나 구체적인 설명 없이 비판하
는 수준을 넘어서 1940년대 전반에 진행된 '황국사관'의 전개는 문부성

---

2) 위의 책, 43쪽.

3) 위의 책, 184쪽.

4) 昆野伸幸, 『近代日本の国体論―〈皇国史観〉再考』, ぺりかん社, 2008.

이 당시의 역사관을 통일하기 위해 제창한 시도라는 사실을 명확히 한 점, 둘째는 히라이즈미를 마치 황국사관을 대표하는 것처럼 보는 종래의 통설을 부정한 점, 즉 당시 황국사관의 일원화에 중요한 역할을 한 것은 문부성 교학과와 『국사개설』의 편찬회 의원이었던 오누마 히로오小沼洋夫와 같은 문부성 내부의 공인된 이데올로그였다는 사실을 명확히 한 점을 박진우는 긍정적으로 평가한다.[5] 이러한 연구에 기초하여 박진우는 황국사관의 구체적인 내용을 다음과 같이 요약한다. 황국사관은 첫째로 황조신皇祖神의 천양무궁의 신칙神勅정신을 근거로 만세일계의 천황에 의한 통치를 정당화하는 역사관, 둘째로 만세일계의 천황≒국체의 영원성과 불변성을 강조하는 역사관, 셋째로 팔굉일우八紘一宇=세계지배의 사명을 강조하여 이민족에 대한 지배와 통합을 정당화하는 역사관, 넷째로 이러한 사상 신념을 정당화하기 위하여 신대神代에 기초한 신화와 역사의 일체성을 제시한다.[6] 즉, 황국사관은 신화와 역사적 사실을 일체화하여 설명하는 역사관으로 천양무궁의 신칙에 의거하여 천황 통치의 절대성과 불변성을 핵심으로 하고 나아가 일본의 세계지배를 정당화하는 것으로 1930년대 후반부터 패전에 이르기까지 국민 통합과 동원을 위한 이데올로기로 창출된 것이라고 할 수 있다.[7]

이러한 선행연구에는 한 가지 문제가 존재한다. 위의 선행연구들은 대

---

[5] 박진우, 「전후일본의 역사인식과 '황국사관'」, 『황국사관의 통시대적 연구』, 동북아역사재단, 2009, 255~256쪽.

[6] 위의 논문, 260쪽. 한편 나가하라 케이지(永原慶二)는 문부성의 교과서 검정에 반대하여 1983년에 『황국사관(皇国史観)』(岩波書店)을 집필하였다. 여기서 나가하라는 황국사관의 특징을 1. 자국의 역사를 미화함, 2. 전쟁책임을 숨김, 3. 민중들의 정치 사회적 행위에 대한 서술을 억제함, 4. 역사교육의 목적을 진리학습이나 과학적 사고의 육성이 아니라 지배집단의 가치관을 주입하는 교화에 둔 점이라고 요약한다(永原慶二, 『皇国史観』, 岩波書店, 1983).

[7] 위의 논문, 263쪽.

체적으로 황국사관의 문제를 전쟁이 심화되어 가는 시기에 불거진 것으로 결론 내린다. 따라서 전후에 이루어진 황국사관 비판 역시 많은 부분 전쟁책임의 문제와 연결된 형태로 논한다. 하세가와 역시 그의 저서 결론 부분에서 '역사학의 전쟁책임'이란 항목을 설정하고 "역사학 혹은 역사가의 전쟁책임이라는 무거운 문제에 대하여 언급하지 않으면 안 된다"[8]고 하였다. 이러한 역사인식은 동아시아 각국과 관련된 일본의 역사적인 책임을 1931년 이후의 전쟁책임으로 왜소화 시킨다. 과연 황국사관의 여러 가지 문제는 1931년부터 시작된 전쟁과의 관련성에 한정된 것일까. 메이지유신 이후에 제정된 제국헌법, 군인칙유, 교육칙어 등과는 전혀 관계없는 것일까. 근대국가 일본이 의식적으로 수행한 국민/신민 만들기와는 관계없는 것일까.

일본에서 통상적으로 논의되는 '전쟁책임'론에는 좌우를 막론하고 1931 만주사변을 시작으로 하는 15년 전쟁 동안에 일어난 강제동원, 징집 등의 문제에 한정하여 논하는 경향이 강하다. 여기에는 류큐 합병이나 홋카이도 편입 나아가 타이완과 조선의 식민지화 과정에서 발생한 다양한 문제는 포함되지 않는 경우가 일반적이다.[9] 특히 츠루미 슌스케鶴見俊輔를 비롯하여 일군의 학자들이 공동으로 집필한 『공동연구 전향』은 좌우파를 막론하고 거의 모든 전쟁협력자에 대하여 다루고 있지만 기본적으로는 좌파들이 왜 전쟁에 협력하게 되었는지에 대하여 추적한 연구라 할 수 있다. 즉, 일본에서 가장 철저하게 일본의 식민지 지배와 전쟁책임을

8] 長谷川亮一, 『「皇国史観」という問題』, 321쪽.

9] 물론 그렇다고 해서 일본의 진보적 인사들이 1931년 이전에 발생한 문제에 대하여 침묵하고 있다고 주장하는 것은 아니다. 주장하고 싶은 것은 일본에서 좌파든 우파든 '전쟁책임'이라고 했을 때 이 용어가 포괄하고 있는 범주로 대체적으로 1931년에서 1945년 사이의 매우 한정적이라는 점이다.

추궁한 진보적 지식인들조차도 전쟁책임의 범위를 1931~45년 사이에서 벗어나지 못하였으며 나아가 이러한 전쟁협력 문제를 식민지 지배에 관한 반성적 인식으로까지 확대하지 못하였다.[10]

따라서 이 장에서는 위와 같은 문제의식에서 황국사관의 문제가 전후 일본의 새로운 국민 만들기와 어떻게 연속되고 있는지를 중심으로 고찰한다. 즉, 황국사관 비판을 통해 전후의 새로운 변혁 주체로서의 국민 만들기를 지향한 진보적 역사교육이 사실은 체제비판이나 변혁의 움직임까지도 모두 흡수해버린 국민통합의 기제機制였음을 고찰한다.

2. 패전과 역사교육의 재편

〈1〉 전후의 황국사관 비판과 국사편수원

패전과 더불어 일본의 역사학계는 새로운 움직임을 시작하였다. 전전에 활동을 중지할 수밖에 없었던 역사학연구회歷研는 패전 이후 1945년 11월 11일에 도야마 시케키遠山茂樹, 다카하시 신이치高橋磌一 등의 노력으로 '국사교육 재검토 좌담회'를 개최하여 황국사관 비판을 통한 새로운 역사운동의 서막을 열었다. 이어서 46년 1월 27일에 재건대회를 개최한 이후 3월 10일에 총회를 통해 활동개시를 선언하였다. 이후 6월 6일에 기관지『역사학연구』를 복간하기로 결정하였다. 역사학연구회는 역사학과 역사교육의 분리에 반대하며 과학적 진리를 존중하고 인민과 학문연구의 결합을 강조하였다.

1945년 11월 1일 교토京都에서 교토제국대학 출신자들이 중심이 되어

---

10) 이렇게 된 배경에는 전후 진보진영의 인식이 자신들의 내부로 향한 나머지 외부, 즉 자신들이 식민지 지배를 한 지역으로까지 확대하여 사고하지 못한 경향이 존재한다. 구체적으로는 이 책의 6장을 참조할 것.

대학의 틀에 구애받지 않는 자유로운 연구조직을 추구하여 일본사연구회를 창립하였으며 46년 5월에는 기관지 『일본사연구』를 창간하였다. 46년 1월 12에는 진보적인 자연과학자, 사회학자, 인문학자들이 중심이 되어 '민주주의 과학자협회'民科가 결성되었다. 민과는 산하에 다양한 부회를 두었는데 와타나베 요시미치渡部義通, 이시모다 쇼石母田正 등이 중심이 된 역사부회는 46년 10월에 기관지 『역사평론』을 창간하였다. 창립 당시의 민과는 일본공산당의 영향력이 그리 크지 않았으나 50년대에 들어서면서 일본공산당의 전략 전술론이 민과에 직접적으로 영향을 미치게 되었다. 특히 1952년에 민과의 서기국원이었던 이시모다 쇼는 일본공산당의 정치노선에 입각한 '국민적 과학의 창조'를 제창하였다.

이러한 역사연구 단체에 모인 연구자들은 출신대학, 전공, 역사를 대하는 입장 역시 마르크스주의, 근대주의, 실증주의 등 다양하였다. 그럼에도 불구하고 이들은 전쟁이란 상황 하에서 강화된 황국사관에 대해서는 강한 비판의식을 공유하고 있었다. 특히 여기에 모인 젊은 연구자들은 강좌파 마르크스주의에 강하게 영향을 받고 있었다. 이러한 움직임 속에서 1946년 12월 23일 일본사연구회 제1회 연례회의 좌담회에서 후지타니 토시오藤谷俊雄는 전전의 황국사관을 다음과 같이 비판하였다.

근본적으로 일본의 역사를 매우 신비적으로 생각하는 사고가 전시 중에 횡횡한 것은 여러분들도 잘 알고 계시리라 생각합니다. 혹은 2600년 설, 혹은 팔굉일우 설과 같은 것이 매우 요란스럽게 채용되어 소학교의 교과서 혹은 중등학교의 교과서에 유행하였습니다.……이른바 황국사관이 실시되었을 뿐만 아니라 더욱 극단적인 군국주의 사관 혹은 나아가 영미 타도 사관이라고 할 수 있는 것이 이 교과서의 기조였습니다.[11]

---

11) 座談,「民衆は歴史家に何を望むか」,『日本史研究』第三号, 1946, 72~73쪽. 앞의 책,『「皇国史観」という問題』, 20쪽에서 재인용.

이처럼 전전의 황국사관을 비판한 후지타니는 보다 직접적으로 "전시 중에 '황국사관'이라는 괴상한 역사관이 국사교육에 강제되었다"[12]고 비판하였다. 이러한 비판에서 알 수 있듯이 전전에 일본역사의 정수이며 천황을 중심으로 한 동아시아 해방의 사상적 원천이라고 하던 황국사관이 이제는 군국주의와 대외침략의 이데올로기였다고 공공연하게 부정되었다. 이러한 주장을 시작으로 전후의 역사학계는 전시 하에서 실시된 역사학과 역사교육에 대한 비판을 개시하였다. 이러한 비판은 학문과 교육 분야뿐만 아니라 이러한 작업을 실질적으로 수행하였던 사람들에 대한 비판으로 이어졌다. 이노우네 키요시井上淸는 1946년 6월에 『역사학연구』 복간호에서 전전의 황국사관 주창자로 히라이즈미 키요시, 야마다 요시오山田孝雄, 토쿠토미 소호德富蘇峰 등을 직접 언급하면서 "군벌관료의 확성기가 되어 국체호지의 강제를 위해 대일본 황국은 신국이라고 강조하며, 황국은 세계를 지배하는-팔굉일우-신명을 가진다고 하여, 오로지 인민을 천황제 군벌·관료의 노예로 만들고 침략전쟁에 동원하기 위하여 과학의 편린까지도 역사학에서 지워버린 가장 노골적인 범죄인"[13]이라고 신랄하게 비판하였다.

이러한 황국사관 비판에 직면한 히라이즈미 키요시는 패전 직후 도쿄東京대학의 연구실을 비우고 자진해서 사임하였다. 1946년부터 공직과 교직에 있던 전쟁 관련자들에 대한 추방이 시작되면서 황국사관 관련자들에게도 공직추방령이 적용되었다. 교토제국대학의 교수였던 니시다 나오지로西田直二郎, 도쿄제국대학 교수 히고 카즈오肥後和男, 이타자와 타케오板沢

---

12) 藤谷俊雄, 「歷史教育と歷史観」, 『日本史研究』 第五号, 1947, 54쪽. 위의 책, 44쪽에서 재인용.
13) 井上淸, 「時評」, 『歷史学研究』 第一二二号, 1946, 34쪽. 위의 책, 21쪽에서 재인용.

武雄 등이 추방되었다.

그러나 1949년부터 점차 심화되기 시작한 한반도의 위기 상황 아래서 일본 내 공산주의자에 대한 탄압이 강화되었다. 마침내 1950년 한반도에서 전쟁이 일어나자 극히 일부의 인사를 제외하고 대부분의 공직 추방자들은 다시 이전의 현장으로 복귀하였다. 이러한 가운데 황국사관 비판에 대한 우파 지식인들의 반격이 시작된다. 이러한 움직임은 전전의 황국사관 관련자들을 중심으로 전후에 새롭게 설치된 국사편수원을 통해 시작된다.

전황이 막바지로 치닫고 있던 1945년 4월 스즈키 칸따로鈴木巻貫太郎 내각이 출범하였다. 스즈키 내각의 문부대신이었던 오오타 코조太田耕造는 동년 4월 19일에 국체의 본의를 철저히 하고 국운융성의 기초를 더욱 공고히 하기 위하여 국사를 편수하는 기관을 설치할 것을 요구하였다. 법제국은 전쟁종결을 논의하고 있던 8월 1일에 오오타의 요구에 대한 답신을 제출하였고 이 답신에 근거하여 같은 날 각의에서 국사편수를 위한 기관 설치를 결정하였다. 공교롭게도 전전에 이루어진 이 결정은 전쟁이 종결된 바로 다음날인 8월 16일에 제정되고 17일자로 공포 시행된 칙령 제476호 '국사편수원관제' 및 칙령 제477호 '문부성관제외2칙령중개정등'으로 현실화되었다. 그리고 이 법령에 의해 국사편수원이 설치되었다. 초대원장에 취임한 인물은 국수주의적 국어학자이자 일본사 전공자이며『국체의 본의』를 집필한 야마다 요시오였다. 이노우에 키요시가 전후에 황국사관의 주창자라고 직접 이름을 언급하면서 비판한 바로 그 사람이었다. 국사편수원은 패전 직전에 설치를 결정하고 패전 직후에 바로 설치된 기묘한 기관이었다. 더욱이 이 기관의 수장이 된 인물은 전전에 황국사관을 주창하던 학자였다. 패전이라는 급변하는 상황 속에서 이루어진 기묘한 국가정책의 연속이었다. 물론 이러한 아이러니는 얼마 지나지 않아 국사편수원의 폐지로 귀결되지만, 전전과 전후의 연속과 단절이 우연과 필연 속에서 이어지고 있음을 보여주는 귀한 사례 가운데 하나이다. 이러한 사실에 대하여 하세가와는 다음과 같이 평가한다.

언뜻 보면 이것은 항복이라는 사태의 급변에도 불구하고 이것을 무시하고 이전의 계획을 그대로 진행시킨 듯이 보인다. 확실히 각의결정 시점에서는 아직 항복이 결정되지 않았다. 그러나 이미 이 시점에서 일본의 패배가 시간문제였던 것은 정부수뇌부에게는 명확했다.……원래 국사편수조사회의 총회는 한번밖에 열리지 않았으며 정식으로 어떠한 작업방침도 결정되지 않았기 때문에 곧 바로 편수사업을 개시하는 것은 불가능했다. 따라서 이것은 패전에도 불구하고가 아니라 오히려 패전을 예견하고 이에 따라 발생 가능한 '국체'의 위기에 대처하기 위하여 일부러 국사편수원의 설치를 단행하였다.[14]

즉, 하세가와는 이러한 문부성의 정책결정은 패전 이후 예상되는 천황제 비판 혹은 천황제 폐지에 대한 선제적 대응이라고 평가한다.

새롭게 설치된 국사편수원 총재에는 사사키 유키타다^{佐佐木行忠}, 원장에는 야마다 요시오, 국사편수관에는 이전부터 문부성의 국사편수원이었던 사카모토^{坂本}, 모리스에^{森末}, 코지마^{小島}, 후쿠오^{福男}, 타야마^{田山}의 5명이 그대로 유임되었다. 국사편수원의 조직과 직제는 총무부, 신대^{神代}에서 코우코우^{光孝}천황까지를 담당한 제1편수부, 우다^{宇多}천황에서 하나조노^{花園}천황까지를 담당한 제2편수부, 고다이고^{後醍醐}천황부터 코메이^{孝明}천황까지를 담당한 제3편수부, 메이지천황을 담당한 제4편수부로 이루어졌다. 이처럼 국사편수원의 조직구성과 담당업무만 보더라도 이 기구는 천황을 중심으로 한 일본의 역사 편찬이라는 목적수행을 위하여 조직되었다는

---

14) 앞의 책, 『「皇国史観」という問題』, 294〜295쪽.

사실을 알 수 있다.

이러한 가운데 GHQ는 1945년 10월 22일에 민간정보교육국^{Civil} Information and Educational Section, 흔히 CIE로 약칭함이 중심이 되어 작성한 '일본교육제도에 대한 관리정책'의 발표를 시작으로 교육행정에 직접 개입하기 시작하였다. 그러자 국사편수원장인 야마다는 11월 5일자로 사임하였으며 후임은 미정인 채로 국사편수원의 기능은 정지되었다. 이후 GHQ는 10월 30일에 전쟁에 협력한 교직 관련자들에 대한 교직추방령을, 12월 15일에는 국가신도를 부정하고 그 기관에 대하여 정부의 지원과 감독을 폐지하는 신도지령을, 12월 31일에는 수신, 역사, 지리교육 정지에 관한 건을 발령하였다. 결국 1946년 1월 25일의 각의에서 결정된 관청행정정리에 따른 문부성 관제개정에 근거하여 국가편수원은 폐지되었다. 설립 5개월 만에 국사편수원은 폐지된 것이다.

〈2〉 역사교육의 기본 방향 제시

하세가와가 지적한 것처럼 일본정부는 패전으로 인해 일어날 수 있는 국체 비판에 대비하기 위하여 국사편수원을 설치하였다. 이어서 역사교육의 주무관청인 문부성은 1945년 9월 15일에 「신일본건설의 교육방침」을 공표하고 "금후의 교육은 더욱더 국체의 호지에 힘쓰면서 군국적 사상 및 시책을 불식하고 평화국가 건설을"[15]위해 노력할 것을 선언하였다. 이러한 선언을 구체적인 행동으로 나타낸 것이 9월경에 문부성이 작성한 「국사교과서 편찬에 대하여国史の教科書編纂について」란 소책자이다. 카토 아키라加藤章는 이 소책자에서 강조된 역사교육의 목적은 새로운 일본

---

15) 上田薫編, 『社会科教育史資料』 1, 東京法令出版, 1974, 15쪽; 加藤章, 「『社会科』の成立と『国史』の存続」, 『長崎大学教育学部教育学科研究報告』 第25号, 1978, 53쪽에서 재인용.

건설을 위해 "국사발전의 대세를 파악함과 동시에⋯⋯국민으로서의 자각과 실천을 배양하"고, 이를 바탕으로 "신화의 신중한 취급, 일본민족의 기원, 일본국가의 기원을 신비적이고 전승적인 형태로 취급하는 것이 아니라 합리적 과학적으로 규명할 것을 강조한"[16] 것이라고 한다. 즉, 이 소책자는 신화적이고 비합리적인 서술방식을 부정하면서도 국체와 관련된 아마테라스오오미카미天照大神에게서 시작되는 일본민족의 기원, 진무천황 이후 만세일계로 이어져온 일본국가의 기원 등을 보다 합리적이고 과학적으로 설명하는 것이 새로운 시대에 어울리는 국사교육의 기본임을 정한 것이다. 이러한 원칙은 전전에 황국사관 강화를 위해 만들어진 역사교재가 체제비판이나 변혁 이데올로기를 부정하고 국체를 국민통합이나 국민동원 이데올로기로 활용한 것과 맥을 같이 하고 있다.

이어서 문부성은 45년 9월에 제시한 「국사교육의 방침」을 시작으로 11월 17일에 「국사교육의 방침(안)」을 발표하고, 46년 2월에 『잠정초등과 국사』를 편찬하는 과정에서 「잠정역사교과서 편찬방침 대강」을 작성하였다. 「국사교육의 방침」은 국사교육의 3가지 요지를 다음과 같이 적시하고 있다. 이 방침은 GHQ와의 협의 과정을 거친 뒤에 발표되는 「국사수업지도요항에 대하여」에 계승되고 있다.

1. 독선적이고 편협한 사관을 불식하고 사실의 왜곡과 은폐를 피하고 공정한 입장에서 역사의 발전을 종합적이고 합리적으로 파악한다.
2. 종래와 같은 치란흥망, 정권이동을 중심으로 한 정치사에 편중되지 않고 세계사적인 입장에 입각하여 사회, 정치, 경제, 기술, 문화 전반에 걸쳐 국민생활의 구체적인 발전양상을 명확히 하여 그동안 우리나라의 특색 및 국민성을 파악한다.

---

16) 위의 논문, 53쪽.

3. 국제친선, 공존공영의 사실을 중시함과 동시에 외국문화의 섭취, 순화^{醇化}의 흔적을 분명히 하여 각국 각 민족 문화의 상호경애와 문화의 교류, 호혜의 사실을 열거하여 세계평화의 증진 및 인류문화의 진전에 기여한다.[17]

이처럼 문부성은 전전 역사교육의 기본적인 사항을 대부분 부정하였다. 그러나 천황제와 관련된 사항에 대해서는 전전의 태도와 크게 달라지지 않았다. 「국사교육의 방침」은 황실에 관한 문제에 대하여 다음과 같이 명시하고 있다.

우리 황실의 존립이 국사 전개에 중요한 관계가 있다는 사실 및 황실이 영예의 원천인 만큼 역사적 사실에 기초하여 신중한 태도로 이를 취급할 것[18]

문부성은 "우리나라 국가사회의 발전은 황실을 중심으로 한 일대 가족 국가 형성의 과정인 사실^{史實}을 명확하게 하는"[19] 것이라고 명시하여 전전의 국체개념을 그대로 계승하고 있다. 즉, 문부성의 새로운 역사교육 방침은 전전 역사교육의 특징인 "군국주의나 극단적인 국가주의는 배제하고, 봉건주의를 비판하며, 평화주의와 국제친선을 강조하지만" 이러한 내용을 "천황중심 사관과는 별도의 틀에서 논하려는 입장"[20]이었다고 할 수 있다.

일본 정부가 이러한 움직임을 구상하고 있는 가운데 10월경에 카이고 토키오미^{海後宗臣}가 GHQ에 의해 역사, 지리, 수신 과목에 대한 교육정지

---

17) 文部省, 「国史教育の方針」(1945.9), 梅野正信, 「社会科成立期における歴史教育書の作成と4つの歴史教育(Ⅱ)」, 『鹿児島大学教育学部研究紀要』 第47巻, 1995, 3쪽에서 재인용.

18) 文部省, 「国史教育の方針」(1945.9), 위의 논문, 4쪽에서 재인용.

19) 文部省, 「国史教育の方針(案)」(1945.11.17), 위의 논문, 6쪽에서 재인용.

20) 위의 논문, 5쪽.

지령이 나올 수도 있다는 정보를 입수하고 이 3분야의 교재를 통합하여 국민생활에 기초한 새로운 과목을 편성하는 방안을 구상한 사실은 잘 알려져 있다. 이러한 구상을 토대로 11월 1일 문부성 내에 공민교육쇄신위원회가 설치되었다. 한편 정부 측의 이러한 움직임에 대항하여 역사학연구회를 중심으로 한 지식인들은 11월 10일, 12월 1일에 '국사교육 재검토 좌담회'를 개최하여 국체비판과 새로운 역사교육을 요구하였다. 이러한 가운데 GHQ는 전전과 동일한 교육정책을 구상하고 있는 일본정부에 제동을 걸기 시작한다. 앞서 간략하게 언급한 것처럼 GHQ는 12월 31일 수신, 역사, 지리교육 정지에 관한 건을 발령하였다. 이 지령의 제1조는 다음과 같다.

일본정부는 군국주의 및 극단적인 국가주의적 관념을 각종의 교과서에 철저하게 삽입하여 학생들에게 가르치며 이러한 관념을 학생들의 머릿속에 주입하기 위하여 교육을 이용하였다.[21]

GHQ는 국체교육의 폐지와 천황제의 성격변경을 공식적으로 요구한 것이다. 이에 천황은 다음날 1946년 1월 1일에 「신일본건설에 관한 조서」 이른바 천황의 신격을 부정하는 인간선언을 발표하였다.[22] 이러한 흐름 속에서 위에서 본 국사편수원도 폐지된 것이다.

이후 46년 3월에 내일※日한 미국교육사절단은 일본의 교육현실을 시찰한 이후 4월에 「제1차 미국교육사절단 보고」를 제출하였다. 이 보고서는

---

21) 앞의 책, 『社会科教育史資料』 1, 11쪽.

22) 이와 관련한 상세한 내용은 千本秀樹, 『天皇制の戦争責任と戦後責任』, 青木書店, 1990을 참고할 것.

GHQ의 견해와 동일한 관점에서 전전 일본의 역사교육을 비판하고 있다. 그러면서 앞으로 제작할 역사와 지리 교과서는 "객관적 사실과 신화를 분리하고", "보다 객관적인 견해가 교과서나 참고서에 표기되도록 수정할 필요가 있다"고 지적하면서 나아가 이러한 내용을 담보한 교과서를 제작하기 위하여 "역사와 지리 교재의 편집책임은 문부성 내부에 한정되어서는 안 되"는 만큼 "일본의 유능한 학자 위원회를 설치"[23]할 것을 요구하였다. 이러한 권고에 따라 46년 5월 17일 GHQ의 민간정보교육국은 이에나가 사부로家永三郎, 오카다 아키오岡田章雄, 오오쿠보 토시아키大久保利謙, 모리스에 요시아키森末義彰의 4명의 외부 학자와 문부성 소속의 역사학자로 구성된 일본사 교과서 편찬 기구를 구성하였다. 그 결과 46년 9월 10일 전후 첫 초등학교 역사교과서 『나라의 발자취くにのあゆみ』가 출판되었다. 이어서 10월 19일에는 중학교용 역사교과서 『일본의 역사』와 사범학교용 『일본역사』가 출판되었다. 역사교육을 실시하기 위해 가장 중요한 교과서가 출판되자 GHQ는 46년 10월 12일 역사수업 재개를 허가하였다. 이 허가를 근거로 문부성은 19일 「국사수업 재개에 부처国史の授業再開に付て」를 통달하면서 「새로운 국사교과서에 대하여新国史教科書について」를, 11월 9일에는 「국사수업지도요항에 대하여国史授業指導要項について」를 발표하였다.

「국사수업 재개에 부처」에서는 무엇보다 명확하게 "연합국최고사령부가 허가한 교과서를 사용하는 것을 조건으로 한다"[24]는 내용을 적시하였다. 즉, 새로운 수업에서 사용하는 교과서는 「새로운 국사교과서에 대하

---

23) 兼重宗和, 「占領下における日本史教育」, 『德山大学論叢』 第26号, 1986, 133쪽.
24) 文部省次官, 「国史の授業再開に付て」(1946.10.19.), 위의 논문, 137쪽에서 재인용.

여」에서 정한 편집 방침에 따라 편찬된 것이어야 한다는 사실을 명시하였다. 여기에 명시된 새로운 편집방침은 "신화와 전설을 생략하고 과학적으로, 그리고 이러한 과학적이고 객관적인 태도는 전체적으로 일관되어야 하며, 왕후와 귀족의 역사가 아니라 인민의 역사를 중심으로, 역사가 인민들과 연결되어 성립하고 있다는 사실을 항상 염두에 두면서, 일본이라는 좁은 시각에서 보는 것이 아니라 넓은 세계적인 시각에서 바라보며, 근대일본에 대해서는 전쟁과 정쟁의 역사가 아니라 세계의 움직임과 연동한 산업, 경제, 문화의 역사"[25]를 서술하는 것이다. 따라서 교사용으로 작성된 수업지도 지침서인 「국사수업지도요항에 대하여」 역시 수업의 주안점을 다음의 4가지에 두고 있다.

1. 군국주의, 극단적인 국가주의, 국가신도의 선전 및 배외적 사상을 조장하는 교재를 배제할 것.
2. 공정한 입장에서 어디까지나 진리를 추구하는 과학적 태도를 가지고 역사의 발전을 종합적이고 합리적으로 파악하여 올바른 전통의 이해에 기여할 것.
3. 단순히 치란흥방治亂興亡의 흔적을 따라 정권쟁탈의 역사에 치우치지 않고 국민생활의 구체적인 전개 양상을 사회, 경제, 문화의 각 방면에서 보다 분명하게 할 것.
4. 독단적이고 편협한 사관에 빠지지 말며 세계사적인 입장에 서서 국제친선, 공존공영, 문화의 교류 호혜互惠의 역사적 사실을 들고 세계평화의 증진 및 인류문화의 진전에 기여할 것.[26]

여기에 명시된 수업의 주안점은 문부성이 「국사교육의 방침」에서 정한 것과 거의 동일한 것이다. 문부성과 GHQ의 논의를 거쳐 완성된 새로

---

25) 文部省, 「新国史教科書について」(1946.10.19.), 위의 논문, 135쪽에서 재인용.
26) 文部省, 「国史授業指導要項について」(1946.11.9.), 위의 논문, 138~139쪽에서 재인용.

운 역사교육의 기본 방향을 한마디로 요약한다면, 전전의 국체개념을 중
시한 국가주의, 침략주의 역사관을 부정하고 객관적이고 과학적인 방법
에 입각한 다수 국민의 역사, 세계의 여러 나라와 호혜 평등의 원칙 아래
서 상호 교류하는 민주 시민을 양성하는 역사교육이라고 할 수 있다.

3. 새로운 역사교과서 『나라의 발자취(くにのあゆみ)』

〈1〉『나라의 발자취(くにのあゆみ)』의 시각과 내용

위와 같은 과정을 거쳐 전후 최초로 초등학교 교육용으로 만들어진 역
사교과서가 1946년 9월 10일(실제로 완성된 것은 10월 중순이다)에 출
간된 『나라의 발자취』이다. 『나라의 발자취』를 분석한 카쿠다 마사시[角田
将士]는 전전의 마지막 국정 역사교과서인 『초등과국사』가 "황국신민으로
서의 자각을 배양하고 황국의 역사적 사명을 감득시켜 그 수행을 위해 진
력하는 각오를 육성하는 것"을 역사교육의 목적으로 설정하고 있었다면,
『나라의 발자취』는 역사교육의 주안점을 "신국가 건설(=민주주의 체제
의 확립 및 유지)에 대한 자각과 실천을 배양하는"[27] 것에 두었다고 설명
한다. 이러한 교육목적을 달성하기 위해서는 역사교과서의 특정한 서술내
용이 전전과는 달라질 수밖에 없다. 카쿠다는 그러한 변화 형태를 전전 역
사교과서 내용의 유지, 삭제, 수정, 추가의 4가지 유형으로 구분하였다.[28]

유지란 전후의 새로운 역사교육 방침에 합치하는 인물이나 내용에 대
해서는 전전과 동일하게 역사교과서에 등장시켜 유지한 것을 말한다. 예

---

27) 角田将士, 「戦後初期歴史教科書『くにのあゆみ』における歴史認識形成の論理」, 『社会科教育
論』 第47号, 2010, 13쪽.

28) 4가지 유형에 입각하여 『초등과국사』와 『나라의 발자취』를 비교 서술한 내용은 위의 카쿠다 마
사시 논문에 의함. 『나라의 발자취』의 목차는 상권이 1. 일본의 여명, 2. 밝아오는 일본, 3. 헤이
안경(平安京)의 시대, 4. 무가정치, 5. 카마쿠라(鎌倉)에서 무로마치(室町)로, 6. 아츠지(安土)와
모모야마(桃山), 하권이 7. 에도(江戸)막부, 8. 에도(江戸)와 오사카(大阪), 9. 막부(幕府)의 멸망,
10. 메이지유신, 11. 세계와 일본, 12. 다이쇼(大正)에서 쇼와(昭和)로이다.

를 들면, 전전의 『초등과국사』에 '진무천황은 신국일본의 기초를 다진 천황이다'고 서술되어 있었는데 이를 『나라의 발자취』에서는 '일본 최초의 천황'이라고만 서술하여 전후의 새로운 역사교육 방침에 위배되지 않는 형태로 바꾸어 교과서에 계속 등장시켜 인물 그 자체를 교과내용 속에서 유지하였다. 포츠담 선언의 유일한 조건이 천황제의 유지였으며 미국 역시 효율적으로 일본을 통치하기 위해서는 천황제를 남겨두고 활용하려는 정책을 추진하고 있었던 만큼 전후의 새로운 역사학 역시 초대 천황을 역사교과서 속에 유지시키려고 한 것이다. 삭제란 전후의 새로운 역사교육 내용에 부합하지 않는 인물이나 내용을 완전하게 교과서에서 삭제하는 것이다. 예를 들면, 굴뚝에서 연기가 올라오지 않는 것을 보고 민중들의 삶이 곤궁해진 것을 알아차린 진토쿠仁德천황이 3년간 조세를 면제하였다는 내용은 완전히 삭제되었다. 천황은 존재하지만 더 이상 천황의 은덕으로 국가가 운영된다는 이데올로기는 거부되었다. 수정이란 부적절한 서술내용을 삭제하고, 객관적 근거에 입각하여 합리적인 내용을 추가하며, 과다하게 한쪽으로 치우친 해석을 공정하게 수정하는 것이다. 예를 들면, 쇼토쿠聖德태자에 관한 내용 가운데 국위선양의 예로 서술된 견당사나 국사 편찬에 관한 내용을 삭제하고 공정한 정치를 구현하기 위하여 12관제나 17조의 법률을 제정하였다는 내용을 추가하였다. 이렇게 하여 쇼토쿠태자를 전후의 새로운 민주적 정치구현에 참고가 되는 인물로 묘사하고 있다. 그리고 청일·러일전쟁을 신국일본의 국위를 해외에까지 넓힌 전쟁으로 해석하던 것을 '혼란한 동아시아의 평화를 회복하기 위해 싸운 전쟁'이라고 하여 평화회복이라는 전후의 상황을 강조하였다. 그러나 이러한 서술 내용은 이후 진보적 역사가들에 의해 비판받았다. 추가는 전전의 역사서에는 전혀 언급되지 않는 내용을 새롭게 추가한 것이다. 예를 들면, 악정에 저항한 민중들이 일으킨 각종의 반란들로 흔히 '잇키一揆'라고 불린 역사적 사실들이 새로 추가되었다. 이러한 추가내용은 국민국가의 정치, 경제, 문화의 주체는 국민이며 이들에 의해 국가가 운영된다는 사실을 선언한 것이라 할 수 있다.

전전의 역사교과서와 비교하여 위와 같은 변화가 있었음에도 불구하고 애매하고 불명확한 서술이 여러 곳에 산재하고 있다. 특히 이러한 경향은 패전, 천황제의 유지, 새로운 헌법제정, 곧이어 예상되는 도쿄재판, 전후처리, 인접국과의 관계 등과 직접적으로 관계가 깊은 만주사변 이후의 전쟁에 관한 기술에서 두드러진다. 예를 들면, 만주사변의 직접적인 원인이라고 할 수 있는 관동군의 만주철도 폭파사건에 대하여 『나라의 발자취』는 '남만주 철도가 갑자기不意に 폭파되었습니다'라고만 기술하여 폭파의 실행주체가 누구인지, 관동군이 철도를 폭파한 배경이 무엇인지를 애매하게 처리하였다. 중일전쟁의 시작에 대해서도 '갑자기 중일 양군 사이에 전투가 시작되었습니다'로만 기술하여 당시 지속적으로 높아지고 있던 중국내 항일운동의 흐름과 만주사변 이후 중국과 일본의 관계악화는 전혀 언급하지 않았다. 또한 만주사변이 왜 중일전쟁을 거쳐 태평양전쟁으로 확대되었는지에 대해서도 『나라의 발자취』는 애매하게 서술하고 있다. 『나라의 발자취』는 중일전쟁 이후 일본이 독일, 이탈리아와 삼국동맹을 맺은 당시의 국제정세나 과정에 대한 설명 없이 '삼국동맹으로 인하여 미영을 시작으로 여러 나라들과의 관계가 악화되었으며 여기에 더하여 수상이 코노에 후미마로近衛文麿에서 호전론자인 도죠 히데키東条英樹로 바뀌어 미국과의 교섭이 원만하게 진척되지 못해서 전쟁으로 이어졌다'고 기술하였다. 이러한 기술 형태는 전쟁책임에 관한 내용으로 이어진다. 즉, 『나라의 발자취』는 '우리나라는 패배하였습니다. 국민은 긴 전쟁에서 매우 고생하였습니다. 군부가 국민을 억압하여 무리한 전쟁을 한 것이 이러한 불행을 가져온 것입니다'로 서술하여 군부가 민의를 억제하고 전쟁을 일으켰다고 적시하여 전쟁책임을 전적으로 군부에 떠넘기고 있다.[29]

앞에서도 본 것처럼 전후 역사교육의 기본 방침은 '국민으로서의 자각과 실천을 배양하는 것'이었다. 이러한 교육목표를 구현하기 위하여 만든 교과서가 『나라의 발자취』였다. 『나라의 발자취』가 아무리 초등학생을 대상으로 하여 제작되었다고 하더라도 그 서술 형태는 역사적 사실의 전후관계 혹은 인과관계에 대한 명확한 기술을 회피하거나 단순한 사실을 나열하는데 그치고 있다. 이러한 서술로 인하여 천황이 전쟁에 얼마나 깊이 관여했었는지, 일본의 전쟁책임은 어떻게 되는지에 관한 부분은 사상捨象되어버린다. 『나라의 발자취』 편집 책임자인 마루야마 쿠니오丸山国雄는 "국체는 우리나라 역사의 소산이다.……국가에 일관되고 있는 정신의 진수를 서술함과 동시에 국민생활의 실상을 해명하는 곳에 그 역사적 사명이 있"다는 방침에 입각하여 "황실중심주의가 천하통일의 기조가 되었다는 것은 주목할 만한 것"으로 "노부나가信長·히데요시秀吉의 위업도 이러한 풍조와 서로 관련지어서 특별히 서술해야만 한다"[30]고 구상하였다.

앞에서 살펴본 것처럼 문부성과 GHQ의 논의를 거쳐 완성된 역사교육의 기본방향에는 천황제와 관련된 언급은 보이지 않는다. 그러나 이러한 기본방향에 입각하여 제작된 『나라의 발자취』에는 전후 문부성이 구상하고 있던 천황제와 관련된 내용이 포함되었다. 전후 새로운 역사교과서의

---

29) 大久保佑香里, 「1946-55年におけるアジア太平洋戦争の認識と記述」, 『三田学会雑誌』 108巻 1号, 2015, 155~157쪽.

30) 丸山国雄, 『新国史の教育-くにのあゆみについて-』, 惇信堂, 1947년 9월, 74~234쪽, 梅野正信, 「社会科成立期における歴史教育書の作成と4つの歴史教育(Ⅲ)」, 『鹿児島大学教育学部研究紀要』 第49巻, 1997, 7~8쪽에서 재인용.

내용은 전후라는 "국가체제에 어울리는 새로운 국가서사를 창출"[31]하는 국가 지향적 역사였다. 이를 위해 전후의 역사교과서가 취한 역사학습 방법은 전전과 동일하게 과거에서부터 현재에 이르는 역사에 의한 교화教化를 그대로 사용하고 있다. 이러한 교육방법은 "현재사회를 고대에서 면면히 이어진 역사적 연속성 위에서 구성된 정당성을 갖는 것으로"[32] 인식시킨다. 이러한 교육법은 '현재의 사회', 즉 전후 일본이라는 국가를 국민통합의 구심체로 받아들이는 역사교육이라고 할 수 있다.

〈2〉『나라의 발자취(くにのあゆみ)』에 대한 비판

우메노 마사노부梅野正信는 패전 직후 새로운 학제와 교육방침을 염두에 두고 전개된 새로운 역사교과서 편찬과정에서 보이는 특징을 4가지로 정리하였다.[33] 그는 패전 직후 문부성 중심의 잠정적인 초등학교 국사교과서의 편찬과정에 나타난 특징을 '국가지향'형 역사교육, 45년 6월 이후 『나라의 발자취』를 작성하는 과정에서 논의된 특징을 '사실지향'형 역사교육, 45년 9월 이후, 즉『나라의 발자취』가 발간된 이후 진보적 학자들에 의해 제기된 비판의 특징을 '변혁지향'형 역사교육, 민속학적 입장에서 제기된 비판의 특징을 '생활지향'형 역사교육이라고 정리하였다. 즉, 전후의 변화된 국내외적 환경 속에서 새로운 국가건설과 국민통합을 이루어야하는 과제를 짊어진 문부성은 '국가지향'의 역사교과서를 작성하려고 하였으며, GHQ에 의해 외부 전문가로 초빙되어 새로운 역사교과서 작성에 적극적으로 참가한 이에나가 사부로 등의 학자들은 전전의 역사교

---

31) 앞의 논문, 「戦後初期歴史教科書『くにのあゆみ』における歴史認識形成の論理」, 19쪽.

32) 위의 논문, 19쪽.

33) 앞의 논문, 「社会科成立期における歴史教育書の作成と4つの歴史教育(Ⅱ)」, 1~2쪽.

과서가 국체와 황실 중심으로 서술된 것을 바로잡기 위하여 신화적인 내용을 삭제하고 가능한 한 가치중립적인 형태로 사실위주의 역사교과서를 작성하려고 하였다. 『나라의 발자취』의 역사관이 과학적, 객관적, 민중 중시, 세계와의 관련성, 사회문화적 요소를 중시하였다고 하더라도 고대사 분야에서는 신화적인 존재인 진무천황을 일본의 초대천황이라고 서술하는 등 여전히 황실중심주의적인 내용이 존재했으며, 전쟁책임을 군부에게 한정하거나 사건들 상호간의 인과관계를 모호하게 처리하는 문제가 있었던 점은 앞에서도 살펴보았다. 이러한 내용에 대하여 진보적 학자들을 중심으로 『나라의 발자취』에 대한 비판[34]이 전개되었는데 이러한 주장은 변혁지향과 생활지향의 역사로 나타났다고 할 수 있다. 이러한 비판에 입각한 운동이 민과가 중심이 되어 전개한 국민적 역사학운동이다.

전후 역사학계에서 가장 왕성할 활동을 전개한 진보적 역사학자들의 황국사관 비판은 크게 2가지로 요약할 수 있다. 하나는 전전 역사교육에서 황국사관이 담당하고 있던 이데올로기를 비판하는 것이며, 다른 하나는 전후의 변혁 혹은 혁명을 달성하기 위한 역사교육의 실현이라고 할 수 있다. 이러한 활동의 시작은 와타나베 요시미치渡辺義通, 이시모다 쇼, 하야시 모토이林基의 3사람이 45년 10월 22일에 GHQ의 노만과 에머슨을 방문하여 히라이즈미, 츠치 젠노스케辻善之助, 이타자와 타케오板沢武雄, 니시다 나오지로西田直二郎는 전전에 황국사관 운영의 중심적 역할을 한 인물로 국가주의적 역사해석의 주도자라고 고발하면서 자신들은 천황을 신으

---

34) 흔히 『나라의 발자취』 비판이라고 알려져 있다. 비판은 좌담회, 논평, 논문 등 다양한 형태로 전개되었다. 대표적인 것으로 井上清, 『くにのあゆみ批判』, 解放社, 1947; 海後宗臣, 『歴史教育の歴史』, 東京大学出版会, 1969; 加藤章, 『講座歴史教育』, 弘文社, 1982; 片上宗二, 『日本社会科成立史研究』, 風間書房, 1993; 梅野正信, 『社会科歴史教科書成立史研究』, 日本図書センター, 2004 등이 있다.

로 서술한 역사와 이러한 천황이 지배하는 정치제도를 찬양하는 국가주의적 역사해석을 비판하는 새로운 역사서술 계획을 가지고 있음을 전달한 것이다.[35] 이어서 이들 진보진영의 학자들은 1945년 11월 10일과 12월 1일 2회에 걸쳐서 '국사교육 재검토 좌담회'를 개최하였다. 이들은 11월 10일 좌담회에서 '민족 전체, 즉 인민대중을 위한 역사교육이여야만 한다. 지금까지 역사교육이 얼마나 봉건적 국가주의적 지배의 지주가 되었던가를 생각하면 이른바 역사적 상식의 철저한 파괴를 두려워해서는 안 된다'고 선언하였다.[36] 또한 이들은 12월 1일 좌담회에서 '사회구성체론에 입각하여 시대구분을 근본적으로 개혁할 것'과 '교과서의 첫 1항이 신화에서 시작하고 있는 것은 오류'인 점, 그리고 '세계사적 시점에 선 인류학·고고학의 성과에서 출발하고 고대인의 생활도 생생하게 묘사할 것' 등을 요구하였다.[37]

먼저 황국사관이 담당하고 있던 이데올로기 비판과 관련된 내용을 살펴보자. 이노우에 키요시는 앞의 각주 13에서 인용한 것 이외에 국가주의 역사학자들을 다음과 같이 비판하였다.

---

35) 앞의 논문, 「社会科成立期における歴史教育書の作成と4つの歴史教育(Ⅲ)」, 12쪽.

36) 위의 논문, 11쪽.

37) 위의 논문, 11쪽. 실증주의 사학이 가지는 한계에 대한 마르크스주의 역사학자들의 비판에 대하여 민간 학자로 『나라의 발자취』 제작에 참가한 이에나가 사부로는 "비정치적인 실증주의 입장에서 교과서를 집필하면 이런 정도밖에 되지 않는 것은 불가피하다"(家永三郎, 「戦後の歴史教育」, 『日本歴史』 別巻 1, 岩波書店, 1963, 320쪽, 加藤章, 「「社会科」の成立と「国史」の存続」, 57쪽에서 재인용)고 하면서, 구체적인 예로 천황의 칭호에 대해서 "진무(神武)라는 것은 헤이안 시대에 부여된 시호(諡號)로 중국풍이며 오히려 고대 일본의 천황칭호를 나타내고 싶었기 때문이"며, 자신들을 비판하는 마르크스주의 역사가의 대표격이기도 한 하니 고로(羽仁五郎)의 업적에 대해 "하니씨의 연구는 대체적으로 하나의 이데올로기가 너무 농후하게 표출되어 있어서 어떨까 생각한다"(家永三郎, 「『くにのあゆみ』理解のために」, 『日本読書新聞』 369号, 1946, 위의 논문, 6쪽에서 재인용)고 반론하였다.

전쟁 중에 히라이즈미 밑에서 도쿄대학교수 또는 조교수로서 '천양무궁 사관'을 주창하고 신국주의를 선전하며 '천양무궁의 생명관'이 일본민족의 사생관이라고 칭하여 일본의 청년학생이 군벌의 죽창주의·특공주의 전술–이것을 만약 전술이라고 한다면–의 희생양이 되도록 선동하였다.[38]

이노우에는 황국사관 비판과 동일한 시각에서 『나라의 발자취』에 대한 비판을 이어간다. 그는 구체적인 서술 내용을 언급하면서 다음과 같이 지적하였다.

『나라의 발자취』는 진무천황이 언제 즉위했는지, 야마토大和조정이 언제 전국을 지배했는지, 고분이 언제쯤의 것인지, 이러한 것에 대하여 전혀 시대를 표기하지 않았다. 시대를 표기하면 기원절이나 2,600년이란 거짓말이 바로 들통나기 때문이다.

'호태왕好太王의 비' 등을 언급하여 이를 근거로 신공황후 삼한 정벌이란 학문적으로는 완전히 부정된 거짓에 입각하여 맹렬하게 군벌주의를 고취하고 있다.

에미시蝦夷를 식민지로 지배했다고 한 것은 이른바 '동화'로 이것은 전전 조선이나 타이완을 '동화'시켰다는 것과 동일한 의미이다.

무사가 '국민의 중심이 되어 세상을 이끌었다'고 하는 것은 파쇼적인 '지도자' 원리이다.

(청일전쟁 시기에–인용자) 일본자본주의는 이미 외국을 식민지로 탈취하려는 욕구를 가지고 있었다. 또한 전쟁으로 국내의 불안을 밖으로 돌리는 것은 메이지 정부 성립 직후부터 존재한 정한론의 실현이다.[39]

---

38) 井上淸, 「時評」, 『歷史學硏究』 一二二号, 1946, 34~40쪽. 위의 논문, 12쪽에서 재인용.

39) 井上淸, 『くにのあゆみ批判』, 解放社, 1947, 위의 논문, 14~15쪽에서 재인용.

그리고 토마 세타藤間生大는 이노우에 기요시, 하니 고로 등과 함께한 좌담회에서 『나라의 발자취』에 나타난 일본 근대의 시작은 메이지 천황의 5개조 서문이며 그 마지막은 46년 1월에 쇼와천황이 발표한 인간선언으로 "천황으로 근대사가 시작되고 그리고 끝났습니다. 천황중심주의의 대단한 표현이"[40]라고 하면서 전후의 역사교과서에 천황주의가 계속 등장하는 사실을 비판하였다. 따라서 『나라의 발자취』 비판에는 이러한 천황주의를 변혁하기 위한 주장도 상당히 많이 등장한다.

이노우에는 46년 8월 『세계世界』에 발표한 「역사교육에 대하여歷史教育について」에서 "역사적 필연성을 가장 잘 예견하고 그 학문적 전망에 서서 혁명을 무서워할 것이 아니라 그것을 고무하는 것이 되어야만 한다.……혁명의 불 속에서 태어나고 그 역사해석, 역사적 전망의 정당함 때문에 혁명의 시련을 견디고 최근 백년간의 세계사적 발전 그 자체에 의해 입증되고 있는 혁명적 프롤레타리아의 역사이론에 기초한"[41] 역사교육이야말로 전후 일본이 지향해야 할 본질이라고 주장하였다. 동일하게 후지타니 토시오藤谷俊雄 역시 "역사교육의 기초가 되어야만 하는 역사관은 프롤레타리아 계급의 입장에 선 역사관이지 않으면 안 된다"[42]고 강조하였다. 역사교육자 후지타니 토시오는 "우리가 말하는 정치사란 일하는 인민이 생활을 일구고 떨쳐 일어나자 지배자가 그것을 억압해서 대립하는 그러한 과정을 말하는 것이다.……자본주의 사회는 그 대립물인 무산계급이 떨쳐 일어날 때 비로소 그 본질이 폭로"[43] 된다고 주장하였다. 이러한 주장

40) 座談会, 「くにほあゆみの検討」, 『朝日評論』 2-3, 1947, 50~63쪽, 위의 논문, 16쪽에서 재인용.

41) 井上清, 「歴史教育について」, 『世界』, 1946년 8월, 71~74쪽, 위의 논문, 13쪽에서 재인용.

42) 藤谷俊雄, 「歴史教育と歴史観」, 『日本史研究』 5, 1947, 5쪽, 위의 논문, 13쪽에서 재인용.

43) 藤谷俊雄, 「歴史教科書への提案」, 『あかるい教育』 9号, 民主主義教育協会, 1948, 17~18쪽, 위의 논문, 13쪽에서 재인용.

에는 황국사관 비판을 통한 전후 변혁 구상이 잘 나타나 있다.

4. 이시모다 쇼의 『중세적 세계의 형성』과 황국사관 부정

앞에서 본 것처럼 전후 역사학계에서 중심적인 역할을 한 진보적 지식인들의 『나라의 발자취』 비판은 황국사관 비판과 전후 변혁에 복무할 수 있는 주체형성이 가능한 역사학 확립을 목표로 구성되었다. 이러한 역할을 담당한 대표적인 역사학자 중 한명이 이시모다 쇼이다. 먼저 그의 대표작인 『중세적 세계의 형성中世的世界の形成』을 개괄하자. 오구마 에이지小熊英二는 이 작품을 다음과 같이 평가한다.[44]

『중세적 세계의 형성』은 이가국伊賀国에 있던 쿠로다장원黒田莊을 무대로 고대의 종언과 중세의 시작이라는 역사의 필연을 묘사한 작품이다. 무대가 된 쿠로다장원은 고대의 상징인 동대사東大寺의 직할령이며 중세의 주역인 쿠로다 악당悪党을 시작으로 하는 재지在地무사단이 동대사에 저항한 역사가 남아있는 곳이다. 물론 이것은 고대의 상징인 동대사의 지배가 흔들리는 모습을 연구함으로써 천황제국가가 붕괴하는 '역사의 필연'을 묘사하려고 한 것이다. 그러나 필연이라고 전제된 고대에서 중세로의 전환은 그리 낙관적이지만은 않았다. 구체제에 도전한 무사단은 모두 동대사에 패하였으며 동대사가 내부의 부패로 약화된 시기에 동대사와 싸운 쿠로다 악당 역시 결국은 진압당하여 패하였다. 그렇다면 역사의 진보를 체현하고 있던 새로운 신흥세력인 쿠로다 악당은 왜 패할 수밖에 없었던가. 이시모다는 그 원인을 악당들의 고립에서 찾는다. 동대사 지배의 말단을 담당한 신인神人은 유력자에 대해서는 추종겁나追蹤怯懦, 백성에 대해서는

---

44) 小熊英二, 『〈民主〉と〈愛国〉』, 新曜社, 2002, 309~310쪽.

맹악猛惡한 인간으로 중세사회에서 가장 부패한 집단이었다. 악당들은 이러한 신인들을 살상하지만 그러나 그 대부분은 무목적인 테러나 복수에 지나지 않았다. 또한 악당들은 지역의 장민庄民들도 약탈하였다. 이른바 악당은 민중들에게서 고립되어 전혀 지지받지 못하는 폭력집단에 지나지 않았다. 이시모다에 의하면 이러한 악당의 윤리적 피폐는 그들이 장민에게서 고립되어 있던 현실에서 발생한 것이다. 왜냐하면, 악당이 촌락민 전체의 생활을 대표하는 건전한 지방무사이고 이러한 입장에서 사찰에 대적했다면, 그것은 소규모라 하더라도 지방의 주민들과 협력한 민중반란土一揆적 형태를 취할 것이며 따라서 도덕적 피폐는 발생하지 않았을 것이기 때문이다. 여기에 더하여 장민들의 의식도 역사의 진보에 역행하였다. 당시에 이미 고대적인 장원지배는 해체과정에 있었으며 쿠로다장원과 인접한 지역에서도 중세적인 무가지배가 시작되었다. 그러나 장민들은 외부에서 무사단이 개입하는 것을 두려워하여 동대사에 지배를 강화해달라고 청원하였다. 이시모다는 이러한 외부 세력에 대한 공포감이야말로 다년간 외부세계와 격리된 동대사의 지배에 익숙해진 쿠로다 장민들의 근본적인 약점이었으며 그들이 결코 스스로의 힘만으로 동대사를 대신할 수 없다는 것을 보여주고 있다고 평가하였다. 더욱이 동대사는 무력뿐만 아니라 종교를 활용하여 장민의 마을을 지배하고 있었다. 악당들조차도 사노寺奴의 후손이란 의식에서 벗어나지 못했으며 무력으로 진압되면 의외로 바로 충실한 장민으로 회귀해버리는 나약함도 내포하고 있었다. 이렇게 하여 쿠로다장원은 스스로의 힘으로 중세로 나아가지 못했다. 15세기가 되어서도 쿠로다장원은 동대사의 영지였다. 이시모다는 고대세계는 외부의 정복이 없는 한 존속할 수밖에 없었다고 하여 우리들은 이제 차질蹉跌과 패배의 역사를 끝내지 않으면 안 된다고 하였다. 이것이 이시모다가 『중세적 세계의 형성』에서 주장한 개략적 내용이다.

이시모다는 1912년 홋카이도에서 태어난 이른바 전전戰前 세대이다. 그는 도쿄제국대학 서양철학과에 입학하였다가 국사학과로 전과한 뒤 1937년에 졸업하였다. 그는 학생시절에 일본노동조합전국협의회全協에서 활동하다가 검거된 이후 현장 활동이 어려워지자 역사연구에 전념하였다. 이후 아사히신문 기자를 거쳐 1947년에 호세法政대학 법학부에 자리를 잡아 학자로서 활동하였다. 그의 처녀작이자 대표작인 『중세적 세계의 형성』은 1944년에 탈고한 전전의 연구 성과이나 전후 1946년 3월이 되어서야 발표할 수 있었다. 이시모다는 패전 이후 본격적인 활동을 하는 가운데 주로 일본공산당의 주류파와 깊은 관계를 맺고 있었으며 민주주의 과학자협회 역사부회를 중심으로 전개한 국민적 역사학 운동을 정력적으로 추진하였다.

전쟁이 심화되면서 다수의 마르크스주의자에게 전쟁에 협력할 것을 요구한 국가의 전향정책은 집요하게 전개되었으나 이시모다는 이 시기의 다른 마르크스주의자와는 달리 전쟁에 협력하지는 않았다. 그러나 그 역시 전쟁정책에 적극적으로 저항하지 못한 자신에 대한 반성과 더불어 이른바 전중戰中세대, 즉 1945년에 20대에 해당하는 세대에게 부채의식을 가지고 있었다. 이들 전중세대는 국가의 사상탄압으로 사회주의와 자유주의가 전혀 기능하지 못할 때 오로지 황국사상만을 주입받은 세대였다. 따라서 이들은 전쟁정책에 협력한 패배감은 고사하고 전쟁 그 자체에 대해 의심조차 가지지 않는 이들이 대부분이었다고 회자된다. 따라서 전후 이시모다를 위시한 진보적 역사학자들의 출발점은 서로가 고립되어 전쟁을 정당화한 논리인 황국사관을 비판하지 못한 일본인들을 주술에서 벗어나게 하는 것이었다. 그리하여 이들 새로운 일본인들이 주체가 되어 전후 민주주의를 담당하는 사회를 만드는 것이었다.

마르크스주의 역사학의 방법을 채용한 이시모다는 사회구성체의 이행 문제를 주제로 삼아 고대적 세계≒천황이 지배하는 세계가 어떻게 몰락하는지를 묘사하면서 새로운 역사의 주체를 발견하려고 하였다. 즉, 이시모다는 황국사관 비판을 통한 변혁주체 형성을 지향하였다. 따라서 그가 밝힌 연구의 목적은 "장원의 발전사를 분석하는 것이 아니라 오히려 그 역사적 현상을 서술하"여 "일본역사의 큰 흐름의 전체상을 파악"[45]하는 것이었다. 이시모다는 일본역사 속에서 중세로의 이행이 가진 의미를 고대시대 동아시아 각국에서 이미 고착화 되어 있던 "전제정치despotism라는" "고대적 국가를 타파한 것"[46]이라고 한다. 이시모다는 "고대적인 부패한 국가기구를 거의 완전하게 극복"한 것이야말로 "메이지유신 과정에서 국민적 에너지의 원천"[47]이 되었으며 일본이 동아시아에서 유일하게 식민지로 전락하지 않게 된 배경이기도 하였다고 인식한다. 이시모다는 메이지유신 이후에 재건된 일본적 고대세계 즉, 천황이 중심이 된 전제국가 체제의 타파야말로 전후 새로운 국가건설을 위한 국민적 에너지의 원천이라고 선언한 것이다.

이러한 중요한 역사적 변화를 추동한 주체는 누구일까. 고대 로마의 도시 생활자가 중세를 만들어가는 주체가 되지 못한 것처럼 일본의 고대 도시 생활자인 귀족이나 천황가 역시 일본의 중세를 개척하는 주체가 되지 못했다. 이시모다가 주장하는 일본의 중세 세계를 형성한 주체는 일본 농촌사회의 내부에서 형성되었는데 그것은 바로 농촌의 지주계급에 속하는

---

45) 石母田正, 「初版序」(1944년 10월), 『中世的世界の形成』 제16판, 東京大学出版会, 1984.

46) 위의 책, 366쪽.

47) 위의 책, 366쪽.

무사들이었다.[48] 그리고 이들 변혁의 주체인 무사들은 장민들과 괴리되면서 고대적 지배질서를 대표하는 동대사에게 패하였다고 이시모다는 인식한 것이다.[49] 따라서 그는 결론에서 "쿠로다 악당은 결코 동대사에게 패배한 것이 아니다.……쿠로다 악당은 수호守護의 무력에 패배한 것이 아니다.……지방 무사들이 악당임을 포기하고 장민들이 스스로 사가寺家가 마음대로 처분할 수 있는 토민土民이라는 생각을 포기하지 않는 이상 고대는 계속해서 반복된다"[50]고 맺는다. 이시모다는 스스로 변혁의 주체임을 자각하지 않으면 변혁에 성공할 수 없다고 주장한 것이다.

이러한 서술에는 전후라는 새로운 정치 환경 속에서 연합군의 지배라는 "외부의 정복에 의해 일본의 지배체제가 일시적으로 개혁되었다고 하더라도 혁신세력이 민중들에게서 고립되어 있다면 천황제는 계속해서 부활한다"[51]는 이시모다의 현실인식이 존재한다. 이시모다는 민중에게서 고립되지 않기 위해 민과의 역사부회를 중심으로 국민적 역사운동을 전개하였으며 그 과정에서 변혁의 토대로 '역사와 민족을 발견'하였다. 이러한 발견은 당시 일본공산당에 결집되어 있던 진보적 지식인들이 GHQ의 지배하에 있는 일본의 주요 모순, 즉 변혁을 위한 1차적 과제를 민족해방

---

48) 위의 책, 367~373쪽.

49) 이러한 이시모다의 의견에 대해 다케우치 리조(竹内理三)는 '쿠로다 장민들이 동대사에 감사하며 연공을 운상하겠다고 청원한 것을 과연 장민들의 패배라고 볼 수 있을까. 이들이 부담해야하는 연공은 겨우 50석이며 이것은 다른 곳과 비교할 때 매우 적다. 그리고 장민들이 청소권(請所權)을 획득한 것은 일보 전진을 의미하는 것은 아닌가'라는 문제제기를 하였다. 이에 대하여 이시모다는 "인민들의 투쟁은 결국 패한 것처럼 보여도 나름대로의 성과가 있으며 패배의 방식도 서로 다르다는 관점이 결여되어 있었다"는 자기 비판적 인식을 표명하였다(위의 책, 「はしがき」, 1957년 9월).

50) 위의 책, 294쪽.

51) 앞의 책, 『〈民主〉と〈愛国〉』, 313쪽.

으로 규정한 것과 깊이 관련되어 있다. 당시 일본공산당이 제출한 '민족해방 민주혁명론'은 미국의 지배 하에서 해방되기 위한 민족해방의 과제가 전전의 비민주적 요소를 개혁하기 위한 민주적 과제보다 우선한다는 전략 전술론이었다. 이것은 냉전체제하에서 미국과 대립하고 있던 소련의 정치적 입장을 반영한 것이었다.[52] 따라서 당시 일본의 진보적 지식인들은 민족해방의 과제를 달성하기 위한 주체를 민족으로 설정하였으며, 개개의 인간을 민족으로 묶는 공통분모를 역사라고 정의하였다. 이시모다는 상층 지배계급을 제외하고 근대국민국가의 형성과정에서 이루어진 국민 일반을 동일한 역사적 기억을 갖는 혈연적, 문화적 공동체 집단인 민족으로 치환해버렸다.[53] 이시모다의 이러한 역사인식은 내셔널리즘에 기초하여 전후 일본의 새로운 국민 만들기를 시도한 문부성의 역사교육 방침과 겹치는 측면을 가진다. 이러한 역사교육을 받은 전후 세대는 결국 변혁의 주체가 되기보다는 체제 내부로 흡수되어 버린다.

5. 결론

황국사관에 대한 선행연구들은 대체적으로 황국사관의 문제를 전쟁이 심화되어 가는 시기에 불거진 것으로 본다. 따라서 전후에 이루어진 황국사관 비판 역시 많은 부분 전쟁책임 문제와 연결된 형태로 논한다. 그러나 이러한 역사인식은 동아시아 각국과 관련된 일본의 역사적인 책임을 1931년 이후의 전쟁책임으로 왜소화시켜 버린다. 과연 황국사관의 여러 가지 문제는 1931년부터 시작된 전쟁과의 관련성에 한정된 것일까. 메이

---

[52] 최종길, 「냉전의 전개와 일본공산당의 혁명노선 변경」『일본근대학연구』제68집. 2020년 5월 30일을 참고할 것.

[53] 보다 상세한 내용에 대해서는 3장을 참고할 것.

지유신 이후에 제정된 제국헌법, 군인칙유, 교육칙어 등과는 전혀 관계없는 것일까. 이 장에서는 이러한 시각에서 황국사관 비판이 전후 일본의 새로운 국민 만들기와 어떻게 연속되고 있는지를 중심으로 고찰하였다.

1946년 3월에 내일來日한 미국교육사절단은 일본의 교육현실을 시찰한 이후 4월에 '제1차 미국교육사절단 보고'를 제출하였다. 보고서가 제기한 새로운 역사교과서의 편집방침은 전전의 국체개념을 중시한 국가주의, 침략주의 역사관을 부정하고 객관적이고 과학적인 방법에 입각한 다수 국민의 역사, 세계 여러 나라와 호혜 평등의 원칙 아래서 상호 교류하는 민주 시민을 양성하는 역사교육이었다.

이러한 기준에 의해 작성된 교과서가 『나라의 발자취』이다. 그러나 이 교과서는 고대사 분야에서 신화적인 존재인 진무천황을 일본의 초대천황이라고 서술하는 등 여전히 황실중심주의적인 내용을 포함하고 있었으며, 전쟁책임을 군부에게 한정하거나 사건들 상호간의 인과관계를 모호하게 처리하는 문제를 가지고 있었다. 이러한 내용에 대하여 진보적인 역사학자들은 『나라의 발자취』에 대한 비판을 전개하였는데 주된 내용을 2가지로 요약할 수 있다. 하나는 전전 역사교육에서 황국사관이 담당하고 있던 이데올로기를 비판하는 것이며, 다른 하나는 전후의 변혁 혹은 혁명을 달성하기 위한 역사교육의 실현이라고 할 수 있다. 전후 진보적 역사학계의 중심적인 과제는 황국사관 비판과 전후 변혁에 복무할 수 있는 주체 형성이 가능한 역사학이었다.

이시모다는 『중세적 세계의 형성』을 통해 메이지유신 이후 형성된 일본적 고대세계, 즉 천황이 중심이 된 전제국가 체제의 타파야말로 전후 새로운 국가건설을 위한 국민적 에너지의 원천이라고 선언하였다. 그러나 일본의 고대세계를 타파하고 중세시대를 연 이들 변혁의 주체인 무사(늑

지식인)들은 장민(≒민중)들과 괴리되면서 고대적 지배질서를 대표하는 동대사에게 패하였다고 이시모다는 판단한다. 이러한 판단에는 전후라는 새로운 정치 환경 속에서 연합군의 지배라는 외부의 정복에 의해 일본의 지배체제가 일시적으로 개혁되었다고 하더라도 혁신세력이 민중들에게서 고립되어 있다면 천황제는 계속해서 부활한다는 이시모다의 현실인식이 존재한다.

따라서 그는 민중에게서 고립되지 않기 위해 민과의 역사부회를 중심으로 국민적 역사운동을 전개하였으며 그 과정에서 변혁의 토대로 '역사와 민족을 발견'하였다. 이러한 발견은 일본의 변혁과제를 선 민족해방 후 민주혁명이라고 정의한 일본공산당의 전술론에 기초한 것이다. 그리고 이시모다는 민족해방의 과제를 달성하기 위한 주체를 역사를 공유하는 민족으로 정의하였다. 즉, 이시모다는 상층 지배계급을 제외하고 근대국민국가의 형성과정에서 이루어진 국민 일반을 동일한 역사적 기억을 갖는 혈연적, 문화적 공동체 집단인 민족으로 치환해버렸다.

황국사관 비판과 전후 변혁을 위한 주체형성을 지향한 이시모다는 내셔널리즘에 기초하여 전후 일본의 새로운 국민 만들기를 시도한 문부성의 역사교육 방침과 겹치는 측면을 가진다. 이러한 역사교육을 받은 세대는 결국 변혁의 주체가 되기보다는 체제 내부로 흡수되어 버린다.

Chapter 3

이시모다 쇼(石母田正)의
민족담론

1. 서론

일반적으로 근대국민국가가 만들어지는 과정에서 민족이란 용어나 개념이 등장하기 시작했다고 할 때의 민족 개념은 국민^{Nation}에 가깝다. 다른 한편으로 동일한 지역에서 장기간에 걸친 공동생활을 통해 이루어진 언어, 풍습, 종교, 역사 등을 공유하는 집단이란 의미를 갖는 민족 개념은 혈연관계를 기반으로 한 문화적 연속성을 강조하는 영어의 folk나 race에 해당하는 용어로 사용되기도 한다. 어느 쪽의 개념에 보다 많은 비중을 두고 있는지는 민족이란 용어를 사용하는 주체, 상황, 시기, 문맥에 따라서 달라진다. 그러나 근대국민국가를 전제로 한 현실 속에서 민족이란 용어가 가지는 개념은 대체적으로 위의 두 가지 측면을 모두 포괄하고 있는 경우가 대부분이다.

그 대표적인 사례가 내셔널리즘^{nationalism}이란 용어이다. 미국이나 호주 등 근대 이후 유럽인들의 대규모 이주를 통해 근대국가 건설이 이루어진 지역을 제외하고, 이 용어는 일반적으로 동일한 조상을 기반으로 공동의 기억을 가졌다고 믿고 있는 민족이란 공동체의 성원을 국민과 국가로 통합시키는 기능과 역할을 함축하고 있다. 특히 자신들의 공동체=국가가 외부의 적과 대결하거나 내외적 위기 극복이 필요한 시기에 내셔널리즘은 공동체 내부의 계급 갈등이나 의견 대립을 극도로 부정하며, 이러한 대립과 갈등은 분열로 구체화되고 결국 적에 대한 패배로 이어진다고 주장하여 단결을 강조한다. 이러한 주장의 바탕에는 내외적 위기 극복을 위해 제시된 지배집단의 이데올로기적 정당성과 물질적 이해관계의 관철이 존재한다. 이러한 측면에서 본다면, 내셔널리즘은 한 국가내의 계급 갈등을 은폐하는 기능을 가진 지배집단의 논리에 다름 아니다. 따라서 동일한 조상과 공동의 기억을 상징화한 민족과 역사란 용어는 지배집단이 주로 사용하는 정치적 상징임을 알 수 있다.

그러나 이러한 경우와는 달리, 다른 국가에 지배당하고 있는 입장에 놓인 집단이 지배에 저항하고 해방을 추구하는 투쟁 과정에서 자신들의 독자적인 역사와 민족을 강조하는 경우도 있다. 이 경우의 민족은 지배 이데올로기라기보다 오히려 저항을 위한 이론적 감정적 기제로 작용한다. 그러나 이 경우에도 민족이란 용어는 타자와의 관계성 속에서 자신들의 공동체인 민족 혹은 국가를 피지배 이전의 상태로 회복시키기 위한 이데올로기적 상징으로 기능하는 것이지 지배집단과 피지배집단 사이의 계급 대립을 해소하기 위한 어떠한 내용이나 지침도 포함하지 않는다는 것만은 분명하다. 이렇게 본다면 민족이란 용어가 경우에 따라서 지배와 저항이라는 서로 상반되는 두 가지 측면의 이데올로기로 사용될 수 있지만, 그 본질적인 의미상 공동체 내부의 대립과 갈등을 해소할 수 있는 내용을 포함하지 않다는 것만은 분명하다.

일본의 근현대사에서는 위와 같은 두 가지 의미의 민족이 시기를 달리하며 사용되었다. 메이지유신 이후 근대국민국가를 창출하는 과정에서 일본의 지배층이 전자의 민족을 역설 했다면, 패전 직후에는 이와는 정반대로 진보진영에서 후자의 민족을 역설하였다. 그러다가 고도경제성장 과정에서 보수파의 안정적인 지배가 공고화 되면서 일본에서는 다시 전자의 민족이 강조되었다. 오구마 에이지小熊英二가 그의 저서 『〈민주〉와 〈애국〉』에서 장의 제목으로 사용한 것처럼 패전 직후 일본에서는 '좌익의 민족, 보수의 개인'이란 현상이 전개되었다. 일본에서 메이지유신 이후 지속적으로 탄압받고 있던 진보진영이 그동안 천황을 정점으로 한 보수 지배집단의 전유물이었던 민족 담론을 왜 패전 직후에 강조하게 되었는지를 살펴보는 것은 전후사를 이해하기 위해서 빼놓을 수 없는 중요한 작업이다. 특히 이 작업은 메이지유신 이후 진행된 근대국민국가 건설 과정과 비교하여 전후 '민주주의'란 슬로건 아래서 이루어진 새로운 국가건설 과정에서 진보적 지식인들의 민족 담론과 행동이 미친 영향에 대한 검토과정의 일부이다.

따라서 본 장에서는 패전 직후 진보적 지식인들이 민족 담론을 주장하게 된 배경, 원인, 목적이 무엇이었는지를 분석한다.[1] 이를 위해 이시모다

---

[1] 사실 이 논문은 필자의 이전 논문 「전학련과 진보적 지식인의 한반도 인식」, 『일본역사연구』 제35집(2012년 6월)에서 과제로 남은 문제에 대한 답변이기도 하다. 이전의 논문에서 필자는 전학련과 진보적 지식인의 한일회담에 대한 반대 논리를 분석하여 "전학련과 진보적 지식인은 일본이라는 내부로 향한 시각에서 한일회담을 보고 있기 때문에 한일회담이 전후의 새로운 식민지 침략의 첫발임을 인식하고 있었음에도 불구하고 이것을 과거 자신들의 식민지 지배 행위에 대한 책임 논의로까지 발전시키지 못했다"(191쪽)고 주장하였다. 여기서 그렇다면 왜 이들 진보적 지식인들은 내부로 향한 시각을 가지게 되었는지에 대한 과정을 추적하는 작업이 과제로 부상하였다.

쇼石母田正가 패전을 전후한 시기에 발표한 원고를 모아서 1952년과 53년에 발행한 『역사와 민족의 발견』, 『속. 역사와 민족의 발견』을 중심으로 이시모다의 민족 담론을 고찰한다. 이시모다의 이 책은 50년대 국민적 역사학 운동의 지침서가 되기도 했으며 당시 대부분의 대학생과 지식인의 필독서이기도 했다.

2. 전후 상황과 일본공산당의 전략 전술론

〈1〉 점령하 평화혁명론

1945년 8월 15일 천황은 방송을 통해 전쟁의 '종결'을 선언했다. 이를 통해 일본은 포츠담 선언을 수락하고 미국을 비롯한 연합국에게 무조건 항복한다는 것을 밝혔다. 그 결과 9월 2일 미국의 전함 미주리호에서 일본은 연합국의 항복문서에 조인하였다. 여기서 기나긴 전쟁[2]은 끝을 맺었다. 전쟁 종결은 메이지유신 이후 지속되어 온 일본의 정치·경제·사회체제가 새로운 국면을 맞이하는 시점이었다. 전쟁 종결 직후 미국이 일본에

---

2) 통상적으로 서양 제국주의 국가의 팽창 과정에서 일어난 세계적 규모의 전쟁을 흔히 1차 세계대전, 2차 세계대전으로 부른다. 그러나 이러한 명칭에는 제국주의 국가의 팽창 과정에서 일어난 제국주의 국가 상호간의 이해관계와 갈등 구조가 전쟁이란 행위를 통해 현실화되었다는 사실인식이 잘 들어나지 않는다고 할 수 있다. 특히 2차 세계대전에 대한 서술은 미국을 위시한 민주주의 체제를 전면에 내세워 승리한 진영과 파쇼 독재체제를 중심으로 한 패배 진영으로 구분하여 마치 민주주의 체제와 파쇼 독재체제의 대립으로 묘사함으로써 미국이나 영국 등 승전국의 제국주의적 침략에 대한 책임을 명확하게 하지 못하고 있다. 이러한 측면에서 2차 세계대전을 '제2차 제국주의 전쟁'이란 용어로 사용한 쿠라다 케이세이(蔵田計成, 『新左翼の源流·全学連〜ブント』社会運動の昭和史, 白順社, 2006)의 인식은 많은 시사점을 제공한다. 단, 주의해야할 점은 쿠라다와 같은 용어 사용법이 현재 일본 우익 정치가들의 발언처럼 '전쟁이 당시의 세계사적 흐름이었기 때문에 전쟁을 한 일본에게 책임은 없다'고 하는 주장을 정당화하지 않으며, 쿠라다는 그러한 어법으로 사용하지도 않았다는 것이다. 오히려 반드시 논해야 하지만 처음부터 논의에서 제외되어버린 승리한 제국주의 국가의 전쟁책임에 대한 문제제기를 활성화해야 한다는 측면에서 필자는 쿠라다의 인식에 찬성한다. 이와 관련된 내용은 이 책의 서장을 참조하기 바란다.

대한 기본적인 점령 방침을 정한 문서 「항복 후 미국의 초기 대일 방침」과 「일본 점령 및 관리를 위한 연합국 최고 사령관에 대한 항복후의 초기 기본적 지령」에 의하면, 점령 정책의 주요목적은 일본의 전시체제 철폐를 통한 비군사화와 민주화라고 불린 서구식 민주주의 제도의 정착으로 요약할 수 있다. 그리고 일본의 패전 직후 미국의 어느 국무성 관료가 "일본에서 가장 좋은 인간은 감옥에 간 적이 있는 자들이다"[3]고 한 발언을 보면, 미국은 전시체제 철폐에 일본의 공산주의자들이 일정한 역할을 할 수 있을 것이라 구상하고 있었다고 볼 수 있다.[4]

45년 10월 4일 공산주의자를 중심으로 한 정치범 석방이 발표되고 이어서 3천 여 명의 정치범이 석방되었는데 여기에는 전전 일본공산당 간부였던 토쿠다 큐이치德田球一, 시가 요시오志賀義雄 등이 대거 포함되어 있었다. 이들은 출옥과 더불어 「인민에게 고함人民に訴う」과 「투쟁의 새로운 방침에 대하여鬪爭の新しい方針について」라는 두 문건을 10월 10일자로 발표했다. 이 두 문건은 전후 일본공산당의 첫 성명서로 이후 48년 제9회 일본공산당 중앙총회에서 민주민족전선전술을 채택하기까지 당의 기본적인 조직방침을 제시하였다.

「인민에게 고함」에서 토쿠다와 시가는 우선 "연합국 군대의 일본 진주

3] 후지타 쇼조 저 · 최종길 역, 『전향의 사상사적 연구』, 논형, 2007, 225쪽. 이러한 사실을 유추할 수 있는 내용에 관해서 兵本達吉, 『日本共産党の戦後秘史』, 新潮社, 2005를 참조할 것. 효모토는 GHQ내에 정보국을 중심으로 결집한 보수주의자와 민정국 내부의 진보주의자에 대하여 논하면서 민정국원들은 "일본의 민주주의자, 사회주의자, 그리고 노동운동 등에 대하여 대단히 호의적이며 격려와 조언을 하고 편리를 봐주었다"(75쪽)고 설명한다.

4] 미국의 전후 일본 지배과정을 보면, 미국의 일본공산당에 대한 기대는 끝가지 전쟁에 반대한 일본공산당의 입장을 이용하여 군국주의 체제를 철폐하는데 있었으며, 이데올로기적으로 미국과는 다른 공산당 간부를 서구식 민주주의 정착을 위한 인재로 활용할 계획은 애초부터 없었다고 보는 것이 사실에 부합한다고 본다.

에 의해 일본에서 민주주의 혁명의 단서가 열린 것에 대하여" "깊은 감사를 표"[5]하였다. 그리고 그들은 "연합국의 평화정책에 대하여 우리들은 적극적으로 이를 지지한다"[6]고 하여 GHQ의 중심을 이룬 미군을 '해방군'으로 인식하였다. 나아가 이들은 GHQ와의 적극적인 협력을 통해 이룩해야할 당면한 "우리들의 목표는 천황제를 타도하고 인민의 총의에 기초하여 인민공화국 정부를 수립하는 것에 있다"[7]고 주장하였다.

정치범 석방에 이어 GHQ는 군국주의 지배 하에서 허용되지 않았던 부인참정권과 부인해방, 노동자의 단결권·단체교섭권 보장, 학교교육의 민주화, 압제적인 전제제도의 폐지, 경제 민주화를 위한 5대 개혁안을 지시하였다. 나아가 전범 용의자의 체포, 전쟁협력자에 대한 공직추방을 통해 그동안 정치적 입장 표출을 제약당하고 있던 다양한 집단들에게 자유로운 정치 활동 공간이 창출되었다. 이러한 분위기 속에서 그동안 천황제와 자본주의 체제를 부정하는 반국가 단체로 규정되어 감시와 단속의 대상이 되었던 일본공산당도 45년 12월 1일에 제4회 당 대회를 개최하였다. 이 대회에서 일본공산당은 조직을 정비하고 중앙위원을 선출하여 당의 규약과 정강 그 외의 중요한 정책에 대한 기본적인 지침을 결정하는 등 본격적인 정치활동을 준비하였다. 여기에 더하여 중국 연안에서 활동하면서 일본 경찰의 검거를 피하여 국제공산주의 운동에 대한 다양한 이론과 경험을 축적하고 있던 노사카 산조野坂参三가 46년 1월 12일에 일본으로 귀환하였다. 이러한 조직 정비과정을 거쳐 일본공산당은 46년 2월

---

5) 德田球一·志賀義雄, 「人民に訴う」(1945.10.10.) 『日本共産党資料大成』, 社会運動資料刊行会, 1951, 3쪽.

6) 위의 자료, 3쪽.

7) 위의 자료, 3쪽.

24-26일까지 제5회 당 대회를 개최하고 이른바 노사카 이론 즉, 점령하의 평화혁명론[8]을 채택하였다.

46년 1월 1일에는 전후의 여러 가지 변화 가운데 가장 큰 변화가 일어났다. 메이지유신 이후 줄곧 '신'으로 취급되던 천황이 스스로 인간임을 선언하였다. 그리고 전쟁 책임자 명단에서 천황은 점차 모습을 감추고 있었다. 이러한 상황의 반영인지 어떤지 확인할 수는 없지만, 제5회 일본공산당 당 대회를 개최하기 이전인 1946년 1월 14일에 발표된 당 중앙위원회와 노사카의 공동성명에서는 「인민에게 고함」에서 주장했던 천황제 타도론이 조금 완곡해졌으며, 이전에는 부정하던 통일전선 결성의 필요성도 강조되었다. 이러한 과정을 거쳐 개최된 제5회 당 대회에서 발표된 선언은 "부르주아 민주주의 혁명을 평화적으로 더욱이 민주주의적 방법에 의해 완성하는 것을 당면의 기본 목표로" 설정한 뒤 이것을 달성하기 위하여 "당은 폭력을 사용하지 않고, 독재를 배제하며" "평화적 교육적 수단을 통해 이를 수행한다"[9]고 주창하였다.

이러한 이론이 정식화되기까지 당시의 국제정세나 국제 공산주의 운동 이론 등 여러 가지 요인이 있을 수 있으나 그 가운데 가장 큰 영향을 미친 상황은 아마도 GHQ가 주도한 위로부터의 '민주화 개혁'이었을 것이다.

---

8) 여기서 말하는 평화혁명론이란 선거를 통하여 공산당이 중의원 제1당의 위치를 차지하고 정권을 장악하여 수상을 비롯한 내각을 구성한 다음 혁명적인 정책을 추진한다는 정치 구상을 말한다. 이러한 전략전술은 미국이 더 이상 '해방군'이 아니라 점령군이라는 인식을 명확히 하면서 민주민족전선을 제시한 1948년 제9회 중앙위원회 총회 이후에도 지속되었다. 예를 들면, 민주민족전선과 '평화적 방법'에 관련된 자료 해설에서 "총선거를 통하여……공산당의 대진출이었다"(『日本共産党戦後重要資料集』第一巻, 三一書房, 1971, 321쪽)고 설명하고 있다. 평화적 방법이 정식으로 부정된 것은 51년 2월의 4전협 이후이다.

9) 社会運動資料刊行会編, 『第五回党大会宣言』(1946.2.25.) 『日本共産党資料大成』, 社会運動資料刊行会, 1951, 58-60쪽.

미국이 주도한 이러한 개혁은 점령지 일본을 무장해제하고 민주화시키기 위한 하나의 전술에 지나지 않았지만 당시의 일본공산당은 이를 꿰뚫어볼 만큼의 능력은 없었다. 점령군을 '해방군'으로 보고 이들이 주도하는 민주화 개혁 과정을 통해 평화적으로 혁명을 달성할 수 있다고 본 일본공산당의 판단은 극도의 가난과 굶주림에 내몰린 민중들의 요구를 실천하는 과정에서 오류임이 증명되고 정책 수정의 필요성이 대두된다.[10]

〈2〉 민주민족전선전술

정치·경제·사회적인 측면에서의 긍정적인 변화와는 달리 농촌과 도시 빈민을 중심으로 한 민중들의 일상생활은 전전의 통제경제 시기와 비교해도 극도의 굶주림과 가난에 허덕이는 상황으로 내몰리고 있었다. 또한 민중들과 도시 중간층 혹은 사회 고위층과의 사회적 경제적 격차는 더욱 확대되었다. 패전의 혼란과 무질서가 정치적으로는 어느 정도 안정을 찾아가고 있었지만, 46년 초부터 민중들의 식량위기는 더욱 심각해지고 있었다. 전시하 농업생산력 저하와 전후 행정력 상실로 인한 식량배급제도의 파탄은 암시장을 출현시켰으며 일반 민중들은 암시장이 아니면 식량을 구입할 수조차 없었다. 이러한 가운데 46년 5월 19일에 황거 앞 광장에 모인 25만 명 이상의 군중들은 식량획득 인민대회(일명 식량 메이데이)를 열고 수상관저로 데모행진을 진행하였다. 이에 대하여 GHQ는 무력을 행사하여 데모행진을 진압하였다. 그리고 점령 사령관 맥아더는 '다수의 폭도

---

[10] 고야마 히로타케(小山弘健)는 일본공산당의 강령이나 전술이 모두 점령정책이라는 큰 틀 속에 구속되어 점령군에 대한 지지와 협력이라는 이른바 전략상 오류를 발생시켰다고 하여 패전 직후 일본공산당의 전략 전술론을 비판적으로 평가한다(고야마 히로타케 저·최종길 역, 『전후 일본의 공산당사』, 어문학사, 2013, 23-24쪽).

들에 의한 데모와 소요에 대한 경고'를 발표하고 '질서와 점령 목적에 대한 위협을 제거하기 위하여 필요한 조치를 취하겠다'고 위협하였다.[11]

이 지점에서 미군은 더 이상 '해방군'이 아니었으며, 이제부터 본격적인 점령군으로서의 모습을 드러내기 시작한다. 패전 이후 지속되어온 노동자의 생산관리 투쟁, 46년 가을부터 이어진 관공청官公庁 노동자의 인원감축반대, 임금인상 요구는 민간 기업 노동자와의 공동투쟁으로 발전하였다. 노동자들은 요구조건이 수용되지 않는다면, 47년 2월 1일부터 총파업에 돌입하겠다고 선언하였다. 이에 대하여 GHQ는 노동조합 간부들을 불러 파업철회를 강요하였다. 그리고 파업 직전인 1월 31일에 맥아더는 파업 중지명령을 내리고 공동투쟁을 주도한 이이 야시로伊井弥四郎 의장에게 파업 중지 라디오 방송을 실시하라고 명령하였다. 이로써 2·1총파업은 좌절되었다. 파업은 좌절되었으나 이러한 노동자들의 투쟁은 두 달 뒤에 실시된 총선거에서 결실을 맺었다. 47년 4월에 실시된 전후 첫 중·참의원 선거에서 일본사회당은 과반을 점하지는 못했지만 양원 모두에서 제1당을 차지하였다. 그 결과 일본사회당은 카타야마 테츠片山哲를 수반으로 하여 자유, 민주, 국협国協당과 연립내각을 수립하였다.

이러한 정치 과정 속에서 46년 11월 3일에 공포된 일본국헌법이 47년 5월 3일을 기하여 시행되었다. 신헌법의 제정과 실시는 점령 정책 1단계의 완성을 의미한다고 할 수 있다. 이를 계기로 국내외의 정세 변화와 함께 지금까지와는 다른 점령정책의 변경이 선언되었다. 사회주의 국가 소련과의 대립 심화, 중국 대륙에서 중국공산당의 우세, 한반도 북쪽에 성립한 사회주의 국가, 일본 내부 민중운동의 성장 등의 배경 하에서 미국은

---

11) 井上清, 『昭和の五十年』, 講談社, 1976, 118쪽.

48년 1월 6일에 일본을 공산주의의 방벽으로 삼는다는 로얄 선언을 발표한다. 로얄 선언은 일본을 비군사화 하려는 당초의 계획을 변경하여 이후 극동에서 일어날 수 있는 사회주의 세력의 위협에 대한 방벽 역할을 할 수 있는 강력한 일본을 육성하겠다는 미국의 의지를 표명한 것이다. 그리고 점차 일본에서 레드퍼지가 강화된다.

이러한 정치정세의 변화 속에서 일본공산당은 48년 2월 6일에 제9회 중앙위원회 총회를 개최하여 민족문제에 초점을 맞춘 민주민족전선전술을 채택한다. 여전히 미국의 지배하에 있으며, 사회주의자에 대한 탄압이 심해지고 있는 상황에서 조심스러운 표현을 사용하면서도 카미야마 시게오神山茂夫는 "일본은 아시아에서 '반공전선'의 거점으로써 특히 중·일·한 동맹의 결절점이"[12] 되었다고 인식한다. 이러한 인식을 배경으로 일본공산당은 총회 당일 중앙위원회 명의로 발표한 「카타야마 내각 타도 투쟁선언」(1948.2.6)이란 제목의 문건에서 내각타도 투쟁을 위한 방법으로 "모든 민주세력이 결집한 민주전선만이 이 위기를 극복하고 민주주의와 민족독립을 보증할 수 있다"[13]고 선언하였다. 그리고 한 달 정도 지난 3월 10일에 일본공산당은 "민주주의의 철저, 일하는 인민의 생활 안정과 향상, 일본의 완전한 독립"을 위해 "모든 민주 애국지사와 민주민족전선을 결성하는 것이야말로 긴급한 임무라고 믿고 있"[14]다고 발표하고 사회당에 공동 전선 결성을 요청하였다. 이 제안은 민주전선 결성의 주체를 '모

---

12) 神山茂夫, 「危機にぉける日本国家の本質」(1948.11.29) 『日本共産党戦後重要資料集』 第一巻, 三一書房, 1971, 329–330쪽.

13) 日本共産党第九回中央委員会総会, 「片山内閣打倒闘争宣言」(1948.2.6.) 『日本共産党資料大成』, 社会運動資料刊行会, 1951, 210쪽.

14) 日本共産党中央委員会, 「民主民族戦線結成提案の趣意書」(1948.3.10) 『日本共産党戦後重要資料集』 第一巻, 三一書房, 1971, 322쪽.

든 민주 애국지사'로 설정하고 있다. 즉, 민주민족전선 결성의 주체는 상층지배계급과 매판세력을 제외한 다수의 일본 '국민'이다. 여기서 일본공산당은 '일본의 완전한 독립'을 위해 민족적 공동체 의식을 공유하는 '국민'을 창출해야하는 과제에 직면하였다. 이 총회에서 일본공산당이 미군을 더 이상 '해방군'이 아니라 점령군이었다는 사실을 명확하게 인식하고 민족독립을 슬로건으로 제시했다는 사실은 일본이 미국의 식민지 종속화의 위기로 내몰리고 있음을 인식한 매우 중요한 내용을 포함한다.[15]

〈3〉 민족해방 민주혁명론

근대 일본 역사에서 최초로 사회주의를 표방한 카타야마 내각은 사회당 좌파의 비협조로 총사직할 수밖에 없었다. 차기 정권은 연립 내각을 이루고 있던 민주당 총재 아시다 히토시芦田均를 수반으로 하여 구성되었다. 아시다 내각은 일본을 공산주의의 방벽으로 삼기 위한 미국의 경제재건 정책을 충실히 수행하면서 독점자본가 중심의 정책을 추진하였다. 이러한 정책의 반대급부로 임금 인상을 요구하는 노동운동이 활발해졌다. 이에 대하여 맥아더는 공무원의 파업과 쟁의행위를 금지하도록 수상에게 지시하였다. 아시다 수상은 이른바 정령 201호를 발표하여 공무원들의 단체교섭권과 파업권을 부정하는 조치를 취하였다. 이렇게 GHQ의 지시에 충실했던 아시다 정권도 48년 10월의 쇼와전공昭和電工 뇌물 수뢰 사건으로 총사직하면서 GHQ 정보국의 강력한 추천을 받은 소수 의석의 보수

---

15) 고야마 히로타케는 총회의 정치방침이 정확했음에도 불구하고 "식민지 종속화의 위기는 미제국주의에서 유래하는 것이 아니라 오직 국내 반동세력의 매판화 정책에서 유래하는 것으로 보았으며, 따라서 민족독립 투쟁도 점령정책과의 투쟁이 아니라 국내 반동의 매판화 정책과의 투쟁이며, 국내 반동의 타도를 통한 '민주정부 수립'으로 달성될 수 있는 것이라고" 본 점에 오류가 있었다고 평가한다(앞의 책, 『전후 일본의 공산당사』, 63쪽).

정당 민자당民自党 요시다 시게루吉田茂 내각이 탄생했다. 요시다 내각은 당면한 과제였던 공무원의 쟁의행위를 금지한 국가공무원법 개정안을 통과시킨 후 그해 12월 23일 중의원을 해산하였다. 이어서 다음 24일에 GHQ는 키시 노부스케岸信介 등 A급 전범 용의자 19명을 석방하였다. 그리고 49년 1월 23일에 치러진 제24회 중의원 선거에서 민자당은 264석을 얻어 과반을 상회하는 압도적인 승리를 획득하였다. 이로써 전후 일본에서 보수정권의 장기지배가 시작되었다. 이후 4월에 정부와 GHQ는 점령군에 대항하거나 반대할 수 없도록 한 단체등규정령団体等規定令을 발표하였다. 그리고 7월부터 9월에 걸쳐 국철관련 3대 의혹사건下山事件, 三鷹事件, 松川事件이 발생하자 정부는 노동조합과 진보적 정치 문화 단체에 대한 탄압을 강화하였다. 이 시기 국외적으로는 49년 10월 1일에 중국 대륙에서 마오쩌둥毛澤東이 이끄는 중국공산당이 국민당 군을 몰아내고 중화인민공화국 성립을 선포하였다.

이처럼 동북아시아에서 세계적인 냉전체제가 가시화되는 가운데 50년 1월 6일 코민포름이 일본공산당의 노사카 이론을 공개적으로 비판한다. 이 비판에 충격을 받은 일본공산당은 코민포름 비판을 부정하는 소감파(주류파)와 이를 수용하는 국제파(비주류파)로 분열되면서 55년 7월의 제6회 일본공산당 전국협의회(6전협)까지 내부 분열과 분파투쟁의 시기를 보낸다. 코민포름 기관지『항구평화와 인민민주주의를 위하여』는 일본에 대한 미국의 전면적 지배를 논한 논문「일본의 정세에 대하여」를 발표하였다. 업저버란 이름으로 발표되었지만 이후에 스탈린에 의해 작성되었다고 알려진 이 논문은 세계적으로 냉전체제가 심화되어 가는 상황에서 일본공산당에 대한 소련의 의향을 강력하면서도 암묵적으로 전달한 글이다. 논문에서 코민포름은 "일본의 모든 정치경제는 미국의 침략정책과 그 침략정책에 기초한 행동에 의해 좌우되고 있"기 때문에 "군국주의 일본의 부활과 민주주의 운동에 대한 억압은 이전부터 일본의 반동세력과 미제국주의자가 구성하는 블록의 공통목적, 기초가 되고 있다"[16]고 지적하였다. 즉, 코민포름의 주장에 의하면, 현재 일본은 미국의 일방적인 지배 하에서 군사적 식민주의화의 길을 가고 있다는 것이다. 그럼에도 불구하고 "노사카는 미점령군이 존재하는 경우에도 평화적인 방법에 의해 일본이 직접 사회주의로 이행할 수 있다는 부르주아적이 속물적 견해를 주장하고"[17] 있다고 논문은 비판한다.

이에 대하여 일본공산당의 주류파는 노사카 이론이 극복해야할 여러 가지 결함을 가지고 있는 것은 사실이나 그 결함은 "이미 실천에 의해" "극복되고 있다"[18]고 반론하면서 코민포름의 주장을 수용할 수 없다는 「소감」을 제출하였다. 한편 시가 요시노, 미야모토 켄지宮本堅治를 중심으로 한 비주류파(국제파)는 코민테른 비판의 정당성을 수용해야 한다고 주장하였다. 코민테른의 논평과 일본공산당 내에서 「소감」을 둘러싼 논쟁이 격화되는 가운데 중국의 『인민일보人民日報』가 사설 「일본 인민 해방의 길日本人民解放の道」을 발표하여 일본공산당 주류파를 비판하였다. 상황이 이렇게 되자 주류파는 일본공산당에 대한 국제적인 의견을 받아들일 수밖에 없는 상황으로 내몰리게 되었다. 이들은 제18회 확대 중앙위원회 논쟁을 거쳐 "코민포름 기관지 평론의 적극적인 의의"를 수용하고 "이후 이러한

16] 「日本の情勢について」(1950.1.13, 『アカハタ』) 『日本共産党戦後重要資料集』 第一巻, 三一書房, 1971, 352쪽.

17] 위의 자료, 353쪽.

18] 日本共産党中央委員会政治局, 「『日本の情勢について』に関する所感」(1950.1.13) 『日本共産党戦後重要資料集』 第一巻, 三一書房, 1971, 355쪽.

오류를 범하지 않도록 그리고 국제 프롤레타리아의 기대에 부응하기 위하여 노력한다"[19]고 발표하였다. 이 결정에 따라 노사카는 "제18회 중앙위원회에서 채용된 일반보고 및 결의에 따라서 민족해방의 대목적을 달성하는 대중적 역량을 어떻게 하여 만들어 낼 것인가에 대하여 전력을 기울이지 않으면 안 된다"[20]고 하는 자기비판을 발표하였다. 마침내 일본공산당 중앙위원회는 「민족의 독립을 위하여 전 인민에게 호소함」을 발표하여 노사카 이론에 대한 전면적인 수정을 단행하고 전략 전술론의 전환을 선언한다. 일본 공산당은 변화한 일본의 현실을 다음과 같이 인식하였다.

우리나라의 자주성은 완전히 잃어버리고 정치, 경제, 문화, 국민생활-모든 분야에 걸쳐서 외국 독점자본의 지배가 전면적으로 침투하고 더구나 전국토를 제3차 세계대전의 영구적 군사기지로 전화시키려는 공작이 강력하게 수행되고 있다.[21]

즉, 일본공산당은 세계적인 냉전체제 속에서 일본을 군사기지로 전락시키고 있는 미군을 더 이상 해방군으로 인식하지는 않는다. 이러한 인식의 결과 일본공산당은 "일본민족의 영광스러운 공통의 목적을 위하여 모든 진행 중인 것들을 중단하고 민족의 독립을 침범한 제국주의 세력과 여기에 결합한 국내의 매국세력에 대하여 더불어 투쟁"[22]하기 위한 공동행동 강령 18개를 제시하였다. 나아가 일본공산당은 "민주민족전선 강령

---

19) 日本共産党第十八回拡大中央委員会,「コミンフォルム機関紙の論評に関する決議」(1950.1.19)『日本共産党戦後重要資料集』第一巻, 三一書房, 1971, 384쪽.

20) 野坂参三,『私の自己批判』(1950.2.6.)『日本共産党五〇年問題資料集(1)』, 新日本出版社, 1957, 22쪽.

21) 日本共産党中央委員会,「民族の独立のために全人民諸君に訴う」(1950.3.22.)『日本共産党五〇年問題資料集(1)』, 新日本出版社, 1957, 35쪽.

22) 위의 자료, 36쪽.

에 찬성하는 모든 애국자는……당면한 제 요구를 위하여 투쟁함과 더불어 위의 강령 아래서 애국자의 여러 집단을 만들 것을" 제안하고 "이것을 토대로 하여 지역적인 그리고 전국적인 민주민족전선을 결집하고 민족의 독립을 쟁취하여 인민정부를 수립할 것을 전 국민에게 호소"[23]하였다.

　미군이 점령군으로서 사회주의 진영과 군사적으로 대치하는 중추적인 역할을 하고 있는 이상, 미군 점령하의 일본에서 평화혁명의 가능성이 전혀 없다는 사실을 일본공산당은 명확히 확인하였다. 일본공산당이 인식한 새로운 과제는 미국의 식민지화 군사기지화 하고 있는 일본의 독립을 위한 광범위한 민주민족전선 형성과 이에 기초한 투쟁이었다. 그러나 이 단계까지는 여전히 전전의 국군주의적 요소를 폐지하기 위한 '민주'적 과제가 미군의 식민지적 상황을 타개하기 위한 '민족'적 과제보다 앞서 있었다.

　일본공산당의 내부투쟁과 인식변화의 와중에서 5월 30일 인민광장 데모에서 미군병사가 데모대에게 폭행당하는 사건이 일어났다. 그러자 맥아더는 일본공산당 중앙위원 24명 모두와 『아카하타アカハタ』 편집위원 17명을 공직에서 추방하는 지령을 내렸다.[24] 미군이 점령군이었음이 분명해지는 순간이었다. 이러한 상황 속에서 50년 6월에 한국전쟁이 시작되었다. 이 전쟁이 한국의 북침에서 기인한다는 기사를 게재한 『아카하타』는 발행금지 처분을 받았다. 전쟁의 와중에서 코민포름은 일본공산당의 분열을 일소하기 위하여 이전에 자신들의 비판을 받아들일 수 없다고

---

23) 위의 자료, 38쪽.

24) 오기하라 료(荻原遼)의 『朝鮮戦争』, 文藝春秋, 1997에 의하면 미국은 1949년 6월 이전에 북한의 전쟁준비 움직임을 감지하고 한국연락사무소(KLO)를 설치하였다고 한다(286쪽). 이러한 사실을 고려한다면, 일본공산당 중앙위원에 대한 공직추방 지령은 인민광장에서의 데모를 핑계로 삼고 있을 뿐으로 보다 근원적으로는 곧 벌어질 한반도에서의 전쟁 대책으로 이루어졌다고 보아야 한다.

한 일본공산당 주류파를 옹호하면서 국제파를 분파주의자로 비판하였다. 이러한 비판은 스탈린에 의해 기획된 한국전쟁 후방교란 작전의 일환으로 일본공산당에게 제시된 군사방침을 일사분란하게 실행시키기 위한 목적에서 이루어진 것이다.[25] 소련의 지시에 의거하여 일본공산당 주류파는 10월에 무장투쟁을 제기하고 51년 2월에는 당 규정을 위반하면서까지 제4회 전국협의회를 열어 「군사방침과 분파주의자들에 대한 결의」를 채택하고 지하로 잠적한다. 이어서 8월 19일에 일본공산당 제20회 중앙위원회 총회에서 「일본공산당의 당면한 임무-새로운 강령」을 채택한다.

이 강령은 "미제국주의자의 예속 하에 놓여 자유와 독립을 잃어버리고 기본적인 인권조차 상실해버린"[26] 상황에서 "일본의 해방과 민주적 변혁을 평화적인 수단에 의해 달성할 수 있다고 생각한 것은 잘못이다"[27]고 선언하였다. 선언은 무장투쟁방침을 당의 정식적인 강령으로 채택하였다. 그리고 새로운 민족해방 민주정부 수립을 위해 "일본공산당은 이 민족해방 민주통일 전선을 신속하게 강화하고 발전시킬 것을 모든 진보적인 인사들 특히 노동자와 농민에게 호소"[28]하였다. 여기서 미국의 식민지 상황에서 해방되기 위한 '민족해방'의 과제가 민주적 과제에 우선하는 주요모순으로 인식되었다. 그리고 이러한 모순을 철폐하기 위해 일본공산당은 "점령제도 및 요시다 정부의 반동적인 정책에 의해 고통 받고 있는

---

25) 여기에 대해서는 兵本達吉, 『日本共産党の戦後秘史』, 新潮社, 2005, 119-126쪽과 産経新聞·斎藤勉, 『スターリン秘録』, 扶桑社, 2001, 236-239쪽을 참조할 것. 이와 관련한 상세한 내용은 최종길, 「냉전의 전개와 일본공산당의 혁명노선 변경」 『일본근대학연구』제68집. 2020년 5월 30일을 참고할 것.

26) 日本共産党, 「日本共産党の当面の任務―新しい綱領―」(1951.8) 『日本共産党戦後重要資料集』第一巻, 三一書房, 1971, 619쪽.

27) 위의 자료, 624쪽.

28) 위의 자료, 625쪽.

중·소 실업가와 또한 많은 기업가와 대상인도 여기에 참가"[29]하는 민주통일전선 결성을 제시하였다. 그러나 이러한 전술론은 국내의 계급관계를 올바르게 반영하지 못하고 상층 지배계급 일부를 제외한 거의 모든 일본인을 '민족'과 '민중'으로 통괄하는 문제를 내포하고 있었다.

51년 9월 8일 일본은 미국을 포함하여 49개국과 샌프란시스코 강화조약을 체결하여 GHQ의 지배에서 벗어나 주권을 회복하였다. 그러나 샌프란시스코 강화조약과 동시에 체결된 미일안전보장조약으로 인하여 일본은 미국에게 군사적으로 예속될 수밖에 없는 상황에 놓이게 된다.

3. 이시모다의 전후 인식과 민족해방의 과제

〈1〉 이시모다의 전후 인식과 민족의 발견

이시모다 쇼(1912.9.9-1986.1.18)는 유물사관에 입각한 일본 중세사 전공자로 전후 역사학에 많은 영향을 미쳤다. 전후에 역사학을 전공한 많은 사람들이 그의 저서를 읽고 역사에 뜻을 두게 되었다고 회고할 정도였다. 그는 전후에 일본공산당과 깊은 관계를 가지고 있었으며, 1950년대에는 일본공산당의 주류파(소감파, 중국파)를 지지하였다. 따라서 그의 역사이론은 일본공산당의 전략 전술론과 밀접한 관계를 가지고 있다. '역사에 있어서 민족의 문제'를 공동 주제로 한 51년 5월의 역사학연구회를 계기로 그는 민주주의 과학자 협회(민과) 역사부회를 중심으로 역사학자를 규합하여 국민적 역사학 운동을 전개하였으며, 그 구체적인 실천운동으로 전국에 노동자 역사 학습 서클을 조직하였다. 이러한 운동 과정에서 서술한 책이 『역사와 민족의 발견』이다. 일본공산당의 1955년 6전협(제6

---

29) 위의 자료, 625쪽.

회 전국협의회) 이후의 노선전환과 민과의 쇠퇴로 국민적 역사학 운동은 소멸하였으며 이시모다도 당시의 입장을 자기비판하였다.

오구마에 의하면, 이시모다는 1930년대 초반에 일본노동조합전국협의회와 관련된 활동경력 때문에 검거되어 실천 활동이 불가능해진 이후 역사연구에 전념하였다고 한다. 패전 직후 출판된 『중세적 세계의 형성中世的世界の形成』은 1944년 당시 31살이었던 이시모다가 민중들에게서 고립된 지식인과 그로 인하여 민중들은 천황제란 주술에 묶인 채로 전쟁에 내몰린 상황을 타파하려는 문제의식 하에서 저술한 것이다.[30] 따라서 전후 이시모다의 출발점은 "민중과의 고립을 벗어나 사회에 영향을 미칠 수 있는" "역사학"이었으며, "이러한 지향은 마침내 '민족'이란 단어로 표현되었다".[31] 이처럼 일본공산당과 밀접한 관계를 가지면서 민족에서 시작한 이시모다의 전후 역사학을 이해하기 위해서는 먼저 패전 직후 일본에 대한 그의 시대인식을 살펴볼 필요가 있다.

이시모다는 전후사를 45년부터 49년까지, 50년부터 51년의 샌프란시스코 강화조약 체결까지, 52년부터 60년 미일안보조약 개정까지라는 3개의 단계로 구분한다. 그는 1단계인 '계몽 시기'의 주요 과제를 천황제 문제, 즉 천황제의 존속과 폐지 주장의 대립이라고 파악한다.[32] 이러한 문제를 인식하기 위해서는 "인민의 생활조건이나 노동양식이나 의식 등

---

[30] 小熊英二, 『〈民主〉と〈愛国〉』, 新曜社, 2002, 309–312쪽.

[31] 위의 책, 313쪽.

[32] 石母田正, 「『国民のための歴史学』おぼえがき」(1960.5) 『戦後歴史学の思想』, 法政大学出版局, 1977, 244–246쪽. 오구마에 의하면, 이 논문은 이전에 자신이 중심이 되어 전개한 국민적 역사학 운동에 대한 자기비판적인 내용을 담고 있다고 한다(위의 책, 『〈民主〉と〈愛国〉』, 352쪽). 그러나 60년 9월에 발표한 『安保闘争おぼえがき』『戦後歴史学の思想』에서 이시모다가 "안보투쟁에 보이는 민족적 계기는……군사기지 투쟁을 확대시키고, 신안보조약에 보이는 대미종속조항, 일본 주권의 제약 문제를 정치 투쟁의 일정에 올려놓았다"(346쪽)고 한 것을 보면, 오구마가 말하는 자기비판은 이시모다가 공산당을 떠난 이후에 본격적으로 이루어졌다고 보는 것이 타당하다고 생각한다.

에 대하여 살펴볼 필요가 있었"으나, 자신은 "인민에게서 고립되어 있었으며" "인민을 단지 계몽의 객체로 보는……계몽의 자기만족이 극복되지 않고 있었다"[33]고 총괄한다. 이러한 한계를 극복하기 위하여 50년을 전후한 시기부터는 계몽의 형태를 띤 강연회나 강좌 등을 대신하여 연구자가 직접 민중들과 결합하여 활동하는 서클이 중요한 운동 형태가 되었다. 그리고 "지금까지의 민주혁명이란 과제 위에 민족해방의 과제가 새로운 이론적, 정치적 과제로 등장하였다".[34]

이러한 과제가 역사학계에서 구체화된 것이 '역사에 있어서 민족의 문제'를 공동 주제로 한 51년의 역사학연구회이다. 이어서 '민족의 문화'를 공동테마로 하여 개최된 52년 역사학연구회에서 이시모다는 "민족의 위기가 다양한 형태로 사람들의 마음속에 깊이 각인되어 있기 때문에" 민족의 과거 "유산을 현재 민족해방의 과제와 어떻게 연결시킬 것인가에 대하여 진지하게 토론"[35]하였다. 또한 이시모다는 같은 해에 '국민을 위한 과학의 창조와 보급'이란 주제를 내걸고 민주주의 과학자 협회가 주최한 대회의 주요 내용을 다음과 같이 정리하였다.

근본은 과학운동에 새로운 사상내용을 부여하는 것에 있다고 생각한다. 그것은 말할 것도 없이 민족해방 · 민주혁명의 사상이었다. 미제국주의에 대한 투쟁을 명확히 한 것은 국내의 민주화만으로는 해결되지 않는 문제에 봉착한 인민의 의문에 해답과 방향을 부

---

33) 위의 자료, 258–261쪽.

34) 위의 자료, 262쪽. 이시모다는 패전에서 약 1년이 지난 46년 8월에 『민주주의 과학(民主主義科学)』 제4호에 발표한 「전환의 1년」이란 글에서 당시 공산당의 점령하 평화혁명론에 따라 "전제주의와 봉건주의에서 시민적 사회를 해방하려고 하는 민주주의 혁명……은 항상 국민혁명의 성격을 가진다"(위의 자료, 「転換の一年」, 291쪽)고 주장하였다.

35) 石母田正, 「歷研大会前後」(1952.5) 『戦後歴史学の思想』, 294쪽.

여하여 곤란해진 투쟁에 사상적 에너지를 부여하였다. '국민을 위한 과학'이라고 할 경우 '국민'으로 할 것인지 '인민'으로 할 것인지를 논의하였는데 '국민'으로 하는 쪽이 '민족해방'의 계기를 표현할 수 있을 것이라고 하여 그렇게 정하였다.[36]

이러한 측면에서 이시모다는 52년을 "역사학과 국민을 연결하고 학문의 새로운 형태와 방식을 보여준 점에서 전후 사학사에서 하나의 전기를 이루는 해"[37]라고 평가하면서 다음과 같이 요약하였다.

일본민족은 미국에 대한 예속을 묵과할 수 없는 자랑스러운 역사를 가지고 있음을 증명하고, 조국에 평화와 독립과 민주주의를 가져오기 위한 위대한 투쟁을 싸워나갈 수 있을 만큼의 혁명적 전통을 가지고, 그 혁명의 시대에 커다란 창조력을 발휘할 것을 일본인 자신의 역사 속에서 보여주려고 하였다.[38]

52년에 개최된 민과 대회에서는 '민족'이란 용어와 관련하여 주요한 결정이 이루어졌다. 지금까지 마르크스주의 역사학자들이 그들의 역사철학에 의거하여 사용하고 있던 '인민' 혹은 '민중'이란 개념이 '국민'으로 대체된 사실이다. 이 변경은 샌프란시스코 강화조약에 의해 일본이 미국의 군사적 식민지로 전락하고 있는 상황에서 '민족해방'을 달성하기 위한 투쟁에 일본 국민을 적극적으로 결합시키기 위하여 이루어진 것이다. 학문의 엄밀성 보다는 정치적 목표가 우선시 된 결정일 뿐만 아니라 일본 내의 계급 모순이라는 내재적 요인이 전혀 고려되지 않은 결정이라고 할 수 있다.

그리고 여기에는 또 하나 중요한 인식이 내재되어 있다. 즉, 통상적으로

---

36) 앞의 자료, 「『国民のための歴史学』おぼえがき」, 282쪽.

37) 石母田正, 「新しい年をむかえて」(1953.1) 『戦後歴史学の思想』, 298쪽.

38) 위의 자료, 298쪽.

역사학에서는 GHQ가 직접 일본을 지배하고 있던 시기인 45년에서 51년까지를 일본의 주권이 제한된 식민지적 상황으로, 51년에 샌프란시스코 강화조약 체결로 마침내 일본은 주권을 회복하고 국제 정치무대에 다시금 등장한 자주적 시대로 서술하는 것이 일반적이다. 그러나 당시의 이시모다는 이와는 다른 평가를 내리고 있다. 즉, 이시모다는 48년 일본공산당 제9회 중앙총회의 민주민족전선전술 채택 이전 시점까지는 '해방군'인 미군의 군국주의 타파 정책에 힘입어 평화혁명이 가능하다고 판단했기 때문에 전혀 식민지적 상황이라고 인식하지 않고 있으며, 샌프란시스코 강화조약으로 인하여 미국에 대한 종속이 강화되고, 인민의 권리가 박탈당한 결과 52년 5월 1일에 피의 메이데이 사건이 일어났다고 인식한다. 그는 이 사건의 배경을 다음과 같이 요약한다.

(메이데이에 모인—인용자) 40만 집단의 공통의지는……'조국에 평화와 독립을'이란 것이었습니다. ……메이데이 전체를 관철하는 것은 평화제도에 의해 점령제도가 철폐되기는커녕 오히려 강화되고, 평화가 아니라 재군비와 전쟁의 위기가 절박해져……메이데이 사건에는 일본을 외국의 제국주의에 종속시키기 위한 단독강화조약이 근원에 있다는 것을 표명하지 않을 수 없습니다.[39]

이 사건 이후 일본의 국민의식에 커다란 변화가 발생하여 "노예화된 민족의 현실에 대한 반발과 저항으로써, 재차 민족과 조국에 애정을 느끼기 시작하고, 그 의미를 발견하기 시작하여 그 역사에 대하여 배우고 싶

---

39) 石母田正, 「抵抗の伝統と発展」(1950.5–7) 『続·歴史と民族の発見』, 東京大学出版会, 1953, 11–12쪽. 한편 고야마 히로타케는 이 사건의 우발적인 가능성도 고려하고 있다(앞의 책, 『전후 일본의 공산당사』, 198–199쪽).

다"[40]는 자연스러운 감정이 일어났다고 이시모다는 주장한다. 이처럼 샌 프란시스코 강화조약 이후 일본은 피압박 민족으로 근본적인 변화를 겪었으며 그 결과 민족해방을 명확하게 의식한 운동이 발전하게 되는 상관관계를 이시모다는 다음과 같이 요약한다.

이 근본적인 변화에 의하여……대중 혹은 인민은……국민으로 변화하고 있습니다. 현재 대중은 국민으로서만 바꾸어 말하면 국제 제국주의에 지배받고, 착취 받고, 이에 대하여 투쟁하고 있는 자로서 비로소 구체적으로 이해할 수 있습니다. 대중을 위한 과학에서 국민을 위한 과학으로의 발전은……대중의 국민적 결집을 만들어 내는 것 즉, 대중이 국민으로 질적으로 고양되기 위한 투쟁을 돕는 것입니다.……민족해방과 민주혁명이라는 분명한 목적의식을 가진 운동으로 발전하는 것 여기에 국민적 과학운동의 일차적 의미가 있습니다.(강조-인용자)[41]

이러한 이시모다의 인식은 사실에 대한 객관적 분석에 기초해 있다기보다는 전략 전술론의 논리적 귀결 혹은 민중들은 언제나 지배세력에 대하여 혁명적 태도를 취한다는 마르크스주의적 당위론에 입각한 것이라할 수 있다.

이시모다는 "패전에 의해 '해방'되"면서 "그 시대의 기쁨과 해방감으로 인해 저는 위기란 것을 잠시 동안 느끼지 못했다"[42]고 반성하면서 "일본 민족을 얽매고 있는 두 가지 쇠사슬, 단일강화조약과 미일안전보장조약을 철폐할 때까지 모든 힘을 다"[43]해야 한다고 각성한다. 이러한 각성은

---

40) 石母田正, 「民族解放と歴史学」(1952.7) 『続・歴史と民族の発見』, 273쪽.

41) 앞의 자료, 「抵抗の伝統と発展」, 27~28쪽.

42) 石母田正, 「序 歴史と民族の発見」(1952.2) 『歴史と民族の発見』, 東京大学出版会, 1952, 13쪽.

43) 石母田正, 「危機におけつ歴史学の課題」(1951.10) 『歴史と民族の発見』, 5쪽.

이시모다로 하여금 피지배민족에서 벗어나는 길은 "민족이 제국주의에서 해방되는 것이며 인민이 권력을 잡는 것"[44]이라는 목표를 세우게 하였다. 이러한 상황 속에서 이시모다는 "이 위기를 통해 배운 일본인에 대한……과거 일본의 역사에 대한 애착도 급격하게 고양되어 역사를 발견하게 되었다".[45] 이러한 목적을 달성하기 위하여 이시모다는 자신의 "학문하는 목적을 명확하게 일본민족의 제국주의에서의 해방이라는 한 곳에 집중"시키고 "이 목적에 도움이 되는 역사학을 만들어 내려고 결심하였다".[46]

샌프란시스코 강화조약 및 미일안전보장조약의 체결이란 상황 하에서 이시모다에 의하여 이루어진 패전 이후 일본민족과 역사에 대한 총괄은 점령하 평화혁명론에서 48년을 전후한 국제정세의 변화와 국내 민중운동의 고양을 계기로 GHQ의 공산주의자 탄압에 따른 민주민족전선전술로의 전환과 맥을 같이 하고 있다. 혁명전술의 전환을 계기로 민족문제에 집착하게 된 이시모다는 "민족은 근대 자본주의의 소산"이라고 인정하면서도 "그러나 한편으로 민족형성의 여러 조건은 전근대사회에서 서서히 형성되"며, "중세의 성립을 문제로 한 앞의 책(『중세적 세계의 형성』-인용자)에서 이러한 측면을 고려함으로써 민족문제에 대한 자신의 관심이 옛날 시대에서 활용할 수 있을 것이라 생각"[47]하여 일본공산당의 전술론을 자신의 학문세계에 적용하는 무리를 범하게 된다.

---

44) 위의 자료, 31쪽.

45) 앞의 자료, 「序 歴史と民族の発見」, 13쪽.

46) 앞의 자료, 「危機におけつ歴史学の課題」, 39쪽.

47) 앞의 자료, 「『国民のための歴史学』おぼえがき」, 270쪽.

〈2〉 해방을 위한 주체로서의 민족과 역사

일본이 미국의 식민지로 전락하고 있는 상황에서 "민족해방의 문제는 모든 일본인의 제1차적인 문제가 되었"[48]다고 이시모다는 주장한다. 즉, 이시모다에 의하면, "전후 수년간 우리들의 역사에 있어 근본적인 변화는 제국주의에 대한 일본민족의 예속 경향이 명확해졌다는 것, 일본민족의 생존과 진보는 민족의 독립을 달성하지 않고서는 있을 수 없는 정세가 되었다는 점"[49]이다. 이러한 시대인식은 당연한 논리적 귀결로써 민족해방의 과제를 달성하기 위한 주체를 민족으로 설정하고 있다. 그리고 여기서 말하는 민족이란 일본의 역사를 형성해온 인간집단을 지칭한다. 따라서 이시모다에게 민족의 문제를 추구하는 역사학은 중요한 의미를 지닌다.

우선 이사모다는 「역사학에 있어 민족의 문제」란 논문에서 민족문제를 3가지 발전단계로 구분한다. 1단계는 시민혁명을 통한 근대 민족국가 성립기로 대체로 1870년대까지이다. 2단계는 1차 세계대전까지의 시기로 이때는 민족문제가 식민지 문제와 결합하여 세계적인 문제로 전개된다. 3단계는 러시아의 10월 혁명에 의해 전개된 사회주의적 민족 형성이 현실화된 시기이다. 1단계에서 민족 이론의 주요 논점은 근대와 전근대를 분리하여 근대 자본주의 사회의 성립과정에서 민족이 형성되었다고 보는 것으로 민족운동이 부르주아 민주주의 혁명의 일환으로 행해졌다는 사실을 언급하고 있다. 여기서 말하는 민족은 바로 시민혁명≒부르주아 민주주의 혁명의 담당자이자 근대국민국가 형성의 결과물인 국민을 지칭한다.

2단계 민족론은 스탈린이 정식화한 이론에서 출발한다. 이시모다는 스

---

48) 石母田正, 「歷史学における民族の問題」(1950.9) 『歷史と民族の発見』, 101쪽.
49) 위의 자료, 101쪽.

탈린의 민족이론이 갖는 특징을 '민족을 사회의 역사적 범주로 취급한 점'과 '역사의 특정 시기인 자본주의 시기의 산물'로 본 2가지로 요약하고 이를 통해 관념적이고 초역사적인 민족 개념을 부정하려고 한다.[50] 즉, 이시모다는 "'황실'이 일본민족의 자연적, 초역사적인 질서의 일부였던 것처럼 설파"[51]한 지배집단의 민족논리를 부정하고 새로운 민족 주체를 발굴하려고 한다. 이러한 목적에서 그는 계급투쟁을 부정하고 대외침략주의 사상으로 활용된 민족주의의 한계를 극복하기 위한 주체를 노동자 계급에서 찾고 있다. 이시모다는 "노동자 계급만이 진정으로 민족을 넘어선 국제적 연대의 정신을 발휘할 수 있는"(강조-원문)[52] 존재임을 강조하고 노동 계급의 해방이 "조국과 민족의 진보에 일치하는 것"이며 노동자야말로 "조국의 전통의 올바른 계승자이며,……여러 계급 가운데 가장 민족적 사명을 자각하고 있는 점, 이것이 노동자 계급의 본질적인 성격"[53]이라고 한다. 이시모다가 보는 "노동자 계급은 역사가 민족에게 제기하는 가장 심각한 문제를 그것이 아무리 곤란하더라도 절대로 회피하지 않는

---

50) 위의 자료, 103–106쪽. 이시모다는 스탈린이 정식화한 민족개념을 "민족이란 언어, 영토, 경제, 생활 및 문화의 공통성으로 표현되는 전통적 심리의 공통성에 의해 통일되고 역사적으로 구축된 영속성 있는 인간 공동체"(105쪽)라고 요약한다. 스탈린의 민족이론이 일본에 소개된 배경과 과정에 대해서는 앞의 책, 『〈民主〉と〈愛国〉』, 324–325쪽을 참조할 것.

51) 위의 자료, 106쪽. 오구마에 의하면, 여기서 말하는 민족은 민중의 동의어다. 즉, 마르크스주의자들에게 있어 민족은 봉건적 잔재인 천황제와 대립하는 것으로 상정되어 있다. 이시모다는 츠다 소키치(津田左右吉)가 논하는 민족은 고대부터 존재하는 문화 공동체로 이는 전후 문화적 상징으로서의 천황제를 옹호하는 것이며, 민족이 근세적 창조물이라는 올바른 의미의 민족 개념이 결여되어 있다고 비판한다(앞의 책, 『〈民主〉と〈愛国〉』, 316쪽). 여기서 이시모다는 에도시대를 서구의 초기 자본주의 시대와 동일한 것으로 파악하고 있는데 여기에 대해서는 더 많은 검증이 필요하다. 이와 관련해서 미야지마 히로시, 『일본의 역사관을 비판한다』, 창비, 2013을 참조할 것.

52) 石母田正, 「あとがき」 『続・歴史と民族の発見』, 414–415쪽.

53) 위의 자료, 417쪽.

점, 주어진 운명(역사의 본질)과 정면에서 맞서고 모든 환상이나 표면적인 것으로 자신을 속이지 않는 점"(강조-원문)[54]을 특질로 한다. 그리고 그는 민족해방과 민주혁명 혹은 계급투쟁을 올바르게 통일적으로 파악하기 위한 방법에 대하여 다음과 같이 답한다.

전후의 현실은 노동자의 근본적인 적이 외국의 제국주의 지배에 있음을 알렸다. 민족의 해방 없이는 노동자 계급의 해방도 없다는 것은 공장의 현실적 모습만으로도 의심할 바 없는 사실이다. 이러한 관계 하에서……계급투쟁의 존재형태도 바뀌지 않으면 안 된다는 것,……조국이 식민지화 되었다는 조건이 없다면 당연히 요구해야 하는 여러 요구를 양보할 필요가 있으며, 이로 인하여 계급투쟁의 견지에서는 '적'인 자본가=공장주를 '자기편'으로 전화할 수 있다.……민족해방과 계급투쟁-혹은 그 목표이자 집약인 민주혁명-이란 단순하게 통일되어야만 하는 것이 아니라 계급투쟁은 민족해방의 임무에 종속되고 그것에 의해 방향이 결정되며 형태를 부여 받아야만 한다.(강조-원문)[55]

이시모다는 일본에서 민족독립을 달성하기 위하여 노동자들은 민족자본가와 연대하여 우선 민주주의 혁명을 달성하여야 하는데 이 과정에서 계급투쟁은 민족해방 투쟁에 종속될 수밖에 없음을 역설하였다. 이시모다는 민족해방을 위해 피지배계급은 자신들의 해방을 위한 투쟁을 우선 접어두라고 주장하고 있다. 이러한 이시모다의 인식은 본 장의 서론에서 논한 내셔널리즘의 개념에는 공동체 내부의 대립과 갈등을 해소할 수 있는 논리구조 특히 피지배계급의 해방을 위한 논리구조가 없다는 사실을 다시금 확인시켜준다.

3단계의 민족론에서는 전통문화와 역사적 경험을 공유하는 영속적 인

---

54) 石母田正, 「歷史学の方法についての感想」(1950.9) 『歷史と民族の発見』, 202쪽.

55) 앞의 자료, 「あとがき」, 427–429쪽.

간 공동체가 강조된다. 이시모다는 1934년 8월에 개최된 소비에트 작가 동맹 제1회 대회에서 행한 고리키의 보고 「소비에트 문학에 대하여」를 "사회주의적 민족의 성립이라는 인간 역사의 새로운 단계를 기초로 하여 과거의 오랜 역사 유산을 어떻게 재평가할 것인가라는 문제를 제기한"[56] 역작으로 평가한다. 즉, 이시모다는 이 보고에서 고리키가 중요하게 취급하고 있는 "근로 인민 대중의 창작성이며 민속적 전통문화folklore의 문제"[57]에 주의를 기울인다. 이시모다는 고리키를 통해 "키에프를 중심으로 한 러시아 국가 형성기에 만들어진" 민화나 민담에는 러시아 민중들이 만들어낸 많은 용사와 영웅담이 "역사를 통해 비축되"[58]어 있다고 본 것이다. 그리고 이시모다는 근대주의자가 후진성의 근원지로 지목하고 극복해야할 대상으로 보는 전통의 세계와 전근대의 역사 속에서 "문화와 문학에 있어 귀중한 것, 오래되면서도 새로운 것을 발견"하고, "근대 이전의 인간 역사 속에서 새로운 가능성과 유산을 발견하여 재평가"[59]하려고 한다. 이시모다에게 있어 이러한 재평가 작업은 식민지적 상황에서 해방되기 위한 주체로서 민속적 전통문화의 주역이었던 억압받고 소외당한 민중들의 저항의 역사와 민족에 대한 새로운 인식이며 발견이었다. 따라서 이시모다는 "민족형성의 토대가 되고 전제가 되는 전자본주의 사회의 성과와 민족형성과의 관계를 구체적으로, 개개 민족의 역사에 대하여 연구하는 것"이야말로 "역사학의 커다란 과제"[60]라고 선언한다.

---

56) 앞의 자료, 「歷史学にぉける民族の問題」, 124쪽.

57) 위의 자료, 126쪽.

58) 위의 자료, 127쪽.

59) 위의 자료, 129–130쪽.

60) 위의 자료, 111쪽. 프랑스의 공산주의자 아라곤(Louis Aragon)의 국민적 무훈시 『오로란의 노래(Aurélien)』를 일종의 후퇴라고 한 평론에 대하여 이시모다는 "민족의 과거와 보다 깊게, 보다 새

3단계적 민족이론에 대한 분석을 통해 이시모다의 민족 담론이 갖는 특징을 다음과 같이 요약할 수 있다. 우선 이시모다는 민족이란 근대의 산물이란 점에 동의한다. 그리고 2단계의 이론을 통해 천황을 비롯한 상층 지배계급을 민족에서 배제한다. 즉, 이시모다가 본 민족이란 근대국민국가 형성과정에서 이루어진 국민을 기본적인 단위로 하면서 상층 지배계급을 제외한 국민 일반을 민족으로 치환하고 있다. 나아가 이시모다는 이들 국민 일반을 전근대사회로까지 거슬러 올라가서 "언어, 영토, 경제, 생활 및 문화의 공통성으로 표현되는 전통적 심리의 공통성에 의해 통일되고 역사적으로 구축된 영속성 있는 인간 공동체"[61]를 공유하는 집단으로 만들어버린다. 이러한 논리구조 속에서 2단계에서 애써 부정하려고 했던 관념적이고 초역사적인 민족 개념이 부활하고 만다. 그리고 이 민족은 결국 근대국가의 국민 가운데 상층 지배집단만을 배제한 동일한 역사적 기억을 갖는 혈연적, 문화적 공동체 집단으로서의 국민이 되어버린다. 따라서 앞에서도 본 것처럼 52년의 민과 대회에서 인민이란 용어를 대신하여 국민이란 용어가 사용되었던 것이다.

　　이시모다의 이러한 민족이론은 "부르주아적 민족은 사회주의적 민족으로 이르는 과도적인 것에 지나지 않는다"[62]는 명제를 정식화한 것이다. 이러한 정식은 일본공산당이 제시한 2단계 혁명론(부르주아 민주주의 혁명

　　로운 연계를 회복하고 발견하는 것에 의해서만 인간 역사의 전진이 이루어진다는 것을 모르는 의견"(134쪽)이라고 평하면서 "과거는 발견에 의해서만 자각되며 현재의 힘이 되는 것이다"(133쪽)고 주장한다.

61) 위의 자료, 105쪽. 오구마 역시 "'민족의 명예'나 '국민적 자긍심'이 '민족'은 근대적 산물이라는 견해와 어떻게 일치하는지는 불명확하다. 역사상의 혁명과 자치를 찬미하는 것은 혈연적인 민족관으로 되돌아가 버릴 수도 있는 위험성을 가지고 있다"(앞의 책, 『〈民主〉と〈愛国〉』, 324쪽)고 비판적으로 읽고 있다.

62) 위의 자료, 121쪽.

을 거쳐 사회주의 혁명으로 전화 발전)의 또 다른 형태에 지나지 않는다. 이시모다는 "일본에서는 제국주의 예속에서 민족이 독립하는 것이 당면한 단계이며 사회주의 혁명은 당면한 단계도 직접적인 과제도 아니라고 생각"[63]한다. 즉, 현 단계 일본의 과제는 민족≒국민을 주체로 하여 부르주아 민주주의 혁명의 과제를 완성하고 미국의 식민지적 상황에서 독립하는 것이다. 그럼에도 불구하고 일본이 사회주의적 민족의 성과에서 배워야 하는 이유는 "부르주아 민주주의 혁명의 일부로써의 민족해방투쟁에서 발생한 성과로는" 천황제를 능가하는 제국주의 미국에게 "승리할 수 없기"[64] 때문이다. 따라서 이시모다는 고리키의 민속적 전통문화와 스탈린이 정식화한 역사적 기억을 공유하는 영속성 있는 인간 공동체를 기초로 하여 민족을 정의하고 있다. 그러나 이러한 민족개념은 대외적 갈등이 고조될 때 내부적 갈등을 부정하고 통합을 강조하는 내셔널리즘의 논리와 유사하며, 일국 내에서 지배/피지배 관계의 계급대립을 전혀 고려하지 못한 문제점을 가지고 있다.

식민지적 상황 속에서 이시모다는 국민들이 민족의 운명을 스스로 결정할 수 있는 자유를 획득하려는 인식을 가지기 시작했다고 판단한다. 즉, 샌프란시스코 강화회의와 메이데이 사건 이후 강화된 "독립에 대한 희망과 요구"란 국민의식은 "광범위한 국민들을 사로잡았으며" "노예화된 민족의 현실에 대한 반발이나 저항으로써 새롭게 민족과 조국에 애정을 느끼기 시작하고 그 의미를 발견하기 시작하여 그 역사에 대하여 배우고 싶다는"[65] 자연스러운 감정을 발생시켰다고 이시모다는 판단하였다. 이시

---

63) 위의 자료, 137쪽.

64) 위의 자료, 137쪽.

65) 앞의 자료, 「民族解放と歴史学」, 273쪽.

모다는 "민족과 역사의 발견이……민족의 자긍심과 전통을 어떻게 하면 한사람이라도 더 많은 일본인이 자각할 수 있을지, 일본인이 가지고 있는 지반을 어떻게 하면 확실한 자각으로 이어지게 할 수 있을지라는 실천과 병행될 때 비로소 학문적인 창조를 달성할 수 있다고 생각"하면서 "이 일을 적극적으로 추진하지 않고서는……민족의 독립을 달성할 수 없다"[66]고 판단한다.

4. 역사학과 실천운동

〈1〉 국가사≒국민사의 모색

이시모다는 현재 일본에서 실천적 고민으로써의 "국가의 문제는" "일본인민의 해방의 문제로, 보다 절실한 현실적인 형태로 제기되고"[67]있다고 본다. 즉, 이시모다는 "일본의 현상에 대한 인식 특히 일본이 실질적으로 미제국주의에 '종속'되어있는……'종속국가'의 이 새로운 일본적 형태는 당연히 국가론의 새로운 전개와 정밀화를 요구하고 있다"[68]고 주장한다. 이러한 정밀화 작업은 일본의 전근대 국가사에 대한 비판적 재론으로 이어진다.

이시모다는 일본의 고대나 중세의 국가를 논할 때 "국가 이론과 역사적 사실의 긴장관계가 부족"했기 때문에 "근대 이전의 '민족' 형성의 문제와 국가와의 관계에 대해서도 이론적으로 깊이 있는 논의가 이루어지지 못했다"[69]고 지적한다. 즉, 국가론은 국가와 국민의 역사에 대한 이론적 개

---

66) 앞의 자료, 「序 歴史と民族の発見」, 17쪽.
67) 石母田正, 「国家史のための前提について」(1968.7) 『戦後歴史学の思想』, 175쪽.
68) 위의 자료, 175쪽.
69) 위의 자료, 167-168쪽.

관인 '국가사國家史'를 필수적인 요소로 취급하지만, 유럽 이외의 여러 대륙의 국가사는 국가론의 일부로 이론적으로 검토되지 못했다고 이시모다는 판단한다. 따라서 이시모다가 보기에 역사 연구자들은 "국가론의 일부분으로써 국가사를 연구하고 있다는 자각"[70]을 가져야만 했다. 역사학자 이시모다에게 있어 역사학은 그가 발견한 민족과 역사를 구체적으로 실현할 수 있는 방법이자 해방의 주체인 '국민'들과 소통할 수 있는 방법이 있다.

이시모다가 보기에 정치학에서 논하는 국가론은 "정치권력이 어떻게 하여 사회에서 외견상 초월적인 '공권력'이 되었는지"를 논하는 것이며, 이것은 "국가권력의 '정당성'이나 '권위'나 '공동이해'의 문제와 연관되어 있다".[71] 그러나 역사학에서 논하는 국가론은 정치학에서 논하는 "일반적인 국가론을 전개하는 것이 아니라" "개개 민족의 특수 구체적인 국가의 역사이며 그 민족적 다양성"[72]을 논하는 것이라고 설명한다. 이러한 역사학을 실천하기 위하여 이시모다는 먼저 일본에서 주류적인 위치를 점하고 있는 실증주의 역사학을 비판한다. 그는 "실증주의는 역사 속에 숨어있는 연관이나 내면적 질서에 따라서 역사를 쌓아올리려고 하는 것이 아니라 반대로 역사를 재료로 해체하여 안이한 사회나 인간에 대한 지식을 연결시키는"[73] 형식적 추상적 역사로 여기에는 현실세계에 대한 실천적 고민이 없다고 비판한다. 즉, 실증주의는 "학문과 예술을 정치에서 인위적으로 분리시키"고 "단순히 피가 통하지 않는 형식적인 이념으로 전

---

70) 위의 자료, 168쪽.

71) 위의 자료, 169–170쪽.

72) 石母田正, 「歷史觀について」(1963.1) 『戰後歷史學の思想』, 210쪽.

73) 石母田正, 「政治史の課題」(1947.7) 『歷史と民族の發見』, 236쪽.

화”시켜버린 결과 역사학이 추구해야 할 양자 “사이에 숨어 있는 내면적인 구조연관”[74]을 놓쳐 버렸다고 이시모다는 비판한다. 이처럼 이시모다가 보기에 “실천적 성격을 고유한 내용으로 하는”[75] 역사학 본래의 기능을 잃어버린 역사학이 바로 실증주의 사학이었다.

이러한 실증주의 역사학의 한계를 극복하기 위해 이시모다는 해방의 중심이 될 민족국가 형성을 위한 국가사≒국민사를 모색한다. 이시모다는 고토쿠 추스이幸徳秋水가 행한 아시아 제민족의 독립 특히 조선의 독립에 관한 논의를 통해 민족국가의 중요성을 강조한다. 고토쿠가 식민지 상황에서 해방되려고 하는 아시아 여러 민족에게서 “사회혁명과 결합하지 않는 민족독립운동은 사상적으로도 편협하고 배타적인 민족주의에 빠져버릴 수 있다는 것”을 지적한 점에 대하여 이시모다는 정당하다고 평가하면서도, “민족해방과 독립이 당면한 결정적인 제1차적 과제라는”[76] 점을 과소평가했다고 지적한다. 이시모다는 고토쿠가 민족해방과 독립투쟁을 과소평가하게 된 것은 “민족문제에 대한 올바른 방침을 확립하지 못한 그의 무정부주의”[77] 때문이라고 하면서 국가를 부정하는 아나키즘을 비판한다. 물론 마르크스주의자들 역시 궁극적으로 국가 사멸론을 주장하고는 있지만 이것은 어디까지나 사회주의 혁명을 거쳐서 일국 내에서 계급차별이 철폐된 단계에서나 가능한 것이었다. 이시모다는 식민지 상황에서 해방되고 부르주아 민주주의 혁명을 달성하기 위해서는 국가가 필수불가결하다는 인식을 가지고 있었다. 따라서 이시모다는 “피억압 민족은

---

74) 위의 자료, 238–239쪽.

75) 위의 자료, 239쪽.

76) 石母田正, 「幸徳秋水と中国」(1952.11) 『続·歴史と民族の発見』, 324쪽.

77) 위의 자료, 328쪽.

외국의 제국주의적 지배자에게서 권력을 탈취하고 자신의 독립 주권을 확립하는 것, 즉 '민족국가'를 형성하지 않고서는 단순한 민족해방은 없을 뿐만 아니라 국내의 진보와 혁명도 없다"[78]고 선언한다. 해방의 중심이 될 민족국가를 형성하는 것이야말로 이시모다가 지향한 국가사≒국민사의 역사학이었다.

이시모다의 판단에 의하면, 실증주의 사학으로 인하여 일본에서 역사를 정치에서 분리시키는 학문적 경향이 시작된 결과 개개의 인간이 "하나의 정치적=계급적 주체로서 의식하는 것을 곤란하게"[79] 하는 현상이 일어났다. 따라서 이를 비판적으로 극복하고 식민지적 상황에서 독립하기 위하여 정치적으로 각성한 주체 형성이 무엇보다 우선적이고 실천적인 과제가 되었다. 이러한 과제는 국민적 역사학 운동으로 구체화 되었다.

〈2〉 국민적 역사학 운동과 역사서술

국민적 역사학 운동은 민과가 중심이 되어 1952년부터 55년까지 실행한 민과 역사부회의 활동을 주로 지칭한다. 이 활동은 국민적 과학의 창조와 보급이라는 슬로건 아래 이전까지의 강연 중심의 계몽적 활동을 비판하면서 민중들의 자발적 학습 서클을 조직하고 여기에 전문 역사학자들이 결합하는 형태를 취하였다. 민과는 이러한 활동을 통해 "비정치적이며 민중의 일상성의 내면 깊숙한 곳에 존재하는" 민족성의 계기를 발굴하여 이를 통해 "정치적인 자각을 갖는"[80] 주체로서의 민족을 도출하려고 하였다. 당시 이 활동의 이론적 중심이었던 이시모다는 52년 1월에 민과 본부

---

78) 위의 자료, 329쪽.

79) 앞의 자료, 「政治史の課題」, 247쪽.

80) 村井淳志, 「国民的歴史学運動と歴史教育」『教育科学研究』(4), 首都大学東京, 1985.7, 25쪽.

에 제출한 의견서에서 "샌프란시스코 강화조약 하에서 일본이 미국에 억압받고 있으며, 이 상황에서 민족을 해방하기 위하여 과학 및 과학운동이 기여해야하는데 그것은 '국민적 과학의 창조에 의해서만 달성된다'"[81]고 주장하였다.

이시모다의 이러한 사상적 고민과 실천을 형태화한 전후의 첫 원고가 1947년 12월에 발표한 「마을의 역사, 공장의 역사村の歴史·工場の歴史」이다. 이후 동일한 문제의식에서 작성된 여러 논고를 모아서 『역사와 민족의 발견』이 편찬되었다. 여기서 그는 아시아의 여러 민족에 대하여 관심을 보인다. 물론 이러한 관심은 과거 식민지적 상황에서 독립을 위해 끊임없이 노력한 조선과 반식민지적 상황에서 마침내 사회주의 국가 건설에 성공한 중국의 경험에서 당면한 일본의 민족적 독립을 위한 교훈을 찾기 위함이다. 이러한 문제의식은 패전 이후 "완전한 노예와 거지 근성으로 전화"[82]한 일본의 민족의식에 대한 위기의식에서 출발한다. 그는 조선의 독립운동과정을 분석한 결과 얻은 교훈을 ① 스스로의 힘을 신뢰하자, ② 독립과 해방은 민족자신의 일이며, ③ 노동자가 해방운동의 중심이고, ④ 민중들의 정치의식의 발전이란 4가지로 요약한다.[83] 즉, 이시모다가 보기에 조선이 결국 일본의 식민지 상태에서 독립할 수 있었던 것은 "커다란 민중운동"의 "배후에는 반드시 긴 민중의 전통이 중첩되어 있"으며 압제에도 꺾이지 않고 "민족의 혼을 길러온 전통이 분명히 존재"[84]했기 때문이었다. 조선의 민족혼을 일깨워 독립을 위해 투쟁할 수 있게 한 것은 "조선

---

81) 위의 자료, 25쪽에서 재인용.

82) 石母田正, 「堅氷をわるもの」(1948.3) 『歴史と民族の発見』, 259쪽.

83) 위의 자료, 263-264쪽.

84) 위의 자료, 269쪽.

민족의 역사를 조선의 소년들이 노인들에게서 들은 전통적인 정신에 기초하여 편찬"한, 즉 전통과 역사를 통해 만들어진 "민족이 독립하기 위한" "독립의 역사"[85]였다. 이러한 이시모다의 인식은 일본의 역사에 존재하는 이러한 민중들의 전통을 어떻게 민족의 혼으로 재확립할 수 있을까 하는 고민으로 이어졌고, 전후의 변화한 상황 속에서도 변하지 않는 국정 교과서 교육제도를 비판하면서 다음과 같은 대안을 제시한다.

역사란 것을 옛날과 동일하게 교사 자신의 것이 될 수 없도록 하는 경향이 있다.……교사의 역사에 대한 발랄한 자유로운 창의와 흥미가 솟아나는 것이 곤란하다고 생각한다. 이러한 전통적인 권위적 관념을 파괴하고 역사를 자신의 것으로 소화하여 자발성과 창의성을 교사들 속에서 널리 양성하기 위해서는 교과서를 교사 자신이 만들 것, 역사를 주어진 것이 아니라 스스로 기술하는 것이 무엇보다 빠른 길이다.……이러한 실천만이 오래된 비굴한 전통을 파괴하는 힘이다.[86]

이시모다는 새로운 역사의 주체 즉, 역사 서술의 주체, 추진의 주체, 행동의 주체를 만들어 내기 위한 구체적인 방법을 제시하고 실천한다. 그는 민과 역사부회를 중심으로 전국의 교사들과 협력하여 전국적으로 역사수업의 부교재로 사용할 수 있는 향토사를 편찬하기 위하여 농촌조사에 착수하였다. 그리고 그는 전후 한동안 활동하던 노동학교에서 알게 된 노동자들과 함께 노동자 역사 학습 서클을 만들어 이케가이池貝 철공소와 관련된 노동자의 역사를 학습하고 서술하였다. 이런 과정에서 그는 민중 자신이 스스로의 역사에 대하여 생각하고 서술하는 작업을 도와주며, 이를 통

---

85) 위의 자료, 273쪽.
86) 石母田正, 「村の歴史・工場の歴史」(1947.12) 『歴史と民族の発見』, 279-280쪽.

해 "대중이 강한 역사의식을 가지고 있다"는 사실을 확신하며 이를 "올바르고 풍부한 것으로 성장"[87]하도록 힘을 보태고자 했다.

이러한 역사학습을 통해 "민족과 조국에 대한 애정과 지식을 만들어 내는" 작업이 중요하다고 인식한 이시모다는 이를 통해 배양된 "역사적인 사고력이 현재의 시점에서 갖는 특수한 의미"[88]를 생각한다. 즉, 이시모다는 근대 역사학의 근본은 "근대 여러 민족의 생생한 현실적 과제 속에서 발생했"기 때문에 "역사의 지반인 민족·향토 등에서 이탈하여서는 존재할 수 없는" "역사학의 특질"을 함유하고 있는데 이것은 구체적으로 "조국의 장래를 어떻게 할 것인지 이를 위해 필요한 국민을 어떻게 하여 만들어 낼 것인지를 직접적인 과제로 하고 있"[89]다고 인식한다. 결국 이시모다가 실천한 국민적 역사학 운동은 그의 다음 문장에 요약되어 있다고 할 수 있다.

민족의 역사와 그에 대한 학문은 일본의 현실과 그 변혁을 위해 잃어버려서는 안 되는 중요한 민족의 재산이다. 우리들은 이것을 옹호하지 않으면 안 된다. 일본의 인민이 올바른 민족의식과 애국심을 기르기 위하여, 바르게 생각하고 행동하는 능력을 배양하기 위하여, 다양한 학문적 사고 가운데 가장 복잡하고 노고가 많은 역사적인 사고법을 민중들 속에서 양성하고 이를 통하여 민족 그 자체를 지키는 힘을 키워가지 않으면 안 되는 것이다.[90]

이시모다는 이와 같은 목적을 가진 역사학 운동을 자신의 역사 서술 속에서 구체적으로 표현하고 있다. 그는 상층 귀족에 비하여 정치적 경제적

---

87) 위의 자료, 294쪽.

88) 石母田正, 「歷史敎育の課題について」(1949.5) 『歷史と民族の發見』, 299–300쪽.

89) 위의 자료, 304–305쪽.

90) 위의 자료, 306–307쪽.

지위가 상당히 불안정 했던 중류 귀족 출신의 무라사키 시키부^{紫式部}가 저술한 『겐지모나가타리^{源氏物語}』를 중류 귀족의 모순과 동요를 예술적으로 표현한 작품이라고 평가한다. 즉, "단순히 중류 귀족의 생활, 관념, 여성의 운명에 대한 평이한 묘사로는 표현할 수 없으며 동시에 이 계급이 대립하고 예속되어 있는 상류 궁정 귀족에 대한 예찬이며, 추종이며, 시대의 지배적 분위기에 대한 타협이기도" 한 이 작품은 "아마도 무라사키가 이 시대 여성들의 예속적인 시위를 포험하여 귀족사회에 대하여 이 시대의 중류 귀족 여성에게 허용될 수 있는 가장 격심한 저항을"[91] 기술하고 있다고 이시모다는 평가한다. 이시모다가 보기에 『겐지모노가타리』는 궁정 귀족에게 억압박고 있던 중류 귀족의 저항 문학이었던 것이다.

　나아가 이시모다는 중국 소설 『우창집^{雨窓集}』을 통해 민족 구성의 중심인 민중을 발견한다. 『우창집』 가운데 이시모다가 흥미를 가진 것은 중국 송나라의 도시 생활을 있는 그대로 충실하게 반영한 「시체를 잘 못 다루다^{死骸を取違うる事}」란 소설이다. 이 소설에서 이시모다가 주목한 부분은 항저우^{杭州}의 부유한 상인이 첩을 대리고 와서 동거할 것을 요구하자 부인이 첩을 집안으로 데리고 올 수 없으며, 집안의 전 재산은 부인 본인과 딸이 모두 관리하겠다는 조건을 내걸고 이것을 받아들이면 첩과 밖에서 사는 것을 인정하겠다고 하는 부분이다. 즉, 이시모다는 당시 중국에서 일상적으로 인정되고 있던 처첩동거란 전통적 윤리에 반기를 들고 "처첩동거가 여성으로서의 자신과 집안의 순결을 더럽히는 것이며, 이것은 도덕상 허용할 수 없다"[92]고 하는 의식에 주목한다. 이시모다가 보기에 부인의 이러한 주장은 매일 조화^{造花}를 만들어 팔아온 본인과 딸의 "근면과 노동과

---

91) 石母田正, 「紫式部」(1951.6) 『歴史と民族の発見』, 315쪽.

92) 石母田正, 『商人の妻』(1949.8) 『歴史と民族の発見』, 326쪽.

책임에 의해 적어도 가산의 일부를 쌓아올릴 수 있었"[93]던 사실에 근거한다. 그리고 부인이 주장하는 순결은 "민중들 속에서만 발생하는 것"으로 "생활 자체가 만들어낸 윤리이며, 전통적 윤리에 반하는 것"으로 중국사회의 중심적 윤리가 되지는 못했지만 전통윤리에 대한 "저항으로써 민중들 속에 축적되고 보존되"[94]었다고 이시모다는 평가한다. 즉, 이시모다는 "만약 중국의 민중이 지배계급의 퇴폐적인 윤리에 굴복하였다면, 여기에 민중의 저항이란 것이 존재하지 않았다면, 중국 민족은 몰락할 수밖에 없었을 것"[95]이라고 판단한다. 이러한 인식 위에서 이시모다는 『우창집』을 "민중의 문학이며, 그런 만큼 민족적이며" "민족의 생명이 있는 귀중한 정신적 재산"[96]이라고 평가한다.

5. 결론

패전 직후 일본에서는 '좌익의 민족, 보수의 개인'이란 현상이 전개되었다. 일본에서 진보진영이 그동안 천황을 정점으로 한 보수 지배집단의 전유물이었던 민족 담론을 왜 패전 직후에 강조하게 되었는지를 살펴보는 것은 전후사를 이해하기 위해서 빼놓을 수 없는 중요한 작업이다.

1948년 1월부터 일본에서 레드퍼지가 강화되고 한국전쟁을 계기로 일본이 미국에 예속된 군사기지화 하자 일본공산당은 일본의 완전한 독립을 위한 민족해방 민주혁명론을 제창하였다. 이 명제는 민족해방의 주체를 상층지배계급과 매판세력을 제외한 다수의 일본 '국민'으로 설정하

---

93) 위의 자료, 330쪽.

94) 위의 자료, 338쪽.

95) 위의 자료, 339쪽.

96) 위의 자료, 337쪽, 341쪽.

고 있다. 여기서 일본공산당은 일본의 완전한 독립을 위해 민족적 공동체 의식을 공유하는 '국민'을 창출해야 하는 과제에 직면하게 된다. 따라서 1952년에 민주주의 과학자 협회에서는 미국에 대한 투쟁 주체를 인민이 아니라 '국민'이란 용어를 사용하여 민족해방의 계기를 더욱 명확하게 표현하려고 하였다. 즉, 민족해방을 달성하기 위한 투쟁에 일본 국민을 적극적으로 결합시키기 위하여 의식적으로 국민이란 용어를 사용하였다. 그러나 이러한 전술론은 국내의 계급관계를 올바르게 반영하지 못하였으며 다수의 일본 '국민'을 민족과 민중으로 환원해버리는 문제를 내포하고 있었다. 이러한 진보적 지식인들의 인식은 사실에 대한 객관적 분석에 기초해 있다기보다는 전략 전술론의 논리적 귀결 혹은 민중들은 언제나 지배세력에 대하여 혁명적 태도를 취한다는 마르크스주의적 당위론에 입각한 것이라고 할 수 있다.

위와 같은 상황 하에서 민족문제에 집착하게 된 이시모다는 민족은 근대 자본주의의 소산이라고 인정하면서도 민족형성의 여러 조건은 전근대 사회에서 서서히 형성된다고 보았다. 즉, 이시모다는 근대국민국가의 형성과정에서 만들어진 국민을 기본적인 단위로 하면서 상층 지배계급을 제외한 국민 일반을 민족으로 치환하고 있다. 나아가 이시모다는 이들 국민 일반을 전근대사회로까지 거슬러 올라가 동일한 역사적 기억을 갖는 혈연적, 문화적 공동체 집단으로서의 민족으로 정의함으로써 애써 부정하려고 했던 관념적이고 초역사적인 민족 개념을 부활시키고 만다. 이러한 민족 개념을 바탕으로 이시모다는 해방 운동을 실행하기 위한 전제로써 민족국가 형성을 위한 국가사를 모색한다. 이러한 국가사는 정치적으로 각성한 주체를 형성하기 위한 국민적 역사학 운동으로 구체화된다. 이역사운동의 근본에는 조국과 민족에 대한 애정을 가지고 조국의 장래를 짊어질 국민을 어떻게 해서 만들어 낼 것인가라는 문제의식이 강하게 자리 잡고 있었다.

이러한 내용을 함유한 이시모다의 민족 담론은 천황과 상층 지배계층을 민족에서 제외한 점 이외는 보수주의자들의 민족 담론과 그리 다르지 않았다. 즉, 일본의 보수 안정화가 이루어진 이후 이시모다의 국민 창출을 위한 담론은 그대로 보수주의자들의 주장으로 이어질 수밖에 없는 내용을 포함하고 있었다. 또한 진보진영의 이러한 민족 담론은 패전 직후에 식민지 지배책임에 대한 문제를 적극적으로 공론화 시키지 못한 내부로 향한 시각을 형성하는 원인의 하나가 되었다고 판단된다.

Part 2

전쟁책임문제와 내부로
향한 사상운동

Chapter 4

내부로 향한 전향연구

1. 서론

메이지유신 이후 국민국가 건설 과정에서 일본이 일으킨 각종의 전쟁에 대한 책임문제는 침략과 저항, 동화와 차별, 제국과 식민지 관계 등의 문제에 공통되는 사안이다. 나아가 이 문제는 전쟁으로 치닫는 국가를 저지하지 못하고 결국 국가와 민족의 번영을 위해서라는 미명하에 자의든 타의든 전쟁에 협력한 저항세력과 민중들의 전쟁책임 문제까지를 포함하고 있다. 그리고 이러한 문제의식은 1922년 당 결성을 전후한 시기부터 일본에서 저항활동의 중심을 형성한 일본공산당의 변혁운동에 대한 평가까지도 포괄한다. 뿐만 아니라 이 문제는 식민지와의 관계 속에서 일본과 일본국민에게 식민지 지배에 대한 책임의식을 묻는 것이기도 하다.

이러한 측면에서 진보진영의 전쟁협력 문제를 다루는 전향연구는 메이지유신 이후부터 지금까지의 근대국가 일본이 행하여 온 천황중심의 침략적 지배체제, 체제저항 세력에 대한 탄압, 전통적 지배질서와 근대적 지배질서라는 이중구조를 이용한 국민통합, 전후 민주주의와 전쟁책임 나아가 식민지 지배책임 등의 문제를 포괄할 수 있는 주제이다. 이처럼 일본 근현대사의 여러 문제는 어떤 의미에서 전향문제에 집약된다고 할 수 있다.

패전 이후 일본에서 진행된 전향에 대한 논의는 대체로 자신의 전향 혹은 전쟁협력에 대한 변명이나 자기비판을 주요한 내용으로 한다. 따라서 전향에 대한 논조는 혁명운동에서 이탈한 이들에 대한 비판과 '비전향'을 지켜낸 자신들의 정당성에 대한 강조, 이런 저런 이유로 혁명전선에서 이탈하게 된 자신에 대한 끝없는 자책과 '비전향'자들에 대한 무한한 경외, '비전향'이란 이유로 자행된 독선과 무책임성에 대한 비판 등이 중심을 이루었다. 이러한 논의는 유무형의 형태로 운동 현장에서 형성된 동지들에 대한 신뢰감을 파괴시켰으며 한때는 생사를 같이 했던 이들에 대한 불신감을 극대화시켰다. 그리고 자기 자신에 대해서는 지워지지 않는 상처에 대한 자책이기도 했다. 그런 만큼 전향에 대한 논의 그 자체는 이를 다루는 당사자에게 조차 너무나 무거운 주제였다. 그럼에도 불구하고 이를 논하지 않고서는 전후의 새로운 출발은 불가능하였다.

1950년대는 전후 사상사의 출발점으로써 일본 근대화 과정에서 발생한 여러 가지 근본적인 문제에 대한 비판적 반성이 각 분야에서 제기되기 시작한 시기였다. 그러한 상황 속에서 전향에 대한 검토는 개별적으로 조금씩 행해지고는 있었지만, 하나로 정리된 종합적인 작업이 가시적인 형태로 나타나지는 않았다. 전향에 대한 연구가 진척되지 못한 배경에는 '비전향 18년'을 예찬하는 일본공산당의 논조로 인하여 전향·비전향의 조건, 과정, 귀결의 다양성에 대한 연구를 불가능하게 한 장애물이 있었기 때문이다. 즉, 국가권력의 압제에 끝까지 저항했는지 아닌지를 기준으로 삼아 선과 악으로 판별하는 이분법적 사고가 지배하고 있었기 때문이다.

따라서 전향문제에 대한 연구는 크게 두 가지로 나눌 수 있다. 하나는 일본공산당이 중심이 되어 진행한 연구경향이다. 이 경우의 전향문제는 만주사변 이후 반체제적 운동가가 권력의 압력에 굴복하여 자신의 신념을 버리고 전쟁에 협력한 행위를 가리킨다. 이러한 시각에 입각한 연구는 일본공산당원이면서 끝까지 전향을 거부한 이들에 대한 찬사와 전향자들에 대한 정치적·도덕적 비판으로 이어졌으며, 전후 일본공산당의 정치적 당위성을 강조하는 경향으로 진행되었다. 한편 전후 사회운동과정에서 일본공산당의 권위적이고 모험주의적인 정치행태를 비판하는 진보적 지식인과 마르크스주의와는 일정한 거리를 둔 급진적 자유주의자radical liberalist[1] 사이에서 일어난 전향연구가 있다. 이 경우는 결과론적인 흑백논리에서 벗어나 전향의 과정과 결과를 종합적으로 분석하고, 전쟁을 저지시키지 못한, 즉 국가와 민족의 이익을 위해서라는 명분으로 전 국민을 전쟁에 동원한 지배체제에 끝까지 저항하지 못한 진보적 지식인과 민중들의 전쟁책임까지도 시야에 넣어서 연구를 진행했다.

이러한 가운데 1950년대 중반 이후부터 일본공산당과 일정한 거리를 둔 일군의 연구자들이 다양한 입장과 시각에 입각한 전향연구를 진행하여 그 성과를 발표하기 시작하였다. 여러 선구적인 연구 가운데 1954년

---

[1] 일본에서 사용하는 자유주의자(liberalist)라는 표현에는 좌파로 분류되지는 않지만 보수주의 세력에 대한 비판과 개혁적인 성향이 강한 집단을 지칭하는 뉘앙스가 있다. 전후의 진보운동과 관련해서 구체적으로 예를 든다면, 츠루미 슌스케(鶴見俊輔), 마루야마 마사오(丸山眞男)와 그 학파에 속하는 인물이다. 한국에서 '자유주의자'라는 표현은 개인보다는 자본주의 체제를 보다 강조하는 뉘앙스가 있으나, 일본과 서양에서는 자본주의 체제보다는 개인을 보다 강조하는 의미로 사용하는 경우가 많다고 필자는 판단하고 있다.

에 발표된 혼다 슈고本田秋五의 「전향문학론」, 58년에 발표된 요시모토 다카아키吉本隆明의 「전향론」, 59년에서 62년 사이에 공간된 츠루미 슌스케鶴見俊輔가 좌장을 맡은 사상의 과학 연구회편『공동연구 전향』전3권이 대표적인 결과물이다.

이러한 연구의 등장은 전후 일본사회의 변화와 깊은 관련이 있다. 전후 서구식 민주주의의 도입과 고도경제성장을 배경으로 일본사회는 다양하게 변화하였다. 패전 직후에 실시된 우파 정치세력에 대한 배제와 서구식 민주주의 정책추진을 통해 좌파 정치가들은 합법적인 정치활동을 공인받았으며 전쟁에 반대했었다는 이유로 민중들의 지지를 받았다. 특히 일본 사회당은 1947년에 실시된 총선거에서 제1당의 지위를 차지하는 등 노동운동과 진보세력이 급속히 성장했다. 이러한 과정을 통해 이들 진보세력은 '민중들을 위해'라는 슬로건 하에서 국가권력을 지향하고 있었다. 그러나 60년 안보투쟁을 거치면서 권위주의적이고 이데올로기 중심적인 기존의 사회운동을 비판하는 시민세력은 운동과 변혁, 생활과 정치, 집단과 개인, 주체와 객체 등 기존의 운동과정에서 발생한 사회·사상적 문제를 제기하였다. 이러한 문제 제기는 고도경제성장을 배경으로 한 사회구조적 변화와 이로 인한 인간관계, 가치의식의 전이를 반영한 것임과 동시에 권력지향적인 기존의 진보세력에 대한 비판이었다. 이렇게 하여 등장한 주제는 사회, 국가, 개인의 관계를 재구성하는 새로운 이론을 요구하였다. 사회, 국가, 개인의 관계를 재구성하기 위한 이론을 모색하는데 있어 전후 일본에서 행해진 전향문제에 대한 연구는 많은 시사점을 제공한다.

전향을 윤리적 기준과 선악으로 판단하는 일본공산당의 논의를 제외한다면, 혼다, 요시모토, 츠루미의 연구는 전후 진보진영이 지향한 사상운동의 기본방향을 시사한다. 간결하게 결론을 먼저 말하면, 진보진영의 사상운동이 가진 공통분모는 내부로 향한 시선이었다. 혼다는 집단지성이 저지른 오류와 자기반성의 세계로, 요시모토는 일본사회가 가지는 전근대성의 내부로, 츠루미는 개인의 내면세계로 시선을 가지고 간다. 따라서 본장에서는 진보진영의 사상운동이 내부로 향한 결과 전향연구가 식민지 지배책임으로 확장되지 못한 문제점을 지적한다. 이러한 측면에서 필자는 일상적 생활공동체에 대한 동일화 과정[2]≒국가로의 귀의과정이란 시각에서 전향문제를 재검토하여, 궁극적으로는 국가와 개인의 관계를 새롭게 설정할 수 있는 담론생성과 구체적 행동전략을 모색하고자 한다.

2. 혼다 슈고(本田秋五), 자유주의자 비판

1908년에 아이치현愛知県에서 태어난 혼다는 1945년 이전에 공교육체계 속에서 기본적인 교육을 받았으며 이를 통해 자신의 정체성을 확립한 이른바 전전파戰前派에 속한다. 그는 패전 직후『신일본문학』동인들과 '정치와 문학 논쟁'을 이끈『근대문학』의 창간 동인으로 활동하면서 전향문학에 대한 여러 편의 논고를 발표하였다. 특히 그가 1954년에 발표한「전향문학론」『岩波講座 文学』第五巻은 전향을 논한 선구적인 작품 가운데 하나이다.[3]

문학가들의 전쟁협력과 전쟁책임에 대한 논의는 전전에 일본 프롤레타

---

[2] 여기서 사용한 '일상적 생활 공동체'란 용어는 후지타 쇼조가『天皇制国家の支配原理』에서 사용한 개념이다. 이 용어는 메이지유신 이후 일본적 근대 국민국가의 특징을 잘 요약하고 있다고 판단된다. 즉, 모든 일본의 신민(혹은 국민)들은 전통적인 공동체 원리에 입각하여 만들어진 천황을 정점으로 하는 가족국가관을 원래부터 그렇게 존재한 '자연'으로 자신들의 내면세계에 받아들일 것을 강요하는 요소와 이를 자발적으로 받아들이는 요소를 통일적으로 파악하려는 의도에서 필자는 이 개념을 차용한다.

[3] 혼다에 의하면, 전향문학을 논한 최초의 논문다운 논문은 杉山平助,「転向作家論」『新潮』, 1934年 11月이다.

리아 문학운동에 관여한 작가를 중심으로 1945년 12월에 창립한 신일본문학회의 창립대회에서 언급되었다. 이후 『근대문학』 동인들이 46년 4월에 개최한 좌담회 '문학자의 책임'에서도 논의되었다. 이 좌담회에서는 "전쟁책임에 대한 추궁은 우선 추궁하는 주체의 자기성찰에서부터 시작하지 않으면 안 된다"[4]는 중요한 내용이 제시되었다. 따라서 전쟁책임과 관련한 논의는 이후에 "책임 추궁자의 자격을 재음미하는 방향과 겹치면서 이루어졌다. 즉, 전향문제로 관심을 돌리면서"[5] 진행되었다.

30년대 후반에 전쟁이 점차 확대되자 일본에서는 체제 저항적인 모든 이들에게도 전쟁에 협력할 것이 강요되었다. 나아가 지배체제는 단순한 협력이 아니라 전쟁을 지휘하는 중심에 위치한 천황제와 국가지배체제를 개개인의 내면세계에 받아들일 것을 요구하였다. 이러한 가운데 대부분의 비판적 지식인들은 여러 가지 형태로 전향의사를 표시할 수밖에 없었다.[6] 이러한 역사적 경과로 인하여 전후에 전향을 논하는 사람들 대부분은 다양한 의미에서 '전향의 경험'을 가진 이들일 수밖에 없었다. 따라서 전향문제에 대한 논의는 자기 자신에 대한 추궁의 문제이기도 하다.

이러한 이유로 혼다 역시 전향문제를 논하면서 먼저 다음의 문장을 통해 자신의 입장을 나타내고 있다.

---

4) 本田秋五, 『物語戦後文学史』, 新潮社, 1960, 61쪽.

5) 위의 책, 64쪽.

6) 여기서 '여러 가지 형태로'란 표현을 사용한 의도에 대하여 언급해둔다. 이 시기에 일어난 개개인의 전향표명에 대하여 츠루미 슌스케(鶴見俊輔)가 중심이 된 공동연구에서는 '전향' '비전향' '역전향' '위장전향' '회심' 등 다양한 용어를 사용하면서 이른바 전향이라고 평가하기 힘든 경우도 있다고 논한다. 따라서 이 글에서도 이러한 경우를 염두에 두고 사용한 표현이다. 그럼에도 불구하고 이들의 전향표명은 자신의 의지와는 별도로 어떤 형태로든 전쟁을 정당화시키는데 관련될 수밖에 없었던 것도 사실이다. 따라서 이들의 '여러 가지 형태'의 의사 표명을 전쟁책임의 전제조건으로써의 전향이란 용어와 분리하여 논할 수는 없다고 본다.

나는 일본 프롤레타리아 문화예술운동이 최고조기에 도달할 시기에 인쇄물을 통해서 이 운동에 접근하였으며, 운동이 최고조기를 지난 직후에 이 운동의 한 부분에 조직적으로 참가하였다. 쿠라하라 코레히토^{蔵原惟人}의 이론이 운동을 지배하고 있던 시기에 운동을 알고, 코바야시 타키지^{小林多喜二}와 미야모토 켄지^{宮本顕治}의 이론이 운동의 지도이론이 되었던 시기에 이 운동에 참가하였다.……그리고 태평양 전쟁이 끝날 때까지 쿠라하라의 이론은 물론 코바야시 · 미야모토의 이론에 대해서도 이것을 부정할만한 이유를 발견하지 못했을 뿐만 아니라 이것과의 거리를 명확하게 자각적으로 측정하는 능력도 가지지 못했다. 그러나 전후에 공산당이 합법적인 정당이 되어 대량의 새로운 당원이 입당할 때도 자신은 공산당에 입당하지 않았다.[7]

여기에 나타난 혼다의 고백은 자신은 일본에서 프롤레타리아 문화운동이 최고조기에 달한 30년대에 유물론연구회에 가담하게 되었으며, 이후 이들 이론가들이 제시한 운동론 혹은 변혁론을 조금도 의심하지 않고 그대로 받아들이며 전후를 맞이한 자신의 과거에 대한 기술이다. 또 다른 한 가지 사실은 자신은 "공산주의자(공산당원 혹은 공산청년동맹원)로 보이는 인물과 접하면서 그들의 용기에 내심 감탄하면서도 마음 속 한구석에 자신은 공산주의자가 될 결심을 하기에는 아직 미숙하다고 생각하여"[8] 입당하지 않은 과거이다. 여기서 혼다가 일본공산당과의 거리를 굳이 밝히는 이유는 자신은 "현재, 공산주의자가 아니"며, "이전에 공산주의자였던 적도 없다. −이전에 공산주의자의 입장에 상당히 가까운 위치에 선 적은 있으나 당시에도 나는 진정한 의미에서 공산주의자는 아니었다"[9]는 사실을 분명히 하기 위함이다. 위의 증언에 의하면 혼다는 잠시 마르크스주의

---

7) 本田秋五, 「転向文学論」『増補 転向文学論』, 未来社, 1964, 183–184쪽.
8) 위의 책, 183쪽.
9) 위의 책, 183쪽.

에 가담한 적은 있으나 원래부터 그는 자유주의자였다는 사실이다. 이렇게 판단할 수 있는 또 다른 근거는 '정치와 문학 논쟁'에서 혼다가 일본공산당 계통의 논자들이 주장한 문학에 대한 정치의 우위성 논의에 강력하게 반대하면서 문학의 자율성과 문학 자체의 존재의미를 강조했다는 사실이다. 따라서 혼다의 전향론은 본질적으로 자신에 대한 비판이면서 동시에 자유주의자의 전향에 대한 비판으로 작성된 것으로 볼 수 있다. 그럼에도 불구하고 그는 "중일전쟁 당시에 마르크스주의에서 자유주의적 입장으로 전향"[10] 했다고 비판받았다.

혼다는 「전향문학론」에서 현재 일반화되어 널리 사용되고 있는 전향개념을 첫째, 공산주의자의 공산주의 포기, 둘째 자유주의자들의 진보적 합리주의적 사상의 포기, 셋째 사상적 전환 현상 일반으로 구분한다. 특히 자유주의자들의 전향개념은 "외래의 새로운 사상에서의 탈각이라는 의미와 연결되며 다른 한편에서는 천황제로의 귀의란 의미로도 이어지고 또한 동양적 자연주의로 용해된다는 의미도 가지는 듯하다"[11]고 정의한다. 그러면서 그는 첫 번째 전향개념을 중심으로 하면서 두 번째 전향까지 포함하여 논리를 전개하겠다는 의지를 분명히 밝힌다. 이러한 방법론의 표명은 국가권력의 외적강제에 의한 첫 번째 전향이 원인이 되어 자발성과 기회주의성이 동반된 두 번째의 전향이 일본사회 전역에서 광범위하게 발생하면서 사회의 기층구조를 이루는 천황제로의 귀의가 일어났음을 암시하는 것이다. 즉, 메이지유신 이후 사상적인 측면에서 서구적 근대주의의 상징이었던 마르크스주의자들이 자신의 사상을 부정하면서 자유주의

---

10) 思想の科学研究会, 『共同研究 転向 下巻』, 平凡社, 1962, 492쪽.

11) 本田秋五, 「転向文学論」『増補 転向文学論』, 未来社, 1964, 216쪽.

자들이 동양적 자연주의에 포섭되고 마침내 일본의 자연적 지배질서인 천황제에 귀의할 수밖에 없었던 사상사적 과정을 밝히겠다는 의지의 표명이라고 할 수 있다. 이러한 논의는 위에서 본 것처럼 자유주의자의 전향 과정과 자기 자신의 개인적 역사 경험에 대한 추궁이기도 하다.

먼저 혼다는 「전향문학론」에서 사노와 나베야마의 전향으로 인하여 일본어에 전향이란 단어가 추가되었으며 "사람들은 공산주의 신봉자가 공산주의에서 멀어진 현상을 일반적으로 '전향'으로 부르게 되었다"[12]고 정의한다. 그러면서 그는 전향문학 혹은 전향문제란 용어의 어법에 대하여 분석하면서 1930년대 당시의 '전향'이란 용어가 가진 내용을 논한다. 혼다는 분석의 결과 코바야시 타키지 노선에서 이탈이 당시에는 전향과 동일한 것으로 인식되었다고 결론 내린다. 혼다가 지적한 "코바야시 타키지 노선이란 당시의 전투적인 프롤레타리아 문화 활동가들이 애용한 언어로 말하자면, 직업적 혁명가의 길이었다. 더욱 정확하게 말한다면 문학자임과 동시에 직업혁명가의 길이 었다".[13]

일본공산당이 당원과 다수의 동조자들에게 제시한 노선은 국가권력에 의한 외적강제 즉, 검거, 투옥, 고문, 최악의 경우에는 사형까지도 각오하지 않으면 안 되는 탄압에 대하여 "극히 일부의 특수한 사람만이 견뎌낼 수 있는 고차원의 요구"[14]였다. 보통의 사람으로서는 수행하기 어려운 고차원의 요구임에도 불구하고 일본공산당은 이를 "'동맹원 5백'이라고 칭한 문화단체의 전 회원에게 부과하려고 한"[15] 오류를 범하였다. 그 결과

---

12) 위의 책, 186쪽.
13) 위의 책, 197쪽.
14) 위의 책, 198쪽.
15) 위의 책, 198쪽.

이러한 고차원의 요구를 수용하기에 역부족이었던 당원과 동조자들 사이에서 국가권력에 굴복하는 전향이 일어났다고 혼다는 결론 짓는다. 일본 공산당 본부와 하부조직이 거의 괴멸 상태에 빠진 당시의 상황 속에서 당이 담당해오던 정치활동과 노동조합에 대한 지도를 어쩔 수없이 대신해야할 처지에 놓인 문화단체의 상황이 있었다고는 하지만 그 대가는 전향이라는 더욱 비싼 형태로 나타날 수밖에 없었다. 그들은 체격에 맞지 않는 옷을 입고서 급격하게 변하는 상황에 잘 적응할 수 없었다. 따라서 혼다가 보기에 전향은 현실과 맞지 않는 운동이론이 가진 관념성의 결과였다.

그런데 국가 권력은 1937년 중일전쟁 이후부터 일본주의 사상=천황제를 개인의 내면적 가치로 받아들일 것을 강요하였다. 즉, 혼다의 표현을 빌리자면, 이 시기에 국가 권력은 "외적 강제에 굴복할 '마음이 없는' 전향이 아니라 자신의 과거를 적극적으로 청산하는 '마음으로부터' 혹은 어느 정도 뒤가 켕기는 것이 있다고 하더라도 '반 정도는 마음에서 우러나오는' 전향"[16]을 요구하기 시작하였다. 이러한 시대적 상황에 놓인 인간 집단을 혼다는 다음과 같이 이해한다.

인간 집단은 양의 무리처럼 눈에 보이는 형태로 집단을 만들지만은 않는다. 지도자와 무리 사이에는 이른바 무선연락에 의해 눈에 보이지 않는 선에 의해 연결된 경우도 있다.……이러한 지도자들을 따르는 무리는 지도자가 방향을 바꾼飜身 지점에 느지막이 도착하는 경우도 있다.[17]

즉, 혼다는 전향을 "역사 궤적의 문제이기도 하지만 살아있는 인간의

---

16) 위의 책, 211쪽.

17) 위의 책, 218쪽.

생사에 관한 문제"[18]라고 파악한다. 따라서 전향을 이해하고 논의하기 위해서는 "인간의 본질(性根-강조원문) 문제"[19]에 대하여 이해할 필요가 있다. 자신의 신념과 충돌하는 권력의 외적강제와 싸우면서 죽음도 두려워하지 않는 강한 인간이 있는가 하면, 그 반대로 나약한 인간도 있기 마련이다. "베드로가 3번이나 예수를 모른다고 부정"한 것만큼이나 "인간이 원래부터 나약한 존재임을 증명하는 것이 또 있을까?"[20] 혼다는 역사에 보이는 순교자나 성자는 대체적으로 예외적인 경우가 대부분이며 다수의 인간은 나약한 존재라고 인식한다.

혼다의 이러한 인간 인식은 사회운동에도 그대로 적용된다. 그는 20년대 말 30년대 초반에 걸친 마르크스주의 운동을 "이웃의 불합리한 불행을 참고 넘기지 못하는 휴머니즘 정신과……자아의 존엄을 타인에게도 인정하는 개인주의 사상"을 실천한 "부르조아 민주주의"[21] 사상 그 자체였다고 평가한다. 따라서 혼다는 일본에서 마르크스주의는 자유주의와 민주주의적 가치를 지켜내는 보루의 기능을 담당하고 있었다고 평가한다.[22] 그런데 중일전쟁의 시작과 더불어 전쟁 확대라는 시대적 상황 속에서 마르크스주의가 무너지자 국가주의를 제외한 그 외의 모든 가치가 눈사태처럼 무너지기 시작했다. 28년의 3·15사건과 29년의 4·15사건을 통해 일본공산당이 완전히 괴멸되고 당과 직간접적으로 관련된 많은 인사들이 검거되면서 일본에서 마르크스주의자들의 활동은 사실상 전멸되

---

18) 위의 책, 220쪽.

19) 위의 책, 220쪽.

20) 위의 책, 220쪽.

21) 위의 책, 221쪽.

22) 위의 책, 223쪽.

었다. 그러자 국가주의자들은 35년부터 미노베 타츠키치美濃部達吉의 천황 기관설을 공격하면서 자유주의자에 대한 탄압을 시작하는데 이는 37년의 제1차 인민전선사건, 38년의 제2차 인민전선사건, 39년 카와이 에지로河 合栄次郎 등 자유주의 교수에 대한 휴직 사건 등으로 이어진다. 전전의 사회 운동 상황을 이렇게 판단하는 혼다는 전향의 원인을 다음과 같은 사회적 요소에서도 구하고 있음을 보여준다. 이러한 혼다의 인식은 인간과 역사 에 대한 자신만의 사색에 기초한 것이라 할 수 있다.

마르크스주의가 일본에서 가장 강하게 전쟁을 반대한 완강한 보루였지만 이 보루가 무 너지자 모두가 무너지는 형세가 일본 전체에서 일어났을 뿐만 아니라 이러한 현상의 반 영인지 개개인의 내면에서도 붕괴가 일어났다는 사정에서(전향의 원인을-필자)구할 수 밖에 없지 않을까? 즉, 일단 보루가 무너지자 그 다음은 적의 공격이 멈출 때까지 버티고 있을 여력이 없어진 것이다.[23]

혼다는 국가적인 위기 상황에서 전쟁반대자들이 도미노처럼 무너지면 서 전향이 발생하게 된 원인을 "비합리적인 것(=외적강제-필자)이 갖는 합 리성과 합리적인 것(=마르크스주의-필자)에 드리워진 관념성"[24]에서 찾고 있다. 여기서 말하는 관념성이란 "지도자들이 신봉한 이론이 그들 내부 에서 육체화하지 못한 곳에 있으며, 그 배후에는 그들의 이론이 충분하게 국민대중의 생활실태를 파악하지 못하고 또한 국민 대중을 납득시키지 도 못한 관념적 이론"[25]이 되어버린 현상을 지칭한다. 즉, "지도자들이 전

23) 위의 책, 224쪽.

24) 위의 책, 225쪽.

25) 위의 책, 226쪽.

향하게 된 바탕에는 국민 대중의 전향이 있었다".[26] 이것이 혼다가 분석한 또 하나의 전향 이유이다. 이러한 입장에서 본다면 혼다의 전향연구는 "1933년을 시작으로 한 일본공산당의 좌절을 동시대인으로서 겪어온 경험을 근본적으로 재평가하려는"[27] 작업이었다.

위에서 살펴본 것처럼 전향에 대한 혼다의 논의는 일본공산당의 이론 혹은 운동에 대한 비판과 자유주의자들에 대한 책임 추궁 속에서 이루어지고 있다. 이것은 아마도 서두에서 논한 것처럼 혼다의 자기 고백적인 전향론에 기초해있기 때문이라 생각된다. 이러한 내용을 좀 더 살펴보자. 츠루미 슌스케가 주관한 전향연구의 성과인 『공동연구 전향』 상권이 출판되자 그 서평에서 혼다는 이 책이 갖는 최대의 특징을 기존의 전향이란 용어가 가지고 있던 윤리와 혁명과의 관련성을 파기한 것이라 평했다. 즉, 혼다는 『공동연구 전향』이 전향개념을 '일반적인 개념으로써의 전향 그 자체가 나쁘다고는 생각하지 않는다'고 규정함으로써 그동안 일본공산당이 견지해 온 사상이야말로 당시 일본에서 가장 올바른 사상이며 여기서 벗어난 사상은 비판받아 마땅하다는 윤리적인 측면에서 벗어나 전향을 논할 수 있게 되었다고 평가했다. 그리고 혼다는 『공동연구 전향』이 전향개념을 '권력의 강제에 의해 일어난 사상의 변화'라고 규정함으로써 "전향이란 용어가 원래부터 가지고 있던 '혁명운동으로부터의 이탈'이란 의미를 불식할 수 있었다"[28]고 한다.

혼다는 이러한 전향개념의 변화로 새롭게 획득하게 된 최대의 수확은

---

26) 위의 책, 226쪽.

27) 思想の科学研究会,「転向の共同研究について」『共同研究 転向 上巻』, 平凡社, 1959, 24쪽.

28) 本多秋五,「共同研究『転向』の書評」『増補 転向文学論』, 未来社, 1964, 240쪽.

"일본의 자유주의자들의 '상황추수주의'를 취급할 수 있는 길을 열게"[29] 된 점에 있다고 논한다. 즉, "모든 것을 양심으로 귀결시키는" 종래의 전향개념은 "가장 악질적인 전쟁책임자를 원래부터 양심이 없는 자로 치부해버려 추궁에서 제외시켜버렸으며, 나름대로의 약점을 가지면서도 나름대로 싸워온" 운동가들을 "무한히 윤리적으로 비판하"[30]는 결과를 초래하였다. 그러나 새로운 전향개념은 1940년의 "신체제운동 당시에 자유주의자의 무혈無血의 변신까지" 전향논의에 포함시킴으로써 "가장 심한 방법으로 전향을 반복한 자가" "가장 작게 전향한 자를 비웃는" 상황을 "근저에서부터 씻어낼 수 있게 되었다"[31]고 혼다는 평가했다.

3. 요시모토 다카아키(吉本隆明), 변혁이론을 위한 행동지침

1924년에 태어난 요시모토는 패전을 전후한 시기에 청년기에 접어든 이른바 전중파에 속한다. 요시모토와 같은 세대가 초등학교에 진학할 무렵에 일본은 장기적인 전쟁의 시기로 들어섰으며 학교 교육도 전쟁을 위한 황민화 교육이 강조되던 시기였다. 나아가 이들 세대가 대학생이 되었을 때는 학도출병이 일상화되었으며 많은 사람들이 패전을 예상하면서도 "다카무라 코타로高村光太郎와 같은 철저 항전파 지식인과 동일한 자세를 가지고 있었다".[32] 따라서 전전과 전후의 엄청난 변화와 이로 인한 갈등은 요시모토의 사상 형성에 중대한 영향을 미쳤다. 우선 패전에 대한 요시

29) 위의 책, 243쪽.

30) 위의 책, 244쪽.

31) 위의 책, 244쪽. 자유주의자에 대한 비판으로는 大森映, 『労農派の昭和史』, 三樹書房, 1989를 참고할 것.

32) 鶴見俊輔, 「転向論の展望」 『鶴見俊輔集 4 転向研究』, 筑摩書房, 1991, 341쪽.

모토의 인상을 보자.

전쟁에 진다면 아시아의 식민지는 해방되지 않는다는 천황제 파시즘의 슬로건을 자기 나름대로 믿고 있었다. 또한 전쟁 희생자의 죽음은 무의미해진다고 생각했었다.
따라서 전후에 인간의 생명은 내가 그 시기에 생각하고 있던 것보다 훨씬 소중한 것이라고 실감했을 때 그리고 일본군과 전쟁세력이 아시아에서 '학살과 마약공격'을 한 사실이 도쿄재판에서 폭로되었을 때 거의 청춘 전기를 지탱해 준 전쟁의 모럴은 쓸모없는 것이라는 충격을 받았다.[33]

이 문장에는 요시모토가 유년기에 공교육 시스템을 통해서 배워온 가치의식에 대한 부정의 과정이 잘 묘사되어 있다. 일본의 패전 그 자체가 요시모토의 사상변화에 영향을 미쳤다기보다는 오히려 패전에 따른 사람들의 변신에 위화감을 느끼면서 그는 이전의 군국소년과는 완전히 다른 이른바 급진주의자로 변신하게 된다. 즉, 요시모토에게는 "패전에 따른 국책변경으로 인하여 성실한 하층대중과 소년들이 천황·중신·지배층·지적 지도자에게 일시적으로 버려진 상황에 대한 사적인 원한"[34]이 있었다. 패전과 더불어 일본의 지도층은 국민에게 지금까지 박멸의 대상으로 선전하던 미국에 대하여 친밀한 관계를 표명하면서 자신들은 더 없는 친미주의자임을 자임하는 태도를 보였다. 그 결과 지도자를 따르던 일본국민은 이해할 수도 받아들일 수도 없는 상황에 버려지게 된다. 이러한 상황에 대하여 요시모토는 끝없는 배신감을 느낀 것이다. 츠루미의 표현을 빌리자면, "외부세계가 무너지더라도 내부세계가 굳건하게 남아 있다

---

33) 吉本隆明, 『吉本隆明全著作集 8』, 勁草書房, 1969, 139쪽.
34) 鶴見俊輔, 「転向論の展望」『鶴見俊輔集 4 転向研究』, 筑摩書房, 1991, 345쪽.

면 그대로 좋다. 그러나 외부세계가 무너졌음에도 불구하고 내부세계가 무너지지 않은 듯한 시늉을 하면서 외부세계의 재건에 나서는 자세"[35]를 요시모토는 신뢰할 수 없다고 판단하였던 것이다.

전향을 연구하는 요시모토의 "가슴 속에는 익찬翼贊시대를 통해서 이들 일본의 좌익 및 중도파 자유인들이 진정으로 어떤 행동을 일으키지 않은 것에 대한 원한"과 "패전에서 점령기에 걸친 혼란기를 통해 혁명적인 행동을 일으킨 것은 공산주의자도 아니고 인민전선파도 아니며 우익청년단……다이토쥬쿠大東塾"[36]였다는 인식이 강하게 자리하고 있었다. 이러한 이유로 지배집단에 대한 불신이 곧 바로 일본공산당에 대한 신뢰로 이어지지는 않았다. 요시모토가 일본에서 일관되게 전쟁을 반대했다는 이유로 전후에 국민의 신뢰를 획득하면서 공식석상에 등장한 일본공산당에 경도되었던 것은 사실이다. 그러나 요시모토는 분열과 분파투쟁으로 점철된 일본공산당을 신뢰할 수도 없었다. 요시모토의 이러한 판단은 전후 일본공산당 내부에서 일어난 무원칙한 자기 변신과 "스스로의 전향에 대한 자각 없이 자신은 비전향이라는 입장을 앞세워 다른 사람의 전향을 비판하는" 일본공산당의 태도를 믿을 수 없었기 때문이며 또한 일본공산당의 이러한 경향이 "전후 일본의 혁명사상·민주주의 사상을 관통하고 있는 것에 대응하기 위한"[37] 목적에서였다. 따라서 요시모토는 "일본의 사회구조 전체에 대한 자기 자신의 비전을 분명히 하고 싶다는 욕구"[38]를 강하게 가지게 되었다. 그 결과 요시모토에게는 전향 성명서의 작성여부

---

35) 위의 책, 342쪽.

36) 위의 책, 354쪽.

37) 鶴見俊輔, 「転向論の展望」『鶴見俊輔集 4 転向研究』, 筑摩書房, 1991, 342쪽.

38) 吉本隆明, 『吉本隆明全著作集 13』, 勁草書房, 1969, 5쪽.

내부로 향한 전향연구   177

또는 우파냐 좌파냐가 문제가 아니라 일본 사회에 대하여 과연 어떠한 전체적인 비전을 가지고 있었는지가 관건이 되었다. 이것이 그가 전향문제를 연구하게 된 계기이며 전향에 대한 자신의 입장이다.

전전에 초국가주의와 천황제 신화에 기초한 가치체계를 가지고 있던 요시모토는 패전과 더불어 일본공산당에 기대를 걸었어나 결국 당의 분열에 실망한다. 그러나 그는 다시 군국주의자로 돌아가지 않고 "일본공산당의 동조자로 남아서 당의 병든 부분을 척결하"[39]기 위한 행동을 감행한다. 이러한 요시모토의 행동은 권력의 탄압으로 "공산당의 입장에서 반공산당의 입장에 섰다"가 "전후에 모든 것을 버리고 다시" 공산당의 "입장으로 되돌아 온 이러한 종류의 완전한 재전향의 입장"[40]에 서 있는 일본공산당의 존재 그 자체를 비판하는 것이다. 이러한 전향론을 통해 일본공산당의 변혁운동을 비판한 요시모토는 사상사적 측면에서 상당히 중요한 의미를 갖는다. "패전이란 시점에 나타난 일본인의 모습·일본의 지적 지도자의 모습을 자신의 가슴 속에 새기"고 일본의 사상적 지형을 논하려는 요시모토의 자세는 "전중파 세대의 특징이라고 할 수 있다".[41]

이러한 입장에 기초하여 요시모토는 전향을 "일본 근대사회의 구조를 총체적인 비전을 가지고 파악하는데 실패했기 때문에 지식인들 사이에서 일어난 사고변환"[42]으로 규정한다. 따라서 전향의 구체적인 모습은 "일본의 봉건성의 열악한 조건, 제약에 대한 굴복, 타협으로 나타날 뿐만 아니라 일본 봉건성의 우성 유전인자에 대한 동조나 무관심으로 나타나는

---

39) 鶴見俊輔, 「転向研究の方法」 『鶴見俊輔集 4 転向研究』, 筑摩書房, 1991, 439쪽.

40) 위의 책, 440쪽.

41) 鶴見俊輔, 「転向論の展望」 『鶴見俊輔集 4 転向研究』, 筑摩書房, 1991, 345쪽.

42) 吉本隆明, 『吉本隆明全著作集 13』, 勁草書房, 1969, 6쪽.

데"[43] 요시모토는 이것을 전향문제의 중요한 핵심으로 파악한다. 바꾸어 말하면, 요시모토는 우성유전의 총체인 전통에 대한 동조나 무관심으로 인하여 "분석적으로는 근대적인 인자와 봉건적인 인자의 결합으로 이루어졌다고 보이는 사회가" 일본이라는 공간에서 생활하는 사람들에게는 "시작도 없고 끝도 없는 착종된 인자의 병존으로 나타나기" 때문에 일본을 "통일된 총체로 파악하는 것이 너무 어렵다"[44]고 파악한다. 즉, "자신을 제외한 사회적 비전(혁명이론–필자)과 자신이 개입된 사회적 비전(실생활–필자)의 현격한 차이가" "지식인의 자기인식에 착각을 일으켰고"[45] 이로 인하여 일본에서 전향이 발생했다고 요시모토는 설명한다. 따라서 요시모토에 의하면, 일본사회에 대한 총체적인 비전을 가지지 못한 채 서구적인 근대성에 의거하여 활동하던 지식인이 총력전이라는 전대미문의 위기 상황과 권력에 의한 강제에 직면하면서 그들이 이전에 봉건적이라고 하면서 그렇게 비판해온 전통으로 회귀한 것이 전향이다.

요시모토는 자신의 전향개념이 가지는 역사적 실체를 규명하기 위하여 사노·나베야마의 전향과정에서 이들이 얼마나 일본사회의 우성 유전 인자인 전통에 무지했는지를 검토하고, 기존의 전향논의에서 일반적으로 인정되고 있던 권력에 의한 강제와 압박이라는 요소를 부정한다. 이러한 검증작업의 출발점은 요시모토의 인간이해 방식에 있다. 그는 인간을 다음과 같이 이해한다.

살아서 생포되는 수치를 당하지 말라는 사상이 철저하게 주입되었던 군국주의 하에서

---

43) 위의 책, 7쪽.

44) 위의 책, 7쪽.

45) 위의 책, 7쪽.

이름도 없는 서민들도 포로가 되기보다는 죽음을 선택하는 행동을 원칙으로 할 수 있었 던 것은(혹은 포로를 수치로 생각한 것) 연대인식이 있을 경우 인간이 얼마나 강할 수 있 는지, 고립감에 젖어들 때 얼마나 좌절하기 쉬운지를 증명하고 있다.[46]

요시모토는 철저한 철학적 인식이나 사상을 가지지 않은 보통의 서민들이라 하더라도 연대의식이 있을 경우 죽음에 내몰리는 최악의 상황에서도 내적인 심리나 자기 판단에 흔들리지 않는 강한 면모를 보여주지만, 아무리 강한 의식과 사상을 가지고 있는 철학자라 하더라도 무리의 중심에서 떨어져 고립되어 있을 경우에는 너무나 쉽게 좌절하고 흔들리는 것이 인간이라고 이해한다. 요시모토의 이러한 인간 이해는 아마도 자신의 유년기와 청년기를 통해서 길러진 의식이자 역사적 기억일 가능성이 높다.

어쨌든 요시모토는 이러한 인식에 기초하여 사노와 나베야마의 전향과정을 재 고찰하고 있다. 그는 사노·나베야마에 대하여 "서구의 정치사상과 지식을 습득하면서 일본적인 일상小情況을 깔보는" "촌뜨기 지식인에 지나지 않은 것은 아닌가"[47]하고 의문을 제기한다. 이러한 촌뜨기 지식인이 서구적인 지식과 논리를 습득함에 따라 "일본사회는 이치에 맞지 않는 하찮은 것으로 비친다. 그 때문에 사상의 대상으로써 일본사회의 실체는 도마(강조-원문) 위에 올라오지 않는다"[48]고 요시모토는 판단하다. 그러나 이들은 "일본적인 상황(예를 들면, 천황제나 가족제도)을 절대로 회피할 수 없는" 궁지에 몰리게 되면, "이치에 맞지 않고 하찮은 것으로 여기던 일본적인 상황을 나름대로 자족적인 것으로"[49] 받아들인다. 이러한 사고 과정

---

46) 위의 책, 10쪽.

47) 위의 책, 10쪽.

48) 위의 책, 17쪽.

49) 위의 책, 17쪽.

은 "사고자체가 사회의 현실구조와 결코 대응하지 않으며 이론 자체의 자동화에 의해 자기완결 되는" 특징을 가지기 때문에 "처음부터 현실사회를 필요로 하지 않는다".[50] 그 결과 이들은 "현실적인 위기 구조를 논하고 사상의 전개를 검증하려는 의욕을 가지지 않"[51]게 된다.

요시모토는 일본공산당의 이와 같은 사고의 특징을 천황제 폐지를 내건 코민테른 테제에 대한 반응에서 찾고 있다. 요시모토는 두 사람의 공동 전향성명서를 분석하면서 사노·나베야마가 32년 테제에 제시된 천황제 폐지란 정치원칙을 "민족적 통일의 강고함을 사회적 특질로 하는 일본에서는 특히 통하지 않는 추상"[52]이라고 비판하였다고 판단한다. 따라서 요시모토는 이들이 테제 수용을 거부한 이유는 그들에게 "민족은 생활의식에서 다가왔기"[53] 때문이라고 판단한다. 즉, 사노·나베야마는 생활의식 그자체인 일본의 "대중에게서 고립되는 것을 견뎌낼 수 없었"다는 사실이다. 이 두 사람은 32년 테제 수용을 거부함으로써 지금까지 서구적 지식과 논리를 습득하는 가운데 자신들의 연대의식의 심원으로 기능하고 있던 코민테른과 결별하게 된다. 이러한 결별에서 오는 고립감에 덧붙여 국가권력에 의한 외적강제가 더해지자 지금까지 그렇게 깔보던 일본적 봉건성을 자족적인 것으로 받아들이면서 '대중의 동향'이란 연대의식의 새로운 토대를 발견한 것이다. 바꾸어 말하면 두 사람은 '현실적인 위기 구조를 논하고 사상의 전개를 검증하려는' 노력을 통해 32년 테제에서 언급된 민족과 계급문제를 통일적으로 파악하지 않았다. 따라서 두 사람은

---

50) 위의 책, 19쪽.

51) 위의 책, 21쪽.

52) 위의 책, 15쪽.

53) 위의 책, 16쪽.

"일본사회의 근대적인 요소와 봉건적인 요소가 모순되고 대립한다고만은 할 수 없다는 점을 통찰하지" 못하고 자신들이 도저히 극복할 수 없는 "봉건적 민족주의에 굴복"[54]했다고 요시모토는 판단한다.

그런데 문제는 사노와 나베야마가 왜 자신들이 그렇게 부정하던 일본적 상황에 굴복할 수밖에 없었는가 하는 점이다. 대중적 동향을 전혀 읽어내지 못하는 혁명운동의 이론지상주의와 일본 대중의 이해관계와 동떨어지고 대립하는 코민테른의 정치테제는 소련의 이해관계를 각국 공산당에게 관철시키려한 것으로 이를 일본에서 받아들일 경우 자신들은 "대중적 동향에서 고립"될 수밖에 없다는 "자성이 있었기"[55] 때문이라고 요시모토는 판단한다. 따라서 요시모토의 전향기준에 의하면, 대중적 동향을 전혀 읽어내지 못하고 일본사회 전체에 대한 비전도 가지지 않은 채 "32년 테제의 원칙만을 지키면서 비전향으로 옥중에 있었던" 다른 일본공산당 간부보다는 사노·나베야마가 사상적으로 보다 "상위"[56]에 위치한다.

다만 이 두 사람이 "일본 봉건제의 우성인자에 대해 무조건적으로 굴복"한 것임에 비하여, 나카노 시게하루中野重治는 "일본 봉건성의 우성에 대한 굴복을 대결해야만 하는 실체로 파악"[57]한 점에서 이 두 사람보다 긍정적이라고 요시모토는 주장한다. 이러한 요시모토의 태도는 "공산당에서의 이탈" "행위 그 자체가 전향을 의미하는 것이 아니라" 오히려 전

---

54) 위의 책, 16쪽.

55) 위의 책, 16쪽.

56) 위의 책, 16쪽. 요시모토의 전향론에 의하면, 코민테른 테제가 당시의 세계정세와 일본적 상황에서 적절한 전략 전술이었는지 아닌지는 중요하지 않다. 문제는 혁명운동에 참가한 개개인이 일본사회에 대한 총제적인 비전을 가지고 이러한 테제의 수용과 거부에 관계했는지가 관건이다. 따라서 이 글에서도 32년 테제에 대한 내용적인 평가는 논외로 한다.

57) 위의 책, 14쪽.

향이 "자주적인 전위로서 자신을 다시 재건하려는 의지에 의해 일어나는 적극적인 행위로 성립할 수 있다"[58]는 중대한 사상사적 의미를 발견하였다. 이를 통해 요시모토가 "공산당에서 적극적인 이탈이념을 만들어 낸"[59] 사실은 기존의 운동사를 뒤집어서 볼 수 있는 매우 창조적인 시각을 제시한 것이다.

이러한 이유로 요시모토는 "사노·나베야마의 가슴속에 있었던 것은 권력의 압박에 대한 공포심이라기보다 대중적인 동향과의 고립감"[60]이며, 따라서 "전향논의가 권력에 대한 사상적 굴복이라든가 불복종의 문제로 취급되어온 사실을 전면적으로 부정"[61]한다. 인식주체로서의 개인이 자신이 발 딛고 있는 사회에 대한 총체적인 변혁의 비전을 가지고 있는지의 여부를 무엇보다 중요시한 요시모토는 이러한 자신의 기준과 다른 측도를 가지고 전향을 연구한 츠루미에 대하여 "전향평가에 대한 기준이 명확하지 않다는 인상을 지울 수 없다"[62]고 하면서 당시의 역사와 연동된 형태로 논하지 않는다면 호·불호의 편향이 발생하기 쉽다고 평가한다.

4. 츠루미 슌스케(鶴見俊輔), 인생의 새로운 좌표축 발견

1922년 도쿄에서 태어난 츠루미 역시 요시모토와 동일한 전중파였다. 그러나 그의 인생 여정은 요시모토와 사뭇 달랐다. 잘 알려진 바대로 츠루미는 명문가 집안에서 태어났으나 엄격한 어머니에 대한 반항으로 '불량

---

58) 鶴見俊輔, 「転向論の展望」『鶴見俊輔集 4 転向研究』, 筑摩書房, 1991, 357쪽.

59) 위의 책, 357쪽.

60) 吉本隆明, 『吉本隆明全著作集 13』, 勁草書房, 1969, 15쪽.

61) 위의 책, 22쪽.

62) 思想の科学研究会, 「日本思想史と転向」『共同研究 転向 下巻』, 平凡社, 1926, 366쪽.

소년' 시절을 보낸 이후 미국으로 건너가 하바드 대학에서 철학을 전공하면서 프레그머티즘에 많은 영향을 받았다. 패전 직후에 마루야마 마사오丸山真男 등과 '사상의 과학 연구회'를 결성하여 이후에 잡지『사상의 과학』을 창간하였다. 그리고 베트남 전쟁 반대를 외치는 '베평련(베트남에 평화를! 시민연합)'을 결성하여 반전운동에 참가였으며, 이러한 바탕위에서 안보투쟁의 시기에는 '소리 없는 소리 모임'의 중심적인 인물로 활약하였다. 츠루미는 어려서부터 크로포트킨 등 아나키즘과 관련된 서적을 많이 탐독하여 마르크스주의자가 되지는 않았지만 전후 일본의 정치지형에서 일본 공산당에 가까운 노선을 표명한 이른바 동조자였다. 이러한 측면에서 본다면, 츠루미 역시 전중파적인 사상경향이 강한 인물이라고 할 수 있다.

이러한 이력을 가진 츠루미는 자신이 전향을 연구하게 된 계기를 1942년의 기억에서 찾고 있다.

나는 전쟁 중에 교환선으로 미국에서 돌아와……일본 귀국 후 몇 일만에 받은 징병검사에서 제2을乙 합격 통보를 받았다.……해군에 통역으로 지원하여 독일의 봉쇄 돌파선을 타고 바타비아에 있는 해군 무장부 건너편 자바섬 전체가 육군지역인 가운데서 해군 부대에 군속으로 근무했다.

그러던 어느 날 자신을 생각하면서 자신이 6개월 전의 사상에서 상당히 멀리 떨어져있음을 느꼈다. 그 상황을 전향이라고 인정했다.……일본 지식인 전체의 군국주의로의 쏠림을 기록해서 이해하고 싶다고 생각했다.[63]

여기에 기술되어 있는 내용은 츠루미 자신의 전쟁협력에 관한 고백이다. 특히 전전에 해군 군속으로 전쟁에 협력한 사실은 츠루미가 전후에 반

63] 鶴見俊輔 · 鈴木正 · いいだもも, 『転向再論』, 平凡社, 2001, 9~10쪽.

전운동에 투신하게 된 토양으로 기능했다고 볼 수 있다. 이러한 전향 경험은 츠루미 자신에게 상당히 아픈 기억으로 작용했을 것이다.

　이러한 경험을 가진 츠루미를 중심으로 일군의 연구자들이 1953년 5월부터 사상의 과학연구회를 조직하여 다양한 시각에서 전향문제를 연구하고 그 성과를 『공동연구 전향』 전3권으로 출간하였다. 이 연구는 일본에서 전향문제를 다룬 여러 연구서 가운데 가장 총괄적이고 종합적이라고 평가된다. 사상의 과학연구회는 우선 칸사이_{関西}그룹이 막말_{幕末} 유신기 이후 지식인의 동향까지를 범위로 한 전향연구를 개시했다. 이어서 도쿄에서도 54년 10월에 전향연구를 위한 서클이 결성되어 다음해에 일어난 소위 제1차 사상의 과학사건에 의해 약간의 영향을 입었지만, 쇼와_{昭和} 시기의 전향 현상에 초점을 맞추어 매주 한 번의 공동연구회를 진행했다. 53년부터 시작된 근 8년간의 연구 기간은 일본의 전후 지식인에게 커다란 전환기였다. 56년의 『경제백서』는 '전후는 끝났다'고 적고 고도성장의 시대로 이륙을 예언했다. 그러나 정부 측의 이러한 선언과는 달리 진보적 지식인들은 전전에 대한 총괄적 평가 없이 전후의 시작은 불가능 하다고 인식하고 있었다.

　때마침 55년의 일본공산당 '6전협' 결의는 '50년 문제' 이후의 산촌공작대적 무장투쟁 방침을 좌익 모험주의적 분열주의였다고 자기비판하면서 이를 철회하였다. 그리고 세계적으로는 56년 3월의 폴란드 부다페스트 항쟁, 가을의 헝가리 항쟁, 동구권에서 소련지배가 붕괴되기 시작한 가운데 사회주의에 대한 백가쟁명식의 재평가 상황이 출현했다. 이러한 배경 속에서 자연스럽게 일본에서도 전전과 전후의 총괄이 동시대적 과제로써 인식되었다. 여기서부터 일본론 혹은 근대일본의 총괄적 검토가 요구되었다. 따라서 이들의 연구는 전후 자민당의 장기 집권을 가능하게 한 지속적인 경제성장과 '55년 체제'라는 변화된 환경 속에서 일본의 사회적 토대와 정치·이데올로기의 질적 변화에 대응하기 위한 새로운 사회인식론으로 제출된 것이라고도 할 수 있다.

이처럼 새로운 사회인식을 도출하기 위해 츠루미는 "잘못 속에 있는 진실을 더욱 주의 깊게 정의한다면, 우리들은 잘못을 통해서 얻을 수 있는 진리를 향한 방향성"[64]을 찾을 수 있다고 확신하면서 이것이야말로 전향연구의 가치라고 선언한다. 따라서 그는 "전향 그 자체가 나쁘다고 생각하지 않으며" "오히려 전향의 방식, 개별적이고 개성적인 전개 속에서 보다 좋은 방향, 보다 나쁜 방향이 선택"되기 때문에 "전향을 계기로 하여 중대한 문제가 제출되고 새로운 사상 분야가 개척되는 경우도 많이 있다"[65]고 판단한다. 이러한 발상은 그동안 전향연구란 불쾌하고 곤란하며 무의미하다고 판단하여 연구대상으로 삼지 않은 학문풍토에 대한 비판이다. 이러한 비판은 동시에 일본공산당의 사상과 전략 전술론은 지금까지 잘못된 적이 없다고 하는 "무오류에 관한 가정"에 입각하여 무리하게 자신들의 사상을 미화하는 "위선적이고 미사여구적인 일본사상사"[66]를 수정하려는 의도를 가지고 있다.

그 결과 츠루미는 "일본에서 거의 사회통념화 되어있는 '비전향만이 올바르다', '전향밖에는 없다'는 양측의 이념을 버림으로써"[67] 자신의 절조를 꺾고 권력에 굴복하면서 전쟁에 협력한 패배자란 개념으로 일본사상사를 구속하고 있던 전향이라는 개념에서 벗어나 자유롭게 전향문제를

---

64) 鶴見俊輔, 『戦時期日本の精神史』, 岩波書店, 1982, 24쪽.
65) 思想の科学研究会, 「転向の共同研究について」『共同研究 転向 上巻』, 平凡社, 1959, 3쪽.
66) 위의 책, 3–4쪽.
67) 위의 책, 9쪽.

사고할 수 있었다. 츠루미는 이렇게 하여 전향 그 자체를 어느 정도 조작 가능한 것으로 취급함으로써 어떠한 외적 강제에 직면하더라도 새로운 상황과 조건에 적합한 '진리를 향한 방향성'을 개척할 수 있는 사상사적 계기를 발견하려고 하였다. 이러한 작업은 자신의 '전향' 경험을 비판적으로 되새김질하는 자기비판 그 자체라고 할 수 있다.

츠루미는 전향을 "권력에 의해 강제되었기 때문에 일어난 사상의 변화"[68]라고 정의한다. 즉, 그는 인간을 지배하는 힘인 권력이 복종을 요구하기 위한 수단으로 폭력이란 강제를 가하지 않은 상황에서 일어난 사상변화를 자발적인 것으로 파악하고 이 경우는 전향의 대상에서 제외하고 있다. 그러면서 그는 "자발적인 사상변화란 개념을 하나의 극으로 설정하고, 특정 권력의 강제에 완전히 동조한 경우의 사상변화를 또 다른 하나의 극으로 설정하여 양자의 어느 중간 지점에 현실의 사상을 위치시키"[69]는 방법을 통해 현실 속에서 일어난 전향의 예를 다양하게 구분한다. 따라서 그는 "권력에 의한 강제력의 발동을 하나의 사건으로 기록하고 나아가 그후에 권력이 강제하는 방향에 가까운 형태로 어느 개인의 사상변화가 일어난 경우 그 사상변화를 전향으로 등록"[70]하는 방법을 사용한다. 이러한 시각에 입각한 츠루미의 전향개념은 외적 강제에 의해 사상변화를 강요당한 강제성과 피할 수 없는 조건 속에서 양 극의 어느 부분에 자신의 사상을 위치시켜 변화한 상황과 조건 속에서 어떻게 이것을 새롭게 전개시켜갈 것인가 하는 자발성의 부분을 통일적으로 파악하려고 한다. 이러한 입장에서 사상을 바라본다면, 나름대로의 체계성을 갖는 자신의 사상에

---

68) 위의 책, 5쪽.

69) 위의 책, 6쪽.

70) 위의 책, 6쪽.

권력에 의한 외적강제가 부가되어 체계성이 변화했다고 하더라도 자신의 사상구조 그 자체에 구조적인 변화를 발생시키는 경우와 그렇지 않은 경우가 있을 수 있다. 이러한 판단기준을 가진다면 '전향'을 통해 새로운 상황과 조건에 적합한 현실성을 갖춘 보다 정밀한 이론체계로의 전개가 가능해진다. 즉, 그는 "자신을 비전향의 지점에 두고 전향을 비판하려는" 일본공산당의 태도를 배척하면서 "각각의 시대적 조건 속에서 현실적으로 가능했던 비전향의 조건을 인지함으로써"[71] 전향·비전향 모두를 생산적인 담론으로 이끌어가려고 한다. 즉, 츠루미는 "사상을 신념과 태도의 복합으로 이해"[72]했던 것이다. 이러한 연구방법론은 츠루미가 구상한 전향연구의 목적 그 자체, 즉 "하나의 특수한 예를 철저하게 추구하는 것은 동시에 그 속에 자신은 이렇게 살고 싶었다고 하는⋯⋯오늘날 우리들이 내일을 향해 살아가는 데 있어 여러 가지 자신에 대한 코스 설계와 거의 동일한 작업"[73]이었다.

전향연구에 대하여 이러한 태도를 취하는 츠루미는 요시모토가 말한 "전향사상이란 일본의 현실 문제를 받아들이지 못하는 모든 사상을 지칭하는 것으로 진보적인 입장을 일관되게 지켜왔다고 하더라도 일본의 현실과 완전히 무관한 공식을 반복하는 형태의 이른바 '비전향'도 모두 포함하고"[74] 있는 것으로 파악한다. 이러한 측면에서 츠루미는 요시모토의 전향론이 일본사회에 존재하는 현실적인 문제를 수용하지 않고 일본 대중들의 움직임과 사고에 대하여 무관심하며 자신들의 이론만을 추종하

---

71) 위의 책, 7쪽.
72) 위의 책, 6쪽.
73) 鶴見俊輔, 「転向論の展望」『鶴見俊輔集 4 転向研究』, 筑摩書房, 1991, 446쪽.
74) 위의 책, 349쪽.

는 형태의 비전향론을 내세운 일본공산당의 문제를 지적한 점에서 의의가 있다고 평가한다. 그러나 츠루미는 요시모토의 전향론을 "위장전향의 분석에는 적합하지 않다"[75]고 본다. 즉, 츠루미는 요시모토의 전향개념은 "만주사변에서 중일전쟁까지의 전향에 대해서는 아주 적합"[76]하지만 위장전향을 통해 국가권력과 대결하면서 자신을 지켜내고 제한적인 현실 속에서 자신이 할 수 있는 최대한의 것은 실천하려고 한 익찬시대의 전향에 대한 분석에는 적합하지 않다고 본다. 이러한 특징은 사상을 "감정과 이론의 차원에서 받아들이고" "정치의 차원에서 포착하는 것에는 관심을 표하지 않은" 지점에서 유래하는 것으로 결국 요시모토의 전향론은 "정치적인 고려를 묵살한 전향론"[77]이라고 츠루미는 비판한다. 츠루미가 말하는 '정치적인 고려'를 일상생활 속에서 보편화 시킨다면, "취직, 결혼, 지위의 변화에 따른 다양한 압력에 견디고 어떠한 전향을 시행하면서 사상을 행동화 해 나가는 것"[78]이라고 할 수 있다. 즉, 츠루미는 세상에 존재하는 모든 사상은 어떠한 형태로든 전향의 문제와 전향의 순간에 직면할 수밖에 없는 것으로 인식함으로써 전향문제를 "사상사의 보편적인 과제로 부상시켰다"[79]고 할 수 있다.

5. 전향문제 재론을 위한 논점

전후에 민중운동의 새로운 출발을 위한 노력은 전전의 운동사를 비판

---

75) 위의 책, 353쪽.

76) 위의 책, 353쪽.

77) 위의 책, 353쪽.

78) 思想の科学研究会, 「転向の共同研究について」『共同研究 転向 上巻』, 平凡社, 1959, 3쪽.

79) 鹿野政直, 『近代日本思想案内』, 岩波書店, 1999, 263쪽.

적으로 검토하는 작업, 즉 전향에 대한 언급에서 시작할 수밖에 없었다. 특히 이러한 작업은 국가권력의 탄압이 강화되는 만주사변 이후의 일본 공산주의 운동의 공과에 대한 검토에 집중되었다. 이러한 검토 작업은 혼다를 비롯한 『근대문학』 동인 혹은 요시모토의 전향연구로 구체화되었으며 그 결과 일본공산당의 '이론신앙'에 대한 부정으로 결실 맺었다. 나아가 츠루미의 연구는 전향을 사상사의 보편적인 주제로까지 그 범위를 확장시켰다. 이들의 이러한 노력은 전전의 문제를 되새김질하여 전후의 변화된 상황과 조건 속에서 일본의 진보운동을 담당할 주체를 세우는 실천운동이었다. 이러한 실천운동은 전전은 차치하고라도 전후 일본공산주의 운동에 대한 일정한 절망과 배신감에서 나온 것이다. 따라서 이들은 전향문제에 대한 논의를 통하여 전후 일본사회의 변경 가능성과 새로운 사상 지평의 확대를 시도하였다고 할 수 있다.

혼다 슈고는 자유주의자였던 자신의 입장에서 자유주의자들의 전쟁협력, 즉 전향에 대한 책임추궁을 본질적인 목적으로 한 전향론을 전개하였다. 그는 일본공산당의 이론적 관념성과 여기에서 기인하는 잘못된 전략전술론에서 전향이 발생하게 되었음을 밝히고 있다. 그리고 그는 전쟁반대의 보루였던 일본공산당이 무너지자 자유주의자를 비롯한 국민대중의 내면에서도 붕괴가 일어나는 국민대중의 전향이 발생했다고 주장한다. 한편 군국소년에서 전후에 일본공산당 동조자로 변신한 요시모토는 근대 일본사회에 대한 총체적인 비전을 가지지 못한 채 코민테른 테제만을 금과옥조로 신봉하면서 비전향만을 강조하는 일본공산당을 비판한다. 이러한 일본공산당의 태도로 인하여 발생하는 대중과의 고립감에서 사노·나베야마는 전향하게 되었다고 요시모토는 분석한다. 이러한 요시모토의 전향론은 일본사회의 변혁을 위한 이론과 행동 지침을 마련하기 위해 제시된 것이라 할 수 있다. 츠루미의 전향론은 자신의 종군 경험에 대한 자기 성찰에서 시작하여 인생의 오류에서 무엇인가 새로운 좌표축을 발견하려는 실용적 담론의 형태로 제시된 사회 인식론이라 할 수 있다.

이처럼 전후에 이루어진 전향에 대한 세 명의 중요한 연구는 위와 같은 차이점에도 불구하고 다음의 네 가지 특징을 공유한다. 첫째, 이들의 연구 동기는 자신들의 전향, 패전의 기억, 전쟁협력에 대한 자기비판에 기초해 있다. 둘째, 전향을 윤리적 기준으로 재단하여 선악으로 판단하는 일본공산당의 전향 논의와 다른 시각을 가지고 있다. 셋째, 이들이 연구대상으로 삼은 시기는 대체로 사노·나베야마의 전향 이후부터 45년 패전까지이다. 넷째, 전향연구를 통하여 전후 일본사회에 대한 변경 가능성 혹은 새로운 사상지평의 확대를 꾀하고 있다.

이들 선행연구가 갖는 이러한 성과에도 불구하고 여기에는 재론하지 않으면 안 되는 두 가지 문제가 포함되어 있다. 첫째 이들이 다루고 있는 전쟁책임의 범주가 소위 말하는 15년간의 전쟁에 한정되어있는 문제이다. 이들은 자신들의 전쟁협력, 즉 전향에 대한 기억에 서서 전전의 일본 공산주의 운동에 대한 재검토를 진행하고 있는 만큼 전쟁협력에 대한 책임성이란 과제에 대해서는 진지한 태도를 보인다. 그러나 이들에게 생생하게 살아있는 자신들의 기억으로써의 전쟁은 역시 1931년 만주사변에서 시작하여 1945년에 패전으로 끝난 시기에 고정되어있다. 따라서 이들은 메이지유신 이후 각종의 전쟁 특히 청일전쟁이나 러일전쟁 그 연장선상에 있는 조선의 식민지화 과정에서 일어난 문제는 취급하지 않고 있을 뿐만 아니라 메이지유신 과정에서 일어난 내전과 메이지 정부가 홋카이도北海道와 류큐琉球를 자신들의 영도로 삼기 위하여 동원한 군사적 무력에 대해서는 전혀 관심을 두지 않는다. 이러한 인식은 15년간의 전쟁수행 주체를 일본과 미국에 한정시켜버려 이 전쟁에 직간접적으로 동원된 식민지인을 사상捨象시키는 문제를 발생시킨다. 그 논리적 귀결이 식민지 지배 책임에 대한 인식부족으로 이어진다. 나아가 이것은 현실사회 속에서 재일조선인 또는 전후책임에 대한 일본국민의 부정적인 인식과 어떤 의미에서 동일한 선상에 있다고 할 수 있다.

물론 이들이 전향을 논한 목적과 패전 직후의 상황을 고려한다면, 이들에게 메이지유신까지 거슬러 올라가 전향 즉, 전쟁협력 논의를 기대하는 것은 현실적으로 불가능하다. 그러나 논리적으로만 본다면, 일본의 근대사는 전쟁으로 점철된 역사로 그 모든 전쟁의 과정에서 자신의 주장을 변경하여 전쟁에 협력한 인물들이 있었던 것은 사실이며 츠루미의 경우 이러한 내용을 언급하기도 한다. 예를 들면, 츠루미는 "일본사상사에서 전향사는 적어도 백년 거슬러 올라가 막말에서 시작하여 메이지의 개화 나아가 자유민권운동에 대한 탄압을 거쳐 다이쇼·쇼와에 도달해야만 한다"[80]고 강조하였다. 또한 『공동연구 전향』 출간 이후에 이루어진 공동토론에서도 마츠모토 산노스케松本三之介는 "상황변화에 대응하여 자신의 사상을 스스로 탈피해간 점은 근대일본 사상사 전체에 어느 정도 일관된 특징"[81]이라고 말하면서 구체적으로 사쿠마 쇼잔佐久間象山, 카토 히로유키加藤弘之, 키노시타 나오에木下尚江 등에 대하여 언급한다. 그러나 이때의 '전향'이 가진 의미는 서양세계에 대한 위기의식과 시대적 변화에 대한 지도자들의 사실적인 현실인식에 기초한 대응이란 긍정적인 측면이었다.[82]

80) 思想の科學研究会, 「転向の共同研究について」『共同研究 転向 上巻』, 平凡社, 1959, 24쪽.

81) 思想の科學研究会, 「日本思想史と転向」『共同研究 転向 下巻』, 平凡社, 1926, 372쪽.

82) 츠루미의 이러한 인식은 鶴見俊輔, 「転向について」『戦時期日本の精神史』, 岩波書店, 1982, 11-12쪽에 잘 나타나 있다.

이러한 이유로 이들의 전향논의에는 15년간의 전쟁과 관련된 바꾸어 말하면 자신들과 직접 관련된 전쟁협력에 관한 책임 추궁은 존재하지만, 근대국가의 확립과 제국주의로의 전화과정의 총체적인 결과인 식민지 획득을 위한 전쟁책임 문제와 관련된 인식은 포함되지 않는다. 츠루미의 전향연구가 사상사의 방법론적 측면에서 일본의 특수한 전향경험을 사상사의 보편적인 과제로까지 발전시켰다는 평가를 받고 있음에도 불구하고, 이들은 자신들이 경험한 구체적인 역사과정을 보편적인 것으로 상승시켜 일본근대사 전체를 조망하는 시선의 확대로까지는 나아가지 못하고 있었다. 따라서 이들의 전향문제에 대한 논의에는 식민지 지배책임과 관련된 문제로까지 확대 재생산 될 맹아는 처음부터 존재하지 않았다고 할 수 있다. 따라서 일본근대사의 총체적 과정으로 전향문제를 연구하는 시각을 도입하여 기존의 전향개념이 가진 시대적·개념적 한계를 확대할 필요가 있다. 즉, '전향' 개념 속에 메이지유신 이후 일본의 식민지 지배와 관련된 사상의 변화과정까지도 포함시켜 식민지 지배책임에 대한 문제를 일본 근대 사상사의 보편적 주제로 설정할 필요가 있다. 이렇게 함으로써 요시모토가 제시한 일본의 봉건적 우성 유전인자의 대표적 요소인 가족국가관, 천황제, 농본주의를 자신의 내면세계에 받아들이기를 강요한 국가권력의 외적강제가 가지는 '역사의 현실성'과 이에 맞서 싸웠지만 패배할 수밖에 없었던 '합리적인 것의 관념성'을 일본근대사 전 과정에서 재확인할 수 있다.

둘째, 첫 번째 문제로 인한 자연스러운 귀결이지만, 메이지유신 이후의 근대 국민국가 건설과정의 총체적 결과로써의 전향이란 시각이 없다. 즉, 이들의 전향 논의에는 메이지유신 이후의 역사과정 전체의 귀결인 국민국가의 국민화 과정≒국가로의 귀의라는 동화과정에 대한 시각이 매우

약하다.

이토 아키라伊藤晃는 오구마 노부유키大熊信行가 전후에 행한 발언을 인용하면서 "근대에 있어 국가를 의심해서는 안 되는 지고한 것으로 개인에게 내면화한 것이야 말로 중요하다. 우리들은 국가를 그 궁극의 행위인 전쟁을 통해서 분명히 체험했다. 어떻게 해서든 국가에 따라야만 한다는 의식은 천황제에 대한 복종에 선행(강조-인용자)하는 것이다. 이러한 국가체험에 대한 자기비판, 과연 자신은 국가로부터 자립한 존재 일 수 있는가에 대한 자기점검이 필요하다"[83]고 주장한다. 그러면서 이토는 "근대 일본사회는 지배집단과 피지배집단이 만들어낸 민족 사회"이고, "천황은 그 상징성과 권력적 이데올로기 장치(이것의 총체가 천황제)를 통해 민족사회 형성을 매개한 헤게모니의 힘이"[84]라고 평가한다. 따라서 새로운 시대에 맞게 재편된 기업, 종교 등 전통적 공동체의 "총체가 일본형 시민사회(천황제 시민사회)로써 민족사회의 내면구조를 이룬다"[85]고 주장한다.

이처럼 국민국가의 건설과정에서 전향 또는 전향문제를 보면, 전향이란 자신이 속한 근대 국민국가에 대한 스스로의 동화 여부를 묻는, 바꾸어 말하면 국가와 민족을 다른 어떤 것보다도 절대적이고 선험적인 것으로 자신의 내면세계에 받아들이기를 강요하는 국가 권력의 강제적 행위를 가리킨다. 따라서 좁은 의미의 전향 또는 전향문제란 국가 권력의 강제에 의해 발생한 개인의 사상 특히 공산주의 사상의 포기를 의미하지만, 넓은 의미의 전향은 메이지유신 이후에 형성된 근대 일본의 지배체제로써의 천황제 국가에 대한 동의 여부를 묻는 문제이다.

---

83) 伊藤晃, 『転向と天皇制』, 勁草書房, 1995, 7쪽.

84) 위의 책, 11쪽.

85) 위의 책, 11쪽.

전향연구 분야에 한정하여 이러한 문제를 좀 더 상세하게 살펴보자. 1930년대 초반 국가 권력은 공산주의운동을 포기하는 것만으로 전향자로 인정했으나, 1937년 중일전쟁 이후 태평양전쟁으로의 확대라는 정치 상황 하에서 적극적으로 일본주의 사상=천황제(국체 사상)를 개인의 내면적 가치로 받아들일 것을 강요하였으며, 이러한 행동을 구체적으로 표현하지 않는 자에 대해서는 완전한 전향자로 인정하지 않았다. 즉, 총력전이 부여하는 목표로의 전향이 시대적 표어가 되었을 때 자유주의자들과 사회민주주의자들의 전향 양상(구체적으로는 『공동연구 전향』의 중권)은 국가로의 귀의과정을 잘 보여주고 있다. 그러나 기존의 연구는 이러한 관점에서 전향을 논하지 못한 아쉬움을 남긴다.

필자는 이전에 관동대지진 이후 현실화 대중화로 방향전환을 선언한 일본노동총동맹이 보통선거를 진정한 민주주의 건설을 외친 '쇼와유신의 소리'로 받아들여 위기에 처한 일본자본주의를 재생시키는데 일조하는 것이 국민생활의 기초를 이루는 길이라고 인식하는 과정을 추적하였다. 그리고 이를 통해 노동자들이 어떻게 하여 자발적으로 '체제적 중간층'이란 자의식을 가진 국민으로서 국가에 동화되어 갔는지를 분석한 바 있다.[86] 이러한 분석은 자발적 전향=국가의식으로의 귀의 과정을 명확하게 밝히는 것으로 일본의 근대화 과정, 즉 국민국가 건설과정에서 일어난 개인-국민-국가의 관계성에 대한 인식이기도 하다. 이러한 관계성의 과정에서 국민의 "국가에 대한 의존성이 재생산되"며 "이 국가에 대한 의존성을 국가 측에서 파악했을 때 그것은 '자발적 협력'으로 나타나고" 여기서

---

86) 최종길, 『근대 일본의 중정국가 구상』, 경인문화사, 2009의 제2장 제3절 「일본노동총동맹의 체제인식」 부분을 참조할 것.

"국가는 국민에게 의존하고, 국민은 국가에 의존하는 상호의존체계가"[87] 성립한다.

이러한 입장에서 전향을 본다면, "직접적인 권력의 억압에 의한 정신의 변화뿐 아니라 자신이 그 속에 하나의 주체로서 편입되어 있는 권력 상황(강조-원문)에 의한 정신의 변화 방식"[88]까지도 논증할 수 있다. 즉, 전후 일본에서 전전의 집권세력이 그동안 박멸의 대상으로 주장한 미국에게 적극적으로 접근하여 다시 권력을 장악한 권력으로의 전향과 전후 일본공산당이 1947년 2·1 파업을 중지시킨 GHQ에 의지하면서 당 활동 근거의 일부분을 확보하려고 하였던 권력 추수주의적 상황을 분석대상으로 하기 위해서도 근대 국민국가 건설과정의 총체적 결과로써의 전향이란 시각이 필요하다.

6. 결론

본 장에서는 진보진영이 자신들의 새로운 전후의 시작을 위해 스스로의 전향문제를 다룬 내용을 검토하였다. 자유주자들의 전쟁협력에 대한 책임 추궁을 본질적인 목적으로 한 혼다 슈고의 연구, 일본사회의 변혁을 위한 이론과 행동지침을 마련하기 위한 목적을 가진 요시모토 다카아키의 연구, 인생의 오류에서 무엇인가 새로운 좌표축을 발견하려는 츠루미 슌스케의 연구가 그것이다. 이들 연구는 전향과 전쟁협력에 대한 개인적인 경험에 대한 비판에서 출발하면서 전향을 윤리적인 기준에 의해 평가하는 일본공산당의 태도를 비판한다. 그리고 이들 연구가 주로 다루는 시

---

87) 후지타 쇼죠 지음 · 최종길 옮김, 『전향의 사상사적 연구』, 논형출판사, 2007, 134쪽.
88) 위의 책, 227쪽.

기는 이른바 15년간의 전쟁기간에 해당하며, 일본사회의 새로운 지평확대를 꾀하는 몇 가지 성과를 도출했다. 그럼에도 불구하고 이들 연구는 다음과 같은 두 가지의 문제를 가지고 있다.

우선 이들 연구는 전쟁책임에 대한 시기를 만주사변에서 시작하여 1945년의 패전까지로 한정하여 논함으로써 전쟁수행 주체를 미국과 일본으로 고정시키는 문제를 낳았다. 그 논리적 귀결이 식민지 지배책임에 대한 인식부족으로 이어졌다. 두 번째로 이들 연구는 전향문제를 메이지 유신 이후의 근대 국민국가 건설의 총제적인 결과로 다루는 시각이 없었다. 이로 인하여 37년 이후 천황제적 지배체제를 내면적 가치제계로 받아들일 것이 강요되던 시기에 스스로 국민이라는 자의식을 가지고 국가에 동화되어간 전향과정을 묘사할 수 없었다.

전향문제 연구를 통해 위의 두 가지 문제를 해결함으로써 일본은 일국적 시각에서 벗어나 동아시아 전체를 시야에 넣고 이들과의 관계(자신의 존재가 차지하는 비중만큼 타자의 존재도 동시에 인정하는 관계) 속에서 일본을 이해하는 태도를 가질 수 있다고 본다. 그리고 전향문제를 저항운동의 보편적 사상과제로 인식하는 연구는 체제저항적인 집단이 힘의 역관계 속에서 체제 측에 패하게 되었다는 피동적 운동론을 배격하고, 체제저항운동이 가진 내적 논리가 국가와 권력을 어떻게 상대화해야 하는지를 탐구한다. 이러한 탐구의 결과는 지배와 동화체제로서의 국가와 국민이 아니라 사회적 관계의 산물로써 개인과 국가의 관계를 구축할 수 있는 이론과 역사적 사실史實을 제공한다. 즉, 최근 새롭게 국민국가론에 대한 재검토와 탈국가주의 담론이 재기되면서 국가에 의한 국민화 정책과 국민의 동화의식에 대한 새로운 연구 성과가 축적되고 있다. 이 장은 이러한 연구를 참고하면서 전향문제를 국가를 선험적인 것으로 받아들이고 국가의 전재

위에서만 존재 가능한 국민이라는 자의식에 기초한 동화과정으로 파악하는 새로운 시도를 제시한 것이기도 하다.

Chapter 5

전후 일본의
사회변동과 전향론

1. 서론

　1947년 4월 25일의 중의원 선거에서 사회당이 제1당이 되면서 일본에서 최초로 사회주의 이념을 내건 정당에서 수상이 나왔다. 이러한 선거 결과는 일본국민의 변혁에 대한 갈망이라고 할 수 있다. 여기에 더하여 GHQ 민정국은 "일본의 민주주의자, 사회주의자, 그리고 노동운동 등에 대하여 대단히 호의적이며 격려와 조언을 하고 편리를 봐주"[1]고 있었다. 이러한 민정국의 의도는 미국의 전후 일본 지배전략과 맥을 같이 하고 있었다. 즉, 서구적 체제로 변화시킨 일본을 미국진영에 포섭하여 동아시아에서 증대하는 냉전체제에 대비하기 위함이었다. 일본국민과 GHQ가 동

---

[1] 兵本達吉, 『日本共産党の戦後秘史』, 新潮社, 2005, 75쪽.

상이몽의 관계에 있었음에도 불구하고 각자가 의도하는 바는 현실 속에서 변화와 변혁이라는 형태로 구체화되었다.

이후 일본사회는 1948년의 요시다 시게루吉田茂 내각 수립과 함께 보수 반동화가 진척되지만 그럼에도 불구하고 진보진영은 공인되었으며 공개적으로 변혁을 위한 활동을 진행하고 있었다. 이러한 변혁활동은 일본공산당의 합법화, 노동조합 운동의 활성화, 교원노조의 설립, 대학생들의 결집체인 전일본학생자치회총연맹全学連 결성 등으로 구체화되었다. 그리고 이들 단체는 전전의 지배체제를 변혁하고 패전 직후의 열악한 사회 환경을 개선하기 위한 진보운동의 선두에 섰다. 나아가 이들 단체는 샌프란시스코 강화조약 체결과 동시에 조인된 미일안전보장조약 개정 반대운동을 계기로 전국적인 저항운동 조직으로 발전하였다.

1958년에 미국과 일본 정부 간에 논의된 안전보장조약 개정논의는 동아시아의 냉전구도와 베트남에서의 전쟁을 염두에 두고 있었다. 따라서 안보투쟁은 반전평화운동의 성격을 농후하게 가지고 있었으며 전쟁 경험을 가진 일본국민에게 저항 에너지를 공급하였다. 이러한 저항운동은 기시 노부스케岸信介 수상의 방미저지를 위한 하네다 공항 연좌 농성, 안보조약개정 저지를 위해 수 십 만 명이 운집한 가운데 60년 5월의 국회돌입 상황으로까지 발전하였다. 사상 유래가 없을 정도의 전 국민적인 지지와 참여가 있었음에도 불구하고 운동의 성과는 저조했으며 운동은 하강국면으로 전환하였다. 이후 60년대 후반의 학원자주화 투쟁과 시민들의 생활근거지 투쟁을 거치면서 운동은 반전을 시도하지만 결과는 미미하였다.

신안보조약 체결을 끝으로 물러난 키시 수상의 뒤를 이은 이케다 하야토池田勇人 수상이 소득배가를 슬로건으로 내걸고 '탈정치=경제'의 시대를 연출하자 일본 대중은 여기에 호응하였다. 이러한 상황을 잘 보여주는 것이 노동운동의 탈정치화이다. 즉, 60년대의 고도성장을 통해 만들어진 사회적 부가가치는 노동자들에게도 분배되었다. 그리고 이러한 분배방식은 노사협조노선으로 정착되어 정치와 노동운동의 연결고리를 점차 약화시켰다. 풍요로움의 환상이 대중적인 욕망과 합치되면서 가족 중심의 생활을 영위하는 대중들의 인식 속에는 중류의식이 확산되었다. 그러나 70년대의 오일쇼크와 변동환율제로의 이행에 따른 국내 경기침체는 산업구조의 변화, 생산기반시설의 해외이전, 국내 2차 산업의 공동화 현상을 발생시켜 전후 일본이 지향해온 복지국가체제의 한계를 노정시켰다. 나아가 이러한 한계는 가족의 해체, 점증하는 사회적 소외, 자아의 상실과 허구세계로의 도피라는 사회적 문제를 발생시켰다.[2]

이제 일본에서 시민운동은 존재해도 변혁운동은 존재하지 않는 것처럼 보인다. 체제변혁과 진보를 표방한 운동진영이 왜 추락할 수밖에 없었는가. 전전과는 달리 전후 일본 법률은 사상의 자유를 제도적으로 인정함으로써 개인이 가진 체제 변혁적 사상에 대하여 국가가 권력의 강제를 사용한 전향을 공개적으로 강요하지는 않았다. 그럼에도 불구하고 60~70년대를 거치면서 변혁운동에 참가한 많은 활동가들은 운동전선에서 이탈하였다. 이탈의 원인이 외적 강제가 아니라면 운동진영 내부의 문제인가. 아니면 제3의 원인, 예를 들면 사회구조적 변화인가. 이데올로기를 전면에 내세운 안보투쟁과 생활근거지를 중심으로 한 사회운동이 제기한 사상사적 문제(자아와 내면화, 시민사회 비판)는 여전히 자신들의 일상적인 삶속에 뿌리를 내리지 못하고 있는 듯하다. 그렇다면 전후의 변혁운동은 자신들의 삶으로써의 운동이 아니라 허공에서 사라져버리는 정치선동 구호에 그쳐

---

2) 이러한 내용에 대해서는 요시미 슌야 지음 · 최종길 옮김, 『포스트 전후사회』, 어문학사, 2013을 참고할 것.

버린 것은 아니었는가. 구체적인 자신의 삶과 연결되지 못한 이데올로기적 운동이 남긴 과제는 무엇인가. 이러한 물음에 답하기 위하여 국가 권력에 대한 저항, 자신의 삶에 대한 비판적 성찰, 변혁이론 등 다양한 측면을 포괄하는 전향론이 시대적 추이와 함께 어떻게 변화되었는지를 살피는 작업은 매우 유효하다.[3] "반권력적 사상을 가진 인간이 권력이나 체제적인 것에 합류해 가는 것을 전향이라고 한다면, 이것을 발생시킨 요인·조건은 역사적으로 변화"하는데 그 "요인·조건의 변화는 권력–반권력의 존재방식과 관련"[4]된다. 따라서 전향과 관련된 요인·조건의 변화를 추적하고 이를 통해 권력–반권력의 관계를 재구성하는 작업은 막다른 골목으로 내몰린 운동의 새로운 방향모색과 권력(≒국가)에 대한 상대화 가능성을 열어준다. 나아가 이러한 작업은 전후 진보진영의 사상운동이 사회구조적 변

---

[3] 한국에서 전향에 대한 연구는 주로 식민지 시기의 지식인들과 독립 운동가들의 친일로의 전향을 논하는 가운데 언급되었다. 그리고 그 논지는 주로 매국과 변절이란 도덕성을 묻는 형태로 진행되었다. 한편 패전 직후 일본에서의 전향 연구는 전쟁에 협력한 자신들의 행위에 대한 비판적 성찰이라는 관점에서 논의되었으며, 60–70년대의 사회운동 시기를 거치면서 운동에 대한 총괄이란 형태로 변형되었다고 할 수 있다. 이렇게 본다면 한국에서의 연구와 패전 직후 일본에서의 전향 연구는 유사한 논리구조를 가지고 있다고 할 수 있다. 60–70년대에 일본에서 이루어진 전향론을 음미하는 작업은 80–90년대에 진행되었던 한국 사회운동에 대한 비판적 검토, 그리고 운동과 자신의 삶에 대한 관계성을 총괄하기 위한 이론적 모색이다.

[4] シンポジアム「4 昭和天皇制をめぐって」『現代の眼』1981년 3월호, 現代評論社, 85–86쪽. 요시모토는 '일본근대사에 대한 총체적인 비전을 가지지 못한 지식인들 사이에서 발생한 사고변환'을 전향이라고 규정한다. 한편 츠루미는 '국가권력의 강제에 의해 발생한 사상의 변화'를 전향이라고 정의한다. 이러한 정의는 전전에 일어난 전향을 염두에 둔 것으로 전후에 국가권력의 강제가 동반되지 않은 상황에서 일어난 '전향'에 대해서 적용하기는 어렵다. 이 장에서 '전향'은 '체제 비판적 사상을 가지고 운동에 참가한 이들이 시대의 변화와 함께 운동에서 멀어지거나 지배체제에 합류해 가는 형태'를 지칭한다. 이러한 형태를 전통적인 의미의 전향으로 규정할 수 없는 경우도 있을 수 있다. 그리고 경우에 따라서는 운동'론'의 구체화 혹은 현실 적합성을 가진 운동형태의 변화로 평가할 수 있는 경우도 있을 것이다. 그러나 이 글은 운동'론'에 대한 분석을 목적으로 한 것이 아니라 전후 사회운동에 참가했던 동료들의 이탈현상에 대한 성찰과정에서 '전향'담론이 내용적으로 어떻게 변화하는지를 분석한다. 이를 통해 변혁운동의 쇠퇴원인과 국가에 대한 동화 과정을 탐구하는 것이 목적이다.

화와 함께 어떠한 방향으로 진행하고 있었는지를 확인시켜준다.

2. 혁명에 대한 기대와 전향론(1950년대)

〈1〉 전쟁 협력에 대한 성찰적 자기비판

1945년 일본의 패전으로 전쟁은 종결되었다. 그 결과 전쟁을 주도한 세력이든 본인의 의사와는 관계없이 전쟁에 협력한 세력이든 자신과 전쟁의 관계에 대하여 어떠한 형태로든 정리하지 않고서는 전후를 시작할 수 없는 상황에 봉착하게 되었다. 특히 기본적으로 전쟁에 반대한다는 입장을 고수해온 자유주의자들과 마르크스주의자들은 그것이 참회이든, 변명이든 자신들의 전쟁협력에 대한 입장을 정리하지 않을 수 없었다. 한편 일본에서 유일하게 전쟁협력을 거부하며 18년을 옥중에서 보냈다고 하는 신화를 가진 일본공산당에 대한 절대적인 지지는 혁명에 대한 기대감을 높였다. 그러나 일본공산당의 전략 전술적인 오류가 알려지고 당 내부의 권위주의 등 반 혁명적인 요소에 의한 폐해가 노정되면서 일본공산당에 대한 기대는 점차 무너져갔다. 특히 1950년 일본공산당의 무장투쟁방침이 야기한 오류와 56년 소련 공산당의 스탈린 비판과 헝가리 침공은 일본의 진보세력에게 일본공산당에 대한 회의와 새로운 혁명주체의 형성이란 과제를 안겨주었다. 여기에 대한 고민이 전향 논의, 즉 일본공산당의 혁명노선에 대한 오류와 진보적 지식인들의 전쟁협력에 대한 책임추궁을 통한 새로운 주체형성 논의로 나타났다. 특히 요시모토 다카아키吉本隆明의 전향론은 철저하게 이러한 문제의식에 의거하고 있다. 따라서 요시모토의 주장은 흔히 반요요기反代々木 계통의 전학련 혹은 전학공투회의全共鬪의 사상적 기반이 되었다고 평가된다.

이러한 가운데 전후 일본에서 전향에 대한 논의가 조금씩 공식적인 공간을 통해 논의되기 시작하다가 50년대 후반에 이르러 그동안의 논의를 대표할 수 있는 주장이 제시되었다. 구체적으로 54년 혼다 슈고本田秋五의 「전향문학론」, 58년 요시모토 다카아키의 「전향론」, 59년 츠루미 슌스케의 『공동연구 전향』 상권의 출간이다. 물론 이외에도 이 시기에 다양한 형태의 전향관련 논문이나 평론이 발표되었지만 위의 3가지 작품이 그 가운데 가장 대표적인 것이라고 할 수 있다. 전쟁협력에 끝까지 저항했다는 신화를 주장하면서 국가권력에 굴복하여 전쟁에 협력한 이들을 운동의 탈락자이며 배신자라고 비판한 일본공산당의 논의를 제외한다면, 패전 직후부터 전개된 전향론은 대체적으로는 전쟁 협력에 대한 성찰적 자기비판에 속하는 것들이 다수를 이룬다. 물론 성찰적 자기비판이라기보다는 자기변명에 가까운 주장도 있으며 오히려 자신의 전향은 올바른 선택이었다는 주장도 있다.

1950년대 중후반에 발표된 대표적인 전향론 가운데 혼다 슈고의 것은 본질적으로 자신을 포함한 자유주의자들의 전쟁협력에 대한 비판으로 작성되었다. 요시모토는 패전이란 상황을 이유로 성실하게 국가시책에 따르던 국민을 버린 일본지도자들에 대한 배신감에서 전향을 논하게 되었으며 그 결과 전향이란 일본에 대한 총체적인 비전의 유무에서 발생하였다고 본다. 즉, 요시모토에 의하면, 일본에 대한 총제적인 변혁 비전을 가지지 못한 진보적 지식인들이 총력전이라는 위기 상황 속에서 전쟁에 협력하게된 것이 전향이다. 한편 츠루미는 자신의 전쟁협력 경험을 비판적으로 성찰하면서 이후 또 다른 형태의 강제가 있다고 하더라도 새로운 상황과 조건에 적합한 사상적 계기를 발견하기 위하여 전향을 연구하였다.[5]

---

5) 이 책의 4장을 참조할 것. 혼다 슈고(本田秋五)는 전전에 발표된 것 가운데 전향문학을 논한 최초의 논문다운 논문은 스기야마 헤이스케(杉山平助)의 「전향작가론(轉向作家論)」,『新潮』, 新潮社, 1934년 11월이라고 한다.

이들이 전향을 논하게 된 계기와 내용은 모두 다르지만 전쟁에 협력한 혹은 직간접적으로 전쟁을 경험한 자신들의 행위와 경험에 대한 성찰적 반성이란 공통점을 가지고 있다.

〈2〉혁명론으로써의 전향론

전후 사회운동의 과정 속에서 형성된 무엇보다 큰 특징은 패전 직후 일본공산당에 대하여 가지고 있던 신화가 점차 무너졌다는 사실이다. 이 과정 속에서 일본공산당과는 다른 운동론을 제기한 집단이 등장한다. 이러한 조직들 가운데 1956년에 결성되어 『현상분석』이란 기관지를 발행한 현상분석연구회와 57년에 결성되어 『탐구』란 기관지를 발행한 변증법연구회가 있다.[6]

1950년대 말의 반체제 운동단체가 처한 상황을 '정체와 침체(혹은 혼미)'로 요약하는 타니무라 谷村和平는 그 원인을 현대 마르크스주의의 창조성과 주체성의 상실로 요약하면서 그 구체적인 증거로 민주주의과학자협

---

6) 이들 단체 이외에도 다양한 단체들이 있으나 이 장에서 내용을 언급하는 단체만을 소개한다. 전후 일본의 좌파단체에 관해서는 社会運動調査会編, 『左翼団体事典』, 武蔵書房, 1963을 참조할 것. 현상분석연구회는 "스탈린 비판이 마르크스주의 사상에서 갖는 의의를 내면적으로 성찰하"여 "마르크스주의에서 사상성을 회복하고 이를 통해 마르크스주의를 재건하려는 목적"(社会運動調査会編, 『左翼団体事典』, 武蔵書房, 1963, 188쪽)을 가지고 있었다. 한편 변증법 연구회는 새로운 시대를 맞이하여 과거의 온갖 권위에 저항하면서 "새로운 시대의 창조는 혁명적 사상에 뒷받침된 새로운 인간 형성과 조직적인 단결과 협력에 기초한 혁명적 실천을 빼놓을 수 없는 조건"(弁証法研究会, 「われわれの立場」[『探求』第6号, 1959年4月]『探求』復刻版, こぶし書房, 2007, 508쪽)으로 한다고 선언한다. 그리고 이러한 창조과정은 "새로운 시대의 새로운 사상과 이론의 창조과정임과 동시에 우리들 자신이 새로운 인간으로 환생하여 스스로를 형성해가는"(위의 책, 508쪽) 길로 파악한다. 즉, 두 조직 모두 50년대 학생운동을 중심으로 한 체제 비판적 사회운동의 중심 담론인 자기비판을 통한 새로운 운동이론과 여기에 걸맞는 인간형성을 목적으로 하고 있다. 당연히 이러한 목적 달성을 위한 구체적인 활동은 일본공산당을 포함한 기존의 국제공산주의 운동과 이론에 대한 비판으로 이어졌다.

회(민과)를 제시한다. 그는 민과의 마르크스주의를 해석주의, 교조주의, 객관주의에 지나지 않는 것으로 정리하면서 "『사상의 과학思想の科学』 등은 객관주의를 숨김없이 표출하는 사상의 부스러기 요리 기술"[7] 직전까지 추락한 결과 주체성을 상실하였다고 비판한다. 따라서 타니무라는 전후 진보 사상계의 중심 담론이었던 "주체성 논쟁은 정말로 이 문제와의 대결을, 전쟁책임과 저항정신과 좌익전선의 붕괴라는 역사적 체험을 기초로 하여 발생한 과제로 제기된 것"[8]이라고 정의한다.

이러한 문제의식을 공유하는 현상분석연구회는 1959년 4월에 사상의 과학 연구회의 『공동연구 전향転向』 상권과 요시모토 다카아키의 「예술적 저항과 좌절芸術的抵抗と挫折」을 비교하는 심포지엄을 개최하였다.[9] 이 심포지엄에서 전후 세대에 속하는 자신들이 전향문제를 취급하는 첫 번째 이유는 "전후 민주혁명의 파산……특히 일본공산당을 중심으로 한 인민운동에 좌절이 발생한 이유는 어디에서 유래한 것인가"[10]를 규명하는 것이라고 제시한다. 그리고 이것을 이론적으로 규명하는 가운데 그들은 전후

---

7) 谷村和平, 「戦後日本唯物論の墜落」(『探求』第6号, 1959年4月)『探求』復刻版, こぶし書房, 2007, 519쪽.

8) 위의 책, 521쪽.

9) 이 심포지엄에 浅田光輝, 伊藤一郎, 河島武男, 津田道夫, 奈々尾一가 참가하였다. 심포지엄은 나나오(奈々尾一)의 발표에 이어 참가자 전체 토론으로 이루어졌으며 그 내용을 요약하여 자신들의 기관지인 『현상분석(現状分析)』에 게재하였다. 요시모토는 「예술적 저항과 좌절」에서 "문제는 왜 자신은 사상적 절조에 약했었는가를 참회하는 것이 아니라(이것은 무의미에 가깝다) 왜 전쟁에 저항하지 못했는가를 사상과 예술과 조직과 대중과의 관계 속에서 묻는 것에 있다"(吉本隆明, 「芸術的抵抗と挫折」(1958년 4월 25일)『吉本隆明全著作集』4, 勁草書房, 1969, 146쪽)고 하면서 "'전위'의 일상감정은 서민적 생활자의 생활의식과 만나야할 통로가 없었으며 또한 서민의 반전적 휴머니즘은 예를 들면 코민테른의 반전임무에 동조한 '전위' 의식과 만날 통로가 없었"(위의 책, 158쪽)던 곳에서 전향이 일어났다고 한다.

10) 奈々尾一, 「シンポジウム 日本における転向の特殊性について」『現状分析』第9号, 1959년 6월, 5쪽.

혁명운동의 파산은 "전전 혁명운동의 좌절 혹은 진향이란 것과 연결되어 있다는 점을 인식하게 되었"[11]다. 즉, 이들은 전후 민주혁명이 일본공산당을 중심으로 한 전전 혁명운동의 좌절 원인을 극복하지 못했기 때문에 파산했다고 판단한다. 따라서 이들은 파산한 혁명운동을 복원하기 위하여 전전 혁명운동 좌절의 대표적 표상인 전향을 현재적 시점에서 재검토할 필요가 있다고 인식한다.

나아가 이들은 전향문제를 검토하게 된 두 번째 이유가 "전전과 형태는 다르지만 전후의 새로운 전향이란 문제가 나타났기[12]" 때문이라고 주장한다. 천황제 권력과의 대결에서 굴복하여 발생한 전전의 전향과 다르게, 전후의 새로운 전향은 국가권력의 강제가 없는 상황에서 발생하기 때문에 내적갈등이 동반되지 않는 둔각의 형태를 띠며 때로는 권력으로의 전향이라는 형태로 드러난다는 것이다. 이는 유능한 학생운동가들이 "일단 취직하고……사회적 지위가 올라감에 따라 점차 생각이 변화하여 어느 틈엔가 스스로 포기해버리는自熄 상황"이 발생하고, "마르크스주의는 이미 파산한 역사이론처럼 생각하고 사상적으로 전향해 가는[13]" 현상을 보이는 것에 대한 위기의식의 표현이다.

현상분석연구회 심포지엄의 중심주제는 국가권력의 강제가 없이 발생하는 전후 전향에 관한 것이다. 이를 해명하기 위하여 참가자들은 전전의 전향을 분석하였고, 전후 전향도 전전의 전향과 동일하게 "사상으로서의 마르크스주의를 수용하지 못한 문제와……깊은 관계가 있다[14]" 고 판

---

11) 위의 논문, 5쪽.

12) 위의 논문, 5쪽.

13) 위의 논문, 5쪽.

14) 위의 논문, 11쪽.

단한다.　따라서 심포지엄에 참석한 사람들은 토론과정에서 다음과 같은 공통 인식을 도출한다.

사상 상의 전환이 일어나는 것은 이것은 일반적으로 이데올로기 투쟁의 결과라고 생각합니다. 즉, 입신출세주의가 이데올로기 투쟁의 우위를 점했다는 의미인데 오늘날에는 여기에 부르주아적 합리성에 대한 사상적 굴복도 있습니다.……이러한 계기를 파악하지 못하면……전환과정의 내면적인 파악은 불가능하다고 생각합니다.……다음으로 마르크스주의 전선 혹은 공산당 내부의 결함, 약점, 오류가 어떠한 형태로 사상전환의 요인이 되었는가……상대의 이데올로기 공격에 대한 굴복과 아군의 이데올로기적 결함의 양 측면을 살펴볼 필요가 있다고 생각합니다."[15]

즉, 이들은 전전과 전후에 발생한 전향은 운동에 참가한 개개 인물들이 마르크스주의를 사상으로 깊이 내면화하지 못한 채로 운동에 참가하면서 발생한 것으로 파악한다.

보고를 담당한 나나오奈々尾ー는 사상의 과학 연구회의 『공동연구 전향』 상권이 가진 비생산성에 대하여 논하면서 이 책을 읽어봤지만 '별로 재미없었다'고 일갈하며 그 이유를 다음과 같이 제시한다.

무엇이 부족한가. 그것은 각각 개인적으로 마르크시즘에 접근했던 이들이 그 이후에 가입한 조직이 실은 어떠한 것이었으며, 그 조직과 참가한 각 개인과의 사이에 모순은 어떠한 것이었으며, 그 조직을 통하여 일본천황제에 대한 대결 그리고 일본의 서민사회에 대한 대응이 어떠한 것이었는지. 그리고 그들이 천황제 권력의 직접적인 폭력적 탄압에 직면했을 때 도대체 일본공산당을 중심으로 한 혁명조직이 그들과 그들의 가족을 어떻게 사상적·조직적으로 지원했는지 혹은 왜 끝까지 지원하지 못했는가라는 문제와의 관련

---

15) 위의 논문, 15–16쪽.

이 거의 없다고 해도 좋을 정도이다. 따라서 개인적인 분석은 상당히 정밀하게 이루어졌지만 실은 개인이란 사회적 관계의 총화로써 나타난다는 개념이 완전히 빠져있기 때문에 개인에 대한 분석은 완전한 개인에 대한 분석이 되지 못한다.……이것은 이 책의 상당히 큰 결함임과 동시에 적어도 마르크스주의자로서 전향의 취급방식 혹은 평가방식과는 너무 다르다.[16]

나나오에 따르면, 『공동연구 전향』 상권이 가지는 이러한 문제점은 개인의 전향 문제를 당연히 "일본의 혁명조직에 대한 비판 그리고 그 조직을 지탱한 인간집단과 그 집단의 사상, 조직, 전술 등과 같은 것의 비판으로까지" 확대해야 했으며, 나아가 전향자와 비전향자 각각에서 발생하는 문제점을 파악하여 "일본의 혁명전선 전체의 문제에서 다시 한 번 평가해야만"[17] 했으나 그렇게 하지 못했다는 것이다. 즉, 그는 전전 전향을 조직론과 사상적인 입장에서 재평가할 때 비로소 현재적 시점에서 의미가 있다고 평가한다.

이러한 측면에서 보았을 때 요시모토의 전향론은 츠루미 등의 공동연구자들이 제기한 것보다 뛰어난 부분이 있다고 나나오는 평가한다. 즉, 요시모토의 장점은 "보다 내면을 파고들고 그리고 현실적인 일본 서민사회의 문제에까지 분석을 추가한 점……즉,…… 혁명가들이 천황제 권력의 탄압 속에서 일본 특유의 서민성에 포위되었을 때 그들은"[18] 전향할 수밖에 없었다고 평가한 점이다. 그러나 이러한 장점에도 불구하고 요시모토의 전향론에는 일반적인 국가권력의 행사방식 속에서 발생하는 유럽적인

---

16) 위의 논문, 7쪽.

17) 위의 논문, 7쪽.

18) 위의 논문, 8쪽.

전향과는 다른, 일본의 특수한 천황제적 권력의 행사방식에서 발생하는 전향이라는 관점에서 다시 한 번 분석하지 못한 단점이 있다고 나나오는 평가한다.

나나오는 『공동연구 전향』 상권에서 읽은 내용 중 전향을 주도한 부장검사가 전향자들의 수기를 읽고 지금까지 자신이 말한 국가나 사회는 관념적인 것에 불과했으며 자신의 생활에 뿌리를 둔 것이 아니었다고 반성하고 자신의 토대야말로 일본인임을 새삼 인식한 것에 대한 의미를 소개한다. 그리고 전향서를 작성한 이들이 다시 "천황을 중심으로 한 대가족 공동체로 돌아온 이상 이들을 일본인의 일원으로 따뜻하게 받아들이는" 일본적 전향은 근대적 자아가 확립된 유럽적 의미의 전향과는 다른 성격을 가지는 것으로 "역시 일본의 천황제를 떠나서는 생각할 수 없는 문제가 아닌가"[19]라고 평가한다. 메이지유신 이후 일본국민을 국가에 통합시키는 기능을 담당해 온 천황제에 대한 분석으로까지 나아가려는 나나오의 의도는 전후 민주주의의 성숙과 자본주의적 발전의 결과 일본국민들 특히 학생운동의 중추부를 담당했던 이들이 사회로 진출한 이후에는 특수 일본적 사회구조(천황제적 사회구조)에 통합되면서 운동전선이 파괴되어버린 사실에 대한 위기의식의 반영이라고 할 수 있다.

패전 직후 일본공산당을 의지하며 수행하던 혁명이 좌절되면서 그 원인을 전전 혁명운동과의 상관관계 속에서 고찰하려는 목적에서 전향론이 전개되고 있다. 논자들은 전후 혁명의 원인을 전전에 일어난 공산주의 운동의 문제점에서 찾고 있다. 즉, 개인의 주체적 사상으로 마르크스주의를 수용한 것이 아니라 단지 정치 이데올로기적인 수단과 방법으로 수용한

---

19) 위의 논문. 10쪽.

점이 전전과 전후 전향의 공통 원인이라고 평가한다. 따라서 전후 진보운동의 새로운 방향은 근대적 자아를 확립하고 자신의 현실적인 생활과 실천에 뿌리를 내리는 것이어야 했다. 그러나 이때의 혁명운동은 자본주의 권력을 사회주의 권력으로 대체하려는 것으로 항상 피지배집단을 억압하는 수단인 권력(≒국가)을 상대화하는 수준에까지는 이르지 못하고 있다.

3. 체제 비판 시대와 전향론(1960년대)

〈1〉 반전평화운동과 전향론

츠루미를 중심으로 한 공동연구 집단이 그 연구 성과를 59년에 이어 60년과 62년에 단행본으로 출간하면서 전향에 대한 논의는 더욱 활성화되었다. 특히 1960년에는 전 국민적인 반대에도 불구하고 미국과 일본 사이에 신안보조약이 강행 체결되었다. 그리고 이 조약의 구체적인 정치 군사행동으로 일본이 베트남 전쟁에 직간접적으로 협력하면서 다시금 일본의 전쟁 참가 가능성이 초미의 관심사가 되었다. 이러한 배경을 바탕으로 이루어진 60년대 일련의 사회운동은 지금까지 일본에서 진보운동의 중심을 형성하고 있던 일본공산당에 대한 신랄한 비판을 동반하면서 신좌익이란 새로운 사상과 운동론에 기초한 진보진영을 형성하였다. 이러한 운동진영의 변화는 일본의 전쟁 참가 가능성이란 현실적 상황 앞에서 전쟁협력에 대한 자기 비판적 담론인 전향논의를 새로운 형태로 변경시키는 기제로 작용하였다. 이처럼 변화하는 시대적 분위기를 반영한 새로운 전향론은 패전 이후 재편을 거쳐 안정기에 접어든 전후 국가지배체제와 국민통합에 대한 비판적 측면을 포함하고 있다.

1960년대의 10년간을 거치면서 전향을 바라보는 시각은 공산당에 소속되어 있다고 해서 비전향이라고 할 수도 없으며 반대로 반공산당의 여러 정파에 소속되어 있다고 해서 전향자라고도 할 수 없는 상황으로 변화하였다. 이러한 변화를 총괄한 성과 가운데 하나가 1970년 9월에 이루어진 『사상의 과학思想の科学』 전향 특집 기사이다.[20] 이 특집 기사의 주요테마는 "60년 안보투쟁 이후 70년까지 조금씩 점차적으로 전향이 민중과 함께 40대를 중심으로 일어나고 있다고 한다면 이것은 무자각적으로 일어나는 것"[21]인데 그 이유와 배경이 무엇인지를 탐구하는 것이다. 이들 40대는 1925년을 전후하여 태어난 이른바 전중戦中세대라고 할 수 있으며 전후 일본의 논단에서 두각을 나타내고 60년대 사회운동의 중심에 선 이른바 안보투쟁 세대이다. 이들이 사회운동 특히 안보투쟁을 거치면서 경험한 양상을 오자와 신이치로大沢真一郎는 다음과 같이 분석한다.

안보투쟁의 체험은 한 사람 한 사람에게 자신의 사상과 행동을 스스로의 힘으로 구성할 것을 요구하였다.……안보투쟁 이전은……공산당을 정점으로 하는 피라미드형의 이른바 천황제적 사고가 반체제운동 속에 여전히 지배적이었다.……이러한 사고방식은 안보투쟁을 경과하는 가운데 결정적으로 붕괴하였다.……이러한 사상은 50년대 요시모토의 전향론에 의해 단서가 제공되었으며, 60년 안보투쟁에서 전학련의 행동에 의해 반체제운동 속에 대중적 규모로 정착되기 시작하였다.[22]

---

[20] 이 특집은 久野収와 鶴見俊輔의 대담, いいだ もも, 秋山清, 判沢弘, 大沢真一郎, 鶴見和子의 개별논문, 『공동연구 전향』 발간 이후의 여러 상황에 대한 심포지엄의 3부로 구성되어 있다. 심포지엄 참가자는 高畠通敏, 石井紀子, 後藤宏行, 山領健二, 安田武이다.

[21] 久野収·鶴見俊輔, 「新しい人民戦線を求めて」『思想の科学』106号, 1970년 9월, 6쪽.

[22] 大沢真一郎, 「安保闘争以後」『思想の科学』106号, 1970년 9월, 44쪽. 이 논문에서 오사와는 자신이 대학생 시절에 운동에 참가하게 된 다양한 이야기와 더불어 전학련 의장을 지낸 코야마 켄이치(香山健一)와 카로지 켄타로(唐牛健太郎) 그리고 분트의 중심인물 이쿠다 코지(生田浩二)와 시마 시게오(島成郎) 등이 운동에서 멀어져가는 상황에 대하여 논하고 있다. 특히 오사와는 코야마가 학문세계로 진출하면서 엘리트주의로 변신한 상황을 비판적으로 논하고 있다. 유사한 논의는 1981년 3월에 이루어진 『현대의 눈(現代の眼)』 전향특집에서도 나타난다. 이 특집의 토론에서 마츠모토 켄이치는 전후 반전평화운동의 중심에 있다가 이후에 전쟁과 히틀러 찬미 발언을 한 시미즈 이쿠타로(清水幾太郎)의 행위를 '전향'이란 용어로 부르기는 적합하지 않다고

1960년대 일련의 운동을 거치면서 일본공산당 내에 산새하는 권위주의와 관료주의의 폐해를 목도한 이들 세대는 일본공산당의 운동론과 조직론을 비판하면서 자신들이 입각하고 있는 구체적인 일본의 현실에 토대를 둔 새로운 인식론을 창출해야만 하는 과제를 설정하였다. 따라서 이들은 현실 앞에서 패배할 수밖에 없었던 자신들의 체험을 현실 자체에 근거하여 검토하는 작업을 시도할 수밖에 없었다. 즉, "자신의 사상을 일본 사회의 현실과 반복적으로 충돌시키고 몇 겹으로 굴절시키면서 반권력 사상을 재구성하는"[23] 작업이 필요했다. 그러나 학생운동을 비롯하여 각종의 사회운동에 참가한 운동가와 조직에서는 반권력 사상의 재구성 작업보다는 "행동으로는 권력에 저항하면서 의식과 사상에서는 권위주의, 입신출세주의, 권력영합주의가 되어버리"[24]는 현상이 급속하게 확산되었다. 특히 개인적 저항행동을 공동체의 일상적 규범 혹은 법체계의 테두리 속에 묶어두려고 하는 탄력성을 가진 국가지배체제와 탈정치적 욕망충족을 통한 자아실현이라는 이데올로기를 제공하는 자본주의 사회구조 속에서 본인들은 자신들이 전향하고 있다는 사실조차 의식하지 못하는 상황이 전개되고 있었다.

그렇다면 전후 일본에서 이러한 상황이 전개될 수 있었던 것은 어떠한 이유 때문일까. 이 특집 기사의 표지논문으로 게재된 쿠노 오사무久野収와 츠루미 슌스케의 대담기사에서 츠루미는 "근래 일본의 상황은 30년대의

단언한다. 이러한 발언은 시미즈의 행위를 인간의 사상과 행동을 탐구하기 위한 소재로 삼기에는 전혀 어울리지 않는다는 냉소적 판단이다.

23] 위의 논문, 50쪽.

24] 위의 논문, 40쪽.

일본과 유사해진 부분이 있다"[25]고 한다. 대담자 쿠노는 그 구체적 양상을 다음과 같이 설명한다.

1935년에서 36년에 걸쳐 일본의 국민과 지식인은 국가주의에 경도되어 있었다. 따라서 피플people이란 측면은 모두 네이션nation에 즉, 국가 속의 국민에 매몰되어 국민과 피플이 완전히 일체화되어 있었기 때문에 인민의 자기 형성의 계기가 없었다.……이 약 2년간의 사이에……일본국민은 전체적으로 국가에 매몰된 내셔널리즘에 경도되어있었음이 분명해졌다.……동일한 상태가 1960년부터 70년에 걸친 10년간의 사이에 발생하고 있는 것은 아닌지. 상당히 유사한 부분이 있다고 생각합니다.[26]

즉, 시대의 변화나 상황의 차이를 불문하고 30년대와 동일하게 60년대의 일본에서도 일반국민과 지식인은 모두 국가에 포섭되어 국가정책에 협력한 만큼 일본에서는 국가가 '파쇼화'하는 과정에서 국가를 상대화하고 국가 권력에 저항할 수 있는 인민을 창출하지 못했다는 것이다. 이러한 측면에서 일본의 "지식인은 완전히 국민과 동일한""기초구조"를 지니고 있으며 "국민과 국가의 동일화야말로" 반체제적 사상과 운동 주체를 다시금 일본국민으로 되돌려 놓을 수 있는 "강력함의 근본"[27]이었다. 따라서 60년대에 일어난 전향은 전후의 전체적인 사회와 역사구조 속에서 발생한, 일본의 근대화 과정 혹은 국민국가의 창출·재건 과정에서 발생한 근본적인 문제로 수렴된다. 즉, 체제 비판적 인간에서 다시 한 번 일본인으로 거듭나는 것으로 구체화된 30년대의 전향은 "천황제가 가지고 있는 일종의 내면적 가치와 같은 것……이데올로기 통합장치……이것이 국

25] 앞의 논문, 「新しい人民戰線を求めて」『思想の科学』106号, 4쪽.

26] 위의 논문, 9–10쪽.

27] 위의 논문, 10–12쪽.

민적 통합의 상징이라고 회자되는……천황제적인 가치를 내면화하는 작용"[28]으로 수렴되었다. 동일한 현상이 60년대에도 일어났다고 하는 것이 이 특집의 결론이다.

이러한 경향은 혁명을 지향한 일본공산당에게서도 보이는데 1970년 7월에 이루어진 일본공산당 제11회 대회를 이이다 모모는 다음과 같이 평가한다.

일본공산당은……자국 일본의 국익만을 소중하게 지키고 있는 중립 자위 집단으로 전략해버렸다.……이러한 의미에서 일본공산당 11회 대회 노선은 단순히 의회주의·민족주의뿐만 아니라 사회평화주의에서 사회배외주의로의 전화의 역사적 이정표라고 저는 생각합니다. 말하자면 개개 전사들의 선의에도 불구하고 당 전체의 전향입니다.[29]

문제는 이러한 전후 자본주의의 통합장치, 즉 일본공산당 마저 일본이라는 국가에 통합시킬 수 있는 전후 일본의 국가지배체제이다. 이러한 통합장치를 이이다 모모는 '성내城內 평화체제'라고 정의한다. 그가 말하는 성내 평화체제의 전전적 형태는 1차 세계대전 시기에 전국민을 제국주의 전쟁에 총동원시킨 체제이며 나아가 식민지 대중을 종주국의 전시체제에 동원시킨 체제이다. 이러한 체제를 현재적 상황에서 설명한다면, "폐쇄된 선진국 속에서 지금으로 말하자면 자가용 필수라는 사회정책에 의한 국민결집이기 때문에 위기에 직면하면 당연히 타국침략, 식민지 재분할에 의한 국가적 이익의 확보라는 거국일치체제 이른바 국민적 전향"[30]이다.

---

28) いいだ もも, 「戦後転向の全国民性」『思想の科学』106号, 1970년 9월, 21쪽.

29) 위의 논문, 22쪽.

30) 위의 논문, 23쪽.

60년대적 전향의 배경을 이루는 "성내 평화와 국민통합 장치는 제1차 대전의 전시동원 시대와는 비교가 안 될 정도로 매우 고도로 정밀해졌"으며 "이러한 가운데 일국의 자칭 혁명정당조차도 전체적으로 사회배외주의로 전화하는 대전향의 시대가 도래했다"[31]고 이이다 모모는 판단한다.

이러한 판단에 동의한다면, 냉전이 심화되고 있는 동아시아 정치구조의 변동에서 촉발된 60년 안보투쟁은 투쟁의 목표와 시각을 외부로까지 확대할 수 있는 촉매제가 있었음에도 불구하고 일본이라는 '성내 평화체제' 속에 매몰된 투쟁에 그쳐버렸다고 할 수도 있다.[32] 따라서 전후 전향을 재론하는 작업은 "일국주의적이고 전후민주주의적인 틀을 스스로 돌파하지 않고서는 불가능"[33]하다. 즉, 심포지엄 참가자들은 국가와 일체화된 국민이란 현상이 일본국민 특히 지식인들 사이에서 발생하면서 30년대와 같은 전향이 60년대를 통해서 일어나고 있다고 파악한다. 여기서 논자들은 이러한 틀을 스스로 돌파하기 위해서는 전향을 자아의 문제로 내

---

31) 위의 논문, 24쪽.

32) 취급하고 있는 주제는 다르지만 6장은 한일국교정상화 반대운동 과정에서 제시된 일본 진보세력의 논리를 분석하는 가운데 이와 유사한 결론을 내리고 있다. 즉, 6장의 핵심은 "전학련과 진보적 지식인은 일본이라는 내부로 향한 시각에서 한일회담을 보고 있기 때문에 한일회담이 전후의 새로운 식민지 침략의 첫발임을 인식하고 있었음에도 불구하고 이것을 과거 자신들의 식민지 지배 행위에 대한 책임 논의로까지 발전시키지 못하고 있다"는 지적이다. 역시 동일하게 패전 직후 자신들의 전쟁협력에 대한 자기 성찰적 입장에서 전개된 전향론은 일본이 전쟁을 수행하는 과정에서 일으킨 각종의 행위에 대한 책임문제와 전후처리 과정에서 발생하거나 남겨진 다양한 쟁점과 관련된 논의로 이어질 수 있는 논리적 연관성을 내포하고 있었다. 그러나 전향을 논하는 주체가 전후세대로 이동하고 그들의 시선이 일본사회의 내부적인 문제와 연결되면서 전향론에서 전쟁협력에 대한 책임추궁의식 나아가 식민지 지배책임론은 탈색되었다.

33) 앞의 논문, 「戰後転向の全国民性」, 26쪽. 현재의 국가체제가 체제 순응적 인간을 요구하고 그러한 의식을 매일 배양하고 있을 때, 실제로 여기에 저항하는 것은 쉽지 않다. 그러나 이 지점이야말로 반체제 사상, 반권력 사상이 일상생활의 장에서 시험받는 지점이기도 하다(앞의 논문, 「安保闘争以後」, 41쪽).

면화하여 고찰하는 방법이 필요하다고 강조한다.

〈2〉 전향, 자아와 내면화의 문제

1955년 일본공산당의 6전협六全協 이후부터 전후세대의 전향론이 제기되었다고 보는 고토 히로유키後藤宏行는 전후 세대의 전향론이 가지는 특징 가운데 하나를 "전향이라는 사실을 어떻게 내적으로 받아들일까라는 관점으로"[34] 바라보는 것이라 한다. 이러한 관점은 6전협 이후의 시대적 상황에서 전향을 "정치적 차원이라든가 사회변혁의 전망을 위해서 사물을 생각하는 사고 과정으로 취급하는 것이 아니라……전향이라는 하나의 경험"을 "자기완성의 계기"[35]로 삼기 위함이다. 60년대에 진행된 전향론에서는 이전에 요시모토와 그에게서 영향을 받은 일군의 세력이 지향한 혁명에 대한 기대감은 퇴조하고 있다. 여기에는 체제 비판적 사고와 행동을 자신의 내면세계에 구축하는 문제가 중점과제로 설정되어 있다.

이러한 측면에서 다카바타케 미치토시高畠通敏는 60년대에 일어난 전향의 특징을 크게 5가지로 요약한다. 첫째, 60년 안보투쟁에서 직접행동을 주장한 공산주의자동맹共産主義者同盟, Bund을 중심으로 하는 신좌익의 전향이다. 즉, 당시 안보투쟁의 지도적 위치에 있던 이들이 대부분 운동에서 떨어져 나가 직업사회에 편입되었다는 사실이다. 이들은 마르크스주의를 버렸지만 전전의 전향자들처럼 체제 측의 이데올로그로 변신하지는 않았으며 자신들이 주의主義를 버린 것에 대한 굴복감이나 수치심은 없었다. 둘째, 비정파적 급진주의자들의 향후 운동방향에 대한 문제이다. 이들은 일

---

34) 「シンポジアム『共同研究転向』その後」, 『思想の科学』106号, 1970년 9월, 68쪽.

35) 위의 논문, 68쪽.

본혁명사상의 결함인 '민중의 생활 실감'에서의 괴리를 극복하기 위하여 운동의 정치적 파고가 퇴조한 지금 생활에 근거한 저항거점을 건설하려는 운동을 실천하고 있는데 이 과정에서 발생하는 문제이다. 즉, 이들은 직업적 자립 속에서 사상적 자립을 발견하려는 경향과 자립적인 인간관계를 공동체 속에서 창출하려는 경향으로 대별할 수 있는데 양자는 모두 개별적인 정치투쟁에는 그다지 관심을 두지 않는 문제를 낳았다. 셋째, 시민운동 내부에서 일어난 문제로 운동의 성쇠와 궤를 같이 하여 움직이는 운동의 참가형태이다. 즉, 베평련(베트남에 평화를! 시민연합) 운동에서 전형적으로 나타난 것처럼 개인적인 사정에 따라 운동에 자유롭게 참가하고 탈퇴할 수 있는 '실천적 태도'의 변화가 나타났는데 이에 대한 평가문제이다. 넷째, 60년대 반체제운동의 중심을 담당한 지식인들의 침묵과 실천운동에서의 이반현상이다. 이러한 현상의 배후에는 지배체제의 전체적인 구조변화와 시민운동의 변화 특히 강단과 언론분야의 친체제적 경도현상이 존재한다. 마지막으로 혁신정당 특히 일본공산당의 노선전환 문제이다. 예를 들면, 일본공산당은 기동대가 신좌익의 직접행동을 진압하는 행위를 옹호하거나 재판에 호소함으로써 국가권력이 내린 판결의 정당성을 비호하는 방법을 취하는 등 혁명조직 전체의 전향으로 이어지는 행위이다.[36]

전전과는 다른 형태의 전향은 전전과 전후 체제의 질적 차이에서 발생한 것이다. 즉, 60년대 국가지배체제의 특징은 권력에 의한 폭력적 억압은 존재하지만 반체제 사상을 가졌다는 이유만으로 투옥되지는 않는 형태를 띤다. 더구나 국가안보 문제는 각 개인이 가진 반체제 사상과 대립하는 국가 체제의 문제로 표상되어버린다. 따라서 "오늘날 권력에 저항하는

---

36) 위의 논문, 70–72쪽.

사상의 핵심은" "저항=반천황제 사상이라고 명확히 할 수는 없"으며 "제국주의 권력과 연결되어 있는 것이나, 관리사회와 연결되어 있는 것이나, 혹은 모든 테크놀로지와 연결되어 있는 것"으로 분산되어 있는데 "여기에 본질적인 문제가 있다."[37] 이러한 점에서 본다면 요시모토가 제기한 전향론의 의미는 시대의 변화와 함께 상당히 퇴색되어 버렸으며 그의 이론은 현재의 시점에서 "'일본에 대한 총체적 파악'을 목표로 한 학생들이 실천에서 이탈하여 이론체계의 유희에 골몰하"는 수단으로 전락할 수 있으며, 지식인이기를 거부하면서 "'보통의 시민'이나 코뮌 만들기를 지향하는 청년들의 문제"[38]를 포괄하지 못하는 단점을 가지고 있다. 단지 60년대의 전향론에서 걱정스러운 점은 "사상의 내면성을 중요시하고, 여기에서만 사상의 자립이나 주체성을 생각"하려는 사유가 "행위의 객관적, 외면적 의미에 대해서는 불문에 부치는 경향"[39]을 발생시킨다는 점이다. 그럼에도 불구하고 내면을 포괄하지 못하는 전향/비전향 논의는 개인과 집단의 사상운동을 왜곡할 가능성이 크기 때문에 60년대의 전향론이 발견한 각 개별 주체의 사상적 내면성과 자립의 문제는 상당한 의미를 가진다.

일반적으로 자신의 내면세계에 초월적 절대자가 존재하기 때문에 전향/비전향의 문제가 발생한다고 할 수 있다. 60년대의 사회변화 속에서 절대자로서의 마르크스주의나 일본공산당의 권위 그 자체가 무너져 버리자 다양한 의미에서 절대자란 것이 작동하지 않게 되었다. "결국 인간의 내면에서만 절대적인 것을 만들 수밖에 없"[40]는 사회상황이 대두하였

---

37) 위의 논문, 72쪽.
38) 위의 논문, 73쪽.
39) 위의 논문, 73쪽.
40) 위의 논문, 78–79쪽.

다. 따라서 "전공투 운동을 경과하면서 저항축이 인간이란 형태로 내면화되었다"[41]고 할 수 있다. 이러한 내면화의 운동 경험 속에서 츠루미는 미미하지만 "국가에 포섭되지 않는 대중"[42]을 발견한다. 그리고 이러한 대중이 60년대의 10년간 발생했다고 한다면, "국가에 완전히 포섭되어 버린 대중적 내셔널리즘과는 다른 것이 출현할 것이며 이것은 지금의 대중적 수준의 인민연대사상……감성을 통한 인민전선"[43]으로 성장할 것이라고 전망한다. 그리고 이러한 "인민전선이 승리하기 위해서는……모두 자기 나름대로의 자기비판을 할 필요가"[44]있다고 츠루미는 지적한다. 이것이 그가 전향을 논하는 전략적 의도이며, 전향논의를 통하여 자아 속에 내면화된 운동을 재구축하려고 한다.

한편 전향과 자아의 관계를 논한 아키야마 키요시秋山淸는 내면적인 동의 없이 외부적인 강제에 의하여 일어난 전향에는 위장전향의 요소가 있다고 주장한다. 즉, 전전에 일어난 전향은 국가의 강제에 의하여 어쩔 수 없이 공산당을 떠날 수밖에 없었으나, 마르크스주의 사상이 옳다는 사실만은 자신의 내면에 간직하는 형태의 위장전향이라는 것이다. 여기에는 다음과 같은 인식이 존재한다.

공산당에서는 이탈하지만 이전에 그들을 공산당에 끌어들인 가치는 버리지 않았다는 점이다. 이것은 자기 자신이 신뢰하는 가치에 성실하기 때문에 이것을 실현시키지 못하고 있다고 판단한 집단에 대한 충성을 포기했다는 의미이다. 여기에는 집단에 대한 충성보다

---

41) 위의 논문, 79쪽.

42) 앞의 논문, 「新しい人民戦線を求めて」, 11쪽.

43) 위의 논문, 15쪽.

44) 위의 논문, 15쪽.

도 자신이 가진 기치에 대한 충성을 보다 우위에 두는 사상이 존재한다.[45]

　따라서 아키야마는 전후에 이들 전전 전향자가 다시금 공산당으로 돌아가거나 아니면 공산당으로는 돌아가지 않더라도 진보적 강령을 내세운 단체에 가입하는 현상이 일어났으며 이러한 전후 재전향 현상이 자신의 자아 속에 내면화된 사상에 의거한 행동은 아니라고 판단한다. 그는 패전 이후 천황제 이데올로기가 후퇴한 빈 공간에 "가장 권위가 있는 것으로써 민주주의에 경도되는 것은 그 당시 그 사회의 가장 정치적이고 도덕적인 권위를 추종하는" "권위에 대한 굴복, 즉 전향"[46]이라고 본다. 이러한 현상은 권력의 강제에 의하여 발생한 것이라기보다는 권위에 굴복할 수밖에 없는 내면세계의 구조적인 문제이다. 일본에서 이러한 현상은 요시모토가 '봉건적 우성인자'라고 부른 "다양한 전근대적 정서, 가치, 이데올로기와 철저한 대결을 피해온 의식 구조"에서 발생하는 것으로 이것을 츠루미 카즈코鶴見和子는 "다중구조적 자아"[47]라고 부른다. 따라서 전전과 전후의 전향은 "자기 내부의 권력에 대한 추종 정신이며 이것은 사상과 생활 감정의 깊은 곳에서"[48] 발생한 것이다. 양자는 "본질적으로 다르지 않"으며 전후의 "사회적 권력적 강제가 없는 시기에 전향시키는 힘을 가진 것은 자기 내부의 권위, 즉, 자아"[49]였다.

　안보투쟁은 공산당 신화에서 벗어나 한 사람 한 사람을 주체적인 사상

---

45) 鶴見和子, 「転向の国際比較にむかって」『思想の科学』106号, 1970년 9월, 58쪽.

46) 秋山清, 「転向のなかの自我」『思想の科学』106号, 1970년 9월, 28쪽.

47) 앞의 논문, 「転向の国際比較にむかって」, 56쪽.

48) 앞의 논문, 「転向のなかの自我」, 28쪽.

49) 위의 논문, 28-29쪽.

의 주인으로 세우는 중요한 성과를 낳았다. 그럼에도 불구하고 많은 학생 운동가들은 결국 운동전선에서 이탈하였는데 그 배경에는 국가에 매몰된 국민의 등장이 있었다. 그리고 이러한 현상을 출현시킨 사회구조 속에는 국내적 평화와 국민통합이라는 전후 민주주의적 요소가 강하게 자리 잡고 있었다.

운동의 패배와 운동 주체들이 국가통합 장치에 포섭되고 동화되면서 운동론으로써의 전향론은 물러가고 개인의 사상과 행동의 일치성을 논하는 삶의 방식으로써의 전향론이 대두한다. 인간의 내면 속에 만들어진 사상적 자립과 주체성의 문제를 묻기 시작한 것이다. 즉, 60년대의 전향론은 반체제적인 자신의 사상이 국가라는 틀 속에서 이루어지는 스스로의 삶과 일치하는지 아닌지를 묻는 것으로 변화하였다. 이것은 국민국가에 대한 스스로의 동화 여부를 묻는 인식과정이라고 할 수 있다. 이를 역으로 말하면, 전후의 진보운동은 국가에 대한 스스로의 동화여부를 의식하지 못했기 때문에 좌절했다고 할 수 있다. 즉, 60년대의 운동은 삶의 방식과 형태로써의 사상이란 의미 있는 싹을 틔웠지만, 자신의 삶의 토대를 권력(≒국가)에 대한 저항 근거지로 삼을 수 있는 수준으로까지 구체화 시키지 못한 한계도 포함하고 있었다.

4. 체제 내화 시대와 전향론(1970년대)

〈1〉 1970년대의 사회구조와 전향론

1970년대로 넘어오면서 시대는 다시 변화하였다. 세계경제의 불안 요소와 결합된 국내경기의 장기불황은 물가인상과 엔円 절상으로 이어졌다. 생산비용을 낮추어 이러한 상황을 타개하려는 기업은 국내 생산기반을 해외로 이전하여 국제 경쟁력을 유지하려고 하였다. 그 결과 국내 생산거점이 공동화되고 일자리는 축소되있다. 이제 사람들은 피부로 불황을 체감할 수 있었으며 결국 1974년에는 전후 처음으로 마이너스 성장을 기록하였다. 다음해에는 전후 최대의 기업도산을 기록하였으며 불황의 장기지속이 현실화되었다. 이러한 경제상황에 더하여 60년대의 고도성장에 따른 일반 국민들의 생활수준 향상은 정치적 관심의 부재로 이어졌다.

1968년부터 69년에 걸쳐서 일본의 각 대학에서 일어난 학원분쟁 당시 학생운동의 한 축을 형성하고 있던 분트와 3파 전학련이 중심이 되어 정파를 넘어선 운동을 지향하며 전학공투회의全共闘라는 조직을 결성하였다. 이들은 대학해체와 자기부정을 주장하며 대중적인 실력투쟁을 전개하였다. 특히 이들은 일본공산당 계열의 민청계 전학련民青系全学連과는 극도로 대립하였다. 운동의 침체와 대립은 일부 운동집단에게 초조감과 절망감을 안겨주었으며 이것은 아사마浅間산장사건, 적군파와 관련된 일련의 사건, 내부폭력内ゲバ 등의 바닥을 알 수 없는 추락을 보여주었다. 그 결과 진보진영은 사회적 지지기반을 상실하였다. 이러한 일본 국내외적 변화를 배경으로 75년 8월 미키 타케오三木武夫 수상의 야스쿠니 신사 방문, 77년 7월 기미가요의 국가国歌제정 등 일본사회의 우경화가 점차 진행되기 시작하였다. 70년대의 불황과 사회적 보수화는 안정적인 개인생활을 중시하는 사고와 노사협조의 탈정치화란 태도를 낳았다. 이러한 시대적 분위기를 총괄한 것이 81년 3월에 이루어진 『현대의 눈現代の眼』 전향특집이다.[50]

『현대의 눈』에 게재된 특집 심포지엄 『현대 전향론은 가능한가』에서 나카시마 마코토中島誠는 전공투 운동을 "고도성장이 절정에 달하고 간신

---

[50] 이 심포지엄은 1부 문제제기와 2부 토론으로 구성되었다. 개별논문 발표를 통해 문제제기를 한 이는 管孝行, 松本健一, 岡庭昇, 中島誠이며 토론에만 참석한 이는 いいだ もも, 笠井潔, 高橋敏夫이다.

히 일본국민이 현상 유지적인 생활방위 의식을 자각하기 시작했을 때 이 것은 일본근대화의 총결산으로 자본주의 국가의 중앙집권적 권력을 돌이 킬 수 없을 정도로 강대한 것으로 만들어 버릴 것이라고 예측한"[51] 세대 가 자기부정 사상을 축으로 일으킨 것으로 정의한다. 그리고 이들의 자기 부정이라는 주장방식은 "본질적인 자기변혁을 이루지 못"하고 "변혁 주 체가 층을 형성하지 못하는 한" 국가권력을 위협할 수 없으며 "국민의 생 활안전보장체제 속에서 일종의 여가 활용적인 대중문화의 틀 속에 말려 들어가" 버리고 "문화적 표현수단으로써의 창조적인 싹은 거의 모두 보 수파 정치에 흡수되어 버렸다."[52] 세계적인 규모에서 본 70년대는 미국과 유럽 그리고 일본을 중심으로 한 자본주의 국가가 새로운 제국주의적 재 편 과정을 시작한 시기이다. 이러한 시대적 상황을 반영한 일본의 노동운 동은 상당한 변화를 낳았다. 나카시마는 70년대의 노동운동을 다음과 같 이 정리한다.

고도성장 시대에 '춘투春闘'라는 형태를 만들어 노사협조의 성과를 지속적으로 획득한 일본의 노동운동이야말로 현대 전향의 대중적 흐름을 분명하게 보여주고 있다.……노동운 동 전체가 70년대 말의 과잉생산공황을 국민경제의 비대화란 대의명분 하에서 자본, 대기

---

51) 中島誠, 「全共闘以後の転向状況」『現代の眼』1981년 3월호, 現代評論社, 51쪽. 전후 일본에서 60년대와 70년대를 정치, 경제, 사회 구조적인 측면에서 이질적인 시기로 말하기는 어렵다. 단, 이 두 시기에 분명한 차이를 의식할 수 있는 요소 가운데 하나는 본문에서도 언급하고 있듯이 '시민사회'에 대한 인식이라고 할 수 있다. 이와 더불어 본 연구를 위한 자료를 찾는 과정에서 마 침 10년 단위로 전향론 특집 기사를 게재한 잡지가 있었다는 사실도 본 논문의 시기구분을 10년 단위로 하게 된 이유 중 하나이다. 이러한 점에 대해서는 의견을 달리 하는 연구자들도 있으리 라 생각하며, 전후 사회운동사의 시기구분에 대해서는 塩田庄兵衛, 『戦後日本の社会運動』, 労 働旬報社, 1986을 참조할 것.

52) 위의 논문, 51쪽.

업 경영자와 손을 잡고 준비한 사실이야말로 현대 대선향의 표현이라고 할 수 있다.[53]

이처럼 60년대 이후 지속된 일본 경제의 고도성장과 세계자본주의의 구조변화 속에서 일본의 대중들은 "개인생활에 대한 방위의식"을 "급속하게 강화시켰"으며 "그리고 이러한 국민의식은 국방론이나 개헌론 혹은 군비증강론의 많은 부분을 받아들이고"[54] 있었다. 이러한 상황에 더하여 70년대의 10년간을 거치면서 일본공산당의 권위는 완전히 와해되었으며 마르크스주의의 내용 역시 다양화되었다. 여기서 개인의 사상과 행동을 전향/비전향이라고 평가할 명쾌하고 통일적인 기준을 마련하기가 극히 곤란하게 된 시대적 특징이 발생하였다. 이러한 상황 아래서 각 개인의 비연속적인 사고변용을 "사고를 변용시킨 그 주체에게 강제와 강제라고 자각되지 않는 강제-예를 들면, 구조적인 억압이라든가 유도-의 계기에 대하여 어떻게 생각할"[55] 것인지가 사상사적 과제로 등장하였다. 즉, "사상적 입장의 선택을 둘러싼 현대적 특징은……개별 주체에게 내면화된 기제에 의해 움직인다고 하는 점"[56]이다. 이러한 70년대적 특징을 현대 '선진'국가의 사상적 문제구조라고 하는 칸 다카유키管孝行는 다음과 같이 정리한다.

주관적인 '강제'와 자각되지 않는 구조적 '억압'이 인간의 사상 행동을 강력하게 규제하고 있고, 여기에 맞춰진 사상의 힘이 조직되어 있다는 사실은 객관적으로 부정하기 어렵다. 즉, 사회의 지배적인 힘이 사상을 규정하고 규정된 사상이 하나의 힘으로써 기능하는

---

53) 위의 논문, 52쪽.

54) 위의 논문, 52쪽.

55) 管孝行, 「現代における転向とは何か」『現代の眼』1981년 3월호, 現代評論社, 42쪽.

56) 위의 논문, 42쪽.

관계는 지금도 여전히 전전 전중과 동일하며 아니 당시 이상으로 극히 현저하다.[57]

　따라서 70년대의 10년간을 거친 사상사적인 과제는 비정치적이고 사적인 영역에서 보통의 대중들이 쉽게 인식하기 힘든 사회구조적인 힘에 의해 "고안된 강제, 인위적인 자각으로 조직되고 있는 사고변환의 근저"[58]를 밝히는 것이 되었다. 칸 다카유키는 그 근저를 "평화의 시대이며, 이 평화, 이 풍요로움이야말로 지키지 않으면 안 된다는 사상"[59]이라고 파악한다. 이러한 근저는 1930년대의 전쟁이라는 시대에 일본 국민 모두를 국가적 목표에 일치시키기 위한 구조와 동일한 형태, 즉 70년대의 일본 사회가 지켜내지 않으면 안 되는 전국가적 가치에 대한 옹호이다. 그리고 여기서 말하는 평화란 "제국주의 본국의 시민사회"에만 해당하는 것으로 이 평화는 "일본이란 국가에 의해 담보되는 것이며 만약 이 '평화'를 지고한 가치로 정한다면 국민들 모두는 '평화'와 국가를 사수하기 위하여 신명身命을 바치지 않으면 안 된"[60]다. 이 평화를 구체적인 대중들의 생활 감각에서 본다면 "평화로운 마이홈주의나 뉴페밀리 세대 이후의 사적 이해 존중사상"[61]에 다름 아니다. 즉, '일상성의 힘'이 가진 지배력이다. 국가권력의 강제에 의한 사상의 변화라는 고전적 의미의 전향론과는 전혀 다른 맥락이 대두한 것이다. 따라서 70년대의 전향을 논하는 것은 이러한 사상변화의 현상적인 내용과 본질을 통일적으로 파악하기 위한 시도이다.

---

57) 위의 논문, 43쪽.

58) 위의 논문, 43쪽.

59) 위의 논문, 43쪽.

60) 위의 논문, 43쪽.

61) 위의 논문, 43쪽.

이러한 시대 상황 속에서 전향을 논하기 위하여 마츠모토 겐이치松本健一는 츠루미와 요시모토의 전향론을 다음과 같이 정리한다.

츠루미 이론에 의하면, 전향론의 기축은 지식인의 반권력적 사상형성, 그리고 권력의 강제에 의한 변화라고 하는 것처럼 '권력'에 놓여 있다. 이에 비하여 요시모토 이론에 의하면, 전향론의 기축은 '대중'에 놓여 있다.[62]

츠루미의 전향 개념은 "일본근대사에 특수한 사상적 병리를 지적하는 것이 아니라 사상 일반에 적용 가능한" 것인 만큼 "현재적 상황에 대해서도 직접적인 유효성을 발휘할"[63] 수 있는 긍정적인 부분이 있다. 그럼에도 불구하고 그의 전향론에는 근대일본의 사상적 병리현상이 전향과 어떠한 관련성을 가지는지에 대한 고찰이 부족하다. 한편 전향의 원인을 권력의 강제가 아니라 대중에서의 고립감이라고 보는 요시모토의 전향 개념은 근대적 자아 형성을 일본적 전통과는 동떨어진 서구적 근대에서 추구한 지식인들의 일본적 전통에 대한 무관심과 굴복이라는 측면을 잘 설명하고 있으나 일본적 전통의 토대가 되고 있는 민중을 "봉건적인 것, 지체된 것, 우둔한 것으로 일방적으로 계몽의 대상으로 삼고"[64]있는 문제가 있다.

두 사람의 전향 개념을 이렇게 분석하는 마츠모토는 일반적으로 사상은 그 시대의 평균적인 대표성을 나타내는 "대중의 생활에서 퍼 올리지 않으면 안 되지만" 근대 일본에서는 "대중의 생활을 부정하고 무시하는

---

62) 松本健一, 「転向論の基軸とは何か」『現代の眼』1981년 3월호, 現代評論社, 46쪽.

63) 위의 논문, 44쪽.

64) 위의 논문, 46쪽.

곳에서" 체제 비판적 지식인들의 사상이 형성되었기 때문에 이들은 대중에서 고립되고 마침내 일본적 전통으로 되돌아가는 전향이 일어났다고 파악한다. 즉, 일본의 지식인들 특히 서구적 근대주의를 자신의 사상적 토대로 삼은 지식인들은 자신의 내부에 있는 자연≒전통≒대중적 심성≒천황제≒체제 긍정적 사고를 해체하지 못한 곳에서 전향하게 된 것이다. 따라서 70년대의 대중적 심성, 즉 "제국주의적 '평화와 번영'을 방어하기 위해서는 무엇이든 허용하는 전후 시민의 힘"이라는 "시민사회의 구조"[65]를 어떻게 해체할 것인가라는 과제가 제기된다.

〈2〉 시민사회에 대한 구조비판

1960년대에 급속한 경제성장을 통하여 일본자본주의가 제국주의적인 자립 부활의 과정에 들어가자, 모든 국민 나아가 일본공산당 마저 자국의 이해관계를 중시하며 국가의 틀 속에 포섭되었다. 이제 전전·전중의 전향문제는 역사적인 과거로 급속하게 물러나고 이와는 별도의 문맥, 즉 앞에서 본 '일상성의 힘'이 가진 지배력에 의해 발생하는 전향이 현실적인 문제가 되었다.

여기서 말하는 '별도의 문맥'이란 가시적 형태로 존재하는 국가권력의 강제는 거의 자각되지 않으며 "일상이 전향을 준비하고" "전향을 키워서 완성시키고 있는"[66] 비가시적 존재로써의 사회구조를 말한다. 구체적으로 "교육을 중심으로 한 하나의 인격형성 과정에서 주의 깊게 준비된 관념과 감성의 공동성 규범이 착실하게 전향을 준비"[67]하는 이미 완성된 사

65] シンポジアム「現代転向論は可能か一第二部討論」『現代の眼』1981년 3월호, 現代評論社, 112쪽.

66] 岡庭昇, 『予定調和としての転向』『現代の眼』1981년 3월호, 現代評論社, 48쪽.

67] 위의 논문, 48쪽.

회구조를 지칭한다. 이러한 사회구조는 이미 완성된 국민국가≒시민사회 속에서 태어나 성장하는 과정에서 공교육과 그 외의 다양한 형태로 진행되는 공공적 가치의식의 주입을 통해 마치 국가(와 민족)≒시민사회가 원래부터 존재하는 '자연'으로 받아들이는 의식구조 혹은 사유구조를 만들어낸다. 따라서 이러한 사회구조 속에서는 사고의 주체 혹은 사상의 주체가 국가≒시민사회≒사회질서≒주어진 가치의식 자체를 너무도 자연스럽게 자신의 내면세계에 수용하기 때문에 전향의 주체 역시 모호해지거나 성립하지 않게 되고 그 결과 전향 그 자체가 존재할 수 있는지 없는지조차 의심하게 된다. 이러한 의미에서 오카니와는 "'제도로서의 교육'이야말로" "'일상 속에서 준비된 전향'의 원흉"[68]이라고 정의한다.

그러나 분명한 것은 기존의 전향개념을 현실에서 적용할 수 없다는 것과 전향이 존재하지 않는다는 것은 전혀 다른 차원의 이야기이다. 따라서 오카니와는 기존의 전향개념을 시대상황 속에서 비판적으로 재검토하여 다음과 같이 정리하면서 "시민사회에 대한 구조비판으로써 전향론"[69]을 제시한다.

(츠루미와 요시모토 모두―인용자) 가시적인 전향이다. 바꿔 말하면 가시적인 전향만을 처음부터 전향이라고 한정했기 때문에 권력이 그 폭력적인 본질을 분명하게 노출한―예를 들면, 군사제제―극한 상황만을 취급하는 논리에 지나지 않았다. 그렇기 때문에 고전적인 전향개념은 종종 파쇼적인 것을 전근대, 봉건적인 것과 중첩시키는 감성을 지니고 있으며 그들에게 있어 전후 시민사회를 평가하는 입장은 불가능했다. 이것을 역으로 말하면, 『사상의 과학』식의 발상은 원래 전후 전향을 취급하지 않은 것이다. 요시모토 타카아키는 전

68) 위의 논문, 49쪽.
69) 위의 논문, 50쪽.

후 시민사회에 대한—다양한 핑계를 대고 있지만—무관심한 조력자에 지나지 않는다.[70]

　많은 사람들은 "시민사회를 성숙을 완성해 가고 있는 실체로 보고 어떤 긍정적 평가를 전제로 하고 있지만" 오카니와는 "이것이야말로 공격해야만 하는 허구—국가라는 허구를 지탱하는 허구—라고 생각"[71]한다. 시민사회란 표면적으로 구현된 현실만을 지칭하는 것임에도 불구하고 이미지 조작을 통해 일상 전체가 '시민사회'인 양 묘사되고 있다. 즉, 수탈하는 측만이 '시민'임에도 불구하고 사회 구성원 전체가 시민인 양 당연시된다. 물론 여기에는 수탈당하는 측의 환상도 존재한다. 이러한 구조 속에서는 사회구조의 하층에서 소외당하고 있는 현장의 삶, 실체감, 리얼리티, 일상성이 사상捨象되어버린다.[72] 이러한 것은 지배의 구조화에 다름 아니며 피지배집단을 지배체제에 저항하지 못하게 하면서 내면적 자발성을 통해 체제내부로 동화시키려는 움직임에 다름 아니다.

　이러한 허구가 발생하게 된 과정에는 전후 일본사회의 표면상의 원칙建前과 본심本音의 엇박자가 존재한다. 예를 들면 반전평화운동 과정에서 전쟁은 나쁜 것이며 타국을 억압해서는 안 된다는 원칙론이 주창되었다. 그러나 일본인들의 일상생활 속에서는 세계 자본주의의 구조적 재편 과정에서 개발과 협력이란 이름 하에서 진행된 일본자본의 제3세계 진출(늑지배)을 당연한 것으로 여기는 본심도 존재했었다. 오카니와는 이러한 엇박자야말로 시민사회의 허구라고 본 것이다. 오카니와의 사고에는 전후 시민사회가 정착된 상황에서 기존의 전향론을 역으로 활용하여 현실사회와

---

70) 위의 논문, 50쪽.

71) 위의 논문, 50쪽.

72) シンポジアム「4 昭和天皇制をめぐって」『現代の眼』1981년 3월호, 現代評論社, 86–87쪽.

자아에 대한 각성의 구조로 활용하려는 의도가 내포되어 있다. 즉, "지배하는 자의 '자연'을 지배당하는 자에게도 강제하는 역학" "이러한 사회역학 그 자체를 비판하지 않으면 안"[73]되는데, 이때 기존의 전향론을 역으로 이용하여 이 '자연'이야말로 허구임을 시민들에게 각성시키는 자각의 구조로 활용하려는 것이다.

5. 결론

패전 직후에 진행된 전향론은 기본적으로 자신들의 전쟁협력에 대한 자기 성찰적 비판과 전후 민주혁명의 좌절 원인을 고찰하려는 목적에서 전개되었다. 논자들은 마르크스주의를 개인의 주체적 사상으로서가 아니라 정치적인 수단으로 수용한 결과 민중들의 삶과 생활에 토대를 둔 사상과 운동을 형성하지 못하고 전향하게 되었다고 평가한다. 따라서 전후 진보운동의 새로운 방향은 자신의 현실적인 생활과 실천에 뿌리를 내린 근대적 자아 형성이어야 했다.

안보투쟁은 한 사람 한 사람을 주체적인 사상의 주인으로 세우는 중요한 성과를 낳았다. 그럼에도 불구하고 많은 학생 운동가들은 운동에서 이탈하였다. 그 배경에는 국가에 매몰된 국민의 등장이 있었다. 그리고 이러한 현상을 출현시킨 사회구조 속에는 국내적 평화와 국민통합이라는 전후 민주주의적 요소가 강하게 자리 잡고 있었다. 이러한 상황 속에서 새로운 저항 축은 인간의 내면 속에 만들어진 자아와 주체성일 수밖에 없었다. 고도성장과 복지국가의 이상이 일본 국민에게 수용되고 이를 담당할 정치, 경제, 사회, 문화적 주체로서의 시민이 어느 정도 형성되면서 일본

---

73) シンポジアム「1 報告の意図と補足」『現代の眼』1981년 3월호, 現代評論社, 59쪽.

사회는 전전과는 전혀 다른 사회구조를 가지게 되었다. 그 결과 과거의 저항운동이 낳은 다양한 성과는 '평화와 번영'이라는 시민사회(≒국가) 속에 흡수되어버렸으며 일본 내에서는 권력으로의 또는 체제내로의 전구조적 전향이 시민사회란 틀 속에서 일어났다.

운동 주체들이 국가통합 장치에 포섭되고 동화되면서 운동론으로써의 전향론은 물러가고 개인의 사상과 행동의 일치성을 논하는 삶의 방식으로써의 전향론이 대두한다. 즉, 전후 전향론은 반체제적인 자신의 사상이 국가라는 틀 속에서 이루어지는 스스로의 삶과 일치하는지 아닌지를 묻는 것으로 변화하였다. 이것은 국민국가에 대한 스스로의 동화 여부를 묻는 인식과정이며, 전후의 진보운동은 운동과정에서 국가에 대한 스스로의 동화여부를 의식하지 못했기 때문에 좌절했다고 할 수 있다.

이를 타개하기 위해서는 이데올로기로써의 운동이 가진 추상성과 엘리트주의를 극복하고 민중들의 삶과 생활에 토대를 둔 사상과 운동을 구축할 필요가 있다. 그 방향은 '평화와 번영'이라는 시민사회의 흡인력을 이겨낼 수 있는 것이어야 한다. 이를 이겨낼 수 있는 힘은 사상의 주체인 개인의 내면과 현상적 삶이 일치하는 곳에서 발생한다. 이를 사상사적으로 표현한다면, 일본근대 혁명사상의 결함, 즉 내셔널리즘 대對 모더니즘의 문제, 지식인 대 민중의 문제, 생활 대 윤리의 문제, 당위 대 현실의 문제에 대한 극복이론이다.

Chapter 6

전학련과 진보적 지식인의
한반도 인식

1. 서론

패전 직후 일본의 지식인들이 한반도에 대하여 별로 언급하지 않은 이유나 배경은 어디에 있는가. 통설적으로는 일본인의 조선에 대한 멸시와 차별에 있다고 한다. 이러한 담론은 일본의 우파 지식인이나 보수주의자에 대해서는 별도의 논의가 없어도 수긍이 가는 면이 있다. 그러나 문제는 일본의 진보적 지식인의 경우이다. 진보적 지식인들이 전전에 이루어진 각종의 정책과 역사적 사실에 대하여 정치적, 사회적 책임을 묻기 시작한 다양한 논의들은 일본의 식민지였던 한반도에 대한 논의와 당연히 연결될 수밖에 없는 주제였다. 그럼에도 불구하고 패전 직후 일본의 진보적 지식인들이 한반도에 대하여 언급한 논의는 그리 많지 않다. 물론 패전 직후의 혼란한 사회상황과 당장 시급한 자신들의 일상적 문제에 매몰되다

보면 타자에 대한 논의가 소원해 질 수밖에 없는 것은 자연스러운 일이다. 그렇다고 하더라도 패전 직후에 진보적 지식인이 중심이 되어 제기한 다양한 논의에서 한반도와 관련된 문제는 거의 없다고 해도 과언이 아닐 정도로 미미하다.

패전 직후의 혼란한 사회적 상황 속에서 전전과 관련된 다양한 문제를 여러 가지 형태로 가장 먼저 제기한 분야가 문학일 것이다. 이러한 전후문학의 상황을 잘 보여주는 것 중의 하나가 혼다 슈고本田秋五의 『이야기 전후 문학사物語戦後文学史』(新潮社, 1965)이다. 이 책에는 패전 직후부터 60년대 초까지 전후문학의 대체적인 흐름을 개관하고 있다. 예를 들면, 정치와 문학 논쟁, 이를 이어받은 전쟁책임과 전향문제, 전쟁경험, 점령과 전후문학, 지식인론, 국민문학론, 중국문학론 등 다양한 주제를 당시의 사회 상황에 비추어 서술하고 있다. 이 시기에 발표된 여러 문학 작품 가운데 한반도와 관련된 작품이 전혀 없는 것은 아니지만, 이 책에서 다루고 있는 다양한 정파에 속한 작가들의 문학작품 가운데 한반도와 관련된 내용을 다룬 작품이나 작가는 없다. 또한 츠루미 슌스케가 중심이 되어 집단연구를 행한 결과물인 『공동연구 전향』에도 한반도와 관련하여 전향문제를 논한 시각은 보이지 않는다. 전향문제란 곧 전쟁협력에 관한 문제이고 이는 식민지 지배에 관한 문제와 연결될 수밖에 없는 주제가 아닌가. 이러한 상황은 패전 직후부터 70년대 혹은 80년대까지 큰 변화 없이 이어져 왔다고 생각된다.

전후의 일본 사상사를 정리하기 위해 선행되어야 할 작업 가운데 하나는 전후 일본의 진보적 지식인들에게도 조선에 대한 차별의식이 있었는지 만약 이러한 의식을 가지고 있었다면, 그들의 진보운동은 과연 무엇이 었는가. 반대로 조선에 대한 차별의식이 없었다면 이들이 한반도에 대하여 언급하지 않은[1] 이유는 무엇인지에 대한 답을 찾아야만 한다. 이러한 문제에 대한 논의는 패전 이후 현재까지의 한일관계를 또 다른 측면에서 논의하는 열쇠를 제공한다.

1947년 2·1파업 중지를 명한 GHQ의 일본 점령정책 변경 의사를 바르게 간파하지 못한 일본공산당은 여전히 점령 하에서도 평화혁명이 가능하다는 '평화혁명'의 방침을 고수하고 있었다. 이러한 상황 아래에서 이루어진 47년 4월 25일의 제23회 중의원 선거에서 패전 이후 일본공산당에 대한 대중들의 기대와는 달리 사회당이 143개 의석을 차지하여 제1당이 되어 5월 24일 카타야마 테츠片山哲를 수반으로 하는 사회당 정권이 탄생했다. 다음해 9월에는 일본공산당 산하에 학생자치회 조직을 전국적으로 통일시킨 전일본학생자치회총연맹全学連이 결성되었다. 전학련은 결성 이후 1951년에 샌프란시스코 강화조약이 체결되자 이를 반대하는 운동의 중심에 선다. 특히 58년에 미일안보조약 개정 교섭이 개시되자 본격적으로 안보개정 반대운동을 주도하여 안보투쟁의 핵심세력으로 등장한다. 48년에 조직된 전학련은 58년 전학련 제11회 대회 직후까지 일본공산당의 지도하에 있었으나 반일공계反日共系 신좌익 그룹이 이탈하면서 마침내 60년 제27회 중앙위원회에서 신좌익이 주도권을 잡는다. 이후 68년에서 69년에 걸쳐 일어난 전국학원투쟁을 거치면서 69년 9월에 전국전공투연합全共鬪이 결성되자 전학련은 소멸한다. 현재 70-80대를 넘어선 이들 전

---

[1] 여기서 오해를 피하기 위하여 미리 언급해두고 싶은 것이 있다. 이 장에서 필자는 패전 직후 일본의 진보적 지식인들이 식민지 지배책임에 대하여 전혀 고민하지 않았으며 아무것도 언급하지 않았다고 주장하는 것은 아니다. 그들이 공적 혹은 사적인 자리에서 여러 가지 형태로 식민지 지배책임에 대하여 논의하였다 하더라도 그것을 활자화하고 공론화하여 일본 사회가 해결해야만 하는 공통의 과제로까지 구체화시켜내지 못했다는 의미이다. 즉, 당시의 진보적 지식인에게 있어 식민지 지배책임에 대한 논의는 항상 부차적인 것이어서 우선 보류해두었다가 어느새 잊어버리고 마는 문제였다.

학련·전공투 세대는 일본의 전후 체제비판 세력의 핵심을 이루었으며 전전과 전후의 진보적 지식인 그룹의 맥을 연결하는 역할을 하였다.

따라서 전후 일본의 진보적 지식인 집단과 전학련 세대는 일본 사상사에서 이른바 전중·전후파의 중심을 형성하고 있는 집단들로 45년 이후 지금까지 한일관계와 관련하여 여러 가지 측면에서 다양한 발언을 해왔다. 따라서 이들이 패전 직후에 한반도와 관련하여 어떠한 시각을 가지고 있었는지를 살펴보는 작업은 전후 일본 사회사상사의 한 측면을 살펴보는 작업임과 동시에 이들 집단의 한반도 인식을 규명하는 중요한 작업이다. 특히 45년부터 60년대까지 한국(특히 남한)과 일본의 양국 사이에서 본격적으로 사회적 정치적 이슈가 된 것은 한일회담 반대운동이 거의 유일하다. 따라서 이 장에서는 한일회담 반대운동에 나타난 전학련과 당시 진보적 지식인의 인식을 분석하여 이들에게서 식민지 지배책임에 대한 논의가 활발하지 못한 이유가 무엇 때문이었는지를 살피고자 한다.

2. 한일회담 반대 투쟁의 전개과정

일본에 대한 미국의 점령정책은 군사적으로는 비무장화, 정치 경제적으로는 미국화라는 기본 노선에 따라 수행되었다. 그러나 1949년 중국대륙에서 공산당 정권이 탄생하고 50년에는 한반도에서 사회주의 국가 건설을 주창한 북한에 의한 한국전쟁이 시작되면서 국제정세는 급변했다. 이보다 앞서 일본 국내에서도 1947년 2·1총파업 실행을 위한 노동자 단체와 여기에 여러 가지 형태로 결합된 일본공산당의 존재는 미국의 대일 점령정책의 기조를 변경시킬 수밖에 없는 조건으로 작용하였다. 이에 따라 GHQ는 2·1총파업을 금지하는 명령을 내렸다. 이후 48년 12월 14일에는 15만 명에 달하는 무장 경찰군 창설이 제안되었으며, 한국전쟁을 계기로 50년 7월 8일에 맥아더는 경찰력 증강에 관한 서간을 발표하였다. 즉, 미국은 일본에게 재무장을 통해 동아시아에서 미군의 동맹군 역할을 요구하기 시작하였고 이를 위해 일본 국내에서는 역코스가 시작되었다.

이러한 배경 하에서 미국은 동아시아에서 자국의 이권을 강화하기 위하여 아시아 각국과 군사동맹을 체결하였다. 일본과는 51년 9월 8일에 '대일강화조약'과 더불어 '미일안전보장조약' 이른바 샌프란시스코 강화조약을 체결하였다. 이러한 조치의 연장선상에서 한국전쟁이 한창 진행 중이던 51년 10월 20일에 GHQ의 중재로 한일예비회담이 추진되었다. 마침내 52년 2월 15일 정식적인 제1차 한일회담이 시작되었다. 즉, 한일회담은 당사자인 한국과 일본의 필요에 의해서 구상된 것이 아니라 한반도에서 일어난 전쟁을 수행하기 위해 한국과 일본의 원활한 관계를 필요로 했던 미국의 요구에 의해 마련된 것이다.[2] 이러한 회담의 기본적인 성격은 일본에서 이 회담에 관련된 다양한 의견을 제출한 여러 집단들의 대응방식을 결정한 원인이기도 하다.

일본에서는 안보투쟁의 정점을 이룬 60년, 즉 미일신안보조약이 체결

---

2) 국민대학교 일본학연구소에서 진행한 한일회담 관련 연구에는 이러한 시각이 부족하다는 인상을 강하게 받는다. 구체적으로 말하면, 한일회담과 미국과의 관계를 명확하게 설정하지 못함으로써 이 회담을 평가하는 중요한 기준의 하나인 식민지 지배책임에 대한 논의를 한일 간의 문제만으로 인식하는 오류가 발생했다. 그 결과 한일 간의 전후 처리문제에 대한 미국의 책임이 신기루처럼 사라져버렸다. 국민대학교 일본학연구소가 『한일회담 외교문서 해제집』을 발간하면서 이원덕 소장은 "한국과 미국이……긴밀한 공조로 일본을 압박한 사실도 나타났다" 따라서 "통설처럼 미국이 일본 편만 들었다는 얘기는 사실이 아니다"(『동아일보』, 2008년 5월 28일, 21면)라고 평가한다. 미국이 한국 측 의견을 적극적으로 파악하고 이를 회담에 반영하려고 노력했다면, 이는 한국전쟁과 베트남 전쟁을 수행하기 위해 미일 군사동맹에 한국을 반드시 포섭해 넣어야 하는 미국의 동아시아 군사전략을 실현하기 위하여 양국의 빠른 타협을 이끌어내려는 목적이라고 보아야한다. 이렇게 보지 않고 미국이 한국과 공조하여 일본을 압박했다고 본다면, 미국이 한일회담 개시를 요구한 배경 및 베트남 전쟁 수행과정에서 미국이 일본을 절실하게 필요로 한 동아시아 국제정세와 어울리지 않는다.

되기 이전에 한일회담 반대운동은 존재하지 않았으며 한반도와 특수한 관계를 가진 몇 몇의 단체나 개인이 어느 정도의 반응을 보인 것에 지나지 않았다.[3] 또한 58년 10월 미국과 일본 사이에 미일안보조약개정 교섭이 본격화되자 59년 3월에 진보정당과 노동조합 지도부가 중심이 된 안보개정저지 국민회의(이하 '국민회의'라 칭함)가 결성되었다. 한편 전학련을 중심으로 한 안보투쟁은 정점으로 달려가지만 60년 6월 미일신안보조약이 발효되면서 운동은 하강국면으로 돌아선다. 그러나 이러한 안보투쟁의 고양기에서도 한일회담반대 주장은 부각되지 않았다.

이러한 상황이 일변한 것은 1961년 한국에서 박정희에 의한 5·16군사쿠데타가 일어난 이후이다. 쿠데타에 성공한 박정희 정권의 최대 과제는 경제성장을 통한 사회적 안정을 빠른 시일 내에 회복하여 정치적 기반을 공고히 하는 것이었다. 이를 위해 일본과 식민지 문제를 해결하고 유·무상의 차관을 제공받아 투자를 위한 재원을 확보하는 일은 국가적 차원에서 시급한 문제였다. 여기에서 미국과 일본은 한국의 반공정권을 지지하여 동아시아 정치질서를 안정적으로 유지하려고 하였다. 이러한 미국과 일본의 입장은 1961년 6월 20~21일에 이루어진 '이케다-케네디회담'을 통해서 확인할 수 있다. 이 회담에서 이케다 수상은 다음과 같이 주장하였다.

어떤 의미에서 일본에게는 중국문제보다도 한국문제가 중요하다. 뭐라고 하던 한국은 大國主命('오오쿠니누시노미코도'라고 읽으며 고사기와 일본서기에 나오는 신. 여기서는 '일본의 개국 이래'란 뜻으로 사용됨–필자) 이후 지리적으로도 역사적으로도 가장 일본과 가까우며 일본의 사활과 밀접한 관계에 있다. 특히 부산이 적화되었을 경우 일본의 치안

---

3) 畑田重夫,「日韓会談反対闘争の展開とその歴史的役割」『アジア.アフリカ講座Ⅲ 日本と朝鮮』, 勁草書房, 1965, 159쪽.

에 커다란 영향을 미칠 것이다. 한국의 반공체제에 대하여 일본은 중대한 관심을 가지지 않을 수 없다. 일본은 현재의 상황에서 한국을 적극적으로 원조하고 싶다. 이를 위해서도 한일교섭을 재개하고 싶다.[4]

일본의 발표와 발맞추어 미국은 7월 28일에 미국의 국무장관 러스크 David Dean Rusk가 성명을 발표하여 한국의 반공정권이 국가재건을 위해 적절한 시책을 채용하는 정권임을 인정하는 듯이 한국을 지지하는 입장을 표명하였다.[5] 이러한 움직임에 이어 8월 8일에는 한미합동경제위원회가 열렸으며, 이후 8월 24일에는 일본의 이세키 유지로伊関佑二郎 외무성 아시아 국장과 이동환 주일한국대사 사이의 논의를 통해 9월 중에 도쿄에서 제6차 한일회담 본회의를 개최한다는데 의견 일치를 보았다. 그 결과 8월 30일에는 한국의 김유택 경제기획원 원장이 한일회담 촉진을 위해 일본을 방문하였다. 이후 한국 측 수석대표에 배의환, 일본 측 수석대표에 일본무역진흥회장 스기 미치스케杉道助가 임명되어 1961년 10월 20일 도쿄에서 제6차 한일회담이 개시되었다. 이러한 흐름과 궤를 같이하여 11월 하코네箱根에서 열린 미일무역경제합동위원회에 러스크 미국무장관이 참가하여 한국문제를 중심으로 토의한 후 그는 서울을 방문하였다. 이처럼 변화한 국제정세 속에서 한미일 3국은 이번에야 말로 타결을 전제로 회담을 진행하였다. 이러한 사실은 한일회담이 사실상 미국의 동아시아 전략에서 출발한 것이고 61년 이후는 한국 정부의 회담타결 필요성이 증대하면서 미국의 요구에 일본이 적극적으로 응한 것임을 알 수 있다. 특히 러스크 미국무장관의 다음과 같은 발언은 이를 단적으로 보여주고 있다.

---

4) 위의 논문, 168쪽에서 재인용.

5) 위의 논문, 168쪽.

한국문제는 미국의 아시아 정책의 중심과제이다. 남부 베트남이 상당히 위험한 상태에 있는 시기에 더욱이 남한에서 발이 묶이는 것은 미국의 위신에도 관계가 있다. 동아시아 정세를 개선하는 것은 미일의 공동 목표이기 때문에 일본은 빨리 한국과 국교를 정상화하여 한국의 정치적 경제적 안정에 협력했으면 한다.[6]

1960년 6월 미일간의 신안보조약이 발효되자 지금까지의 안보투쟁은 하강국면으로 들어서면서 '국민회의'와 전학련을 중심으로 한 대중운동의 주류는 주요한 투쟁목표를 정치적 폭력행위 방지법政暴法 또는 政防法으로 약칭 분쇄에 두고 있었다. 이러한 운동 상황 속에서 한일회담에 관한 내용이 슬로건의 하나로 제출된 대중 집회는 61년 10월 14일에 중앙청년학생공투회의(59년 10월 28일에 안보개정반대청년공투회의, 각 노동조합 청년부 등 15개 단체로 구성된 안보개정저지 조직)가 개최한 '안보파기, 정폭법 분쇄, 정책전환 요구, 한일회담 반대 중앙청년총궐기대회'였다. 그리고 이보다 약 한달 뒤인 11월 24일에 도학련(都学連, 도쿄학생자치회연합회) 서기국이 발표한 「12·1 전도全都 학생의 정방법, 일한, 핵실험 반대 투쟁의 선두에 서자!(통달)」가 한일회담을 논한 집회였다. 이 문건은 12월 1일에 있을 도학련 주도의 투쟁에 학생들의 참가를 독려하는 내용으로 이루어져 있다. 이 문건에서 도학련은 'Ⅰ전환기에 선 일본제국주의와 통상국회의 중대한 의의'라는 항목에서 "10월의 임시국회는 정방법의 계속심의라는 피아彼我의 힘의 역관계를 상징적으로 보여주는 시작점이 되었다. 정방법은 '급진 좌익의 탄압=안보의 뒷처리'에서 '해외진출을 위한 체제강화'로"[7] 규정되었다. 이어서 두 번째 항목인 'Ⅱ일제의 해외진출 돌파구, 한

---

6) 위의 논문, 170쪽에서 재인용.

7) 都学連書記局, 「一二.一全都学生の政防法, 日韓, 核実験反対の闘いの先頭に立て!(通達)」 (1961.2.24)『資料 戦後学生運動 6』, 三一書房, 1969, 109쪽.

일회담 급피치로 진행'에서 한일회담의 추진상황을 간략하게 적고, 행동 방침의 두 번째 사안으로 "일본제국주의의 해외진출, 한일회담 반대!"[8]를 제시하고 있을 뿐이다. 여기에서도 알 수 있듯이 당시 안보투쟁 과정에서 제시된 슬로건 가운데 한일회담에 관련된 것은 다른 주요한 안건과 관련되거나 이를 강조하기 위한 부차적인 것에 지나지 않았다.

이러한 가운데 11월 8일 한일회담대책연락회의가 히비야日比谷 음악당에서 집회를 개최하면서 상황은 조금씩 변화하기 시작하였다. 같은 날 사회당은 제35회 중앙위원회에서 한일회담 분쇄, 헌법옹호 국민운동을 강화한다는 방침을 결정하였다. 또한 11일에는 재일조선인총련합이 한일회담 중지를 요구하는 집회를 열었으며, 일본공산당은 민주청년동맹과 공동으로 도쿄의 시바芝공원에서 '박정희 일본방문 반대, 한일회담분쇄총궐기대회'를 개최하였다. 이러한 움직임을 고려하여 '국민회의'는 11월 13일의 간부회의에서 한일회담 반대운동을 어떻게 다룰 것인가에 대하여 각 정파들과 토의할 수밖에 없었다.

이 회의에서 총평(일본노동조합총평의회)과 사회당은 '국민회의'가 중심이 되어 한일회담 반대운동에 대응하는 것에 반대의견을 제출하였다. 총평은 "한일회담 반대운동은 우선 정당이 철저하게 대응해야만 한다. 정당이 어떻게 진정성을 가지고 대응하느냐에 따라 방향이 달라진다. 안보반대국민회의가 한일회담 반대운동을 취급하는 것은 시기상조이다"[9]는 의견을 제출하였다. 이러한 총평의 입장은 노동자를 중심으로 한 경제투쟁을 조직운동의 중심에 두고 있음을 나타낸 것이라 할 수 있으며, 이후 한

---

8) 위의 자료, 111쪽.

9) 앞의 논문, 「日韓会談反対闘争の展開とその歴史的役割」, 173쪽.

일회담 반대투쟁이 본 궤도에 오른 이후에도 변하지 않고 관철되고 있다. 여기에 대해서는 이후에 상세하게 논하기로 한다. 한편 사회당은 "당내에 여러 가지 사정이 있는 관계로 한일회담 반대운동은 한일회담대책연락회의에서 추진하는 편이 좋다"[10]는 애매한 자세를 취하였다. 따라서 '국민회의' 역시 명확한 입장을 결정하지 못하였으며 한일회담 반대운동 역시 지지부진한 채 시간만 흘러가고 있었다.

당시 사회운동을 주도하고 있던 '국민회의'와 전학련의 태도가 한일회담을 중심의제로 취급하지 못하고 있는 가운데 한미일의 국가 간 협의는 착착 진행되고 있었다. 우선 62년 2월 19일에 김종필이 특사로 일본에 파견되어 이케다 수상과의 논의를 통해 회담을 촉진한다는데 의견일치를 보았다. 이어서 3월 12일부터 한국의 최덕신 외무부장관과 일본의 고사카 젠타로小坂善太郎 외상 사이에 회담의 정치적 절충을 위한 논의가 시작되었다. 이를 계기로 국회 외무위원회에서는 한일회담 문제가 다른 주요문제와 함께 3대 의제로 떠올랐다. 이러한 가운데 일본공산당은 3월 8일자 『아카하타アカハタ』를 통해 '한일회담 반대는 안보반대 공투조직의 긴급임무이다'고 주장하였다. 또한 노동자들의 춘투 과정에서 한일회담 반대가 슬로건으로 제시되기도 하였다. 마침내 '국민회의'는 3월 30일에 안보폐기 전국통일 행동을 일으키면서 한일회담 분쇄를 정식 슬로건으로 내걸었다. 이로써 미국에 의해 식민지 문제 처리를 위한 한일회담이 처음 제기되고 10년이 흐른 시점에서 일본 국민들 사이에서 한일회담 반대투쟁이 대중적인 운동과제로 부상하였다.

이 시기부터 '국민회의'를 중심으로 한 운동은 미일의 신안보조약 속에

---

10) 위의 논문, 173쪽.

서 '새로운 군사동맹으로 연결되는 한일회담 반대'를 주장하는 통일행동[11]을 이어간다. 이 3월 30일 집회는 한일회담 반대운동을 논하는 가운데 흔히 제1차 통일행동이라고 불린다. 물론 '국민회의'를 중심으로 한 운동이 적극적으로 한일회담 반대에 주력했다는 것은 아니고 안보조약강행채결 2주년을 기하여 전국적인 통일행동을 일으키는데 있어 '한일회담 반대'라는 슬로건이 포함되었다는 소극적인 의미이다. 이후 통일행동은 신안보조약 강행채결 2주년을 기하여 이루어진 62년 5월 19일의 제2차에 이어서 1963년 9월 1일의 제12차에 이르기까지 지속되었다.

그동안 한일회담 자체에는 반대하지만 적극적으로 투쟁에 결합하기를 꺼리던 사회당은 일반인을 상대로 한 교육용 팸플릿을 작성하는 등 조금씩 한일회담 반대에 힘을 쏟기 시작했다. '국민회의' 역시 9월 6일에 간사회를 개최하여 한일회담 분쇄를 위한 통일행동에 대하여 협의하였다. 이러한 결과 안보공투조직이 개최하는 한일회담 분쇄투쟁 집회가 전국 각지에서 개최되었다. 또한 진보적 지식인과 문화인으로 이루어진 '안보비판 모임安保批判の会'은 팸플릿 「알지 못하는 사이에-한일회담이 가져다준 것-知らない間に-日韓会談のもたらすもの-」을 간행하여 일본인들에게 한일회담 반대를 알렸으며, 이후 10월 16일에 도쿄에서 '한일회담 반대 모임'을 열고 한일회담이 평화를 염원하는 일본인들에게 있어 위험한 것임을 선전하였다.

---

11) 여기서 말하는 통일행동이란 기본적으로는 안보반대 범국민 통일운동을 지칭하는 것이다. 그러나 여기서는 이 통일행동 가운데 한일회담에 관한 내용이 포함되어 있는 시점을 기준으로 이를 제1차부터 제12차에 이르는 시기로 구분하였다. 이는 하타다 시게오(畑田重夫)가 앞의 논문에서 기술하고 있는 내용을 준용한 것이다. 따라서 안보반대 범국민 통일운동을 논한 다른 저자의 글에서 구분한 것과는 조금 다를 수 있다. 또한 63년 9월 이후에도 안보반대 통일행동은 지속적으로 전개되었다.

그동안 한일회담뿐만 아니라 한반도와 관련된 여러 가지 다양한 문제를 주체적인 일본인의 입장에서 검토하고 행동하자고 주장해 온 '일본 조선연구소'가 팸플릿 「우리들의 생활과 한일회담私たちの生活と日韓会談」을 공간하였다. 이 팸플릿은 한일회담을 "일본과 일본인 자신의 직접적인 이해에 관한 문제라는 점을 강조함과 동시에" "일본 전 인민이 진지하게 임할 필요가 있는 투쟁"[12]임을 강조하였다. 이러한 주장을 통해 일본 내부의 문제로만 인식되어 온 임금인상 등의 경제적 문제도 한일회담과 통일적으로 연계하여 파악해야 한다는 점이 강조되었다. 이러한 노력에 힘입어 63년 1월 16일 총평과 중립노련을 중심으로 이루어진 춘투 공투위원회는 한일회담 분쇄를 포함한 투쟁방침을 발표하였다.

한일회담이 일본인의 일상적인 문제와 관련하여 겨우 논의되기 시작한 가운데 베트남에서의 전쟁 가능성이 점차 커지면서 63년 1월 24일 쿠로카네 야스미黒金泰美 관방장관이 '미국이 자신들의 원자력 잠수함의 일본 기항에 대한 요청이 있었다'는 담화를 발표하였다. 이 문제는 방사능에 민감함 일본인에게 자연히 중심적인 사회적 정치적 이슈로 등장하여 원자력 잠수함의 일본 기항에 반대하는 과학자들의 성명과 이 성명을 지지하는 서명운동과 종교, 예술, 언론, 부인 등의 각 단체를 중심으로 한 핵잠수함 반대집회가 전국적으로 확대되었다. '국민회의' 역시 5월 20일에 이루어진 제9차 통일행동과 22일에 '국민회의', 사회당, 일본공산당, 총평 등 10여개의 단체가 공동으로 주체한 집회에서 원자력 잠수함의 일본 기항을 반대하는 성명을 발표하였다. 이로써 각종 집회의 투쟁 대상은 일본인들의 일상적인 문제와 결합된 형태로 겨우 논의되기 시작한 한일회담 반

---

12) 앞의 논문, 「日韓会談反対闘争の展開とその歴史的役割」, 188쪽.

대 문제에서 점차 핵잠수함 문제로 옮겨가기 시작했다.

　이러한 상황 하에서 63년 11월에 한국의 총선거에서 민주공화당이 압승하면서 정치적 기반을 다진 박정희는 한일회담 타결에 적극적으로 나섰다. 이러한 상황전개에 따라 한국에서는 대학생들이 중심이 된 한일회담 반대 집회가 격화되었다. 이러한 가운데서도 한일 간에는 수석대표 간의 비공식 절충이 개시되었으며, 64년 8월 통킹만 사건, 북폭北爆 개시 등 베트남에서의 전쟁이 본격화되면서 한국의 브라운 주미대사는 한국에게 한일회담 체결을 서두를 것을 촉구하였다.[13] 이러한 국제정세 속에서 64년 11월에 일본에서는 한일회담의 조기타결을 당면한 제1의 과제로 삼은 사토 에사쿠佐藤英作 내각이 성립하여 회담 성사를 위한 움직임이 급진전된다. 그 결과 64년 12월 도쿄에서 제7차 한일회담이 개최되었으며, 한일양국은 65년 1월 26일에 기본관계위원회를 열고 구체안을 제시하였다. 이렇게 하여 65년 6월 22일 도쿄의 일본 수상 관저에서 한일기본조약이 체결되었다.

　이러한 상황에서 65년 7월 4일에 실시된 제7회 참의원선거에 모든 힘을 쏟아 부은 사회당과 일본공산당은 선거에 몰입하면서 한일회담 반대운동과는 멀어졌으며, 7월 27일 양당 주최로 개최된 '베트남 침략반대, 한일조약비준 저지 국민공동 중앙집회'도 하루만의 공동투쟁으로 끝나고 말았다. 결국 일본에서 한일회담 반대운동은 격화되지 않았으며 사회당, 총평, 일본공산당은 한일회담보다 원자력 잠수함의 일본 내항반대에 견인되어 베트남 반전운동으로 중심을 옮겼다. 사회당의 간부조차 "이웃 나라와 사이좋게 지내는 것은 당연하지 않느냐는 정부 여당의 말에 반론하

---

13) 여기에 대한 자세한 내용은 高崎宗司, 『検証 日韓会談』, 岩波書店, 1996, 157-158쪽을 참조할 것.

지 못하였으며, 한일회담 반대의 국민여론이 높아지지 않았다"[14]고 한숨을 내쉬었다.

3. 한일회담에 대한 전학련의 입장

'국민회의'를 중심으로 안보반대투쟁의 연합전선이 구축되고 여기에 각 분야에 걸친 다양한 민주세력이 결집한 것은 전후 일본의 사회운동사에서 무엇보다 중요한 의미를 가진다. 특히 '국민회의'를 중심으로 한 전국적인 통일행동은 안보개정뿐만 아니라 이와 연계되어 동시적으로 진행되고 있던 한일회담에 대한 내용도 슬로건화 하여 제시하면서 운동의 대중적 고양에 결정적인 역할을 하였다. 그러나 60년 5월 19일에 신안보조약이 국회에서 강행 체결되면서 통일행동에 균열이 가기 시작했다. 즉, 6월 4일에 이루어진 '안보저지 국민회의 전국 통일행동'에 전학련은 참가하지 않았다.

전학련은 5월 말경에 안보투쟁은 패배했다고 하면서 '국민회의'가 주관하는 통일행동을 거부하였다. 즉, '국민회의'를 중심으로 한 기성 정당과 시민주의 운동의 중심을 이룬 문화인들은 "신안보조약에 대한 타격, 아이젠하워 대통령 방일저지, 기시내각 조기퇴진을 성과로"[15] 안보투쟁을 긍정적으로 평가한 반면 전학련은 "'부르주아지의 소멸'을 쟁취하지 못했으며 '부르주아지의 급속하고도 확고한 복귀를 허용했다'는 두 가지"[16] 이유로 안보투쟁을 패배로 인식했다.

안보투쟁에서 패배했다는 인식에 기초하여 이루어진 총괄 과정에서 전학련은 3개의 계파로 분열하게 된다. 60년 6월에 도쿄대학교 세포가 제

---

14) 高崎宗司, 『検証 日韓会談』, 岩波書店, 1996, 173-174쪽.

15) 김진 편역, 『일본 학생운동사』, 백산서당, 1986, 104쪽.

16) 위의 책, 105쪽.

출한 「안보투쟁의 좌절과 이케다 내각의 성립」이라는 의견서는 안보투쟁 당시의 동맹이론을 정면으로 비판하였다. 이 의견서가 직접적인 시발점이 되어 전학련은 61년 7월 제17회 대회에서 마르학동(마르크스주의 학생동맹) 전학련, 반마르학동 3파(사학동, 사청동, 구조개혁파) 전학련, 일본공산당계 전학련으로 분열되었다.[17] 이러한 분열을 거치면서 전학련 조직은 약화되었으며 운동 현장에서 대중에게 미치는 영향력도 줄어들었다. 그러나 전학련은 안보투쟁의 패배 이후에도 61년의 정폭법 투쟁, 62년의 대관법(大管法, 대학운영에 관한 임시조치법) 투쟁, 63년의 원자력 잠수함 기항저지 투쟁, 65년의 한일협정 반대투쟁, 베트남 전쟁 반대투쟁 등에서 중요한 역할을 담당하였다.

이러한 상황에 있던 전학련은 62년 이후 안보투쟁의 슬로건 가운데 하나에 포함된 한일회담 반대운동을 자신들의 조직과 연계한 형태로 인식하고 관계하기 시작한다. 62년 1월에 사학동(사회주의학생동맹) 전국사무국은 "1962년은 일본에서 사회주의 혁명운동의 장래를 결정하는 중대한 해"[18]라고 선언하면서 최근의 중요 정치정세 가운데 한일회담을 거론하였다. 여기서 사학동은 한일회담이 이미 최종단계에 와 있다고 인식하고 그 본질을 다음과 같이 파악하였다. 즉, "한일회담은 일본 부르주아에게 있어 일본제국주의가 누적해 온 모순의 탈출구로 다가온 과제"이며,

---

[17] 이러한 분열로 인하여 각 정파는 전학련 내부에서 서로 다른 전략 전술론을 제출하였으며 내부 대립과 항쟁의 과정을 거치고 있다. 따라서 이러한 전학련을 하나로 취급하는 것은 적절하지 않은 면도 있다. 그러나 이 글은 전학련 내 각 정파의 사상적 운동적 차이를 논하는 것을 목적으로 한 것이 아니라 전학련 또는 당시의 학생운동 세력이 한일회담에 대하여 어떠한 입장을 가졌으며 이러한 입장의 바탕에 깔려있는 한반도에 대한 인식을 분석하는 것을 목적으로 하고 있기 때문에 전학련 내 각 정파의 다양한 입장을 전학련이란 틀 내에서 취급한다.

[18] 社学同全国事務局, 「1.25政法再提出阻止.日韓会談粉砕の闘いに全力を注入せよ」 (1962.1.14)『資料 戦後学生運動 6』, 三一書房, 1969, 157쪽.

"일본 부르주아의 금후 정책을 결정하는 극히 절실한 과제"[19]이다. 따라서 이 회담은 "첫째로 직접적인 상품 수출 외에도 한국의 대량적이고 값싼 노동력을 이용한 자본 진출이 이루어진다. 둘째로 이 경우 일본 자본의 권익옹호를 위해 해외파병 혹은 그 외의 형태로 한국에 대한 정치적 지배력을 강화한다. 셋째로 후진국에 대한 공통의 이해관계를 갖는 미국 및 한국, 타이완 등의 반공 파쇼 정권과 NEATO(동북아시아 안보조약기구—필자)와 같은 군사동맹을 형성"[20]하는 점에서 극히 제국주의적인 성격을 갖는다고 파악하였다. 한일회담이 갖는 성격을 이렇게 파악하였음에도 불구하고 62년의 시점에서 전학련은 안보조약 체결 이후에도 지속적으로 전개된 투쟁 과정에서 한일회담을 유기적으로 연결시켜 슬로건화 하지 못하였다. 그러다가 전학련은 분열되고 약화된 조직을 재건하고 운동역량을 강화하기 위해 고심하는 가운데 63년에 들어서면서 한일회담을 자신들의 투쟁이슈와 결합시킨다.

도쿄교육대학의 일부 정파는 "한일회담 반대투쟁은 4·5월에는 고양되지 않기 때문에 대학민주화 투쟁을 제기해야만 하며, 전자대(全自代, 전국자치회대표자회의—필자)는 필요없다"[21]고 주장하여 한일회담 반대투쟁은 불필요하며 이보다 대학민주화 투쟁을 통해서 운동을 고양시킬 필요가 있음을 강조하고 있다. 이처럼 전학련의 일부 정파는 조직재건과 운동의 고양을 위해 한일회담을 이용하는 전술론 자체를 거부하기도 하였다. 그러나 전학련 주류파는 안보투쟁 패배 이후 일련의 투쟁을 거치면서 분열

---

19) 위의 자료, 159쪽.

20) 위의 자료, 159쪽.

21) 社学同都委員会書記局,「日韓会談阻止四.二六ゼネストへ全力をあげスト準備を強化せよ！」(1963.3.29)『資料 戦後学生運動 6』, 三一書房, 1969, 314쪽.

된 조직 재건 과정을 다음과 같이 기술하고 있다.

4·5월에 싸워온 한일투쟁은 안보 이후의 분열과 혼란한 상황과는 달리 새로운 학생 대중운동 고양의 맹아를 동반한 투쟁이었다.……투쟁적 학생운동은 도쿄도에서 도쿄대학 C, 도쿄공업대학, 호세대학, 와세다대학 등에서 새로운 고양의 싹을 착실히 만들어 내었 다. 이 1년 반에 걸친 피로 얼룩진 통일행동의 전개 속에서 쟁취한 진정한 투쟁하는 동지 의 투쟁하는 연대, 신뢰는 섹트주의적 대립을 척결하고 광대한 학생대중 속에서 투쟁을 실현하는 방향을 분명히 확립하였다. 이 학생대중과 활동가와의 살아있는 교류의 확대는 학생대중의 투쟁 에너지를 한발 한발 끌어내었다. 이 학생대중운동 고양의 징조야말로 도 학련, 전학련 재건을 확고부동한 것으로 만드는 강력한 현실이다.[22]

전학련 주류파는 안보패배 이후 '국민회의'를 주축으로 하여 각종의 사 회단체가 참가한 한일회담 반대투쟁을 통한 학생동원과 조직정비를 거쳐 전학련의 일부 조직을 재건한 사실을 높이 평가하고 있다. 따라서 3파 전 학련으로 분열된 이후 "도학련의 재건은 분명히 한일회담 반대투쟁 속에 서 만들어진 것"[23]이었다. 즉, 전학련의 분열과 조직 붕괴 이후 도학련은 다양한 형태로 자신들의 조직을 재건하기 위하여 64년 12월에 '도학련재 건준비회'를 만들어 활동하였으며 그 활동의 일부로써 한일회담 반대 투 쟁이 위치하고 있음을 알 수 있다.

전학련의 이러한 인식은 한일회담이 채결된 이후 도학련(3파계) 재건준 비회가 제출한 투쟁 보고서에서도 나타난다. 이들은 65년 1·2월에 이루 어진 한일회담분쇄·베트남 침략반대 투쟁을 평가하면서 "작년에 막 결성

---

22) 全学連(主流派)書記局, 「六」.―三都自代, 7月上旬都学連再建を決定, 更に全学連再建を確 認(闘争速報)」(1964.6.15)『資料 戦後学生運動 6』, 三一書房, 1969, 417쪽.

23) 위의 자료, 415쪽.

된 도학련 재건준비회의 투쟁은 일찍이 전도^{全都}·전국의 투쟁적 학생운동의 조직적 재건 필요성과 의의, 그리고 그 내용을 스스로 실천을 통한 실적으로 보여주고 있다"[24]고 의미를 부여하였다. 이처럼 전학련 주류파는 안보투쟁 이후 와해된 자신들의 조직재건을 위한 활동의 일부로 한일회담 반대 투쟁을 활용하고 있었다.

한편 사청동(社靑同, 일본사회주의청년동맹) 해방파는 이러한 입장에 입각하여 한일회담 반대투쟁에 임한 전술방식에 대하여 "우리들 학생운동에서도 모든 좌익의 머릿속에는 위대한 안보투쟁의 이미지 속에서 한일회담을 위치지우고 있었다고 해도 과언이 아니다"[25]라고 하여 한일회담 반대 투쟁이 그 본래의 내용과 취지에 걸맞게 수행되지 못했음을 암시하면서 "여기에서 발생하는 실력투쟁은 단순한 기술주의로써의 실력투쟁"[26]이라고 비판적으로 평가하였다.

4. 미일 군사동맹 반대

앞에서 한일회담의 경과과정을 살펴보는 가운데 명확히 한 것처럼 이 회담은 한일 양 당사자들의 필요성에서 시작되었다기보다 미국의 새로운 동아시아 전략에 기초한 것이다. 이러한 미국의 요구는 결국 동아시아에서 중국과 소련이라는 사회주의 국가와 대결하여 자국의 이익을 지키기위한 군사동맹의 필요성으로 귀결된다. 1949년 중국공산당의 성립, 50년

---

24) 都学連(三派係)再建準備会,「日韓会談粉砕.ベトナム侵略反対全国学生総決起大会基調報告」(1965.3.30)『資料 戦後学生運動 7』, 三一書房, 1970, 26쪽.

25) 「日韓闘争の中間総括と闘いの総括」社政同解放派政治機関誌『コンミューン』(1965.11.18)『資料 戦後学生運動 7』, 三一書房, 1970, 131-132쪽.

26) 위의 자료, 133쪽.

한국전쟁 발발, 60년 베트남 민족해방전선 결성, 64년 통킹만 사건으로 이어지는 동아시아의 군사적 긴장은 일본, 한국, 타이완을 연결하는 군사동맹(이른바 NEATO)의 필요성으로 나타났다. 이러한 국제정세 속에서 일본의 재무장과 이를 통한 전쟁개입 가능성이 현실화 되는 가운데 일본의 전쟁개입에 대한 위기의식은 한일회담과 동일한 시기에 전개된 미국의 베트남 전쟁 개입과 이에 따른 일본의 군사적 역할 강조로 인하여 전 일본 사회에 확대되었다.

따라서 이러한 국내외적 정세 하에서 전개된 한일회담 반대투쟁에서 전학련은 한일회담 반대를 주장할 경우 "③ 자위대의 해외파병의 필요성. ④ NEATO결성에 의한 반공군사동맹적 성격. ⑤ 일제의 해외진출의 필연성"[27]에 대하여 주의해야 한다고 주장하여 한일회담이 가지는 군사적 성격을 강조하고 있다. 이러한 전학련의 인식은 "현재 자민당 내에서 한일회담을 둘러싸고 반공주의와 군정 지지자가 늘어나고 있다. 그리고 한일회담을 둘러싼 반공, 임전태세화한 아시아 정책을 보장하기 위하여 소선거구법 등을 준비하고……일본제국주의는 내외로 반공화, '임전태세'화의 길을 걷고 있다. 그 제1보가 한일회담이다!"[28]는 형태로 표출되었다.

이처럼 60년대 초 베트남에서 전쟁의 기운이 높아지면서 일본은 미국의 군사 요충지로서 역할을 수행할 수밖에 없는 상황으로 내몰리고 있었다. 일본 정부는 이를 일본의 군사력 강화를 위한 교두보로 삼았으며 이를 위해 60년 5월 경찰관이 국회를 둘러싼 가운데 '미일 상호협력 및 안전보

---

27) 社學同全国事務局, 「1.25政防法再提出阻止.日韓会談粉砕の闘いに全力を注いせよ」 (1962.1.12)『資料 戦後学生運動 6』, 三一書房, 1969, 159쪽.

28) 社学同都委員会書記局, 「日韓会談阻止四.二六ゼネストへ全力をあげスト準備を強化せよ!」 (1963.3.29)『資料 戦後学生運動 6』, 三一書房, 1969, 315쪽.

장 조약'(일명 신안보조약)을 강행 채결하여 다음달 6월에는 정식으로 발효시켰다. 안보조약의 강행 채결에 항의하여 모인 '소리 없는 소리 모임声なき声の会'이 중심이 되어 다른 사회운동 단체에 제의하여 베트남 반전 연합조직을 결성하였다. 이렇게 하여 '베트남에 평화를! 시민연합'(일명 베평련)이 탄생했다. 그리고 이러한 사회적 인식은 학생운동의 구호뿐만 아니라 노동운동 등 각종의 사회단체가 주관한 운동에도 그대로 반영되어 미국 원자력 잠수함의 일본 기항 저지투쟁과 다른 나라의 핵실험 반대운동으로 구체화되었다. '도학련 재건 준비대회 보고'는 이러한 상황을 다음과 같이 정리했다.

통킹만 사건에 나타난 남베트남을 축으로 하는 동남아시아의 격동에 대하여 미제국주의와 보조를 맞추면서 부르주아의 공통적인 이해로써 인민의 억압에 착수하려는 일본제국주의는 현안으로 부상한 미원자력잠수함 일본기항승인을 8월 28일에 갑자기 행하였다.……군사력 강화를 꾀하기 위한 원자력 잠수함 일본 기항에 대하여 도쿄에서 곧바로 항의행진을 실행하고……원전투쟁의 지도체제를 강화하기 위하여 도쿄에서 10월 19일에 원자력잠수함 저지 전도全都학생연락회의를 결성하고,……도자대(都自代, 도학련대표자회의−필자)를 개최하였다.[29]

결국 미일 신안보조약의 체결과 베트남전쟁의 격화는 일본의 군사기지화 및 군사전력 강화로 구체화될 수밖에 없는 상황을 초래하였다. 이러한 일본의 움직임은 일본사회 전반에 전쟁에 대한 위기의식을 확산시켰으며 운동으로 환원된 위기의식은 다시금 반전운동 활성화의 원동력이 되는 순환 고리를 형성하였다.

---

29) 都学連(三派系)再建準備会, 「一.一八日韓会談再開に向けて闘いを組織せよ, 全自治会は再建準備会に結集し七月再建を推進せよ」(1965.1.10)『資料 戦後学生運動 7』, 三一書房, 1970, 3쪽.

이처럼 일본을 둘러싼 내외 정치 환경의 변화는 한일회담에 대한 전학련의 인식에도 영향을 미쳤다. 즉, 미국을 주축으로 하고 일본을 지역 거점으로 하면서 동아시아 각국을 포괄하는 군사동맹의 필요성이 제기되는 국제정치 상황 속에서 전학련은 한일회담을 한미일의 정치·군사적 상관관계 속에서 파악하였다. 그 결과 3파계 도학련은 한일회담을 "사토내각의 전면적인 반동공세의 자세는 일찍부터 한일회담을 타결하고 동남아시아로 침략의 본격적인 제1보를 내디"[30]던 것으로 파악하였다. 따라시 3파계 도학련은 "한일회담, 베트남 군사간섭을 노골적인 일·미 양제국주의의 식민지정책으로 동시적으로 파악할 필요가 있"[31]다고 선언하게 된다. 이에 따라 전학련은 한일회담 반대가 신안보조약 반대와 맥을 같이하는 것으로 성격규정하고 미일 양 제국주의의 세계정책에 반대하는 운동에 전력을 기울이면서 조직재건을 꾀한다. 예를 들면, 한일회담도 막바지에 이른 65년에 회담성사를 위해 한국을 방문하는 시이나椎名 방한 저지를 위한 하네다羽田투쟁을 전개하는 과정에서 전학련은 전국적인 학생동원을 이루어 내었으며, 또한 한일회담 성사를 통한 일본제국주의의 부활을 비판하는 슬로건도 제출하였다.

전학련 각 단체의 슬로건은 한일회담 반대운동의 성격과 목표를 구체적으로 적시한 것이라고 할 수 있다. 각 단체의 현실인식과 전략 전술론은 조금씩 다르지만 슬로건에서 회담에 대한 공통인식을 엿볼 수 있다. 전학련 각 정파의 슬로건의 일부를 보자. 3파계 도학련은 "1. 일한조약비준분쇄! 한국학생·인민과 연대하여 비준을 실력으로 저지하자! 1. 베트남 침

---

30) 都学連(三派係)再建準備会, 「日韓会談粉砕.ベトナム侵略反対全国学生総決起大会基調報告」(1965.3.30)『資料 戦後学生運動 7』, 三一書房, 1970, 25쪽.

31) 위의 자료, 30쪽.

략전쟁 반대! 일제의 전쟁협력을 허용하지 말라!"[32]를 슬로건으로 제시하였다. 혁마루계(일본혁명적 공산주의자동맹 혁명적 마르크스주의파) 전학련은 "1. 미제의 베트남 침략 반대!……1. 일본제국주의의 해외진출 야망 한일조약·협정회담반대!"[33]를 슬로건으로 제시하였다. 사청동은 "일제의 해외침략-한일조약비준 저지! 베트남 반혁명연합전선에 대결하여 민족해방투쟁을 지원하자!"[34]를 슬로건으로 내세우고 있다. 이들 슬로건에서 공통적으로 보이는 인식은 한일회담이 가진 군사적 측면을 강조한 사실이다. 특히 전학련은 한일회담 성사를 통해 한국을 미일 군사동맹에 포섭하고 베트남 전쟁을 핑계로 하여 더욱 강화되고 있던 동북아시아 안보조약 기구 구상을 실현하여 일본 제국주의 부활을 기도하는 일본정부의 의도를 읽어내고 이를 비판하고 있다.

한일회담에 내포된 군사적 측면은 상당히 중요한 의미를 가지고 있었다. 따라서 한일회담에 관한 다양한 문제를 다룬 당시의 논단에서 이 문제는 상당히 중요한 비중으로 다루어졌다. 당연히 일본의 군사적 행위와 관련되고 타국에 대한 침략으로 이어지는 문제인 만큼 논의는 내셔널리즘 혹은 과거의 식민지 지배 문제에 대한 인식으로 연결되어 마땅하다. 그러나 현실은 이러한 논리적 귀결과는 거리가 있었다.

한일회담이 체결되고 난 이후 1965년 11월 27일 도쿄 오차노미즈お茶の水 잡지회관에서 '한일문제와 일본의 지식인-미래에 대한 모색-'을 주제

---

32) 都学連(三派系)書記局, 「都学連(三派系)再建第14回大会ー採択された準備委員会の提案.諸決議.大会宣言」(1965.7.8〜9)『資料 戦後学生運動 7』, 三一書房, 1970, 92쪽.

33) 全学連(革マル系)中央執行委員会, 「全学連(通称.革マル系)第22回全国大会ー総括.諸決議.大会宣言」(1965.7.9〜12)『資料 戦後学生運動 7』, 三一書房, 1970, 116쪽.

34) 社学同全国委員会書記局, 「社学同再建全国大会議案.アピル」(1965.7.31)『資料 戦後学生運動 7』, 三一書房, 1970, 144쪽.

로 하여 이루어진 '국민문화회의 심포지움'에서 진행된 한일회담의 군사적 측면에 대한 논의를 살펴보자. 우선 첫 발표자로 나선 히다카 로쿠로우日高六郎[35]는 "안보조약이 이른바 강령적인 것이라면 한일조약은 그 세목과 같은 것"이라는 어느 노동조합 간부의 말을 인용하면서 "한일조약의 가장 중요한 의미는 이것이 특히 아시아·아프리카 여러 나라에서 일어난 제2차 세계대전 후의 반식민주의 내셔널리즘에 정면으로 대립하는 도전이라는 성격을 가진 점"[36]이라고 강조한다. 즉, 히다키는 한일회담이 "반공 인터내셔널리즘이라는 형태로 반식민주의 내셔널리즘에 대립하는"[37] 내용을 내포하고 있으며, 미일신안보조약에 명시된 것처럼 '극동의 평화와 안전을 위해 미국이 일본의 기지를 이용할 수 있는' 조항과 관련하여 중요한 의미를 갖는다는 점을 강조한 것이다. 이러한 내용과 관련하여 히다카는 사토 수상의 답변을 소개하고 있다. 한일회담에 대한 논의를 위한 국회 특별위원회에서 이시바시石橋가 한일협정으로 인한 자위대의 한국 파병문제를 제기하자, 사토수상은 일본국 헌법 혹은 자위대법과 관련하여 "군사적으로 적극적인 파병과 같은 문제는 없을 것이지만, 그 외의 것에 대해서는 우리들이 유엔의 목적수행이 용이하도록 하기 위해서 협력

---

35) 1917년 생. 전후에 도쿄대학 신문연구소 조교수, 교수를 거쳐 「思想の科学」 동인이며 비공산당계 마르크스주의 진영의 한사람으로 60년 안보투쟁을 지도함. 1968년 김희로 사건이 일어나자 이 사건을 재일조선인 차별에 의해 일어난 사건으로 규정하고 김희로를 변호함. 1969년 도쿄대학 분쟁으로 기동대가 대학에 난입하자 이에 저항하여 교수직을 사임함. 여기서 이들 논자들의 정치적 입장이나 정당과의 관계를 소개하는 이유는 이들의 주장이 당시 이들이 속한 조직의 입장을 대변하고 있기 때문이다. 따라서 여기서는 이들을 통해서 당시 제도권 정당이 가진 한일회담에 대한 기본적인 입장의 일단을 살펴보고자 한다.

36) 「日韓問題と日本の知識人—未来への模索—」『現代の眼』, 7卷2号, 1966年2月, 44쪽.

37) 위의 논문, 44쪽.

하는 것은 있을 수 있다"[38]고 대답했다. 여기서 말하는 '유엔의 목적수행이 용이하도록' 하는 '협력'이란 동아시아에서 미국의 군사적 행위가 필요한 경우 일본은 미국의 군사적 목적 수행을 위해서 자국의 군사기지를 제공하고 이를 사용할 수 있도록 허가한다는 것이다. 이러한 언급은 이후에 전개된 베트남 전쟁과정에서 일본이 수행한 역할을 그대로 반영한 것이다. 이처럼 히다카는 한국에 주둔한 미군을 중심으로 한 유엔군의 존재, 유엔군 지위협정, 미일안보조약 등과 관련하여 한일회담의 군사적 측면이 가지는 의미를 정확하게 파악하고 있었다. 그러나 문제는 여기서 일본의 지식인들이 파악한 군사적 측면의 의미란 한미일 3국간 군사협력을 포함한 '반공체제'의 완성에 한정된다는 점이다.

심포지움의 두 번째 발표자로 나선 우에다 코이치로上田耕一郎[39]는 안보 반대 투쟁과 비교해서 한일회담 반대 운동이 부진했던 이유로 "일본인 자신의 과거 조선에 대한 식민지 지배 문제에 대한 반성이 미약했던 문제"[40]가 존재한다고 지적한다. 그런 다음 그는 "이런 것에만 시선을 빼앗겨 실제로 한일조약에 대한 투쟁을 힘차게, 대담하게 내딛지 못하는 그런 오류에 빠지지 않도록 할 필요가 있다"[41]고 주장하였다. 우에다는 식민지 지배 문제에 대한 반성과 한일회담을 별도의 것으로 파악하고 '식민지 지배 문제에 대한 반성'도 중요하지만, 당면한 "미국의 커다란 전략 구상에

---

38) 위의 논문, 46쪽.

39) 1927년 생. 1946년에 일본공산당에 입당. 대학졸업 후 『中野新報』 기자로 지역에서 조직 활동을 하였다. 1956년에 『戰後革命論爭史』로 문단에 등장한 뒤 구조개혁파로 분류되기도 하였다. 이후 미야모토 겐치(宮本顕治)를 중심으로 전개된 일본공산당의 강령논쟁 과정에서 제8회 당 대회를 통해 확정된 반제반독점 민주주의혁명의 입장을 취하면서 이전에 자신이 낸 저서 『戰後革命論爭史』를 절판하였다. 이후 일본공산당의 노선에 입각하여 활동을 전개하였다.

40) 「日韓問題と日本の知識人―未来への模索―」『現代の眼』, 7卷2号, 1966年2月, 52쪽.

41) 위의 논문, 52쪽.

빠져들어 버리는" 한일회담이라는 "일본국민 자신의 이해관계의 문제, 그 생명과 안전의 문제, 이 문제, 특히 군사적으로 당면한 위험한 문제를 우리들은 힘을 모아 국민 전체에게 제기하고 선전할 필요가 있다"[42]고 주장한 것이다. 그는 일본의 군사적 팽창을 암묵적 합의사항으로 바탕에 깔고 진행된 한일회담의 성격을 과거 일본이 식민지 획득을 위해 행한 군사행동의 연장선상에서 파악하고, 그 결과 이를 일본의 식민지 지배책임으로까지 확대시키는 수준에는 이르지 못하고 있다.

이러한 주장에 대하여 세 번째 발표자로 나선 나카하라 히로시中原浩[43]는 "한일회담 반대운동에는 하나의 기본적인 맹점"이 있다고 전제하고 그 맹점이란 "한일문제에 대한 접근방식에는 너무 객관적 정세론만이 우세하고, 진정으로 우리들 일본인의 민족적 주체성에 입각한 접근방식이 적었다"[44]고 지적한다. 나카하라가 말하는 "객관적 정세란, 예를 들면 미제국주의에 의한 중국 봉쇄정책의 일환이라던가, 혹은 한국 타이완 일본의 반공군사동맹에 포함되는 것은 아닌지 등 세계정세에서 출발한 사고"[45]이다. 한편 그가 지적한 "일본민족의 주체적 책임"은 "조선인에 대한 식민지적 침략이라는 사실, 그리고 지금 다시 일본 제국주의가 부끄러운 줄도 모르고 새로운 형태의 식민지주의에 편승하려고 한다는 사실, 우리들은 지금이야말로 역사 속에서 다시금 민족의 주체적 책임을 지려고 한다. 역시 이러한 사실에서 출발해야만 한다"[46]는 점이다. 일본민족이 해

---

42) 위의 논문, 52쪽.

43) 評論家. 나카하라에 대해서는 자세한 자료를 찾을 수가 없었다. 주장하고 있는 내용으로 봐서는 일본공산당이나 사회당과는 거리를 두고 있는 정파에 속하는 인물로 보인다.

44) 「日韓問題と日本の知識人ー未来への模索ー」『現代の眼』, 7巻2号, 1966年2月, 57-58쪽.

45) 위의 논문, 58쪽.

46) 위의 논문, 58쪽.

결해야만 하는 본질적인 관점에 서서 한일회담을 반대한 것이 아니라 "베트남 전쟁 반대와 한일회담 반대를 무매개적으로 결합한 방식에 자신은 찬성할 수 없다"[47]고 나카하라는 단호하게 말한다. 따라서 그가 말하는 한일회담 반대의 목적은 "역사 속에서 조선민족에 대한 일본민족의 역사적 책임을 분명히 지고 다시는 이러한 일이 없도록 식민지주의를 필연으로 한, 그리고 지금도 필연으로 요구하는 일본제국주의를 타도하기 위"[48]한 것이었다. 그러나 당시 나카하라와 같은 입장을 취한 사람[49]은 소수에 불과했다.

이 심포지움에서 기조발표를 한 세 사람은 각기 입장이 조금씩 다른 정파에 속한다. 이러한 입장은 당시 일본의 진보적 지식계를 대표한다고 할 수 있다. 문제는 나카하라의 발언에서 알 수 있듯이 당시의 한일회담 반대 논의는 동아시아 국제정세 특히 베트남 전쟁이 격화되어 가는 과정에서 한미일의 '반공체제' 완성이라는 객관정세에 너무 치중한 나머지 한일 국교정상화를 위해 우선 해결해야할 본질적인 문제인 식민지 지배책임이란 문제를 놓쳐버린 사실이다. 즉, 일본제국주의 부활이란 면만 강조되고 전쟁의 연원으로써의 식민지 지배에 대한 인식이 결여된 점이다. 물론 이러한 문제는 단순한 시각의 문제라든가, 현실문제에 대한 매몰이라는 측면

---

47) 위의 논문, 58쪽.

48) 위의 논문, 58쪽.

49) 당시의 것으로는 旗田巍, 「日韓会談の再認識—日本人の朝鮮観」『世界』, 1963年12月; 編集部, 「日韓闘争の中間総括—その運動路線の盲点と限界—」『現代の理論』, 1966年1月; 佐藤勝巳, 「『日朝中三国人民連帯の歴史と理論』への私の意見(1)」『朝鮮研究』90号, 1969年가 있다. 이후 이러한 논의가 다시 등장한 것은 水原陽子編, 「『植民地責任』論」, 青木書店, 2009; 坂垣竜太, 「日韓会談反対運動と植民地支配責任論」『思想』No1029, 2010年1月를 통해서이다. 이러한 연구사로 볼 때 한일회담 반대운동 당시에는 식민지 지배책임론은 부차적이었으며 65년 조약 비준 이후 운동에 대한 총괄 과정에서 제기된 것이 대부분임을 알 수 있다.

이외에 제도권 정당인 일본공산당이나 사회당이 현실 정치 관계 속에서 가지는 대중적 지지에 대한 판단도 그 배경의 하나로 존재한다.

5. 일본자본의 해외 진출 반대

1955년 일본의 경제백서는 '더 이상 전후가 아니다'고 선언했다. 이 말은 55년을 전후로 하여 일본의 생산력 수준이 전전의 최고 수준을 상회하는 지점에 도달했음을 선언한 것이었다. 이러한 경제 상황을 정치적으로 구체화 한 것이 이른바 '55년 체제'로 상징되는 보수 자민당 정권의 장기 집권 구조의 창출이다. 이후 93년 8월에 호소가와 모리히로細川護熙를 수반으로 하는 비자민연립정권이 등장할 때까지 자민당의 장기 집권은 계속되었다.

정치의 시대이기도 한 일본의 1960년대는 경제의 시기이기도 하다. 60년 안보조약개정을 마친 키시 수상이 사의를 표명하고 뒤를 이어 이케다 하야토池田勇人가 수상의 자리에 앉았다. 그는 경제성장의 결과를 활용하여 그 동안의 정치의 시대에 마침표를 찍고 시대 분위기를 경제의 시대로 돌리기 위하여 노동자들에게 '소득배가'를 슬로건으로 내걸었다. 이러한 이케다 내각의 고도성장 정책은 "금융이 대기업에게 집중되어 있을 것, 경제의 각 부분에 이중구조가 존재하고, 저임금의 기초를 만들어 낼 것, 높은 생산성과 낮은 임금이 결합되어 만들어 내는 우리 상품의 강한 국제경쟁력"[50]이라는 상황을 온존시키는 것이었다. 이러한 정책은 일본 내의 노동집약적인 산업에 대해서는 가공무역과 외국 기업과의 합병(=자본투자)을 통한 생산거점의 해외이전으로 구체화된다. 이 때 반드시 고려되어야 할 사항은 생산거점 이전 지역에 우수하고 값싼 노동력이 존재해야 한다

---

50) 経済企画庁編,『図説所得倍増計画』, 藤島宇内,「「日韓交渉」の思想と現実」『思想』, 1961年3月, 368쪽에서 재인용.

는 점이다. 이러한 면에서 한국의 "의무교육 보급율 95%라는 수치는 다른 저개발국가에 비하여 상당히 높고, 선진 자본주의국의 수준에 근접해 있으며, 근대적인 기술을 활용할 여지를 갖추고 있"[51]는 요인이었다. 또한 한국의 "엄청난 산업예비군을 간접적으로 이용하여 일본 노동자의 임금 인상을 억제하려"[52]고 한 일본자본주의의 의도가 관철될 수 있는 곳이기도 했다. 따라서 일본 내에서 산업 합리화 정책의 진전에 따라 "도태될지도 모르는 중소자본에게 한국은 만약 조건이 갖추어진다면 구태의연한 방식으로도 이윤을 올릴 수 있는 여지를 제공하는" 곳이었으며, 한국을 일본자본주의의 "세력권에 끌어들임으로써 독점체제의 광범위한 재편을 용이하게"[53] 이루어 낼 수 있는 기회의 땅이기도 했다.

이러한 경제상황과 맞물린 사회적 현실은 한일회담 반대운동 과정에서도 나타났다. 도학련은 61년 10월 임시국회가 끝나고 정방법政防法을 "'급진좌익의 탄압=안보 뒷처리'에서 '해외진출을 위한 체제강화'로 위치지우"고 "제국주의적 체제강화 정책은 다음의 4개"[54]로 구성된다고 논한다. "첫째, 안보투쟁으로 고양된 반정부 의식은 소득배가를 간판으로 하는 이케다의 낮은 자세와 경기 상승 속에서 교묘하게 허무감으로 승화되어버렸다. 그러나 소득배가가 자본의 강제적 축적에 다름 아닌 이상 제국주의의 모순은 일 년도 지나지 않아 현재화하여 소득배가가 아니라 물가폭등임을 국민들은 알게 되었다. 이 위기에서 벗어나기 위해 부르주아는 설비

---

51) 梶村秀樹, 「日韓交渉と日本資本主義」日本朝鮮研究所『朝鮮研究月報』11, 1962年11月, 31쪽.

52) 위의 논문, 34쪽.

53) 위의 논문, 34쪽.

54) 都学連書記局, 「一二.一全都学生の政防法, 日韓, 核実験反対の闘いの先頭に立て!(通達)」(1961.11.24)『資料 戦後学生運動 6』, 三一書房, 1969, 109~110쪽.

투자규제, 금융조치 등 고도의 국가경제정책을 수행함과 동시에 노동운동을 체제내화하고 반정부 투쟁을 억압"[55]한다. 둘째는 자민당의 독재강화, 셋째는 노동운동에 대한 탄압과 회유, 넷째는 자위대의 강화이다. 이어서 도학련은 이 4가지에 대하여 구체적으로 논하고 문건의 마지막에 자신들의 행동방침으로 "1. 일본제국주의의 해외진출, 한일회담반대!"[56]란 슬로건을 제출하였다.

이러한 정세분석은 "일본자본주의 계급은 현재 그 과잉 생산력의 처리 문제와 동시에 해외진출의 경제적 기초이자 더구나 일본에서 자본가적 재생산의 절대적 전제인 '엔의 강화'=외화, 금 달러의 준비라는 두 가지 과제를 안고 있으며 이것이야말로 일본자본가 계급의 모순의 중심을 형성하고 있다"[57]는 인식으로 이어진다. 따라서 이러한 자신들의 모순을 해결하기 위하여 일본의 자본가계급은 기업의 "집중과 합병을 축으로 하는 '국제경쟁력' 강화"와 "제국주의적 '세계정책'의 개시"[58]를 필요로 하는데 이것이 바로 한일회담이라고 사타케 시게루(佐竹茂, 필명 渚雪彦)는 보고 있다. 사타케는 "한일회담은 이와 관련하여 일본자본가 계급의 '통일'된 기본적 공세이며, 노동자 계급과 자본가 계급의 계급투쟁의 중심을 이루는 것이다.……따라서 한일회담 그 자체의 반인민적 내용을 폭로함과 동시에 '계급투쟁의 열쇠'로써의 한일투쟁의 의의를 항상 지적하고 여러 정치 경제문제를 일본자본주의 계급의 동향 속에서 폭로해야만 한다"[59]

---

55) 위의 자료, 110쪽.

56) 위의 자료, 111쪽.

57) 渚雪彦,「帝国主義列強の抗争の現局面─日韓闘争と革命闘争の勝利のために」マルクス.レーニン主義者同盟理論機関誌『マルクス.レーニン主義』(1964.2.15. 第2号)『資料 戦後学生運動 6』, 三一書房, 1969, 394쪽.

58) 위의 자료, 395쪽.

59) 위의 자료, 395쪽.

고 주장한다.

격화되는 자본주의 국가 간의 경쟁 속에서 급속하게 자본축적을 이루어야 하는 일본에게 자국 내의 임금과 생산비 인상에 대응하여 해외의 값싼 노동력과 시장 확보는 중요한 과제였다. 이에 더하여 국내 자본과잉에서 발생하는 문제를 해결하지 않으면 안 되는 상황이 진척되고 있었다. 이러한 상황에서 진행된 한일회담에 대하여 사학동은 "다음의 몇 가지 측면에서 극히 제국주의적인 진출이라고 할 수 있다. 첫째, 직접적인 상품진출 외에 한국의 대량적이고 값싼 노동력을 이용하는 자본의 진출이 행해진다. 둘째, 이 경우 일본자본주의의 권익옹호를 위해 해외파병 혹은 그 외의 형태로 한국에 대한 정치적 지배력을 강화한다"[60]고 파악한다. 즉, 사학동은 경제적으로 충분히 전전의 제국주의적 상황을 상회할 만큼 회복한 일본은 한일회담에서 논의된 유·무상의 차관 제공을 통해 한국에 대한 자본 진출을 시도하고 있다고 파악한다. 그리고 자본진출의 구체적인 방법은 한국의 값싼 노동력을 활용한 생산거점 확보와 상품시장의 확대로 구현된다고 주장한 것이다. 특히 자국의 영토 외로 진출하는 일본자본주의의 권익을 옹호하기 위해 군사력이란 물리적 수단이 동원된다고 강조한다. 사학동은 일본이 한일회담 비준을 통해 이러한 정책을 추진할 수밖에 없게 된 것은 "일경련의 강경함-자민당 우파 부분이 사토佐藤정권에 대한 압력으로써 극히 고압적으로 비준 강행을 돌파하려고 하고 있"[61]기 때문이라고 파악한다. 따라서 사학동은 일본 자본주의가 자신들의 새로

---

60) 社学同全国事務局, 「1.25政防法再提出阻止.日韓会談粉砕の闘いに全力を注入せよ」 (1962.1.12)『資料 戦後学生運動 6』, 三一書房, 1969, 159쪽.

61) 社青同学生解放派理論機関誌 『解放』, 「日韓決戦をプロレタリア政治闘争として闘いぬけ」 (1965.11月 臨時号)『資料 戦後学生運動 7』, 三一書房, 1970, 164쪽.

운 비약을 위해서 "새로운 블록block권 형성과 아시아 반혁명 계급동맹의 맹주가 되려고 하는 일제日帝의 장기적 목표……현재 착착 진행되고 있는 합리화·물가인상 등에 대한 노동자 인민의 반격을 봉쇄하려고"[62]했다고 판단한다. 따라서 한일회담은 "두 가지 중요한 의미를 가지고 있는데 하나는 상표수출, 기술제휴, 자본수출 등을 가지고 일본자본주의의 탈출구를 가짐과 동시에 간접적으로 일본경제의 체질개선을 이룩하여 일본자본주의를 연명시키는 역할을 하고 있다. 다른 하나는 공업제품을 수출함으로써 한국의 경제적 위기를 구제하고 나아가 경제적인 그리고 군사적인 간섭을 확립하는 것이다".[63] 이러한 인식의 결과 사학동은 한일회담 반대투쟁이 갖는 의미를 다음과 같이 평가한다.

한일 투쟁이야말로 진정한 프롤레타리아 정치투쟁을 노동자의 본대 속에 창출하지 않으면 안 된다. 한일에 내포된 전쟁과 파시즘과 합리화에 대하여 강고하게 싸워나가는 혁명적 노동자 부대를 하나의 정치 조류로써 돌출시켜야만 한다. 이것이 일본 혁명전략에서 한일(이 가지는-인용자) 위치이며 우리가 획득해야 하는 것이다.[64]

이처럼 전학련에 속한 각각의 정파들은 한일회담 반대운동을 일본 노동운동의 활성화와 전위적 노동자 대중을 창출하기 위한 전략으로 파악하고 있다.

한일회담을 일본자본주의 경제상황에 연동된 노동운동의 현실과 연계

---

62) 위의 자료, 164쪽.

63) 「社学同東京都委員会政治局.社学同通達」(1965.3.10)『資料 戦後学生運動 7』, 三一書房, 1970, 35-36쪽.

64) 社青同学生解放派理論機関誌『解放』,「日韓決戦をプロレタリア政治闘争として闘いぬけ」(1965.11月 臨時号)『資料 戦後学生運動 7』, 三一書房, 1970, 164쪽.

하여 논하고 있는 내용은 사회당과 그 관련 단체에서 전형적으로 나타난다. 한일조약이 체결된 이후 사회당 관련 단체와 이에 속한 관계자들의 한일회담 반대운동에 대한 총괄평가 과정에서 총평 국민운동부장 이와다레 스기오岩垂寿喜男는 한일조약의 체결은 "사토내각의 '반공군사체제구축'을 지향한 적극적인 자세이며 나아가 이것은 제국주의적인 해외진출을 추진하는 일본 독점자본의 대외정책의 정체를 여실히 보여주는 것"[65]이라고 평가한다. 나아가 그는 이러한 "지배체제의 동향은 필연적으로 노동자에 대하여 저임금과 권리박탈, 합리화의 강요, 민주세력 그 중에서도 노동자계급에 대한 압박과 회유대책을 강화"[66]한다고 논했다. 이러한 상황 하에서 점차 수세로 몰리고 있는 노동자들은 한일회담 반대를 주장하는 것이 곧 자신들의 이익을 옹호하는 것임을 인지하고 "한일조약의 위험성을 직장에서 적극적인 토의대상으로 하여 전 조직적으로 제기"[67]했어야 했다. 그러나 노동운동을 총괄 지휘하는 입장에 있는 총평의 지도에서 "한일회담과 합리화, 해고, 저임금 등 적들의 공격과의 관련, 그 외의 당면한 다양한 정치과제와의 내적인 관련을 추구하는 작업이 불충분했으며 전체적인 정치토론이 부족했기"[68] 때문에 노동자들은 그렇게 하지 못했다고 이와다래는 평가한다. 예를 들면, "일본이 한일조약을 체결하면, 한국의 저임금 노동력이 일본으로 유입되어 일본의 임금이 내려가며……. 따라서 한일문제에 반대하지 않으면 안 된다는 식의 견해가 제출되었다. 한일투쟁

---

65) 岩垂寿喜男, 「日韓条約の批准阻止をはじめとする諸闘争の中間的総括」日本社会党中央本部機関紙局『月刊社会党』105, 1966年2月, 86쪽.

66) 위의 논문, 86쪽.

67) 위의 논문, 86쪽.

68) 위의 논문, 88쪽.

의 경우에도 이러한 입장에서 한일조약 반대를 주장"[69]한 것이다. 이러한 시각에는 "한국 민중에 대한 일본의 역사적 책임 문제가 개입할 여지가 없다".[70]

결국 한일회담이 한국에 대한 일본 독점자본의 제국주의적 진출임에도 불구하고, 노동현장에서는 한일회담 반대투쟁의 논리가 내부로 향한 시선에 그치면서 일본 자본주의의 해외진출이 곧 과거 일본이 행한 식민지 확보의 또 나른 방식임을 자각할 수 없게 되었다.

6. 가해자 의식(식민지 지배책임)의 부재

1964년에 들어서면서 한일회담 타결 가능성이 높아지자 여기에 대한 반대운동 역시 더욱 강화되었다. 그러나 한일회담 반대운동이 강화되면 될수록 여러 정파 간의 전략 전술론에 대한 차이는 분명해져 갔다. 한편 한국에서도 대학생을 중심으로 한 한일회담 반대운동이 점차 고조되면서 한국과 일본 학생들 간의 상호지원 및 연대를 주창하는 슬로건이나 주장도 제기되었다. 그러나 전학련 서기국은 "우리들은 한국의 학생 데모를 신'3파연합'계의 제군처럼 결코 '무조건' 지지할 수는 없다"[71]고 선언하면서 그 이유를 다음과 같이 제시한다.

왜냐하면, 한국의 학생 데모……전체에 얽혀 있는 한국 민족주의를 현재로는 돌파할 수 없기 때문이다.……이러한 내용은 기본적으로는 배일이라는 부르주아 민족주의의 입

---

69) 「日韓問題と日本の知識人—未来への模索—」『現代の眼』, 7巻2号, 1966年2月, 81쪽.

70) 위의 논문, 81쪽.

71) 全学連書記局, 「日韓会談の粉砕をめざして 4.28全学連第一波統一行動をかちとれ」 (1964.4.10)『資料 戦後学生運動 6』, 三一書房, 1969, 407쪽.

장일 뿐이다. 따라서 그들은 현재의 한일 교섭에는 반대하지만 민족적으로 보다 유리한 조건 아래서는 한일회담 추진이라는 동향으로 돌아설 수밖에 없기 때문이다.[72]

이처럼 전학련은 한국 측의 한일회담 반대논리를 민족주의적인 관점에서 파악하고 있다. 그러나 왜 이러한 민족주의적 시각이 강하게 묻어날 수밖에 없는지에 대한 분석은 없다. 즉, 전학련은 한국 학생들이 제시한 한일회담 반대논리의 이면에 있는 역사적 기억을 살피려고 하는 노력이 없다. 단지 한국 측의 회담 반대론자들은 민족주의적인 흐름을 이용하여 반대하고 있지만, 향후 자신들에게 보다 유리한 조건이 제시된다면 한일회담 찬성으로 돌아설 것이라고 예견한다. 전학련은 일본에게 식민지 지배를 당한 한국인이 여기에 대한 한국과 일본 정부의 분명한 입장표명이나 문제해결을 위한 구체적인 논의가 생략된 한일 양국의 국교정상화에는 찬성할 수 없다는 주장을 조금도 이해하지 않고 있다.

물론 여기에는 전학련 내 정파 간의 대립과 일본공산당이나 사회당과 같은 제도권 정당의 운동에 대한 반대도 내포되어 있다. 예를 들면, 전학련은 같은 자료에서 민족문제의 본질에 대한 논리 전개를 통해 사·공 양당은 민족문제를 도덕적인 관점에서 접근하고 있다고 비판한다. 그러면서 전학련은 "한일 양 인민의 투쟁의 전진과 단결은 한국 민족주의에 대한 비판 없이는 실현될 수 없으며, 사·공이 의회주의와 반미 민족주의에 대한 왜곡에서 벗어나지 않는 한 실현될 수 없을 것"[73]이라고 단언한다. 전학련의 이러한 주장은 제도권 정당으로서의 성격을 강하게 가지는 사회당과 일본공산당의 의회주의적 성격에 대한 비판이며 나아가 현실적인

---

72) 위의 자료, 407쪽.

73) 위의 자료, 408쪽.

정치 과정 속에서 단순히 유권자를 의식한 여러 정치노선에 대한 비판을 함유하고 있다.

한편 전학련 주류파와 반대 입장에 있는 중핵파(혁명적 공산주의자동맹 전국위원회 중핵파)는 한일협정 체결이 이루어진 후 자신들의 운동에 대한 총괄적 평가를 행하는 가운데 "한일조약은 '평화와 민주주의'를 대폭적으로 '빼앗'고 더욱이 '의회주의가 위협당하'고 있음에도 불구하고 왜 대중적으로 폭발하지 못했는가? 그리고 인보-베트남에서 표현된 문화인, 인텔리겐치아, 전체로서의 소부르주아는 왜 한일의 정치과정에 등장하지 못했는가"[74]라고 의문을 제기했다. 스스로의 문제제기에 대하여 중핵파는 다음과 같이 대답한다.

일본 프롤레타리아 인민이……한국 인민에 대한 억압에 반대하는 입장을 스스로 갖추지(국제주의 입장) 못하여 진정한 계급적 대결점을 정하지 못한 곳에 문제의 곤란함이 있었다.

이것 외에 사회 배외주의자, 모든 전투적 좌익과 우리들의 한일회담 파악에 대한 분열의 핵심은 여기에 있었다.……

사회 배외주의로 전락한 사회당은 물론 전투적 좌익의 많은 부분은 기를 쓰고 '한국 민족주의다'라고 아우성쳤다. 그러면 그럴수록 그들은 레닌주의에서 더욱 멀어져갔다.

그리고 '일본 인민의 이해관계를 먼저 분명히 하자'고 외쳤다.[75]

즉, 중핵파는 '사회 배외주의자'들이 한국의 민족주의를 배척하고 일본

74) マル学同(中核派)中央書記局, 「プロレタリア帝国主義の旗高く、反植民地主義闘争の前進を —日韓闘争の中間総括」マル学同中核派機関誌 『中核』(1965.11.30)『資料 戦後学生運動 7』, 三一書房, 1970, 165-166쪽.

75) 위의 자료, 167쪽.

인민의 이해를 더욱 중시하면서 '국제주의'의 입장에 서지 못했기 때문에 투쟁의 '대결점'을 확보하지 못했으며 나아가 조약체결을 저지하지 못했다고 평가한다. 여기서 중핵파는 전학련 주류파와 달리 한국 내에서 강하게 일어나고 있던 민족주의적인 배경을 최소한 부정하지는 않고 있다. 그렇다고 해서 중핵파가 과거 일본의 식민지 지배책임을 강하게 의식하고 있었는가 하면 그렇지는 않다. 중핵파가 전학련 주류파의 의견에 반대한 것은 한일회담 반대투쟁을 통해서 일본제국주의에 대한 "금후의 공격 내용과 그 공격 방법"[76]에 대한 인식의 차이, 즉 혁명운동의 전략 전술론의 차이에서 파생된 결과에 지나지 않는다. 중핵파 역시 기본적으로 식민지 지배책임에 대한 인식은 미미했다고 보아 무방하다.

이처럼 일본에서 이루어진 한일회담 반대 논리에서 전중파와 전후파의 시대 경험으로 생생하게 남아있는 가해자로서의 식민지 지배에 대한 책임의식을 거의 인지하지 못하는 모습은 다른 곳에서도 보인다. 한일 양국 간의 협정체결이 막바지에 이른 시기에 1965년 3월 30일자로 도쿄대학 교양학부 자치회, 오차노미즈대학 자치회 집행위원회, 게이오慶應대학 히요시日吉정치학회·의학회, 오타루小樽 상대 자치회, 시즈오카静岡대학 문리文理 자치회 명의로 된 전국학생 총궐기 제안서에서 "한일회담의 침략외교로써의 성격과 급진성은 베트남 위기와 함께 점점 더 깊어가고 있다.…… 지금 제국주의자들은 해외에서의 수탈에 재차 발을 내딛고 정치적인 국내체제를 강화하면서 후진지역 국가에 대한 정치·군사 동맹을 강행하여 침략을 진행하고 있으며 한일회담이야말로 그 제1보", 즉 "한일회담이 해

---

76) 위의 자료, 166쪽.

외침략의 제1보이다"[77]고 선언하였다. 이 제안서에서도 한일회담을 전후 일본의 새로운 해외침략으로 규정하고 있음에도 불구하고 불과 20년 전에 마감된 일본의 식민지 지배책임에 대한 문제의식이 전혀 언급되고 있지 않다. 앞에서 논한 것처럼 이 제안서 역시 당면한 운동 목표를 실현하기 위하여 현실 사회운동의 담당자들인 학생을 어떻게 운동에 결합시킬 것이며, 이를 통해 사회운동을 어디로 이끌고 갈 것인가에 중점을 둔 관점에서 한일회담을 논하고 있을 뿐이다. 일본이라는 내부로 향한 시각에서 한일회담을 보고 있기 때문에 한일회담이 전후의 새로운 식민지 침략의 첫발이라고 인식하고 있음에도 불구하고 이것을 과거 자신들이 행한 식민지 지배책임에 대한 논의로까지 발전시키지 못하고 있다.

일본 신좌익의 한 분파를 이루는 구조개혁파는 "안보투쟁에서 보여주었던 광범위하고 높은 국민적 지지가 왜 이번의 한일투쟁에는 마지막까지 발생하지 않았는가"[78]라고 자기비판적인 문제제기를 한다. 그러면서 이들은 그 이유를 한일회담 반대운동 그 자체가 가진 근본적인 자세와 태도에 치명적인 맹점이 있기 때문이라고 답한다. 그들이 말하는 맹점이란 "이번 한일투쟁에서 결국 한국민족에 대한 역사적 책임, 제국주의적 지배에 대한 국민적인 반성이 결여된"[79] 사실이다. 구조개혁파는 그 결과 학생을 중심으로 장기에 걸쳐 한일회담 반대운동을 진척시켜 왔지만 근본적으로 "한국 민중 투쟁과의 연대가 전혀 실현되지 못"했다고 주장하면서 구체적인 "예를 들면, 사회당의 반대에는 독도·이승만 라인 등에 대

77] 「日韓会談粉砕.ベトナム侵略反対全国学生総決起大会への提案」(1965.3.30)『資料 戦後学生運動 7』, 三一書房, 1969, 41–43쪽.

78] 編集部, 「日韓闘争の中間総括―その運動路線の盲点と限界」『現代の理論』1966年 1月号, 15쪽.

79] 위의 논문, 15쪽.

전학련과 진보적 지식인의 한반도 인식　269

한 반응에 '해서는 안 되는 쇼비니즘적인 민족주의적 경향이 보였다'는 점"[80]을 강조하고 있다. 이러한 지적은 한일회담 반대운동 과정에서 사회당이 현실적인 정치관계 속에서 일본의 국익에 반한다고 보이는 이슈들에 대해 자국 중심주의적인 태도를 취한 것에 대한 비판이다. 즉, 국익=일본 민중의 이익을 옹호하는 정당이라는 정치선전을 통해 총평을 중심으로 한 노동조합의 절대적인 지지를 바탕으로 현실 정치(=선거)에서 영향력을 확대하고자 하는 사회당의 자세를 비판한 것이다.

사회당과 같은 대중추수주의적인 태도는 다른 곳에서도 확인할 수 있다. 한일회담 반대운동이 최고조에 달한 시점에서 일본의 조선연구소가 한일회담 반대운동을 고조시키기 위해서 펴낸 『우리들의 생활과 한일회담私たちの生活と日韓会談』(1962년), 『일본의 장래와 한일회담日本の将来と日韓会談』(1963년), 『한중일 삼국 인민연대의 역사와 이론日朝中三国人民連帯の歴史と理論』(1964년)이란 팸플릿을 분석한 사토 카츠미佐藤勝巳는 경제주의와 물신주의에 매몰되어 "'국민의 혈세를 낭비하는 한일회담 반대'라든가 '박(정희)에게 줄거라면 나에게 줘라'라는 문구가 범람한 시기도 이즈음"[81]이라고 본다. 그는 한일회담 반대운동을 고조시키기 위해 펴낸 이 팸플릿이 일본의 대중들에게 잘 팔렸음에도 불구하고 운동이 퇴조할 수밖에 없었든 이유는 "한일회담을 군사동맹, 대한対韓 경제 진출의 두 가지 점에 집약하여 파악했기 때문에 지금 하나의 중요한 측면인 일본 근현대사의 뒷정리, 식민지 지배 문제를 이전의 억압국의 국민으로서 여기에 어떻게 대처해야하는지 기본적인 관점의 결여가 위와 같은 중대한 오류를 범하게 된

---

80) 위의 논문, 16쪽.

81) 佐藤勝巳, 「『日朝中三国人民連帯の歴史と理論』への私の意見(1)」『朝鮮研究』90号, 1969, 9쪽.

배경이다. 단적으로 말하면, 일본 노동자의 에고이즘에 영합한 점에 있었기 때문에 (팸플릿이-인용자)잘 팔렸다는 것을 인정하지 않을 수 없다"[82]고 지적한다.

한일회담 반대운동에 참가한 일본공산당의 태도 역시 사회당과 크게 다르지 않다. 앞에서 본 일본공산당 계열의 평론가 우에다 코이치로는 국민문화회의 심포지움에서 나카하라 히로시의 일본의 식민지 지배책임론에 대하여 "이번의 한일투쟁이 미진하게 된 주요한 원인을 과거의 식민지 지배에 대한 일본인민의 반성의 나약함에서 찾는 것은 조금 성급하지 않은가 하고 생각합니다"[83]라고 하여 반대 입장을 분명히 했다. 우에다는 식민지 지배책임에 관한 문제는 "분명히 복잡한 부負의 유산을 남겨둔 것이지만, 주요한 책임은 과거의 식민지 지배 그 자체, 일본 지배계급에게 있는 것"이므로 "지금의 시점에서 우리들이 져야할 책임 방식은……일본의 지배층과 투쟁하는 것 이것이 최대로 책임지는 방식이다"[84]고 한다. 즉, 일본공산당 계열의 지식인들 역시 일본의 정치지형 속에서 지배계급과의 투쟁을 통해 자신들에 대한 지지율을 높이고 정치적 영향력의 확대를 꾀하기 위한 수단으로써 한일회담 반대운동을 활용한 측면이 크다고 할 수 있다.

7. 결론

1949년 중국공산당 정권의 탄생, 50년 한국전쟁, 60년 베트남 민족해방전선 결성, 64년 통킹만 사건으로 이어지는 동아시아의 군사적 긴장 속

---

82) 위의 논문, 9쪽.

83) 「日韓問題と日本の知識人－未来への模索－」『現代の眼』7卷2号, 1966年2月, 69쪽.

84) 위의 논문, 69-71쪽.

에서 미국은 일본에게 재무장을 통한 동맹군 역할을 요구하기 시작했다. 그 첫 움직임이 일본과의 샌프란시스코 강화조약 체결이며 이어서 한국과의 관계개선을 위한 한일회담을 일본 측에 제의하였다. 즉, 한일회담은 당사자인 한국과 일본의 필요에서 구상된 것이 아니라 한반도에서 일어난 전쟁을 원활하게 수행하기 위해 한국과 일본의 관계개선을 필요로 했던 미국의 요구에 의해 제안된 것이었다. 이러한 이유로 '국민회의'를 중심으로 한 초기의 한일회담 반대운동은 미일안보조약 반대운동의 연장선상에서 부차적으로 취급되었다. 그러다가 1963년에 들어서면서 한일회담 반대운동은 일본인들의 직접적인 이해관계를 포함한 문제로 취급되기 시작했다. 그러나 역설적이게도 이 시기에 베트남 전쟁과 관련한 미국의 원자력 항공모함의 일본기항 문제가 부각되면서 한일회담 반대운동은 다시 주변적인 문제로 밀려났다.

전학련 주류파는 안보투쟁의 패배 이후 일련의 투쟁을 거치면서 한일회담 반대운동은 '광대한 학생대중 속에서 투쟁을 실현시키는 방향을 확립했으며 이 학생대중과 활동가의 살아있는 교류확대는 전학련 재건을 확고부동한 것으로 만드는 강력한 현실'이었다고 평가하였다. 즉, 전학련은 안보투쟁 이후 와해된 자신들의 조직재건을 위한 투쟁활동의 일부로 한일회담 반대운동을 활용하고 있었다.

이러한 입장에서 한일회담 반대투쟁을 전개해온 전학련은 한일회담을 한미일의 정치·군사적 상관관계 속에서 파악한다. 그 결과 전학련은 한일회담 성사를 통해 한국을 미일 군사동맹에 포섭하고 베트남 전쟁을 핑계로 하여 더욱 강화되고 있던 동북아시아 안보조약기구 구상을 실현하려는 일본정부의 군사적 의도를 비판한다. 이러한 한일회담에 내포된 군사적 측면에 대해서는 당시의 진보적 지식인도 비판적인 입장을 취하였다. 그러나 전학련과 진보적 지식인은 동아시아 국제정세 특히 베트남 전쟁이 격화되어 가는 과정에서 한미일의 '반공체제' 완성이라는 객관정세에 너무 치중한 나머지 한일 국교정상화를 위해 우선 해결해야할 본질적인 문제인 식민지 지배책임이란 점을 놓쳐버렸다. 즉, 전학련과 진보적 지식인들은 일본제국주의 부활이란 면만 강조하고 전쟁의 연원으로써의 식민지 지배에 대한 인식을 결여하고 있었다.

1955년에 전전의 생신력 수준을 회복한 일본은 격화되는 자본주의 국가 간의 경쟁 속에서 급속하게 자본축적을 이루어야 하는 상황에 직면하였다. 일본은 자국 내의 임금과 생산비 인상에 대응하기 위하여 해외의 값싼 노동력과 시장 확보라는 중요한 과제를 해결해야만 했다. 이에 더하여 국내 자본과잉에서 발생하는 문제를 해결하지 않으면 안 되는 상황이 진척되고 있었다. 전학련은 이러한 상황타개를 위한 논의가 한일회담이라고 판단하다.

이러한 정세인식에 따라 전학련은 한일회담 반대투쟁을 통해서 '혁명적 노동자 부대를' '노동자의 본대 속에 창출해야만 한다'고 주장한다. 즉, 전학련은 한일회담 반대운동을 일본 노동운동의 활성화와 전위적 노동자 대중의 창출전략으로 파악하였다. 이러한 시각에는 한국 민중에 대한 일본의 역사적 책임문제는 개입할 여지가 없었다. 이와 같은 인식은 사회당이나 총평에서도 공통적으로 확인된다. 따라서 한일회담은 일본 자본주의의 한국 진출임에도 불구하고 결국 노동현장에서는 한일회담 반대투쟁의 논리가 노동자들의 경제주의적 투쟁으로 회귀하였으며 그 결과 식민지 지배책임과의 관련성을 자각할 수 없었다.

전학련은 한국 측의 한일회담 반대논리를 '배일이라는 부르주아 민족주의적 입장'이라고 단언하면서 한국에서 왜 이러한 민족주의적 시각이 강하게 묻어날 수밖에 없는가에 대해 분석하지 않았다. 즉, 전학련에게는 한국에서 제시된 한일회담 반대논리의 이면에 있는 역사적 기억을 살피려고 하는 노력이 없었다. 전학련은 당면한 운동 목표를 실현하기 위하여 현실 사회운동의 담당자들인 학생을 어떻게 운동에 결합시킬 것이며 이를 통해 사회운동을 어디로 가지고 갈 것인가에 중점을 둔 관점에서 한일회담을 논하고 있을 뿐이다. 또한 진보적 지식인들이 중심이 되어 만든 팸플릿 역시 한일회담을 군사동맹과 한국에 대한 경제 진출이란 두 가지 점에 집약하여 파악했기 때문에 식민지 지배책임에 대하여 이전의 억압국의 국민으로서 어떻게 대처해야 하는지에 대한 기본적인 관점을 결여하게 되었다.

결국 전학련과 진보적 지식인은 일본이라는 내부로 향한 시각에서 한일회담을 보고 있기 때문에 한일회담이 전후의 새로운 식민지 침략의 첫발임을 인식하고 있었음에도 불구하고 이것을 과거 자신들의 식민지 지배 행위에 대한 책임 논의로까지 발전시키지 못하고 있다.

미요시 주로(三好十郎)의
전향배경

1. 서론

츠루미 슌스케鶴見俊輔는 전향을 국가권력의 강제에 의하여 일어난 사상
의 변화로 정의하고 ① 만주사변 이후 국가권력의 강제에 의한 공산주의
자들의 전향, ② 중일전쟁의 개시와 신체제운동 시기에 자유주의자들에
게 가해진 강제적 전향, ③ 패전으로 인한 GHQ의 지배와 강제에 의한 보
수주의자들의 전향, ④ 전후 역코스의 개시와 급진주의의 좌절에 의한 전
향의 4가지로 구분하였다. 이 가운데 ①과 ④는 자각적인 예각의 전향에
대응하고 ②와 ③은 무자각적인 둔각의 전향에 대응한다고 하였다.[1] 즉,
츠루미가 말하는 자각적인 예각의 전향에 해당하는 공산주의자들과 급진
주의자들의 전향에는 그 계기와 과정에서 내면적인 갈등을 동반하며 전

---

[1] 후지타 쇼조 저 · 최종길 역, 『전향의 사상사적 연구』, 논형출판사, 2007, 291-292쪽.

향 이후에도 정치권력이나 국가지배체제에 대한 저항과 동화의 의식적인 행위가 자신의 삶의 방식과 상관관계를 가지고 있음을 지적한 것이다. 특히 자각적인 전향에는 국가권력의 강제란 요소 못지않게 내면적인 갈등이 대단히 중요하다는 점을 시사하고 있다. 만약 자각적인 전향에서 국가권력의 강제가 거의 보이지 않는 경우가 있다면, 이 경우의 전향에는 내면적인 갈등이 가장 중요한 요소가 될 수밖에 없다. 많은 전향자들은 자신의 의지 혹은 시대적 상황만으로 전향을 시도한 것이 아니라 시대적 상황 속에서 국가권력에 의해 자신에게 가해진 강제를 계기로 하여 전향하였다. 그럼에도 불구하고 일부 전향자들에게서는 국가권력의 강제가 전향의 주된 원인이라고 판단하기 힘든 경우도 있다. 미요시 주로三好十郎가 그러한 경우이다.

미요시는 1902년 사가현佐賀県에서 태어났다. 살림이 어려운 부모가 타이완과 만주로 나가 생활을 영위해야했기 때문에 미요시는 어려서부터 친척집에서 자랐다. 친척집 또한 경제사정이 어려워 미요시는 어려서부터 농사일에 종사하면서 매우 가난한 생활을 할 수밖에 없었다. 이후 와세다 대학에 진학하여 1925년에 졸업하였다. 대학 재학 중에 좌익운동에 관여하였다고 하나 자세한 내용은 알 수 없다. 현재까지 알려진 자료를 통해 확인할 수 있는 것은 대학을 졸업한 후 26년부터 미요시가 발행한 잡지 『악시온アクシオン』에 근거하여 이 시기에 이미 그는 좌익 문예활동을 하고 있었다는 사실이다. 이후의 활동에 대해서는 본문에서 상세하게 살펴보겠지만, 미요시의 회고기와 작품을 통해 마르크스주의에서 멀어졌다고 판단되는 33년 혹은 36년을 전후한 시점에서 미요시가 구속되거나 재판에 회부된 기록은 없다. 즉, 미요시에게는 33년 혹은 36년을 전후한 시기에 국가권력의 강제에 의하여 자신의 가치 의식을 포기할 수밖에 없는

외적 상황이 존재하지 않았다. 따라서 미요시의 경우 그가 전향하게 된 동기나 계기 혹은 내적 갈등을 추출하는 것이 그의 전향을 논하는 출발점이 된다.

후지타 쇼조藤田省三가 논한 것처럼 권력에 대한 전향에서 권력으로의 전향으로 변해버린 전후 일본 사회의 구조변화는 일상생활 속에서 재구성되는 사회, 국가, 개인의 구체적인 상관관계를 종합적으로 표현하고 있다. 이러한 문제를 전향 이후부터 여러 글들을 통해 논해 온 이가 미요시이다. 즉, 미요시는 있는 그대로의 다양한 사회적 관계 속에서 존재할 수밖에 없는 인간에 대한 또 다른 이해 방식을 제기한다. 이러한 미요시에 대한 연구는 현대인의 삶과 의식의 실체에 대한 실증적 연구라고 할 수 있으며, 거대구조에 의해 주변화하고 파편화된 인간을 변경에서 중심으로 끌어낼 수 있는 방법이기도 하다.

2. 미요시 연구에 대한 새로운 문제제기

전후에 미요시의 전향에 대한 개략적인 평가가 이루어진 최초의 언급은 아마도 츠루미 슌스케의 『공동연구 전향』(상)이라고 보인다. 츠루미는 하니야 유타카埴谷雄高의 전향을 허무주의의 형성[2]이란 측면에서 논하면서

---

2) 여기서 말하는 허무주의란 '일체의 사물이나 현상은 존재하지 아니하고 인식되지도 아니하며 또한 아무런 가치도 지니지 아니한다고 주장하는 사상적 태도'라는 사전적인 의미와는 다르며, 일종의 자기 완결적인 회의주의와 유사하다. 츠루미는 같은 논문에서 "완전한 회의주의는 논리적인 자기모순을 포함한다고 한다. 그러나 A는 A다는 것을 회의적으로 사고하고, A는 A다는 것을 회의적으로 사고하는 것을 회의적으로 사고하는 회의의 무한한 연쇄란 형태로 철저한 회의주의의 입장은 성립할 수 있다"(294쪽)고 적고 있다. 여기에서 말하는 허무주의란 A가 정말로 A인지, 그 근본이 무엇인지를 회의의 무한 연쇄란 형태로 끊임없이 추적하는 사상적 작업을 지칭한다. 이러한 의미에서 미요시에 대하여 허무주의란 용어를 사용하지 않고 니힐리즘이란 용어를 그대로 사용하거나 또는 '자기사(自己史)'란 용어를 사용하는 연구자도 있다.

"동시대의 사람으로는 무라야마 토모요시村山知義, 미요시 주로, 사카구치 안고坂口安吾, 타케다 타이준武田泰淳, 시이나 린죠椎名麟三가 전향을 통하여 니힐리즘에 도달"[3]하였다고 평가한다. 전향을 통하여 니힐리즘nihilism을 형성하게 된 이들을 언급하는 중요성에 대하여 츠루미는 다음과 같이 논하고 있다. 전향에 대하여 일본 국가권력의 입장에서 서술된 정사正史와 일본공산당의 입장에서 서술된 당사党史 양쪽 모두를 거부하는 이들은

어느 지점에서 한 번 뿐이었던 자신의 전향에 고집하여 이 전향을 자신의 입장에서 기술하고 평가하는 작업에서 역으로 일본의 정사 및 전위당사의 전향관 속에 내재된 철학을 전면적으로 비판하려고 하는 시도로써 중요하다.[4]

이처럼 이들 니힐리스트들이 전향과정에서 만들어낸 사상적 경향은 일본의 지배체제가 강요한 사상과 이에 저항했던 공산주의 사상을 동시에 비판적으로 평가하는데 있어 중요한 의미를 갖는다.

정사와 당사의 양쪽을 모두 비판적 시각으로 바라보는 이들은 "자기만이 알 수 있는 자기 체험에 대한 파악에 많은 추정을 덧붙이고 확장하여 성립하는, 기술記述로써의 문학에 의해서만 정착할 수 있는 진실이 사회에 존재하고 있다는 것을 주장하는"[5]방법적 특징을 갖는다. 따라서 이들은 "자기사自己史라고 칭해야만 하는 것을 축으로 문학을 구성하고 이것에 의

---

3) 鶴見俊輔, 「虚無主義の形成―埴谷雄高」思想の科学研究会編 『共同研究 転向』 上巻. 平凡社. 1959, 312쪽. 미요시를 논하고 있는 대부분의 저작들은 미요시가 전향자라는 전제하에서 그의 작품 속에서 전쟁을 긍정한 부분을 논하거나, 전후 주장은 이상주의적이라고 평가하는 것이 대부분이다. 미요시의 구체적인 전향 계기를 분석하고 이것이 갖는 의미를 지적한 저작은 거의 없다.

4) 위의 책. 289쪽.

5) 위의 책. 298쪽.

해 관사官史와 당사 모두를 재단할 수 있는 거점으로 삼으려고 하였다".[6]

그 결과 이들은 "일본공산당이라는 장미가 인공 장미에 지나지 않았다는 점, 그리고 일본공산당뿐만 아니라 소련공산당 나아가 현존하는 어떠한 공산당도 이 인공 장미적인 성격을 가지기 쉽다는 점"[7]을 직시한다. 이러한 인식은 도덕적 우월성과 혁명 전략의 논리적 정당성을 현실 속에서 체현하고 있다는 당위성에 기초하여 '혁명적 전위 정당' 일본공산당에 대한 절대적인 신뢰와 복종을 당연한 것으로 받아들인 많은 공산주의자들과는 다른 입장이다. 패전 직후 일본공산당은 GHQ에 의하여 그 합법성을 인정받고 공개적인 활동을 시작하면서 유일하게 전쟁에 반대한 '비전향' 운동가들이 중심이 된 조직이라는 이유로 절대적인 권위를 누리고 있었다. 때문에 많은 전향자들이 자신의 전향은 혁명운동에 대한 배신이며 권력에 대한 굴복이었음을 참회하는 죄인의 심정으로 당에 복귀하기를 청원하였다. 그러나 이들 니힐리스트들은 자신이 전향자임을 인정하면서도 전향이 혁명운동에 대한 배신이거나 권력에 대한 굴복이라는 인식은 없었으며 공산당으로 되돌아가려고 하지도 않았다.

츠루미의 공동연구에 참여한 연구자들과 동일한 세대에 속한 시시도 교이치宍戸恭一는 전향문학에 대하여 『공동연구 전향』과는 사뭇 다른 평가를 내린다. 시시도는 현재 일본에서 유통되고 있는 '전향문학'론 혹은 전향의 개념은 혼다 슈고本多秋五의 정의에 의한 것이라고 하며 그 내용을 다음과 같이 요약한다.

전향문학이란 전향의 문제를 다룬 문학 즉, 공산주의자의 공산주의 포기 혹은 공산주

---

6) 위의 책, 298쪽.

7) 위의 책, 296쪽.

의자의 공산주의운동에서의 이탈 문제를 다룬 문학 아니면 좀 더 넓게 논하자면 전향문제를 제작의 중요 동기로 하는 문학이다.[8]

시시도는 혼다 슈고가 '전향문제를 제작의 주요 동기로 하는 문학'을 전향문학으로 정의했기 때문에 "전향 체험의 수용방식에서 나타나는 결정적인 이질성을 구별할 수 없다"고 논하면서 이러한 전향문학론이야말로 "전향에 '사상'적 감정을 이입하는 '좌익'적 전통의 산물"로 "전향에 대한 '좌익'적 전통을 현대에 남긴 요인이 되고 있다"[9]고 비판한다. 즉, 시시도는 "무라야마 토모요시村山知義의 『백야白夜』는 전향체험을 자조적으로 자기 표현한 작품임에 비하여 미요시 주로의 『꺾여버린 센타折られの仙太』는 전향 체험을 대자화対自化하려고 한 정열이 그 제작의 주요동기가 된 작품"[10]이라고 평가한다. 시시도는 이러한 차이에도 불구하고 두 작품이 동일하게 평가받고 있다고 하면서 전향문학에 대한 기존의 평가방식에 의문을 제기한다.

그러나 여기서 인용한 시시도의 문장을 주의 깊게 읽어보면, 시시도는 미요시가 다른 전향 작가들과는 달리 자신의 '전향 체험을 대자화'하려고 노력하고 있다는 사실을 높이 평가하면서 그 사상사적 의미가 무엇인지를 추출하려고 한다는 것을 알 수 있다. 즉, 시시도는 전향의 계기를 자신의 삶과 사상 혹은 문학 작품 속에서 어떻게 자각적으로 구체화하려고 했는

8] 宍戸恭一, 『三好十郎との対話』, 深夜叢書社, 1983, 100쪽.

9] 위의 책, 101쪽.

10] 위의 책, 101쪽. 시시도가 주장하는 전향 체험에 대한 대자화와는 조금 다르지만, 니시무라 히로코(西村博子)는 『実存への旅立ち』(而立書房, 1989)에서 전향과 전쟁 체험을 통해 형성된 육체화 된 사상이야말로 사상이라는 용어에 어울리는 것, 죽은 것처럼 살아온 실감이야말로 삶이었다는 것을 전후의 출발점으로 삼은 미요시론을 전개한다. 그녀는 이를 '실존'이라는 용어로 총괄하고 있다. 자세한 논의는 지면 관계상 생략한다.

가라는 측면에서 미요시를 평가하려고 한다. 미요시에 대한 시시도의 논의의 중점은 미요시가 어떠한 내적 갈등을 거쳐서 전향하게 되었는가라는 전향의 계기에 있다기보다는 전향 이후 자신의 전향 경험을 어떻게 재음미하여 생산적인 사상활동으로 이어가려고 했는지에 있다고 할 수 있다.

미요시에 대한 시시도의 위와 같은 평가는 정치의식과 생활의식이 분리되어 현실성과 일상성을 전혀 포함하지 못하는 관념적인 전후 진보운동에 대한 비판으로 제기된 것이라고 할 수 있다.[11] 혼다 슈고에 의한 전향문학론은 전전부터 이루어진 정치와 문학논쟁에서 문학의 자율성보다는 정치의 우위성을 논한 일본공산당의 입장과는 다르다. 그러나 시시도에 의하면, 이러한 혼다의 전향문학론 조차도 전향문제에 사상적 감정이입이 강하게 남아 있는 좌익적 전통이 강한 것으로 여전히 정치의식과 생활의식이 분리되어 있다고 비판적으로 평가하고 있다.

한편 다나카 탄시田中單之는 미요시의 전향문학 작품으로 불리는 희곡의 성립 과정과 그 주변을 치밀하게 재구성하면서 작품과 작자의 전향의식과의 관계를 명확히 하고 싶다는 의도를 밝힌다. 다나카는 미요시의 첫 전향 작품이라고 회자되는『꺾여버린 센타』에서 미요시는 자신의 전향과 관련하여 어떠한 언급도 없으며, 이 작품에서는 이전부터 미요시가 가지고 있던 간부비판에 대한 의식이 노골적으로 나타나 있다고 평가한다.[12] 여기서 다나카가 지적하는 간부들의 지도자 의식이란『전기戦旗』1930년 7월호에 실린 일본 프롤레타리아 작가동맹ナルプ 중앙위원회 명의의 논문「예술대중화에 관한 결의芸術大衆化に関する決議」의 내용이다. 즉, 다나카가

11) 이러한 내용에 대해서는 宍戸恭一,『現代史の視点』, 深夜叢書社, 1982을 참고할 것.
12) 田中單之,『三好十郎論』, 菁柿堂, 1995, 118-119쪽.

지적한 작가동맹 간부의 지도자 의식은 "우리의 문학은 혁명적 프롤레타리아트의 이데올로기를 광범위한 노동자 농민에게 침투시키는 것을 목적으로 하"[13]는, 즉 노동자 농민을 자신들의 문학에 의하여 계몽·지도 받아야 할 대상으로 보는 사고방식이다. 이러한 사고방식은 일본 공산주의 운동사에서 지적되고 있는 신인회新人会적 전통의 소산이며 이것은 일본공산당을 위시한 많은 진보적 지식인이 가지고 있던 본인 나름대로의 '전위의식'이자 '엘리트 의식'이기도 했다. 이러한 간부의식을 공유할 수 없었던 "미요시의 감각은 항상 철저한 피지도자였으며, 피지배자였으며, 피압박자였다"[14]고 다나카는 분석한다. 따라서 다나카는 『꺾여버린 센타』는 전향을 주제로 한 작품이 아니라 "어디까지나 당파를 문제로 한"[15](강조—원문) 희곡이라고 본다.

다나카는 미요시가 『유령장幽霊荘』을 통해서 "마르크스주의 그 자체는 비판의 대상은 아니"나 현실 속에서 "사용할 수 없는 것"[16]으로 인식하였다고 판단한다. 나아가 다나카는 『거울鏡』을 통해서 계급의식에 혼란이 발생하였으며 『뒷길 안쪽路地の奥』을 통해서 계급의식마저 버렸다고 분석한다. 즉, 『거울』에 묘사된 민중은 마르크스주의에서 정식화한 자본주의 사회의 노동자를 중심으로 한 피지배층이 아니라 전쟁에서 불쌍하게 죽어간 "이른바 일본 국민이었"[17]는데, 여기에 보이는 미요시의 민중의식은 "마르크스주의와는 관계가 없는 계급감정, 계급본능이라고도 이름붙

---

13) 위의 책, 119쪽에서 재인용.

14) 위의 책, 120쪽. 이들 신인회 소속 운동가들의 전향이 엘리트 의식에 기초하고 있음을 논한 것으로는 鶴見俊輔, 「後期新人会員」 『共同研究 転向』 上巻, 平凡社, 1959을 참조할 것.

15) 위의 책, 132쪽.

16) 위의 책, 136쪽.

17) 위의 책, 138쪽.

일 수 있는 것"(강조-원문)[18]이라고 다나카는 분석한다. 다나카의 분석을 종합하면, 미요시는 이전부터 가지고 있던 좌익운동 지도부에 대한 비판의식과 이들과는 태생적으로 다른 계급감정을 가지고 있었던 것이 된다. 이러한 판단에 의하면, 미요시의 전향은 공산주의 운동 혹은 공산주의 사상에서 멀어지는 것과는 다른 내용을 가진다는 견해라 할 수 있다. 따라서 다나카는 미요시가 『유령장』에서 보는 것처럼 사회에 대한 인식 도구이자 자신의 행동기준으로써의 마르크스주의를 포기하자, 『거울』에서 전쟁의 희생자인 민중에 대한 애절한 감정에 기초하여 전쟁을 긍정하게 되었다고 분석한다.

　미요시에게 있어 전쟁과 이로 인한 죽음은 "부자에게도 가난한 자에게도 평등하게 찾아왔으며" "일부 대재벌을 제외하고 부자를 서민의 지위로 끌어내렸다. 평등하게 국민의 이름으로 불리고 출정·전사를 공유하게 된"[19] 것이었다. 즉, 다나카는 전쟁이란 극단적 행위가 당위론sollen으로서의 평등을 현실 속의 평등으로 실현시킴으로써 국민은 전쟁을 수용하고 친체제적 인물이 되어 국가에 동화되어 가는 측면을 강조하고 있다. 따라서 미요시의 전향은 마르크스주의 사상 혹은 운동과의 상관관계에서가 아니라 전쟁부정-전쟁긍정-전쟁부정으로의 전향과정을 통해 "절대평화주의의 토대를 강화해 가는"[20] 과정이라는 것이 다나카의 주장이다. 다나카는 미요시의 마르크스주의에 대한 회의와 내적 갈등에 대한 분석을 시

---

18) 위의 책, 142쪽.

19) 위의 책, 141–142쪽.

20) 위의 책, 155쪽. 한편, 이마이 타케시(今井勇)는 「三好十郎の反戦·平和」『三好十郎研究』創刊号, 三好十郎研究会, 2007에서 시시도가 보는 미요시의 전쟁관은 다나카와 정반대라고 평가한다. 이마이는 "미요시는 이른바 '전쟁의 메커니즘'을 명확하게 함으로써 병사는 방치되는 존재에 지나지 않았으며 '국민이 아니었다'는 견해를 제시할 수 있었다"(10쪽)고 한다.

도하고 있는 듯이 보이기도 하지만 이보다는 결국 미요시가 가진 전쟁관의 '전향'과 '재전향'을 통한 절대평화주의자로의 이행을 논하고 있다.

　이러한 연구사를 주의 깊게 살펴보면 몇 가지 문제점이 나타난다. 츠루미뿐만 아니라 많은 전향 연구자들은 전향이란 기본적으로 국가권력의 강제에 의하여 발생한 공산주의 사상의 포기라는 의미를 전제로 하고 있다.[21] 그러나 미요시의 경우 좌익 문예단체에서 활동한 경력은 있지만, 이러한 경력을 이유로 경찰에 검거되거나 취조를 받은 기록은 보이지 않는다. 즉, 권력에 의한 강제가 없었다면 미요시의 전향을 많은 연구자들이 논하는 전향의 범주에 포함시킬 수 있을지, 권력의 강제가 없이 자발적인 내적 갈등과 회의에서 이루어진 전향이라면 이를 기존의 전향 연구와 동일한 범주에서 다루어도 될지, 여기에는 강제성의 유무와 관련된 문제가 있다. 어떤 문제를 논하든 미요시와 같이 국가권력의 강제라는 외적 요인이 직접적으로 개입되지 않은 전향자들에 대한 분석에는 무엇보다 각 개인의 사상변화와 관련된 내적 요인을 추적하는 작업에서부터 논의를 시작해야만 다음 단계와 연결된 연구로 나아갈 수 있다.

　여기서 조심스럽게 재검토하지 않으면 안 되는 문제가 한 가지 존재한다. 즉, 미요시가 전향하게 된 동기 혹은 계기가 무엇인지에 대한 분석이다.[22] 앞서 지적한 것처럼 미요시가 전향하는 과정에서 국가권력의 강제

---

21) 요시모토 타카아키(吉本隆明)의 경우는 전향의 주된 원인을 권력에 의한 강제라기보다는 일본적 봉건성에 대한 타협과 굴복의 결과로 파악하고 있다. 그러나 요시모토 역시 권력의 강제가 개입되지 않은 전향을 상정하고 있지는 않다. 즉, 요시모토 역시 권력의 강제란 계기가 개인의 전향에 영향을 미친 점은 사실이나 보다 주요한 것은 일본의 공산주의자들이 마르크스주의 이론을 통하여 일본 근대사회의 구조를 파악하고 혁명 전략에 대한 구체적인 비전을 제시하지 못했기 때문에 위기 상황에서 일본 사회의 봉건성에 굴복하였다고 판단한다. 여기에 대해서는 4장을 참고할 것.

22) 『共同研究 転向』(下)는 미요시는 와세다 대학을 졸업하던 해인 1925년에 좌파적인 잡지 『액션

가 개입되었다고 판단할 수 없는 만큼, 미요시의 전향을 평가할 경우는 스스로가 친화성을 가지고 자신의 가치의식과 행동기준으로 삼아온 마르크스주의와 거리를 두게 된 동기 혹은 계기가 무엇인지를 먼저 논의할 필요가 있다. 그 계기가 무엇인지, 어떠한 내용을 포함하고 있는지에 따라서 미요시의 전향과 그 후의 행동을 평가할 수 있으며 나아가 미요시를 전향자로 분류할 수 있을 것인지의 문제까지도 논의할 수 있다.

미요시의 전향 이유나 배경은 특히 선후의 사회운동 과정에서 마르크스주의 사상과 거리를 두면서 일관되게 진보적 지식인을 비판하는 기제로 작용하고 있다. 따라서 이러한 분석 위에서 미요시를 재론하지 않으면 정사와 당사를 모두 비판하면서 자기사를 구축하려고 한 사상적 의미를 정확하게 평가하기 어렵다. 이러한 측면에서 미요시가 내적 갈등을 통해 전향하게 된 배경을 추구하는 작업은 전전 일본공산주의 운동사에 대한 비판적 고찰을 동반한다. 그리고 운동과 사상의 괴리에서 발생한 전향에 대한 내적 성찰은 자신의 일상적 삶 속에서 사상과 생활을 일치시키기 위한 사상의 육체화 과정으로 이어진다.

3. 1930년대 좌익 문예운동과 미요시 주로

〈1〉 1930년대 변혁운동의 상황과 정치와 문학 논쟁

1927년 4월 와카츠키 레이지로若槻礼次郎를 대신하여 내각총리대신에

(アクション)』을 간행하고 이후 『문예전선』 『전위』 등을 거쳐 나프에 참가하여 쇼와 초기의 프롤레타리아 문예운동을 추진한 극작가로서 인정받았다. 그러나 1936년에 전향하여 나프를 탈퇴하였다고만 언급하고 있다(495쪽). 카타시마 노리오(片島紀男)의 연구에 의하면, 1926년 9월에 시를 중심으로 한 『악시온(アクシオン)』을 창간한 것으로 되어있다. 현재 간행된 미요시 연구서를 종합하면 잡지명은 『アクシオン』이며 26년에 간행된 것으로 판단된다. 상세한 내용에 대해서는 片島紀男, 『三好十郎傳』, 五月書房, 2004을 참조할 것.

다나카 기이치田中義一가 취임하였다. 다나카는 이전 헌정회 내각의 '유약외교' 비판과 경기불황 타개를 목적으로 대중국 적극정책을 추진하였다. 그리고 이러한 정책을 면밀히 추진하는 과정에서 1928년 3월 15일 일본공산당에 대한 대대적인 검거를 실시하였다. 전국적으로 1,600여 명에 이르는 당원이 검거되었고, 이 가운데 488명이 기소되었다.[23] 이어서 1929년 4월 16일에 전국적으로 일본공산당 당원에 대한 대대적인 검거가 이루어졌고, 399명에 이르는 인물이 기소되었다. 그 결과 일본공산당은 더이상 재기할 수 없는 타격을 입게 된다. 이후 1945년 패전으로 인하여 발생한 정치적 자유 공간을 활용하여 12월에 제4회 대회를 개최할 때까지 일본공산당은 조직이라고 할 만한 조직도 활동도 없는 시기를 보냈다.

쿠리하라 유키오栗原幸夫는 「전전 일본공산당사의 한 귀결戰前日本共産党史の一帰結」이라는 논문에서 4·16 탄압 이후 이전과는 확연하게 바뀐 일본공산당의 움직임에 대하여 다음과 같이 정리한다.

혁명운동은 분명히 그 이전과 크게 바뀌었다. 운동전체를 비합법주의와 급진주의가 지배하였다. 이 경향은……대량으로 운동에 참가한 인텔리 출신자에 의해 한층 박차를 가하였다. 당의 중심부보다도 주변이 보다 '좌'익적인 심정에 얽매여……그 결과 다양한 조직이 운동 전체 속에서 가지는 각각의 수준 차이가 무시되고 모든 것이 '당'에 일원화되어 버리는 경향이 지배적으로 되었다. 특히 카자마風間 중앙부 시대의 '당의 대중화' 방침은 정치방침, 대중운동의 방침 전환=대중화와 병행하지 않았으며, 또한 대중조직의 방침 전환과도 병행하지 않았다. 그 결과 한편에서는 당원 획득이 자기 목적화 하여 많은 가두분자의 유입을 발생시켜 당 활동의 주요한 부분이 가두연락이라는 형태를 띠게 되었으며, 다른 한편에서는 대중조직을 당원 획득의 장소로 보는 경향이 강화되어……'당의 대중화'라는 슬로건이 역으로 대중조직의 '외곽단체'화, '전위화'를 낳았으며, 이러한 방침의 보다

---

23) 이와 관련된 내용은 최종길, 『근대 일본의 중정국가 구상』, 경인문화사, 2009를 참고할 것.

강한 극좌화 · 섹트화를 결과하였다.[24]

즉, 쿠리하라는 1929년 이후 1930년대 일본공산당 운동의 특징을 당의 극좌적 편향, 가두분자화, 당과 대중단체의 미분리로 요약한다. 이러한 경향은 일본공산당 자신이 스스로 내린 결정만은 아니며, 당시 국제공산주의 운동의 지도부라고 할 수 있는 코민테른이나 프로핀테른의 결정과 지시에 의한 부분이 많다. 특히 국외 소직의 지시 가운데 일본공산주의 운동에 상당히 많은 영향을 미친 것이 이른바 코민테른의 일본에 관한 32년 테제이다. 이 32년 테제는 세계정세와 연동하여 일본에서도 머지않아 혁명적 정세가 다가올 것이므로 일본공산당에게 천황제 타도를 슬로건으로 내건 노동자 농민의 정부를 구성하라고 지시하였다. 이러한 움직임과 연동하여 1931년 말에 개최된 프로핀테른 제8회 평의회가 일본공산당 계열의 일본노동조합전국평의회에 대하여 민주주의적 중앙집권주의에 기초하여 선출된 단일한 중앙을 갖는 항구적 조직 건설을 요구하였다. 즉, 당을 대신할 수 있는 조직으로의 전환을 지시한 것이다. 그러나 평의회는 "파업이나 데모를 행할 때 일시적이고 국지적인 자위단을 겨우 만드는"[25] 정도였다. 또한 일본공산당이 처한 당시의 상황 역시 혁명을 이끌어가기는커녕 조직이 거의 괴멸된 상태였으며 지하로 피신한 일부 지도부도 당의 지리멸렬한 상태를 수습할 수조차 없는 형편이었다. 와타나베 토오루渡部徹는 이 시기야 말로 일본공산당에 있어 "당세의 확대와 조직의 온존이 필요한

---

24) 渡部徹編, 『一九三〇年代日本共産主義運動史論』, 三一書房, 1981, 15-16쪽에서 재인용. 원출전은 栗原幸夫, 『戦前日本共産党史の一帰結』竹村一編『リンチ事件とスパイ問題』, 三一書房, 1977이다.

25) 위의 책, 17쪽.

시기였다. 그러나 현실은 정반대로 움직이고 있었다"[26]고 평가한다.

일본공산당의 극좌적 편향, 가두분자화, 그리고 당과 대중단체의 미분리는 1930년대에 여러 가지 형태의 문제점으로 표출될 수밖에 없었다. 이들 많은 문제 가운데 전후까지 이어져 진보적 지식인의 분열을 낳은 것은 당과 혁명적 대중단체의 혼동으로 인해 발생한 대중단체의 당 부속물화이다. 특히 전전부터 진행되어 전후에까지 이어진 문학과 정치 논쟁은 이러한 사고가 개별 사회운동 분야에서 구체화된 실례 가운데 하나이다. 이 논쟁에서 정치의 우위성을 주장한 인물들은 당의 괴멸로 인하여 본질적으로 당이 담당해야만 하는 정치 기능을 수행할 수 없는 상황이 발생하자, 당 외부 조직에게 당의 정치 기능을 수행 할 것을 요구한 것이라 할 수 있다. 물론 체제 저항적인 운동론을 현실 운동 속에서 구체적으로 실천할 때 상황에 따라서 위와 같은 주장이 제기될 수도 있다. 그러나 이러한 주장은 외부 조직 자체가 가지는 본연의 역할과 기능을 부차적인 것으로 만들어버리고 모든 상황을 정치로 환원시키는 정치 우위의 관념성을 발생시키는 폐해를 낳는다. 이러한 사례를 보여주는 구체적인 실례 가운데 하나가 정치와 문학 논쟁이다.

전전의 정치와 문학 논쟁은 1932년 5월에 하야시 후사오林房雄가 『도쿄아사히신문東京朝日新聞』에 「작가를 위하여作家のために」를 발표하자 이에 대하여 고바야시 타키지小林多喜二가 1932년 11월호 『프롤레타리아 문학プロレタリア文学』에 반론을 제기하면서 시작되었는데 주로 프롤레타리아 문학운동과 공산주의적 혁명운동의 상호관계를 초점으로 전개되었다. 고바야시는 하야시의 주장에 2가지 오류가 있다고 지적하고 그 오류를 "첫째

---

26) 위의 책, 17쪽.

프롤레타리아 문학이 마르크스주의의 해설서가 되어서는 안 된다는 주장, 둘째 작가는 무엇보다도 작가적인 내적 세계의 완성이 필요하다는 주장"[27]으로 요약한다. 고바야시는 햐야시의 주장에는 "명확하게 정치에서 문학을 분리시켜 '새로운' 문학의 상아탑을 쌓으려고 하는 우익 기회주의가 포함되어 있다"[28]고 비판했다. 나아가 고바야시는 31년 9월부터 '주제의 적극성'이란 슬로건을 주장하면서 실천해 온 것은 "현실 계급투쟁의 광범위한 정치적 임무에 창작활동의 주제를 종속시켜 전체로써 문학 활동이 정치투쟁의 보조적 임무를 완수하기 위한 것"이었으며, 이러한 "슬로건 아래서 우리들은 창작활동에서 다양한 편향과 탈락과 투쟁하고 우리의 진영을 강화시켜 왔다. 약 1년간의 실천이 불충분하다고는 하지만 우리들 방침의 정당함을 증명하고 있다"[29]고 평했다.

이러한 논쟁은 대중단체 본연의 임무와 성격을 공산주의 운동에 종속시켜 혁명운동에 복무시키려고 하는 당시 일본공산당의 노선 그 자체를 프롤레타리아 문학계 내에서 구체화한 주장이다. 아무리 체제비판적인 대중단체라 하더라도 그 단체 본연의 임무와 성격이 부정된다면 조직 자체의 존재 의의를 잃어버리는 결과를 초래하여 구체적 상황 속에서의 현실성과 일상성을 상실한 관념적 운동으로 전락할 수밖에 없다. 여기에 대한 문제제기가 『근대문학近代文学』 동인들을 중심으로 정치에 대한 문학의 자율성과 인간의 주체성을 강조하는 형태로 이루어진 전후의 정치와 문학 논쟁이다.[30]

---

27) 小林多喜二, 「同志林房雄の『作家のために』『作家として』それにたいする同志亀井勝一郎の批判の批判」平野謙・小田切秀雄・山本健吉編集, 『現代日本文学論争史』 中巻, 未来社, 1956, 142쪽.

28) 위의 논문, 142쪽.

29) 위의 논문, 142-143쪽.

30) 이 책의 1장을 참조할 것.

〈2〉 좌익 문예운동에 대한 미요시의 태도

1925년에 결성된 일본프롤레타리아 문예연맹^{プロ連}은 조직 내의 아나키스트적인 경향을 가진 회원들을 연맹운동에 소극적이라는 이유로 배척하고 1926년 11월에 일본프롤레타리아 예술연맹^{プロ芸}이란 명칭으로 조직을 재편하면서 기관지 『문예전선^{文芸戦線}』을 창간하였다. 그런데 1927년 2월에 프롤레타리아 문예운동을 비판한 카지 와타루^{鹿地亘}의 「이른바 사회주의 문예를 극복하자^{所謂社会主義文芸を克服せよ}」란 논문을 둘러싼 평가를 계기로 예술연맹에서 내분이 발생하였다. 이러한 프롤레타리아 예술과 사회변혁을 위한 실천운동의 관계를 둘러싼 내분은 예술을 운동에 종속시켜야한다는 주장에 동의하지 않는 이들을 예술연맹에서 제명하는 것으로 이어졌다. 이들 제명된 인물들이 중심이 되어 27년 6월에 노농예술가연맹^{労芸}을 결성하였다. 이때 노예^{労芸}가 이전의 예술연맹 기관지 『문예전선』을 자신들의 기관지로 하자, 예술연맹은 새롭게 『프롤레타리아 예술^{プロレタリア芸術}』을 창간하여 자신들의 기관지로 삼았다. 그런데 노예에서 자신들의 기관지 『문예전선』에 투고된 야마카와 히토시^{山川均}의 논문 게재를 둘러싸고 논쟁이 일어났다. 코민테른의 야마카와 비판에 대한 반비판을 내용으로 한 야마카와 논문의 게재 불가를 주장한 이들은 결국 노예를 탈퇴하고 전위예술가동맹^{前芸}을 결성하였다. 노예 동인들은 야마카와의 주장에 동조하면서 이후 프롤레타리아 문학조직의 통합에 소극적인 태도를 취하여 스스로를 일본공산당과 일정한 거리를 두는 사회민주주의적인 단체로 규정해간다.

이처럼 1920년대 후반의 좌파 문예단체는 운동노선과 실천, 문학과 변혁운동의 상관관계 등을 둘러싼 문제로 분열과 갈등을 지속하고 있었다. 이러한 가운데 쿠라하라 코레히토^{蔵原惟人}가 중심이 되어 각각의 단체와 조

직을 그대로 유지한 채 연대를 강화하자고 주창하여 1928년 3월에 전일본무산자예술연맹^{NAPF, ナップ}이 조직되었다. 나프는 기관지 『전기^{戰旗}』를 창간하고 문학, 연극, 미술, 음악, 영화 등 다양한 예술분야의 연락기관적인 역할을 담당하였다. 이런 가운데 『전기』 동인들을 중심으로 29년 1월에 일본프롤레타리아 작가동맹^{ナルプ}이 결성되었다. 한편 1930년에 비밀리에 소련으로 건너가 프로핀테른 회의에 참가하고 귀국한 쿠라하라는 새로운 문화운동단체 결성을 주창하였다. 쿠라하라는 31년에 「프롤레타리아 예술운동의 조직문제^{プロレタリア芸術運動の組織問題}」란 논문을 발표하여 공장과 농촌에 문학 서클을 조직하여 운동을 더욱 확대·강화하여야 한다고 주장하였다. 그 결과 나프를 발전적으로 해소하고 31년 11월에 일본프롤레타리아 문화연맹^{KOPF, コップ}이 결성되었다. 코프는 다양한 문화단체의 협의체란 조직형태를 취하였기 때문에 작가동맹은 해체하지 않고 코프의 가맹단체로 가입하였다. 나프와는 대조적인 작가동맹의 이러한 태도에는 작가동맹 내부의 일부 동인들이 정치 우선주의에 대한 거부감을 가지고 있었기 때문이다. 쿠라하라가 소련과 연계된 상태에서 제기한 주장에는 3·15 일본공산당 탄압으로 파괴된 당 조직을 대체할 외곽단체를 결성할 필요성이 존재했다고 판단된다.

1931년 9월의 만주사변 개시 이래 일본정부는 각종의 문화운동에 대해서도 치안유지법을 적용하여 기소하는 등 문화운동 전반에 대한 탄압을 강화하였다. 많은 문인들이 치안유지법 위반으로 구속되었다. 구속을 면한 이들은 각종의 좌익적 문화단체에서 멀어지게 된다. 더 이상 활동을 지속할 수 없게 된 코프는 1933년 말에 기관지 간행을 정지하고 실질적으로 활동을 멈추게 된다.

이러한 상황 속에서 당시 작가동맹의 서기장이었던 카지 와타루는 34

년 2월 1일 『일본프롤레타리아 문학운동 방향전환을 위하여日本プロレタリア文学運動方向転換のために』를 출판하였다. 그 내용은 "정치주의적인 것을 청산하고 새로운 조직체로서 지속하고 싶다는 취지"[31]였다. 그러나 갑자기 방침을 바꾸어 카지 와타루는 동맹의 해산을 결정하고 1934년 2월 22일에 이를 발표하였다. 그 배후에는 "경시청에서 작가동맹을 해산하라는 명령이 있었"[32]다. 보다 구체적으로 야마다 세자부로山田清三郎는, 당시 "특고特高가 개별방문 했었죠. '작가동맹에 가입해 있으면 위험해'라고. 사실상 회원은 거의 이탈해버렸으며 각자 자유로운 활동을 하기 쉬운 장소로 이동했던 거죠"[33]라고 증언하였다. 이러한 증언을 고려하면 경시청의 해산 종용은 사실이라 판단된다.

미요시는 대학을 졸업하면서 "좌익 시詩의 제공"과 "우리들 및 제군의 좌익 공동전선을 향한 끊임없는 돌진"[34]을 목표로 내건 잡지 『악시온』을 창간하였다. 미요시는 학생시대부터 "어떠한 의미에서도 자유를 구속하는 것을 극도로 싫어하는 성격이 나를 자연스럽게 아나키즘으로 향하게 하였다"[35]고 회고한다. 그러나 『악시온』을 창간하던 1925·26년을 전후한 시대적 상황 속에서 미요시는 "아나키즘에 만족하지 못하고 마르크스주의에 기울었다. 당시 일본에서 마르크시즘의 고양은 현저했으며 보통 '아나·볼 논쟁'이라는 논의가 왕성하던 시기로……그 파도 속에 묻혀 마

---

31) 平野謙編, 『日本プロレタリア文学運動史』, 三一書房, 1955, 64쪽.

32) 위의 책, 64쪽.

33) 위의 책, 61쪽.

34) 片島紀男, 『三好十郎傳』, 五月書房, 2004, 64쪽에서 재인용. 원 출전은 『アクシオン』第二年 第一号, 1927년 1월 1일이다.

35) 위의 책, 62쪽에서 재인용. 원 출전은 三好十郎, 『小傳』, 1928년 10월이다.

침내 마르크스주의 문화단체의 조직에 참가하게 되었다".[36] 따라서 25·6년을 전후 한 시기에 미요시의 사상 경향은 아나키즘에서 마르크스주의로 이행했으며, 마르크스주의 문화단체에 소속되어 활동하게 되었다고 할 수 있다.

1928년 2월에 아니키즘에서 떨어져 나온 일군의 작가들이 중심이 되어 좌익예술동맹左翼芸術同盟을 결성하고 기관지『좌익예술左翼芸術』을 창간하였다. 미요시도 참가하였다. 미요시는『좌익예술』창간호에 그의 첫 희곡『목을 자르는 자는 누구인가首を切るのは誰だ』를 발표한다. 그런데 좌익예술동맹이 결성된 바로 다음 달에 일본공산당에 대한 3·15 탄압 사건이 일어났다. 앞에서 본 것처럼 이 사건을 계기로 좌파 문예단체의 통합운동이 주창되면서 28년에 나프가 결성되었다. 미요시가 속한 좌익예술동맹도 나프에 참가하면서 기관지도 폐간한다. 나프의 기관지『전기』제2호(1928년 6월)에 미요시가 작성했을 것이라고 추정되는「좌익예술동맹 해체에 관한 성명左翼芸術同盟解体に関する声明」이 게재되어 있다.

미요시가 마르크스주의 사상에 입각한 활동을 지향하면서 그러한 단체에 가입하였다고는 하지만, 미요시의 사상과 활동은 신인회 출신의 운동가들이 가진 지도자 의식이나 관념성과는 다른 성향을 가지고 있었다. 미요시는 나프에서 활동하면서 불타는 열정을 기록한 자필『소전小傳』(1928년 10월)에 "자신의 능력과 기술로써 해방 전선 상 한명의 미천한 병사가 되고자함을 최대의 목적으로 한다"고 적고 있다. 1952년에 나온『미요시 주로 작품집三好十郎作品集』(河出書房, 1952) 월보 4에 게재된「걸어온 길歩いてきた道」에서는 이 시기부터 "노동조합운동에도 얼마간 참가하고 3년 정

---

36) 위의 책, 68쪽에서 재인용. 원 출전은 三好十郎,「歩いてきた道」『三好十郎作品集』, 河出書房, 1952이다.

도 각지의 노동쟁의 지원 등에도 참가하였다"[37]고 회고한다. 즉, 미요시는 그 자신을 민중들을 운동전선으로 이끌고 가야하는 지도자가 아니라 현장에서 묵묵히 일하는 한 사람의 운동가로 자리매김하였다. 이러한 의식은 다음의 사례에서도 볼 수 있다.

나프가 결성되고 바로 조직을 대표하는 노래를 선정하기로 결정했는데, 이 업무는 시부회詩部会에 일임되었다. 그런데 시부회가 추천한 노래를 나프 집행위원회가 정치적인 이유로 부결시켰다. 여기에 대하여 대부분의 회원들은 조직의 명령을 받아들이려고 하였으나 미요시는 강하게 반발하여 "자신이 속한 단체나 조직의 내부에서도 '정치적인' 음모, 흥정, 압박에는 참지 못했고, 그러한 것과 타협하여 요령 있게 처신하는 일은 전혀 없었으며 정면에서 '분노'를 표출하여 맞서"[38]면서 받아들이지 않았다고 사사키佐々木隆丸는 회고한다. 또한 28년 8월부터 나프의 기관지『전기』에 연재된 미요시의 작품『상처뿐인 오아키疵だらけのお秋』가 30년 11월부터 신츠키지新築地 극단에서 상연되었을 때의 감상을 야마구치 토미오山内登美雄는 다음과 같이 표현하였다.

상연을 보고 나의 흥미를 가장 강하게 끈 것은 당시 코뮤니즘 운동 지도자가 프롤레타리아파派 예술가들에게 요구한 대로 당시 운동의 정치 강령이나 유물론 철학에 기초한 당파적인 사회관이나 예술관에 의한 극작을 미요시는 하지 않은 점이다.……미요시가 당시 좌익운동과 연계하고 있었던 것은 단순히 이론이나 신앙이나 추종에서 기인하는 것이 아니라, 그가 생활 속에서 획득한 체험과 당시의 좌익운동이 가지고 있던 하층 무산계급 사람들을 해방시키려고 하는 순수한 정열이 일치했었기 때문이다. 따라서 이후 전전 전후

---

37) 위의 책, 80쪽에서 재인용.

38) 위의 책, 82쪽에서 재인용. 원 출전은 佐々木隆丸,「『怒りの十郎』第一印象」文化座編『三好十郎追悼特集』, 1959이다.

코뮤니즘 정치와 예술의 두 운동이 정체와 경직을 보이며 교조주의화 함에 따라 살아있는 인간과의 접촉을 잃어버리자 그는 그의 생활체험이 이끄는 바에 따라서 점차 좌익운동에 비판적인 태도를 취하며 멀어져 가게 되었다.[39]

미요시는 어려서부터 친척집을 전전하면서 자랐으며 와세다早稲田 대학 진학 후에도 극단적인 가난과 외로움을 겪으면서 학창시절을 보내야 했다. 이러한 그의 삶의 여정은 미요시로 하여금 지도자주의에 대한 반발적 성향과 민중들의 삶에 대한 실감実感에 토대를 둔 사상으로 구체화되었다. 따라서 미요시는 정치 중심의 관념적인 운동론을 강하게 가지고 있던 작가연맹이 1934년에 해체되었을 때 "있으면 있는 대로 좋고, 없으면 없는 대로 그만"[40]인 단체라고 냉소적으로 평가하였다.

4. 미요시의 전향과 사실주의적 인식

〈1〉 아내의 죽음과 인식의 전환

미요시 주로와 투쟁과 생활을 함께해 온 사랑하는 아내 츠보이 미사오坪井操[41]가 1931년 중반부터 폐결핵으로 투병생활을 시작하게 된다. 이때부터 아내의 간병을 위해 미요시는 치바시千葉市 교외에 해안선이 보이는 작은 집을 빌려 살고 있었다. 2년 반의 투병생활 끝에 마침내 미사오는

---

39) 山内登美雄, 『ドラマトゥルギー』, 紀伊国屋, 1994, 92-93쪽.

40) 앞의 책, 『三好十郎論』, 352쪽에서 재인용.

41) 1924년 가을 경에 미요시 주로는 5살 연상의 츠보이 미사오와 처음 만났으며 미요시가 와세다 대학을 졸업하던 25년부터 결혼 생활을 시작하였다. 미사오는 당시 고등사범(현재의 오차노미즈여자대학) 이과를 졸업한 이후 도쿄 이치가야(市谷)의 세이죠 고등여학교(成女高等女学校)에서 교편생활을 시작하였다. 그러면서 그녀는 칸토(関東)소비조합연맹의 활동가로서 노동쟁의 지원활동에 적극적으로 참여하였으며, 또한 일본적색구원회(日本赤色救援会)에서 돈을 모금하여 좌익 활동가들과 유족에 대한 원조활동을 하였다. 두 사람의 관계에 대한 상세한 내용은 西村博子, 『実存への旅立ち』와 片島紀男, 『三好十郎傳』를 참조할 것.

1933년 11월에 사망한다. 미요시는 아내의 사망 원인과 이것이 자신에게 미친 영향에 대하여, 아내 미사오는 다양한 노동쟁의를 지원하는 정열적인 생활을 보낸 결과 "과로에 지쳐 폐병에 걸려 2년 반 와병생활을 한 끝에 사망하였다. 이즈음부터 마르크스주의에 대한 의문이 자신을 둘러싸기 시작했다"[42]고 회고한다. 즉, 1933년경부터 미요시의 마음은 급격하게 운동단체에서 멀어져갔다. 한편, 미요시의 전향 배경에 대하여 다나카는 다른 많은 전향자들과는 달리 사노·나베야마의 전향이나 고바야시 타키지의 학살에서 받은 영향은 거의 없다고 지적하면서 다음과 같이 평한다. 33년 11월에 저세상으로 가게 된 병든 아내를 간호해야 하는 심정적 고충 때문인지 「던져진 기생목投げ出される寄生木」에서 미요시는 "작가는 운동 조직에서 독립하여 생활 할 수 있어야만 한다고 주장하"[43]였는데 이는 운동 조직체에 종속되지 않는 주체성을 강조한 것이다. 나아가 작가의 주체성 확립 주장과 관련해서는 "하야시 후사오의 「작가로서作家として」와 그 외의 에세이, 엥겔스가 평가한 발자크에게서 받은 영향이 보인"[44]다고 다나카는 지적한다. 따라서 여기서는 아내 미사오의 투병생활을 있는 그대로 사실적으로 묘사하면서 그 속에서 자신의 의식변화를 묘사한 1940년 작품 『부표浮標』[45]와 33년에 발표한 미요시의 발자크론 「발자크에 대한 제1 노

---

42) 西村博子, 『実存への旅立ち』, 而立書房, 1989, 22쪽에서 재인용. 원 출전은 三好十郎, 「歩いてきた道」『三好十郎作品集』, 河出書房, 1952이다.

43) 앞의 책, 『三好十郎論』, 351쪽. 필자는 아내 미사오의 죽음이 가져온 영향과 더불어 35년에 15살 연하의 테라시마 키쿠에(寺島きく江)와 재혼하고 생애 처음으로 딸을 낳게 되면서 세상 어디에나 있는 평범한 가정의 가장으로서의 삶도 이전부터 가지고 있던 요소에 더하여 일반인의 일상성에서 오는 실감을 기초로 한 미요시의 인식변화에 큰 영향을 미쳤을 것으로 본다.

44) 위의 책, 351쪽.

45) 이 작품의 제목은 한자로 '浮標'라고 표기되어 있지만 'ブイ'(buoy)라는 후리가나를 달고 있다. 이러한 이유로 작품명은 '浮標'의 일본어 한자 읽기 'ふひょう'가 아니라 'ぶい'로 읽는다.

트「バルザックに就ての第一のノート」와 「파괴된 사람打砕かるる人」을 살펴보자.

『부표』에 묘사된 내용은 당시 미요시가 놓여있던 상황과 사상적 갈등을 있는 그대로 묘사한 사실로 이해되고 있다. 예를 들면, 1932년 당시 "치바현 사쿠라佐倉의 보병 제57연대에 간부 후보생으로 입대하여" "거의 일주일에 한번" 정도는 미요시 부부와 만나고 있던 사카이 세이치로堺誠一郎의 증언은 "물론 얼마간의 픽션이 섞여 있으며 인물도 이상화되어 있지만, 극작가 미요시 주로가 화가 쿠가 고로久我五郎로 바뀐 것뿐으로 내가 당시에 보고 들은 것과 거의 다르지 않다고 해도 좋다"[46]고 한다. 미요시 역시 "이 작품 속에서 묘사하고 있는 것은 지금부터 약 18년 전 내가 중병의 전처 '미사오'를 데리고 치바시 교외의 해안에 살고 있을 때의 신변적인 이야기로 거의 당시 그대로이다. 사건의 취급 방식이나 구성 등에 희곡적인 처리는 했지만 그것도 거의 무의식적인 것으로 의식적으로 가감한 것은 하나도 없다"[47]고 회고한다.

『부표』의 시간적 배경은 만주사변 개시로 인한 비상시국 상황이며, 공간적 배경은 여름 끝자락의 치바시 교외의 바닷가에 인접한 한적한 곳이다. 이곳에 살고 있는 서양화가 쿠가 고로는 자신의 예술을 신뢰하지만 생활비 마련을 위해 상업적인 아동용 그림을 그리면서 폐결핵을 앓고 있는 아내 미오美緒를 간병하며 어려운 살림을 꾸려가고 있다. 여기에 과거 변혁운동에 관여한 듯한 인상을 풍기면서 고로의 재능을 아끼는 사채업자 오자키 켄尾崎謙, 고로가 살고 있는 집의 주인이자 폐업 직전의 잡화상을 운영하고 있지만 고로에게 밀린 집세를 재촉하지 못하는 소박한 민초 우

---

46) 堺誠一郎, 「『浮標』のころ」『三好十郎の仕事』 第二巻 月報 2, 學芸書林, 1968년 7월.

47) 앞의 책, 『実存への旅立ち』, 46쪽에서 재인용. 원 출전은 三好十郎, 「あとがき」『三好十郎作品集』 第一巻, 河出書房, 1952이다.

라텐裏天, 죽기 전에 재산권을 양도할 것을 요구하는 미오의 엄마, 입대를 앞둔 고로의 친구 아카이 하라이치로赤井原一郎와 과학지식의 신봉자 의사 히키 마사후미比企正文, 미오를 마치 자신의 딸처럼 헌신적으로 간호하는 아주머니小母さん 등이 등장한다.

극의 초반부에 고로가 아내 미오에게 "아주머니가 당신의 기운을 돋우려고" "검게 구운 뱀이 제일 좋다"는 "재미있는 이야기를 했어. 그 심정은 알겠지만" "과학적으로 완전히 무지"[48]한 사람이라고 하는 장면이 나온다. 이는 정성스럽게 아내를 간병하는 아주머니에게 고마워하면서도 비과학적인 미신이나 민간요법을 믿고 있는 즉자적 민중의 모습을 묘사하고 있는 것이다. 그리고 1막의 마지막 장면에서 미오의 엄마와 아주머니의 대화 가운데서 아주머니는 "내가 17살 때 늑막염을 앓았는데 뱀을 먹고 나았어요. 그게 무엇보다 확실한 증거죠"[49]라며 자신의 생활 경험을 근거로 병 치료에 뱀이 좋다고 주장한다. 그러나 주변 인물들은 아주머니의 주장을 미신이며 비과학적이라고 냉소적으로 바라보며 받아들이지 않는다. 아주머니의 이러한 주장에는 과학 지식의 대명사인 의사에 대한 불신이 깊게 깔려 있다. 3막의 시작 부분에서 아주머니는 "지금의 의사만으로는 걱정이네요. 그분들은 정말로 아무 말도 하지 않고 있으니 의지할 수가 없어요"[50]라며 어떠한 효과적인 처방도 없고 앞으로 일어날 수 있는 구체적인 상황에 대한 설명도 없는 의사에 대한 불만을 토로하고 있다. 이러한 불만은 곧이어 고로에게도 일어난다. 고로와 의사 친구 히키와의 대화를 보자.

48] 三好十郎, 「浮標」 『三好十郎の仕事』 第二巻, 學芸書林, 1968, 28쪽.

49] 위의 책, 39쪽.

50] 위의 책, 57쪽.

고로: 그런 건 아무래도 좋아. 정말 부탁이야 어떻게든, 어떻게든 해줘.

히키: ……지금까지 의학적으로 유효한 방법은 전부 다 시도해 봤잖아. 즉, 과학적으로는 최선을 다했어.……

고로: 너는 그렇게 말할 수 있구나.

히키: 뭐?……그야 난 의사니까, 과학이 명하는 것을 전했을 뿐이야.……

고로: 과학이 명하는 거라고, 그러면 과학은 어떤 것을 진짜로 명하고 있는 거야. 도대체 그러면 너는 과학을 믿고 있는 거야.

히키: ……과학의 확률성만은–그렇다기보다 과학이란 것은 실은 확률을 총괄한 것이지만–이것만은 믿고 있어.……

고로: 그러면, 확률을 믿지 못하게 된 사람은 어떻게 하면 좋단 말이야!……

히키: ……과학에게 책임은 없어

고로: 너는 추상적인 과학을 생각하고 있어. 그런데 그런 추상적인 과학이란 것은 세상에는 존재하지 않아. 내가 의학이라고 한 것은 의사로 바꿔 말해도 좋아.……

고로: ……의학은 완전히 무력하다고 말하는 게 어때? ……입으로만 사회과학이 이렇다 저렇다 말하는데, 실은 그것도 확률이었네. 확신도 신념도 아무것도 없네. 단지 어떤 유행에 따라 신흥 의학자인 듯한 얼굴을 하고 있을 뿐이네![51]

이처럼 미요시는 있는 그대로의 현실과 구체적인 관계를 맺지 못하고 현실에서 괴리되어 어떠한 역할도 하지 못하는 추상적이고 관념적인 과학을 비판한다. 또한 미요시는 과학성을 현실 세계에서 구체적으로 체현하고 있는 인물이면서도 과학성의 구체적인 내용이 확률일 뿐이라고 하면서 자신에게는 책임이 없다는 의사를 비판하고 있다. 이러한 비판은 마지막 5막에서 고로가 뱀을 들고 등장 하면서 "먹어요. 검게 구워서" "미오에게 먹일거에요"[52]라는 대사로 이어지고, 미요시의 과학성에 대한 완전

---

51) 위의 책, 89–92쪽.

52) 위의 책, 101쪽.

한 부정으로 나타난다.

　여기에는 핑계만 대는 인간에 대한 실망과 병든 아내에게 아무것도 해
줄 수 없는 자신에 대한 자책감이 묻어있다. 미요시는 "그 때의 무리한 생
활이 화근이 되어 아내는 병들었고, ……인간이 살아가는 것 자체에 대하
여 이처럼 확신이 흔들리고 죽음의 고통을 겪고 있다"[53]고 고백한다. 이
러한 죽음의 고통 속에서 미요시는 "자신의 몸뚱이로 동물처럼 살아가
는""핑계도 핑계라고 할 것조차도 없는, 종교도 이데올로기도 모든 것을
끊어버린 곳에서 불처럼 살아가는"[54] 생명과 삶에 대한 본능적인 신념을
발견한다. 미요시의 이러한 태도는 아주머니가 그 어머니에게서 배운 "세
상이 아무리 바뀌어도 틀림없는 것"[55]에 대한 추구이다. 이러한 미요시의
태도변화는 삶과 인간에 대한 강한 애착을 가지고 진정성 있게 살아가는
민중들에 대한 신뢰를 암시한다. 이러한 신뢰는 미오가 결핵환자란 것을
알고 있으면서도 가래가 목에 막혀 괴로워하고 있을 때 "갑자기 입을 대
고 빨아내는데 놀랐어. 전염될 수도 있다는 걸 전혀 생각하지 않"[56]는 아
주머니의 행동에 대한 감사와 감탄으로 묘사되어 있다. 이러한 미요시의
태도는 민중을 교화와 지도의 대상으로만 보고 있던 당시의 변혁운동 지
도자 혹은 변혁운동론 그 자체에 대한 부정이었다. 또한 일상적인 삶 속에
서 모순과 갈등을 겪으면서 살아가는 민중들의 일상 그 속으로 내려가지
않으면 안 된다는 인식전환이라고 할 수 있다. 이러한 인식 전환은 죽음을
앞둔 처를 보면서 새롭게 얻게 된 삶에 대한 신념으로 만엽万葉의 세계와

---

53) 위의 책, 101쪽.

54) 위의 책, 104쪽.

55) 위의 책, 95쪽.

56) 위의 책, 30쪽.

궤를 같이 하는 것이다.

극의 초반부터 아내에게 만엽집万葉集을 읽어 주는 고로가 본 만엽의 세계란 "우리 선조들의 단순하고 강한 육체와 정신이 자연스럽게 요구하는 대로 하는 것", 즉 "사는 것이 최고의 희열인" 세계, "살아도 살아도 삶이 부족할 정도로 풍요로운, 아까울 정도로 훌륭한 곳"[57]이었다. 현실 속에서 마주치는 어떠한 어려움과 고통에 대해서도 거짓이나 위선 없이 솔직 담백하게 살아왔기 때문에 "내세라든가 죽은 후의 신이라든가 그런 것을 믿지 않"은 만엽인들은 "그들이 현재 살아가고 있는 이 세계를 소중히"[58] 여겼다고 미요시는 평가한다. 따라서 미요시는 "현재 살고 있으며 살아온 자에게 신이란 필요 없"으며 "살고 있는 것이 시작이자 끝"이기 때문에 "신은 없다"[59]고 선언한다. 신에 대한 부정은 동시에 사회변혁을 위한 절대적 가치를 지닌 이론으로써의 마르크스주의에 대한 회의와 부정을 의미한다.

이러한 인간 이해에 기초한 인식 전환은 미요시 자신 역시 한사람의 인간으로 "거짓도 위선도 없이 살아온"[60] 것인지에 대한 물음으로 이어진다. 2막이 시작하는 부분에서 아내의 병간호와 생활고로 인하여 자신의 그림을 못 그리고 있는 고로에게 돈을 빌려 줄테니 그림을 그리라고 종용하는 오자키와 고로의 대사를 보자. 고로가 그림을 그릴 수 없는 이유를 아내의 병과 관련 있다고 말하자

---

57) 위의 책, 103쪽.

58) 위의 책, 104쪽.

59) 위의 책, 103쪽.

60) 위의 책, 70쪽.

오자키: ……그것과 그림을 그리지 못하는 것이 무슨 관계가 있단 말이야?

고로: 미오에 관한 것이나 그림에 관한 것이 동일한 곳에서 나온 것이야.……생명력이라고 할까……이 생명이란 것에 대하여 내가 무의식중에 가지고 있던 신뢰라고 할까 신용이랄까……인간이 정말로 열심히 하면, 정말로 불처럼 한다면 어떠한 것이라도 못할 것은 없다는 심정이었지.……미오를 보고 있으면서 조금씩 무너졌어.……혹시 이 사람이 하는 의심이 잠시 스쳐지나갔지. 그러는 순간 그림을 그리는 것이 재미없어졌어.……(원문대로) 즉, 내 그림의 가장 근본적인 요소는 지금 말한 인생에 대한 이른바 맹목적인 신뢰였어. 미오의 일로 그 신뢰의 근본이 흔들렸어.……(원문대로) 내 그림의 근본까지 같이 흔들렸어.……내가 살아있다고 하는 사실의 중심이 불확실해졌어. 가장 중요한 것이 믿을 수 없게 되었어.……

오자키: 그래.……자네는 자네의 예술을 단지 무의식적으로 본능으로만 밀어붙여서 명확하게 자신의 예술이 서야할 지반에 대하여 의식적으로……(원문대로) 즉, 더욱 이지적으로 생각하지 않았던 것에 이유가 있는 건 아냐.……언젠가 자네가 좌익적인 단체에 가까이 간 것도……일종의 센티멘털리즘이었어.

고로: 응, 센티멘털리즘도 분명히 있었어. 자기 자신에게 그런 곳에서 언제까지라도 투쟁할 수 있는 힘이 있는지 없는지 생각하지 못했어. 철저한 자만이었어.……

오자키: 확신한다는 듯이 프롤레타리아가 이렇다 저렇다 한 자들이 자신이 말한 것에 책임도 지지 않고 어느 틈엔가 사라져 버렸어……[61]

미요시는 이전에 자신이 좌익 문예단체에서 활동하던 시기에 왜 자신이 이런 곳에서 활동해야 하는지, 자신의 문학 활동의 기반이 무엇이 되어야하는지에 대하여 철저하게 생각하지 못하고 상황적 흐름에 따라간 '센티멘털리즘'이었다고 회고한다. 즉, 있는 그대로의 사실에 입각해서 문학 활동과 변혁운동을 하지 못했기 때문에 아내의 죽음을 앞에 두고 이전에 자신이 가지고 있던 '열심히 하면' '어떠한 것이라도 못할 것은 없다'는 관

---

61) 위의 책, 42-43쪽.

념적이고 심정적인 사상기반을 철저하게 자기비판하고 있다. 이러한 자기비판은 혁명운동 과정에서 자신이 한 말에 책임을 지지 못하고 운동에서 멀어져간 이들에 대한 비판으로 이어졌고, 작가연맹이 해산했을 때의 냉소적인 태도로 나타나기도 하였다.

이러한 인식은 작품 속에서 고로가 이전에 자신의 스승이었던 미즈타니 세지로水谷清次郎를 찾아가지 않는 장면에서 구체적으로 묘사된다. 작품 속에는 조만간 진행될 문부성 전람회의 조직개편을 앞두고 민간 미술단체의 합류가 예상 되는 시점에서 내부 심사위원과 회원 사이의 세력경쟁과 암투가 급증하고 있는 장면이 묘사된다. 그러면서 고로는 "내가 미즈타니 선생에게 가지 않는 진짜 이유는……그런 하찮은 예술정치나 모략은 뼈가 어스러져도 싫어. 거절한다!"[62]고 외친다. 미요시는 있는 그대로의 삶과 인간에 대한 신뢰를 바탕으로 하여 예술에 대한 정치의 우월성을 강조하고 문학을 혁명운동의 부속물로 취급한 좌익 문예운동을 거부한다. 이러한 문학론은 발자크에 대한 언급에서 더욱 분명하게 표현된다.

〈2〉 일상성과 사실주의

1933년 3월과 12월의 2회에 걸쳐 작성된 400자 원고지 70매 정도의 발자크론은 리얼리스트 미요시를 이해하는데 있어 중요한 평론이다. 아내 미사오가 33년 11월 12일에 사망한 것과 이 평론이 작성된 시기로 봐서 미요시는 아내를 간병하고 있던 때에 발자크를 읽었다고 판단된다. 앞에서도 본 것처럼 이 시기의 미요시는 죽음을 앞둔 아내의 모습을 통해 삶에 대한 애착과 인간에 대한 신뢰를 다시금 인식하고 있었다. 그리고 이러

---

62) 위의 책, 48쪽.

한 인식은 예술에 대한 정치의 우월성을 강조하던 이전의 좌익 문예운동과의 결별을 선언하는 바탕이 되었다. 이러한 미요시의 변화를 예술 이론이란 측면에서 보여주는 것이 발자크론이다. 결론부터 간단히 요약한다면, 미요시의 발자크론은 이념, 정치성, 이데올로기의 묘사가 아니라 있는 그대로의 사실에 대한 철저한 묘사를 통한 강렬한 현실감이 예술의 근본이라는 인식이다.

즉, 미요시는 발자크가 자신의 작품 『사촌형 퐁즈』 속에서 "그가 자신의 신변적인 것(이것은 앞에서도 이야기한 것처럼 점차 확대되어 간다=가능성의 확충)을 재미있게, 정확하게, 냉정하게, 묘사한"[63](강조-원문) 점을 가장 높게 평가하고 있다. 즉, 발자크에 대한 미요시의 평가는 "문학 예술론상의 주장이나 관념, 공식적인 사회정의의 관념, 혹은 보통 회자되는 윤리적인 입장"을 애써 표현하지 않는 "한 마디로 하자면 리얼리스트"[64]라는 점으로 요약할 수 있다. 미요시가 보기에 발자크는 "어떠한 윤리적인 입장에도 서있지 않았으며" "어떠한 당파적 입장에도 서있지 않"[65]은 리얼리스트였다. 이것은 미요시가 이전에 특정한 당파적 입장을 가지고 문예운동에 뛰어들어 활동하던 자신의 모습을 비판적으로 되돌아 본 자기인식이다.

미요시는 문학이 사회적인 문제를 반영하고 역으로 문학에 표현된 문제가 사회에서 논의되는 것은 작가의 의도뿐만 아니라 의도를 기초로 하여 작품 속에서 형상화된 현실을 통해서 이루어진다고 갈파한다. 따라서 미요시가 보기에 "'의도'만으로" "예술은 이루어지지 않는다. '의도'는 작

---

63) 三好十郎, 「バルザックに就ての第一のノート」 『三好十郎の仕事』 第一巻, 學芸書林, 1968, 145쪽.

64) 위의 책, 145-146쪽.

65) 위의 책, 152쪽.

가의 '가능성'의 영역을 확대시켜주는 원동력의 하나이지만 '가능' 그 자체는 아니"기 때문에 예술작품이 작가가 의도한 효과를 올리기 위해서는 "작품 속에 구현된 현실의 형상이 절실해야만"[66] 중후한 현실감을 표현할 수 있다. 미요시는 "처음부터 '의도'가 있고 의도에 기초한 '이론'이 있으며, 그 다음에 조금의 현실이 나열되어 있는" "더구나 그 조금의 현실도 '의도'가 모든 현실 세계에서 유리한 것만을 ('이론'에 모순되지 않도록) 주워 모은 현실"[67]로 구성된 문학을 부정한 것이다. 미요시의 이러한 예술론은 앞에서 본 정치와 문학 논쟁에서 정치 우위의 주장에 대한 예술론적 입장에서의 비판이라고 할 수 있다. 미요시의 이러한 주장은 정치와 예술의 관계를 논한 다음의 문장에서 더욱 분명하게 나타난다.

정치는 항상 존재하는 모든 현실 속의 테제에서 출발하거나 또는 안티테제에서 출발한다. 예술가·리얼리스트는 항상 모든 현실 자체를 출발점으로 한다. 그렇기 때문에 예술가·리얼리스트가 적어도 창작활동을 할 경우에는 모든 현실 속의 모든 요소는 그에게 있어 균등한 가치를 가지고 취급된다.[68]

이 문장에서 미요시는 더 이상의 주석이 필요 없을 만큼 정치나 이데올로기의 우위성을 부정하였다. 그는 세상에 존재하는 모든 것, 혹은 작품 속에서 취급하는 모든 것은 그 자체로써 동일한 가치를 가지며 그렇게 인식할 때만이 현실감을 획득할 수 있다고 주장한다.

그러면 미요시가 말하는 현실이란 어떤 것일까. 미요시는 현실이란 "뼈

66) 위의 책, 150쪽.

67) 위의 책, 153쪽.

68) 위의 책, 153쪽.

가 되지 않으면 자신과 떨어지지 않는 반석을 동여맨 것과 같은" 것으로 "사람의 정신과 육체를 우지직 우지직 뚝뚝 쥐어짜고 찢어 놓아 전혀 다른 것으로 단련시키고, 가루로 만들고, 갈고 부수고, 튕겨내기를 계속한다. 사람은 보통 이것을 의식하지 못하고 있다. 그만큼이나 익숙해져 있다. 그것은 존재하지 않는"[69] 것처럼 존재하는 멈추지 않고 돌아가는 톱니바퀴라고 정의한다. 따라서 미요시는 이러한 현실의 모습을 직시하고 묘사하는 작업을 수행하는 이가 작가이며 "자신의 생명과 재산을 삼키고 있는 '현실의 톱니바퀴'를 본 사람이야말로 타인의 톱니바퀴, 사회 전체의 톱니바퀴의 진정한 모습을 볼 수 있다"[70]고 주장한다. 즉, 작가야말로 있는 그대로 돌아가고 있는 현실의 모습을 볼 수 있어야 하며 보지 않으면 안 된다는 것이다. 미요시가 보기에 이러한 태도야말로 리얼리스트 예술가의 태도였다.

결국 미요시는 "당파에서 악평을 받아도 관계없으니 본인 스스로가 이것으로 충분하다고 생각하는 문학을 쓴다"[71]고 하며 본능에 충실한 어리석은 자의 우거愚擧를 선언한다. "지금 시기만큼이나 문학예술의 본질이 어리석은 자를 요구하는 시대도 없을 것이다. 지금만큼이나 소수의 어리석은 자가 어리석은 짓을 완수하기 위해 일어서지 않으면 안 되는 시기도 없다. 인간에게 가치가 있고, 시대에 가치가 있고, 인류에게 가치가 있는 문학예술을 위하여"[72] 투쟁할 것을 선언한다. 이것은 내적 갈등을 통해 재탄생한 미요시 스스로에 의한 전향 선언에 다름 아니다. 이 선언은 사상

---

69) 三好十郎, 「打碎かるる人」 『三好十郎の仕事』 第二巻, 學芸書林, 1968, 10–11쪽.

70) 위의 책, 12쪽.

71) 위의 책, 17쪽.

72) 위의 책, 17쪽.

과 생활을 일원적으로 파악하여 이전에 자신 속에 존재했던 일상성과 동 떨어진 소부르주아적인 센티멘털리즘적 정치 우위의 이데올로기를 버리 고 자신의 삶과 생활에 밀착된 사상을 추구하는 선언이다. 이것은 후지타 가 말한 사상의 육체화[73]를 추구한 것이기도 하다. 이러한 사상의 육체화 야말로 미요시가 패전에서 재기하는 기반이 되었으며, "논리나 주의가 아 니라 자신의 육체 속에서 자신自信을 가지고 끄집어낸" "핑계나 논리를 넘 어선 소박한 인간성에 대한 신뢰"에 기초하여 패전 이후 "시국영합, 무절 조, 무책임"[74]한 가짜 지식인들을 철저하게 비판하는 토대가 된다.

5. 결론

많은 전향 연구자들은 전향이란 기본적으로 국가권력의 강제에 의하여 발생한 공산주의 사상의 포기라는 의미를 전재로 하고 있다. 그리고 츠루 미는 자각적인 예각의 전향에는 그 계기와 과정에서 내면적인 갈등을 동 반하며 전향 이후에도 정치권력이나 국가지배체제에 대한 저항과 동화의 의식적인 행위가 자신의 삶의 방식과 상관관계를 가지고 있음을 지적하 였다. 그러나 예각의 전향 가운데 국가권력의 강제가 전향의 주된 원인이 라고 판단하기 힘든 경우도 있다. 미요시 주로가 그러한 경우이다. 따라서 미요시의 전향을 평가할 경우는 스스로가 친화성을 가지고 자신의 가치 의식과 행동기준으로 삼아온 마르크스주의와 거리를 두게 된 동기 혹은 계기가 무엇인지를 먼저 논의할 필요가 있다.

전전부터 진행되어 전후에까지 이어진 문학과 정치 논쟁은 대중단체의

---

73) 앞의 책, 『전향의 사상사적 연구』, 176쪽을 참조할 것.
74) 앞의 책, 『実存への旅立ち』, 31쪽.

당 부속물화라는 사고가 개별 사회운동 분야에서 구체화된 실례 가운데 하나이다. 이 논쟁에서 정치의 우위성을 주장한 인물들은 당의 괴멸로 인하여 본질적으로 당이 담당해야만 하는 정치 기능을 수행할 수 없는 상황이 발생하자, 당 외부 조직에게 당의 정치 기능을 수행 할 것을 요구하였다. 이 논쟁은 대중단체 본연의 임무와 성격을 공산주의 운동에 종속시켜 혁명운동에 복무시키려고 하는 당시 일본공산당의 노선 그 자체를 프롤레타리아 문학계 내에서 구체화한 주장이다.

1930년대 초반 좌익 운동계와 문학계의 상황이 이러한 가운데 아내의 죽음을 계기로 미요시는 이전에 좌익 문예단체에서 활동하던 시기에 왜 자신이 이런 곳에서 활동해야하는지, 자신의 문학 활동의 기반이 무엇이 되어야하는지에 대하여 철저하게 생각하지 못하고 상황적 흐름에 따라간 '센티멘털리즘'이었다고 비판한다. 그리고 그의 삶의 여정은 강한 반 지도자적 성향과 민중들의 삶에 대한 실감實感에 토대를 둔 사상으로 구체화되었다. 그 결과 미요시는 있는 그대로의 삶과 인간에 대한 신뢰를 바탕으로 하여 예술에 대한 정치의 우월성을 강조하고 문학을 혁명운동의 부속물로 취급한 좌익 문예운동을 거부한다.

미요시는 처음부터 의도가 있고 의도에 기초한 이론이 있으며, 그 다음에 조금의 현실이 나열되어 있는, 더구나 그 조금의 현실도 의도가 이론에 모순되지 않도록 모든 현실 세계에서 유리한 것만 주워 모은 현실로 구성된 문학을 부정한 것이다. 이러한 미요시의 문학론은 이념, 정치성, 이데올로기의 묘사가 아니라 있는 그대로의 사실에 대한 철저한 묘사를 통한 강렬한 현실감이 예술의 근본이라는 인식이다.

결국 미요시는 당파에서 악평을 받아도 관계없으니 본인 스스로가 이것으로 충분하다고 생각하는 문학을 쓴다고 하며 본능에 충실한 어리석은 자의 우거愚擧를 선언한다. 지금 시기만큼이나 문학예술의 본질이 어리석은 자를 요구하는 시대도 없을 것이다. 지금만큼이나 소수의 어리석은 자가 어리석은 짓을 완수하기 위해 일어서지 않으면 안 되는 시기도 없다. 인간에게 가치가 있고, 시대에 가치가 있고, 인류에게 가치가 있는 문학예술을 위하여 투쟁할 것을 선언한 것이다. 이것은 내적 갈등을 통해 재탄생한 미요시 스스로에 의한 자발적 전향 선언에 다름 아니며 1930년대 일본공산당 운동에 대한 비판이기도 하다.[75] 이 선언은 사상과 생활을 일원적으로 파악하여 이전에 자신 속에 존재했던 일상성과 동떨어진 소부르주아적인 센티멘털리즘적 정치 우위의 이데올로기를 버리고 자신의 삶과 생활에 밀착된 사상을 추구하는 사상의 육체화 과정이다.

75] 미요시의 전향문제를 다루는 사상사적 운동사적 의미 혹은 미요시란 인물이 갖는 사상사적 고유성에 대해서는 千本秀樹, 「日本における人民戦線史観の批判的研究」, 筑波大学博士請求論文, 2002를 참고할 것. 여기서 치모토는 야마시로 요시무네(山代吉宗), 시마키 켄사쿠(島木健作), 미요시 주로 등의 인물이 전향 후에도 현장 속에서 지속해 온 실천운동이 갖는 사상사적 운동사적 의미를 높이 평가하고 이를 적극적으로 재평가하는 과정을 통해 현실운동의 한계를 극복하고 인간과 사회의 새로운 관계를 재구성하려고 한다.

Part 3

아시아주의와
'식민지 지배책임'의 소거

Chapter 7

대동아전쟁과 다케우치
요시미(竹内好)의 전쟁책임론

1. 서론

　최근 중국의 급격한 성장으로 인하여 동아시아 국제질서는 빠르게 변하고 있다. 그리고 한중일 3국에 공통적으로 관계된 역사문제로 인한 갈등은 각국에서 다양한 형태의 동아시아론을 전개하는 또 하나의 배경을 형성하고 있다. 이러한 관계로 한중일 각각은 자신들의 관심사와 필요에 따른 동아시아 연구를 진척시키고 있다. 한국에서는 노무현 정권 당시에 등장한 '동아시아 균형자론' 이후 동아시아에 관한 관심이 높아져 2017년 한국연구재단의 인문한국HK 플러스 사업에 선정된 9개 연구소 가운데 6곳이 동아시아를 주제로 삼고 있을 정도이다. 중국은 동아시아에서의 중국 중심주의를 역사적으로 관철시키기 위하여 동북공정 정책을 추진하고 있으며, 중국 사회과학원의 쑨거孫歌는 중국적 근대화를 높게 평가한 다케우치 요시미竹内好의 문제의식을 중국의 입장에서 재론하고 있다. 일본에서는 변화하고 있는 동아시아 국제질서 속에서 자신들의 위치를 재구축하기 위한 노력의 일환으로 '보통국가'를 지향한 다양한 동아시아 정책을 추진하고 있다. 이러한 동아시아 담론은 많은 부분 한중일 3국이 공통으로 경험한 근대사, 즉 근대 이후 한중일의 식민지/반식민지 관계 혹은 식민지 지배/피지배의 경험을 바탕으로 하고 있다. 따라서 식민지 지배를 경험한 한국에서 동아시아를 논할 경우 특히 역사학 분야에서 동아시아를 논할 경우는 식민지 문제를 시야에 넣어야 할 필요가 있다.

1945년 일본의 패전 이후 동아시아 3국의 국제관계는 커다란 전환점을 맞이하였다. 특히 일본에게 있어 패전은 메이지明治유신 이후 가장 큰 변곡점이었다. 전전戰前에 중국 전문가로서 왕성하게 활동한 다케우치는 패전을 자신의 연구 상의 전환으로 자각한 사상가 가운데 한 명이었다. 이 전환을 통해 그는 패전 이후 아시아에 관한 담론을 선구적으로 전개하였다. 특히 다케우치의 동아시아론은 "'진정한 동아해방'이라는 전중戰中사상을 변주變奏함으로써 그의 전후 사상을 형성한 것"[1]인 만큼 한중일 3국의 역사와 관련된 동아시아 담론을 논하기 위해서는 이것을 참조하지 않을 수 없다. 따라서 한국의 연구자들은 현재의 한국적 시점에서 다케우치를 논하는 의미를 명확하고 주체적으로 인식하고 있어야 한다. 예를 들면 다케우치는 일본의 중국 멸시와 비하에 대해서는 부정적이었으며 그 연장선상에서 일본의 중국침략에 대해서도 마음아파 했다. 그럼에도 불구하고 다케우치는 왜 조선에 대해서는 이러한 마음이 없었는지, 있었다면 왜 언급하지 않았는지 의문이다. 특히 그는 1932년의 조선만주견학여

---

1) 小熊英二, 『民主と愛国』, 新曜社, 2002, 408쪽.

행 당시 조선 각지를 거쳐 중국으로 갔다. 그리고 중국의 북경에서 자신과 동일한 중국인을 만나고 지금까지 자신이 가진 중국에 대한 생각을 바꾸게 되었으며 이것이 본격적인 중국연구의 계기가 되었다. 그렇다면 조선에서도 동일한 경험을 할 수도 있었는데 왜 그러한 언급이 없는지 궁금하다. 이러한 고민의 연장선상에서 전후 일본의 진보적 지식인들은 전쟁책임에 대해서는 적극적으로 논의를 전개하지만 식민지 지배책임에 대해서는 거의 언급하지 않은 이유나 배경은 무엇인지에 대한 대답도 찾아야 한다. 즉, 한국적 문제의식에서 바라본 일본연구 혹은 다케우치 연구의 관점을 정립할 필요가 있다.

이러한 시각에서 다케우치를 이해하기 위해서는 먼저 그의 삶의 과정 속에서 형성된 문제의식부터 파악할 필요가 있다. 물론 지금까지의 다케우치 연구를 통해 그가 말한 아시아란 '방법'을 의미한다는 점에 대해서 대부분의 연구자들이 공유하고 있다.[2] 다케우치가 전후에 전개한 아시아라는 '방법'론은 그가 중국에 관심을 가지기 시작한 초기 시점, 대동아전쟁[3]에 대한 평가, 그리고 전후의 인식전환 과정에서 이루어진 사상적 변

2] 1980년대까지의 다케우치 연구를 비판적으로 정리한 논문으로는 上村希美雄, 「戦後史のなかのアジア主義」『歴史学研究』第561号, 1986년 1월이 있으며, 1980년대 이후의 연구를 정리한 논문으로는 佐藤美奈子, 「アジアを語るということ」『社会科学研究』58(1), 東京大学, 2006년 9월 30일이 있다. 이 두 논문에 제시된 선행연구로 전후 일본에서 이루어진 다케우치 연구의 대략을 파악할 수 있다. 2000년 이후 한국에서 이루어진 연구 가운데 본 논문의 주제와 관련이 있다고 판단한 선행연구는 김동기, 「다케우치 요시미(竹内好)의 아시아 연대 방법론에 대한 비판적 고찰」『오늘의 문예비평』 36, 2000년 3월; 윤여일, 「내재하는 중국」『역사비평』 87, 2009년 5월; 고성빈, 「다케우치 요시미(竹内好)의 동아시아론」『아세아연구』 55(1), 2012년 3월; 조경란, 「냉전시기(1950-60년대) 일본 지식인의 중국인식」『사회와 철학』 제28집, 2014년 10월이 있다.

3] 일본에서 특히 전전 일본에서는 1931년 9월에 시작된 전쟁을 만주사변으로 표기하며, 1937년 7월 7일에 시작된 중일전쟁은 지나사변(支那事変), 1941년 12월에 미국을 상대로 시작한 전쟁은 대동아전쟁으로 지칭하였다. 이 논문에서는 전전에 다케우치가 사용한 支那란 용어에 포함된 중국 비하의 의미 등에 대해서는 당시의 시대적 상황과 한계도 고려하여 별도로 언급하지 않는다. 그리

화의 결과이다. 따라서 우리는 그의 전후 사상을 이해하기 위한 선행 작업으로 다케우치가 패전 이후 대동아전쟁을 긍정한 자신의 전쟁책임을 어떻게 전개하였는지 분석할 필요가 있다. 그 분석의 결과에 따라서 다케우치가 전후에 전개한 아시아란 '방법'이 전쟁책임에 대한 반성에서 유래한 것인지 아니면 패전의 원인 분석(≒일본적 근대화에 대한 비판적 고찰)에 대한 해답의 추구인지 구분할 수 있을 것이다. 결과가 어느 쪽이냐에 따라서 다케우치의 방법론이 한국 나아가 동아시아에서 가지는 의미는 달라질 수 있다. 즉, 다케우치 나아가 패전 직후 일본의 진보적 지식인들이 가진 식민지 지배책임에 대한 자기비판이 어떠한 것이었는지를 가름할 수 있다.

다케우치는 1941년 12월 8일 일본의 미국에 대한 선전포고로 중국에 대한 침략전쟁인 중일전쟁이 대동아공영권 확립이란 세계사적 의미를 가지는 대동아전쟁으로 그 성격을 달리했다고 매우 긍정적으로 평가하였다. 패전 이후 다케우치는 자신을 포함하여 문학과 문학자들의 전쟁책임을 논하고 전후의 새로운 사상적 과제를 도출하였다. 한중일 3국의 연구자들은 새로운 사상적 과제에 의거한 다케우치의 전후 활동을 대체적으로 긍정적으로 평가한다. 물론 필자 역시 그의 전후 행적을 긍정적으로 평가한다.[4] 그러나 문제는 그의 전후 행적이 전전의 어떠한 문제와 관련된

고 다케우치의 말을 직접 인용하는 부분에서는 지나란 단어를 사용하지만 그 외는 대체적으로 중국으로 표기하였다. 다케우치의 글에는 지나사변에 대한 언급은 많이 있지만 만주사변에 대한 언급은 별로 없다는 점을 밝혀둔다. 이러한 점을 명확히 하는 이유는 다케우치가 일본이 행한 중국 침략의 시작점(물론 여기서 청일전쟁까지 언급하지는 않겠다)을 1931년의 만주사변으로 판단하는지 아니면 1937년의 중일전쟁으로 보는지에 따라 다케우치의 전쟁체험과 전쟁책임(론)의 범주는 달라질 수 있으며 이에 따른 논점 역시 변할 수 있다는 사실을 의식하기 때문이다. 그리고 이 논문에서는 『다케우치 요시미 전집(竹内好全集)』에서 인용하는 부분과 필자가 작성한 문장에서의 혼란을 피하기 위하여 당시 다케우치가 사용한 대동아전쟁이란 용어를 그대로 사용한다.

4) 「각서」를 통한 자기비판과 근대의 의미를 재론하는 과정에서 다케우치는 주체적 자각, 민중, 저항의 의미를 재인식하고 이를 구체적인 삶 속에서 실천하였다는 측면에서 다수의 다케우치 연구자

해답 추구인지를 명확하게 밝혀야 한다는 점이다.

오구마 에이지小熊英二는 다케우치는 "'진정한 동아해방'이라는 사상을 그 나름대로 정말로 수용함으로써 침략의 현실에 '저항'하려고 했다"[5]고 하면서 대동아전쟁을 긍정한 다케우치를 변호한다. 즉, 오구마는 1941년 12월 8일 미국에 대한 선전포고를 통해 서구 중심적 근대 혹은 서구적인 근대를 비판하고 일본 민족의 변용을 통해 대동아공영권 건설의 세계사적 의의를 역설한 교토京都학파의 주장이 외부의 권위에 의거하지 않고 내적인 자기부정과 자기혁신을 통해 외부를 변혁할 수 있다고 생각하고 있던 스스로의 사상과 일치한다고 판단한 다케우치는 이 전쟁을 긍정적으로 받아들였다고 해석한다.[6] 그러면서 오구마는 본문에서도 인용하는 「중국연구자의 길支那研究者の道」에서 다케우치가 기타 잇키北一輝를 인용하면서 중국을 멸시하는 입장에 선 일본의 중국연구자를 비판한 내용은 군부의 비판을 피하기 위함이었다는 전후 다케우치의 회상을 근거로 다케우치는 위장저항을 했다고 평가한다.[7] 오구마는 다케우치가 전쟁을 긍정한 일본 정부의 논리를 그대로 활용하여 전쟁에 '저항'한 것처럼 이해하고

들은 전후의 다케우치를 긍정적으로 평가한다.

5] 앞의 책, 『民主と愛国』, 409쪽.

6] 위의 책, 409–411쪽.

7] 위의 책, 886쪽. 다케우치가 관료적이고 고학적인 학풍에서 벗어나지 못한 일본의 한학 연구자들과 중국을 멸시하고 부정적인 시각에 선 지나 연구자를 비판한 것은 그가 1932년 베이징을 방문하여 일본인들과 동일한 중국인을 발견하면서부터 견지해온 주장이다. 이러한 주장은 일본의 중국침략을 정당화한 소책자 『국민정부 참전과 북지파견군 장병』을 평가한 「중국연구자의 길」에서 새롭게 전개한 것은 아니다. 만약 오구마의 해석을 받아들인다고 한다면 「중국연구자의 길」보다 이전에 발표한 「대동아전쟁과 우리들의 결의」에서도 '위장전향'으로 읽을 수 있는 수사법(rhetoric)이 있어야 하나 그렇지 않다. 나아가 다케우치가 전전에 대동아전쟁 긍정론을 주장한 각각의 글을 세심하게 읽어보면 전쟁에 '저항'하고 있었다는 다양한 표현과 수사법이 존재해야만 오구마의 해석에 동의할 수 있으나 필자는 그러한 증거를 발견할 수 없었다.

있다.

그렇다면 60년 안보투쟁 시기에 다케우치가 '41년 12월 8일 이후에 일어난 전쟁에 대해서 일본에게만 책임을 물을 수는 없다'고 한 주장을 필자는 이해하기 힘들다. 즉, 전쟁에 '저항'하면서도 협력적인 태도를 보일 수밖에 없었던 사람이 전쟁을 일부 긍정했던 자신의 과거 전쟁협력책임을 부정하는 발언을 한 것은 상호 모순된다. 물론 여기서 다케우치는 '일본에게만' 이라고 하여 당시 전쟁의 주체였던 제국주의 국가의 책임과 더불어 일본에게도 일부의 책임이 있을 수 있다는 문형을 사용하고 있지만 본문에서 분석하고 있는 것처럼 필자는 오구마의 주장에 동의하기 힘들다. 필자는 다케우치에 대한 오구마의 평가는 전후 다케우치의 사상과 행동을 설명하기 위하여 전전의 행보를 전후에 맞추어서 해석한 비역사적 방법이라고 본다. 전전에 행한 다케우치의 행위는 전전의 역사적 상황 속에서 논의되고 해석되어야 마땅하다. 따라서 다케우치에 대한 오구마의 평가를 보완하기 위해서는 다케우치의 대동아전쟁에 대한 평가와 자신에 대한 전쟁책임론을 당시의 상황 속에서 재검토할 필요가 있다고 판단한다.

한편 오카야마 아사코岡山麻子[8]는『중국문학中国文学』복간에 대한 반론을 제기한 다케우치의「각서覚書」를 분석한 결과 다케우치는 자신을 포함한 문학자와 문학의 전쟁책임을 논하고 그 결과 새로운 전후의 사상과제를 도출하였다고 판단한다. 오카야마는 다케우치의 새로운 사상과제가 다케우치 자신의 전쟁책임론에서 도출된 것이라고 판단하지만 전적으로 동의하기에는 이해하기 어려운 부분이 있다. 즉, 다케우치가 전쟁책임론에 근거하여 전후 활동을 전개하였다면 어떠한 형태로든 패전 직후에 전쟁책

---

8) 岡山麻子,「竹内好の戦争責任と中国論」『年報日本史叢』, 2001.

임에 관한 논의를 적극적으로 진행하였을 것이다. 그러나 다케우치는 패전 이후 15년이나 지난 60년 안보투쟁의 과정에서 전쟁책임론을 간략하게 전개하고 있을 뿐이다. 다케우치는 "만약 전쟁체험이 좀 더 정확하게 정리되었더라면 60년" 투쟁에서 민중들은 정부와 국가를 대상으로 "좀 더 나은 투쟁을 할 수 있었을 것"이라고 판단하면서 권력과 권위에 대한 저항을 일반화하는 방법으로써 "전쟁체험과 전후체험을 겹쳐서 처리하"[9]고 있다. 즉, 패전 직후에 제기된 다케우치의 새로운 사상과제가 전쟁책임론에서 도출된 것인지 패전의 원인분석에 기인한 것인지 애매하다는 점이다. 이러한 사실 때문에 필자는 오카야마의 주장에 바로 동의하기는 어려우며 패전 직후의 여러 상황을 재검토할 필요가 있다고 생각한다.

쑨거는 1941년 일본의 미국에 대한 선전포고로 시작된 대동아전쟁 시기에 다케우치는 "구미에 대한 선전포고가 일종의 기만이었음을 의식하기 시작"하면서 "'대아시아주의'의 이념에 깊은 배신감을 느꼈"음에도 불구하고 "자신의 행동으로 당시 식민지의 문화적 분위기에 맞서 진정한 대동아문화를 건설하려고 하였다"[10]는 모순적인 평가를 내리고 있다. 그리고 쑨거는 『다케우치 요시미라는 물음』의 제4장 1절의 제목을 「패전체

---

9) 竹内好, 「戦争体験の一般化について」(1961.12)『竹内好全集』(이하 『全集』이라 표기) 第八卷, 筑摩書房, 1980, 225–231쪽.

10) 쑨거 지음·윤여일 옮김, 『다케우치 요시미라는 물음』, 그린비, 2007, 110쪽. 쑨거는 이 책의 3부 1장 「역사적 순간에서의 '그릇된' 선택」에서 "어떤 사상가가 특정한 순간에 내린 판단이나 실수를 역사적으로 고찰한다는 일은 결코 뒤에 오는 사람이 '타산지석'을 얻기 위함이 아니다. 실로 사상가의 그릇된 선택이란 통상 여겨지듯 후세 사람이 심판하거나 변호할 수 있는 '착오'가 아니다. 그것은 항시 사상적 긴장이나 내재적 모순을 품고 있으며 그러한 사상적 긴장이나 내재적 모순이 뒤에 오는 사람들에게 역사로 들어설 기회를 제공한다"(205쪽)고 적고 있다. 논쟁점이 많은 문장이지만 쑨거 주장의 요점에는 동의하나 여기서 한 가지 확인할 것은 역사적 순간에 다케우치가 '그릇된' 선택을 했다는 사실을 쑨거 역시 인정하고 있다는 점이다. 이 점은 본문에서 언급한 내용과도 관련된다.

험의 심화 : 전쟁책임론과 문명의 재건」이라고 달았다. 여기서 쑨거는 다케우치의 1953년 논고 「굴욕적 사건」과 55년 논고 「8월 15일」을 중심적인 논거로 삼아 그의 패전체험을 분석하고 있다. 다케우치의 이 글은 다케우치 자신의 패전체험을 분석하기에는 적합하지만 이것을 다케우치의 전쟁책임론으로 읽기에는 주체적 책임의식에 관한 다케우치 자신의 언어가 너무 빈약하다. 그리고 패전체험과 전쟁책임은 분명히 범주가 다른 개념이다.[11] 이러한 측면에서 쑨거의 다케우치 읽기에는 좀 더 세밀하게 개념을 규정하고 개념과 사실관계의 상호관련성을 더욱 치밀하게 분석해야 하는 부분이 있다고 생각된다. 따라서 본 논문은 패전체험과 전쟁책임을 다른 개념으로 분리하여 다케우치를 재독한다.

2. 대동아전쟁에 대한 평가

다케우치는 1910년 10월 2일 일본 나가노현 미나미사쿠군^{長野県 南佐久}郡에서 태어났다. 즉, 다케우치는 이른바 전전세대^{戰前世代}에 속하는 인물이다. 1931년 만주사변을 시작으로 일본이 전쟁으로 치닫고 있던 시기의 다케우치는 20대 청년이었다. 이러한 시대상황 속에서 다케우치는 자신의 가치관을 형성하기 시작하였다. 다케우치는 오사카^{大阪}고등학교를 졸

---

11) 철학적이고 엄밀하게 용어를 구분하는 수준까지 언급하지 않더라도 양자의 개념이 범주를 달리한다는 것은 쉽게 이해할 수 있다. 패전체험은 전쟁 그 자체를 긍정하는 측면에서도 부정하는 측면에서도 아니면 중간적인 입장에서도 행할 수 있는 자신 혹은 집단의 체험이다. 체험에는 체험 주체의 책임성 특히 높은 수준의 도덕적이고 철학적인 책임성을 동반하지 않아도 된다. 그러나 전쟁책임(론)은 명확하게 전쟁과 관련한 자신의 행위에 대하여 자신이 져야만 하는, 즉 주체적으로 인식하는 책임성을 동반한다. 그리고 이 책임은 책임주체의 논의 수준에 따라 정치적, 도덕적, 철학적, 종교적 책임으로까지 확대될 수 있다. 또한 이 전쟁책임에는 잘못된 전쟁에 관계했었다는 자기 비판적 책임도 있으나 정당한 전쟁에 전력을 다하지 못했다는 의미의 책임도 있을 수 있다. 패전체험과 전쟁책임은 범주가 다른 개념이며 서로 다른 범주에 속하는 것을 동일한 장에서 논하기 위해서는 많은 전제조건과 장치를 설정하고 사실 관계를 검토할 필요가 있다.

업한 후 1931년 4월에 도쿄東京대학 지나支那문학과에 진학하였다. 연보에 의하면 대학에 입학한 다케우치는 사회과학 독서서클 RS^{reading society}에 들 어가서 유물변증법 등에 관해 공부하였으나 운동에는 그다지 적극적이지 않았다고 한다. 대학에 입학한 해에 구입한 책이 『사회과학대사전』, 『마 르크스주의 경제학』, 『프롤레타리아 문예강좌』, 『금융자본론』, 『일본독 점자본주의의 전망』, 『제국주의론』, 『사적유물론교정敎程』 등인 것으로 봐서 내부를 응시하는 시각이나 외적 권위에 의거한 자세를 철저하게 비 판하는 다케우치의 논법은 헤겔의 변증법적 사유법과 유사한 점이 있다. 그러던 다케우치는 1931년 7월 『중앙공론中央公論』에 게재된 나가오카 카 츠아키長岡克曉의 「장제스의 중국蔣介石の支那」을 읽고 처음으로 중국문제에 대한 연구의 필요성을 통감하였다.[12] 이러한 경험 직후 9월 18일에 만주 사변이 일어났다.

만주사변이 일어나고 1년이 지난 1932년 8월 7일 다케우치는 외무성 대지對支문화사업부에서 전체 경비의 반을 보조해 주는 조선만주견학여 행에 참가한다. 다케우치에 의하면 여행참가 목적은 일본을 벗어나고 싶 다는 단순한 기분이었다.[13] 다케우치는 후일 "그러는 가운데 전쟁은 점점 확대되었으며 만주에서 화북으로 침략이 이어졌다. 자신들의 연구를 통 해 친밀감을 느끼고 있는 나라를 자신들의 조국이 침략하는 것에 대하여 매우 괴로운 심정을 가지고 있었지만, 당시는 이러한 것을 깊이 파고들어

---

12) 「年譜」 『全集』 第十七권, 筑摩書房, 1982, 289쪽.

13) 竹内好, 「方法としてのアジア」(1961.12) 『全集』 第五卷, 筑摩書房, 1981, 92쪽. 다케우치는 1932 년의 조선만주견학여행을 통해 약 1주일 정도 조선에 체류하였다. 1974년 10월에 작성한 「잊을 수 없는 사람(おもかげの消えぬ人)」에서 견학여행 기간 동안 다케우치는 과거 오사카고등학교 를 같이 다녔던 조선인 친구 A를 만나기 위하여 여행단과는 별도의 행동을 한다(『おもかげの消 えぬ人』(1974.10) 『全集』 第五卷, 筑摩書房, 1981).

사고하지 못하였으며 얼마간 후퇴한 모습으로 자신들의 좁은 연구 범위를 지키는 정도였을 뿐이"[14]었다고 회상하였다.

여행일정은 조선 각지를 경유하여 중국의 창춘長春까지 가서 22일 다렌大連에서 해산하는 것이었다. 해산 이후 사비유학을 이어간 다케우치는 24일 베이징北京에 도착하여 10월 8일 일본으로 귀국할 때까지 베이징에 거주하였다. 그는 베이징에 거주하면서 쑨원孫文의 『삼민주의三民主義』를 읽고 깊은 감동을 받았으며 중국의 풍물과 사람들에게 매력을 느끼면서 본격적인 중국연구에 매진할 것을 결심하였다. 베이징에 거주하면서 다케우치는 "여기에 있는 사람들은 자신과 매우 비슷하다는 느낌을 받았다. 자신과 비슷한 생각을 가지고 있는 사람들이 있다는 것에 감명을 받았"[15]다. 즉, 다케우치는 반식민지적 상황에 놓여 있지만 역동적인 삶을 살고 있는 당시의 중국인과 중국에 깊은 감명을 받고 현재의 중국을 중심으로 한 연구를 결심하였다.

당시 도쿄대학 지나문학과와 일본의 중국문학연구는 고전이 중심이었으며 중국의 현대문학에는 거의 관심을 두지 않았다. 이러한 상황 하에서 다케우치는 귀국 후 현대중국에 대한 연구를 지속하여 1933년에 현대중국문학을 주제로 한 졸업논문 「위다푸郁達夫연구」를 제출하고 다음해 3월에 졸업하였다. 다케우치는 졸업하기 직전인 1934년 3월 1일에 자신의

---

14) 위의 자료, 93-94쪽. 이 인용문에서 '만주에서 화북으로 침략이 이어'진 사실은 만주사변에서 중일전쟁으로의 확대를 말한다. 다케우치는 이러한 사실에 대하여 '괴로운 심정'을 가지고 있었다. 문제는 '괴로운 심정'의 이유에 만주사변까지 포함되는지 아닌지를 살펴볼 필요가 있다. 이 문장만 본다면 만지까지 포함되는 듯하지만, 일본의 중국침략을 언급한 다케우치의 여러 문장 속에서 침략의 기점을 만주사변까지 포함하여 논한 경우는 매우 적으며 대체적으로 중일전쟁을 지칭하는 경우가 많다. 이 문제는 다케우치의 전쟁체험과 전쟁책임(론)의 범위와 관련되므로 중요하게 살펴야 한다.

15) 위의 자료, 92쪽.

집에서 요코치横地, 오카자키岡崎, 타케다武田, 사야마佐山 등과 회합하여 중국문학연구회 제1회 준비 총회를 개최하고 매월 1일과 15일에 연구발표회를 개최하는 것과 잡지 간행을 계획하였다. 이러한 노력은 1935년 2월 28일의 『중국문학월보中国文学月報』의 간행으로 결실을 맺는다. 이후 중국문학연구회는 1940년 4월에 발행되는 제60호부터 '월보'란 단어를 빼고 『중국문학』으로 명칭을 변경하여 잡지를 발간하였다. 그사이 다케우치는 1937년 9월 29일 외무성에서 유학허가를 받아 10월 17일 베이징으로 출발하였다가 아버지의 병환으로 1939년 10월 일본으로 귀국하였다. 37년부터 39년 사이 중국에 체류하는 동안 다케우치는 중국의 여러 가지 상황을 '베이징통신'이란 형태로 『중국문학월보』에 기고하였다. 귀국한 이후 다케우치는 중국의 회교문제를 중심으로 연구를 이어갔다.

중국연구가로서 다케우치는 1941년 12월 16일에 작성 완료한 원고 「대동아전쟁과 우리들의 결의大東亜戦争と吾等の決議」를 『중국문학』 제80호 (1942년 1월 1일 발행, 실제로 발행된 것은 29일)에 발표한다. 1945년 일본의 패전 이전에 다케우치가 전쟁에 대하여 자신의 생각을 논한 글인 만큼 자세하게 살펴보자. 1937년 중일전쟁이 본격적으로 시작되면서 전황은 일본의 예상과는 달리 장기전으로 들어갔다. 그리고 미국과 영국이 주축이 된 연합국이 일본에 대한 물자공급을 단절하자 일본은 전선을 동남아시아로 확대하고 결국은 미국과 전쟁을 치를 수밖에 없을 것이란 점을 인식한다. 이러한 가운데 1941년 12월 8일 일본은 진주만 기습공격 직후 미국에 대하여 선전포고를 한다. 다케우치의 위의 글은 이러한 배경 속에서 작성된 것이다. 주요한 내용을 인용한다.

12월 8일 선전宣戦의 대조大詔가 내려온 날 일본국민의 결의는 하나로 불타올랐다.……

어디까지나 전쟁은 피해야만 한다고 그 직전까지 믿고 있었다. 전쟁은 비참한 것으로밖에 생각하지 않았다. 실은 그러한 생각이야말로 비참한 것이었다.……솔직히 말해 우리들은 지나사변에 대하여 갑자기 동조하기 힘든 감정이 있었다. 의혹이 우리들을 괴롭혔다. 우리들은 중국을 사랑하고 중국을 사랑하기 때문에 역으로 우리들 자신의 생명을 지탱해왔다.……지나사변이 일어나면서 이러한 확신은 무너지고 무참히도 찢어졌다.……우리들은 자신을 부정하는 것 외에는 방법이 없었다.……재능이 없음을 부끄럽게 여기는 우리는 이른바 성전의 의의를 망각하였다. 우리 일본은 동아건설의 미명에 숨어서 약한 자를 괴롭히는 것은 아닌가 하고 지금까지 의심해 왔다.

우리 일본은 강자를 두려워하지 않았다. 추상과 같은 행동의 발로가 이 모든 것의 증거이다. 국민의 한사람으로서 이보다 더 기쁜 것이 있을까.……동아에 새로운 질서를 펼치고 민족을 해방한다는 진정한 의의는 뼈 속까지 스며들고 지금 우리들의 결의가 되었다.……동아에서 침략자를 몰아내는 것에 우리들은 어떠한 도의적 반성도 필요 없다.……

대동아 전쟁은 만주사변을 완성하고 이것을 세계사적으로 부활시킨다. 지금 대동아전쟁을 완수하는 것이야말로 우리들이다.……우리들은 중국을 사랑하고 중국과 함께 간다.[16]

일본이 동일한 아시아의 인접 국가인 중국을 침략한 1937년의 중일전쟁이 일어났을 때 다케우치는 중국에 애착을 가진 중국연구자로서 일본의 전쟁의도를 의심하지 않을 수 없었으며 자신들이 가진 가치관을 부정할 수밖에 없는 심정이었다고 한다. 그러나 다케우치는 이것은 매우 어리석은 생각으로 일본의 진정한 전쟁 의도를 파악하지 못한 것임을 자각한다. 그러한 자각의 계기는 일본이 미국에 선전포고한 1941년 12월 8일이 갖는 의미였다. 즉, 다케우치는 일본의 중국 침략이 동아신질서 구축의 시작이며 서구세력에서 아시아를 지키기 위한 행위였다고 인식한다. 그 명백한 증거가 일본이 미국에 선전포고한 것이라고 다케우치는 강조한다. 다

---

16) 竹内好, 「大東亜戦争と吾等の決議」(1942.1) 『全集』第十四卷, 筑摩書房, 1981, 294-297쪽.

케우치는 미국, 즉 서양에 대한 선전포고가 동양의 일부를 구성하는 일본과 중국의 세계사적 사명이라고 인식한 것이다. 다케우치의 이러한 인식은 1942년의 대동아문학자대회 참가여부와 관련된 논쟁에서도 나타난다.

전쟁에 대한 여론형성과 사상 단속 강화를 목적으로 내각정보국, 외무성 정보국, 육군성 정보국, 해군성 군사보급부, 내무성 경보국 검열과, 체신성 전무국 전무과遞信省電務局電務課에 각자 나누어져 있던 정보 사무를 통일하여 1940년 12월 6일에 정보국이 설치되었다. 그 외곽단체로 1942년 5월 26일에 결성된 일본문학보국회日本文学報国会는 1942년 11월 3일부터 1주일간 제1회 대동아문학자대회大東亜文学者大会를 개최하였다. 제1회 대회의 의제는 '대동아전쟁의 목적 수행을 위하여 공영권내 문학자의 협력방법'과 '대동아문학건설'이었다. 이러한 상황과 관련된 다케우치의 입장을 살펴보자. 일본문학보국회가 설립되고 다케우치에게도 회원가입 권유가 있자 그는 이 조직이 "필요하다고 인정하"고 가입을 "거절할 이유가 없어"[17] 가입하였다. 이러한 상황 속에서 일본문학보국회가 중심이 되어 대동아문학자대회를 개최하면서 일본에서 유일한 중국문학 단체인 중국문학연구회에 참가를 권유하자 중국문학연구회의 대표격인 다케우치는 이를 거부하였다. 참가거부의 이유는 여러 가지 있으나 다케우치가 가장 큰 이유로 거론하고 있는 점은 다음과 같다.

대동아문학자대회는 일본문학보국회에 있어 좋은 행사일지 모르겠으나 중국문학연구회가 참석할 자리는 아니라고 생각한다.……우리들이 어떠한 환영방식을 취해왔는지는 중국문학연구회의 역사를 알고 있는 독자 제군들은 알고 있으리라 생각한다. 할 것은 하고 하지 말아야할 것은 하지 않는다.……1934년 저우쭤런周作人씨의 환영회에서 발족한

---

17) 竹内好, 「大東亜文学者大会について」(1942.11)『全集』第十四巻, 筑摩書房, 1981, 433-435쪽.

중국문학연구회는 1941년에 저우씨가 일본을 방문하였을 때 '편집후기'에 한 구절 적었을 뿐으로 적어도 공적인 환영회를 개최하지는 않았다. 그리고 일본의 속류 문학자가 중국의 3류 작가의 죽음을 대대적으로 선전하며 추도할 때 편승적인 추도를 거부한 『중국문학』은 일본에서 누구도 추도하지 않은 차이위안페이蔡元培의 서거에는 전 지면을 통해 이를 추도한 것 역시 동일한 태도에 기인한다. 이것은 중국문학연구회의 전통이며 정신이며 운명이다. 나 개인은 별도로 하더라도 적어도 공적인 입장에 있는 중국문학연구회로서는 관료적인 환영식에 일조하는 것은 전통이 용납하지 않는다.[18]

즉, 다케우치는 중국문학연구회가 지향하는 것과 성격이 다른 행사에는 참가하지 않겠다고 밝힌 것이다. 다케우치가 대동아문학자대회에서 일본과 중국문학의 대표자가 만나는 것에 승복할 수 없다고 한 이유를 보자. 위의 문장에 이어서 다케우치는 "문학에 있어서 12월 8일을 실현할 수 있는 자신이 있기 때문"에, 즉 "미래에 대한 확신이 있기 때문"[19]에 관료적인 환영식에 참석하는 것을 거부한다고 주장한다. 여기서 말하는 '12월 8일'이란 앞에서 본 미국에 대한 일본의 선전포고가 갖는 의미이며 이러한 의미를 문학에서 실현할 자신이 있기 때문에 형식적이고 관료적인 행사인 대동아문학자대회에는 참가하지 않는 것이 중국문학연구회의 '전통'을 지키는 길이라고 다케우치는 판단한 것이다.

앞서 살펴본 오구마의 다케우치 평가와 관련하여 여기서 생각할 수 있는 것은 혹시라도 다케우치가 전쟁에 협력하기를 완곡하게 거부했는가 하는 점이다. 필자의 독해가 다케우치에게 너무 비판적이며, 전쟁에 협력하지 않으면 안 되는 긴박한 시대상황 속에서 완곡하게 전쟁 협력을 거부하는 문맥을 읽지 못한 것이라는 비판도 있을 수 있다. 그렇다면 다케우치

---

18) 위의 자료, 434~435쪽.

19) 위의 자료, 435쪽.

가 1943년 『양쯔강揚子江』 7월호에 발표한 「중국연구자의 길支那研究者の道」을 보자.

　다케우치 자신의 소개에 의하면, 1943년 4월 8일 북중국 파견 일본군은 일본과 중국의 관계 진전에 대응하기 위하여 화북에 거주하는 전 장병의 정신적 목표를 통일하고 진정으로 일본과 중국이 합치된 입장에서 대동아전쟁을 완수하려는 부동의 결의를 앙양하기 위하여 『국민정부 참전과 북지파견군 장병国民政府参戦と北支派遣軍将兵』이라는 소책자를 발행하였다.[20] 다케우치는 이 책을 읽고 "5년 반의 세월이 우리들에게 준 교훈을 생각하며 감동을 금할 수 없었다"[21]고 고백한다. 다케우치가 이 글을 작성한 시점이 1943년 6월경이라고 생각한다면, 여기서 말하는 5년 반이란 세월은 1937년 7월에 시작된 중일전쟁을 기점으로 삼고 있음을 알 수 있다. 앞의 글 「대동아전쟁과 우리들의 결의」에서 다케우치는 일본이 1937년에 중국에서 군사행동을 감행했을 때 '왜'라고 일본을 의심하였으나 1941년 12월 8일에 일본이 미국에 선전포고를 하자 그 진정한 의미를 이해하였다고 한 사실을 확인하였다. 동일한 사실을 「중국연구자의 길」에서 인용하는 다음의 부분에서도 확인할 수 있다.

　다케우치가 이 소책자를 읽고 감동한 이유는 다음의 2가지이다. 첫 번째는 소책자가 "대동아건설의 과제를 정신의 문제로써 무엇보다 문화의 문제로 파악한 점"[22]이다. 그러면서 다케우치는 소책자의 내용을 다음과 같이 요약정리하고 있다.

---

[20] 竹内好, 「支那研究者の道」(1943.7)『全集』第十四卷, 筑摩書房, 1981, 472쪽.

[21] 위의 자료, 472쪽.

[22] 위의 자료, 472–473쪽.

'대동아 10억 민심의 결속을 통해 비로소 대동아전쟁의 동아적 사명이 확립되며 나아가 이것으로 진정한 완성을 기할 수 있다.'……'대동아공영권의 사상건설이야말로 대동아전쟁의 시작이자 끝이다.'……'대동아 10억 민심의 결속'을 실현하기 위해서는 '힘에 의한 강제만으로는 결코 불가능하다.'……그러면 어떻게 하면 좋을까. 중국의 경우는 '일본인이 중국이 가진 독립국가로서의 권위와 자긍심을 존중하고 정의와 성의를 가지고 진정한 제휴를 꾀함'으로써 달성된다.[23]

다케우치가 밝히 두 번째의 감동은 이 소책자의 문체가 타인을 나무라는 것이 아니라 일본의 책임과 문제를 서술하고 있는 형태로 되어 있다는 점이다.

'화북에서 진정으로 중국인의 모범이 될 수 없는 일부의 일본인이 단지 일본인이라는 잘못된 우월감에 기인하여 부당한 태도로 중국인을 대한 자는 없었을까. 우리 장병 중에서도 자각하지 못한 채 잘못된 행동을 행한 자가 한사람도 없었다고 할 수 있을까'라고 반성하고 있다. 이러한 반성이 '우리 군인으로서 천황의 위광을 마음으로 체현하고……(원문대로) 그 본분을 다하여 성명聖明에 답하고 받드는 것을 서약'하는 이유라고 논하고 있다. '우리들은 다른 것을 말하기 전에 군인 한 사람 한 사람이 우선 스스로 화북 제휴의 모범이여야 한다는 점을 신명에게 서약해야하지 않을까'라고 문장을 맺고 있다. 나는 중국 연구자의 한 사람으로서 중국연구자 가운데 누가 이러한 반성을 스스로에게 물었던가를 생각하고 망연자실 할 수밖에 없었다.[24]

소책자를 읽은 감동을 위와 같이 정리한 다케우치는 이 책이야말로 "전 일본국민이 읽어야 한다"고 생각하며 "'대동아공영권의 사상건설'이야말

---

23) 위의 자료, 473쪽. 인용문에서 ' '속의 문장은 다케우치가 소책자에서 직접 인용한 부분이다. 이하 이 책자에서 인용할 경우는 동일함.

24) 위의 자료, 475–476쪽.

로 우리들 중국연구자가 혼신을 다해 이루어내야 할 필사의 과제"[25]라고 강조한다. 이러한 다케우치의 자각은 두 가지 사실에 기초한다. 한 가지는 북경에서 생활하면서 발견한 자신과 동일한 중국인이 있다는 사실에 대한 자각이며, 두 번째는 그동안의 일본인 중국연구자들은 중국에 대한 비하와 멸시로 일관했었기 때문에 그러한 연구결과와 내용이 일반의 일본인에게 영향을 미쳐 이들 역시 중국을 비하하고 멸시하는 결과로 이어졌다는 반성이다. 그 결과 지금까지 일본에서 진행된 중국연구는 현재 중국에서 진행되고 있는 대동아공영권 건설에 보탬이 되지 않기 때문에 다케우치는 자신과 중국문학연구회가 제시하고 있는 중국인에 대한 신뢰와 존중에 입각한 중국연구를 제안하고 있다. 이러한 노력의 결과는 "대동아공영권의 맹주이자 새로운 세계사적인 일본을 만들 수 있을 것이라"[26]고 다케우치는 전망한다. 이러한 논리구조는 다케우치가 본격적으로 중국연구를 시작하면서 일관되게 지켜온 연구 자세와 일치한다. 따라서 필자는 위의 문장은 다케우치의 본심이라고 판단하며 앞에서 본 다케우치에 대한 오구마의 평가에 동의하기 어렵다.[27]

---

25) 위의 자료, 471쪽.

26) 위의 자료, 480쪽.

27) 특히 다케우치가 대학에 진학하여 본격적으로 자아를 형성하기 시작한 1931년은 만주사변이 시작되는 해로 이러한 연령대의 전전세대는 일상적으로 전쟁의 당위성을 교육받고 있었다. 특히 다케우치는 중일전쟁이 시작된 1937년에 겨우 27세, 대동아전쟁이 시작된 1941년은 겨우 31세의 청년이었다. 일본에서 이러한 연령대 가운데 전쟁에 반대한 집단은 공산주의자들이 거의 유일했으며 이들 중 다수는 40년대에 접어들면서 '전향'하여 전쟁에 협력하게 된다. 30대 초반의 '헤겔주의자' 다케우치가 대동아전쟁의 당위성을 설파한 교토학파의 논리를 진심으로 수용했다고 하더라도 전혀 이상하지 않다.

3. 「중국문학」 폐간의 이유

대동아전쟁으로의 확전을 계기로 전쟁에 대한 평가를 위와 같이 수정한 다케우치는 1943년 1월 중국문학연구회 해산과 잡지『중국문학』폐간을 결정한다.[28] 이후 입영을 예상하면서 마지막 원고가 될 수도 있다는 생각으로 집필한 원고『루쉰의 모순魯迅の矛盾』[29]을 10월에 완성하고, 12월 1일 소집영장을 받고 4일 치바현千葉県에 있는 제64부대에 입대한다. 이제부터 살펴볼 사항은 연구회 해산과 잡지 폐간의 이유가 무엇인가 하는 점이다. 당시의 시대적 상황과 자신의 입대로 인하여 더 이상의 잡지 발행이 불가능하다고 판단했기 때문인지 아니면 다른 이유가 있는 것인지 살펴보자.

다케우치가 편집을 담당한 잡지『중국문학』은 1942년 중반부터 여러 가지 어려운 현실적인 문제에 직면하였다. 1942년 6월에 출판된『중국문학』제84호의 편집후기에서 다케우치는 "출판문화협회에서 할당하는 용지"가 "급격히 줄었으므로 3개월 치가 채 한달도 가지 못했다"[30]고 적고 있다. 전쟁이 심화되면서 각종의 물자부족이 일상생활 속에 영향을 미치고 있던 시기에 다케우치 역시 종이 부족으로『중국문학』출판에 현실적인 어려움을 겪고 있었던 것이다. 그러나 그런 현실적 어려움에도 불구하고 다케우치는『중국문학』에 대한 기대를 놓지 않았다.『중국문학』제87호부터 태평천국의 난이 일어났을 당시에 발생한 비참한 사건을 기록

---

28) 앞의 자료, 『年報』, 301쪽.

29) 다케우치가 1943년 10월에 작성하여『문학계(文学界)』10월호에 발표한 루쉰에 관한 최초의 글인「루쉰의 모순」은 다케우치가 집필하고 1944년에 동양사상총서의 일부로 일본평론사에서 간행된『루쉰』의 서장의 원형이 되었다고 하지만 내용이 상당히 다르다. 구체적인 내용은『竹内好全集』第一卷에 수록된「루쉰」해제를 참조할 것.

30) 竹内好, 「『中国文学』第八十四号 後記」(1942.6)『全集』第十四卷, 筑摩書房, 1981, 436쪽.

한 리꾸이^{李圭}의 「사통기思痛記」를 연재하면서, 다케우치는 이러한 활동들이 하나 둘 쌓여서 언젠가는 자신들의 문학이 실현될 것이라고 확신했다. 이는 다케우치의 "우리들은 이 잡지를 유지해 갈 예정이다. 지금도 이 잡지를 떠나서 일본의 문화는 생각할 수 없다. 조금만 더 나아졌으면 하고 한숨을 쉬는 일은 있어도 멈춘다는 것은 생각할 수 없었다"³¹⁾는 말에서도 엿볼 수 있다.

다케우치가 「사통기」를 연재하게 된 이유는 크게 2가지이다. 하나는 나약해진 일본문학회에 생기를 불어넣는 것이었다. 이것은 자신들의 연구모임인 중국문학연구회의 태도, 즉 과학적 엄밀성을 바탕으로 시대의 현실을 사실적으로 묘사하는 그들의 자연주의적 당파성과 관련된 문제였다. 다케우치는 「사통기」에 적시된 내용이 아무리 잔혹하다고 할지라도 태평천국의 난 당시에 일어난 사태를 바라본 리꾸이의 "시선은 결코 광적인 것이 아니"라 "오히려 매우 건강"³²⁾했다고 판단한다. 또 다른 이유는 일본인들이 중국에 대하여 가진 "병적인 호기심", 즉 "불경한 정신박약아가 중국인의 잔학성이란 허상을 그럴듯하게 꾸미기 위해서 「사통기」를 이용하지 않을까하는"³³⁾ 우려를 타파하기 위해서였다. 이처럼 다케우치는 중국에 대한 편견과 왜곡에 기초한 일본문학 혹은 일본의 중국연구를 비판하면서 내부를 응시하고 사실을 있는 그대로 서술한 중국인들의 건강성을 중국문학연구회가 지향해야 하는 지표로 삼고 있었다.

그러나 『중국문학』 제86호에 게재된 「사통기」의 내용이 너무 잔혹하다는 이유로 당국으로부터 주의를 받았다. 당국은 내용의 "삭제를 명해야

---

31) 위의 자료, 440쪽.

32) 위의 자료, 442쪽.

33) 위의 자료, 442-443쪽.

하지만 잡지의 특수한 성질을 고려하여 주의 정도"[34]에 그쳤다. 여기서 당국이 인정한 잡지의 '특수한 성질'이란 앞 장에서 살펴본 것처럼『중국문학』이 대동아전쟁을 적극적으로 옹호하였다는 사실을 지칭한다. 다케우치는 "당국의 주의는 당연한 것"이며 "편집자 자신도 사실은 그러한 걱정을 하였으며 번역자도 동일한 걱정을 하고 있었다"[35]고 하면서 당국의 주의를 수용하였다. 이후 다케우치는 「사통기」의 극단적인 부분을 삭제하면서도 가능한 원문을 훼손하지 않는 형태로 게재하려고 노력하였다.[36]

이처럼 1942년 중반까지만 하더라도 다케우치는 잡지 발간에 대한 열정을 가지고 있었으며 폐간은 전혀 생각하지도 않았다. 그러나 1943년 1월에 발간한『중국문학』제91호에서 다케우치는 41년 12월 8일 이후 1년간에 걸쳐 일어난 상황을 총괄하면서『중국문학』의 근본적인 개혁 구상을 밝힌다. 다케우치는『중국문학』제91호의 후기에서 미국에 대한 선전 포고가 가지는 적극적인 의미를 명기한 이후 중국문학연구회의 "진정한 발족은 막 시작되었다"[37]고 평가한다. 다케우치가 말한 '진정한 발족'이란 대동아전쟁의 당위성을 설파한 "교토京都의 세계사파世界史派를 발견"[38]한 것이다. 다케우치는 41년 12월 8일의 선전포고를 통해 중일전쟁은 대동아공영권이라는 새로운 질서 구축을 위한 대동아전쟁으로 성격이 변했다고 이해

---

34) 위의 자료, 442쪽.

35) 위의 자료, 442쪽.

36) 여기서도 오구마의 평가와 관련된 문제를 생각할 수 있다. 필자는 만약 다케우치가 전쟁의 참혹함을 고발하기 위하여 「사통기」의 잔혹한 내용을 게재했다면 편집 후기에서 내용이 참혹하다는 '당국의 주의는 당연한 것'이었다던가 편집자나 번역자 역시도 동일한 문제를 우려하고 있었다는 사실을 굳이 적을 필요는 없지 않을까 생각한다.

37) 竹内好, 「『中国文学』第九十一号 後記」(1943.1)『全集』第十四巻, 筑摩書房, 1981, 444쪽.

38) 위의 자료, 444쪽.

하는 만큼 교토학파에 의해 설파된 대동아공영권 구현이라는 전쟁의 당위성을 높게 평가한다. 다케우치는 41년 12월 미국과 전쟁을 시작한 이후 대부분의 언론 매체가 구태의연한 보도를 일삼는 가운데서도 "이 좌담회만이 전쟁을 논리적으로 예언하"자 자신은 "경탄에 가까운 감동으로 이 좌담회 기사를 읽은 것을 기억하"면서 곧 잡지에 대한 "근본적인 개혁이 있을지도 모르겠다"[39]고 속내를 밝힌다. 그리고 2달 뒤인 43년 3월 1일에 폐간호가 된 『중국문학』 제92호를 발간하면서 「『중국문학』 폐간과 나 『中国文学』 廃刊 と私」를 게재한다.

이 글에서 다케우치는 1942년 가을부터 중국문학연구회와 『중국문학』에 대한 고민이 있었음을 밝히고 있다. 사실 그는 "연구회를 해산하려고 한 것이 아니라 개혁하려고" 하였으나 "개혁에 실패하면서 결과적으로" 연구회를 "해산하게 되었"다.[40] 「『중국문학』 폐간과 나」에서 다케우치는 연구회 해산의 첫 번째 이유로 중국문학연구회가 발족 당시에 가지고 있던 자신들의 당파성을 상실한 점을 들고 있다. 여기서 말하는 '자신들의 당파성'이란 오늘날의 세속화된 문화가 아니라 "세속을 부정하고 세속화되어가는 자기 자신을 부정하는 것"[41]이다. 즉, 중국문학연구회의 당

39] 위의 자료, 444쪽. 여기서 말하는 좌담회란 1942년 1월에 발간된 『중앙공론(中央公論)』의 특집 '조국은 요청한다=장기 총력전 체제'의 일부로 편성된 교토학파의 좌담회 내용을 말한다. 이 좌담회는 제2세대 교토학파로 분류되는 코우사카 마사아키(高坂正顕), 니시타니 케이지(西谷啓治), 코우야마 이와오(高山岩男), 스즈키 시게다카(鈴木成高) 4명이 3회에 걸쳐 진행한 것이다. 첫 좌담회는 1941년 11월 26일에 진행되었는데 좌담회 직후 12월 8일에 기습적인 진주만 공격과 선전포고를 맞이하여 42년 1월호에 「세계사적 입장과 일본」이란 주제로 발표되었다. 두 번째 좌담회는 초기의 유리한 전세가 유지되는 가운데 41년 3월 4일에 「대동아공영권의 윤리성과 역사성」이란 주제로, 세 번째 좌담회는 42년 11월 28일에 「총력전의 철학」이란 주제로 진행되었다.

40] 竹内好, 「『中国文学』廃刊と私」(1943.3) 『全集』第十四卷, 筑摩書房, 1981, 447쪽.

41] 위의 자료, 449쪽.

파성이란 다음과 같은 것이었다.

관료화 한 한학과 지나학을 부정함으로써 내부에서 학문의 독립을 획득하려고 하였다. 한학과 지나학은 역사성을 상실하고 있으며 현실의 지나를 이해하는데 무력하다. 따라서 현대문화와의 관련성이 없다. 이 학문에 대한 자기 개혁의 의욕이 중국문학연구회를 탄생시킨 것이다.……현대문화의 기초를 이루는 문화의 자율성이라는 것을 부정否定이란 행위에 의해 획득하려고 하였다. 그 부정의 매개자로 선택된 것이 현대 지나문학이다.[42]

다케우치가 지향한 당파성은 송학과 고증학 중심으로 연구를 진행한 일본의 한학과 지나학, 혹은 동시대의 동양사학, 좌익문학운동, 유물사관, 막스 베버류의 사회경제사학과도 입장을 달리하는 중국문학연구였다.

그러나 다케우치의 판단에 의하면, 중국문학연구회에 의해 부정된 한학과 지나학은 여전히 잔존하고 있을 뿐만 아니라 중국문학연구회 자체가 현저하게 지나학으로 변화하고 있었다. 그리고 연구회의 발전은 대외적인 명성으로 이어졌고, 자신들이 중국문학 연구의 중심에 위치하게 된 결과 연구회의 특징이 없어지고 점차 세속화되었다. 이러한 변화는 연구회의 발전에 따른 필연적인 운명이기도 하였다. 그러나 자신들이 신뢰하고 있던 당파성의 올바름을 증명하기 위해서는 세속화되고 있는 연구회를 해산할 필요가 있다고 다케우치는 결심한다. 그리고 다케우치는 "당파성을 가지고 탄생한 결사가 당파성을 상실한 경우에는 해산 이외에 살아갈 길이 없다. 이것이 내가 믿고 있는 문화의 존재방식이다"[43]고 선언한다.

다케우치가 제시한 연구회 해산의 두 번째 이유는 자신들의 중국연구

---

42) 위의 자료, 451쪽.

43) 위의 자료, 450쪽.

가 대동아문화 건설에 대한 존재 의의를 상실했다는 점이다. 두 번째 이유는 앞에서 제시한 당파성 상실과 매우 밀접한 관계를 가지고 있다. 한학과 지나학을 부정하고 일반 외국문학 연구 방법을 자신들의 연구방법으로 채용한 다케우치는 그러한 방법론 때문에 자신들의 연구회가 막다른 골목에 처하게 되었다고 판단한다.[44] 중국 멸시의 시각에서 진행된 일본의 중국연구를 비판하면서 현대 중국문화의 건강성을 이해하기 위하여 선택한 일반 외국문학 연구방법론이 역으로 현대문화를 부정하는 상황으로 자신들을 내몰고 있다는 것이다. 즉, 서구적 근대로 대표되는 외국문학 연구 방법론이 대동아전쟁을 통해 더 이상 의미 없는 오히려 일본이 극복해야 하는 방법론으로 변해 버린 상황에서 서구적 외국문학의 방법론(≒서양의 근대적 방법론 혹은 서구적 근대)에 입각한 중국문학연구회는 더 이상의 존재의미를 상실했다는 것이다. 난해한 언어유희처럼 들리는 이 문장은 매우 중요한 의미를 가지고 있다. 이 문장을 이해하기 위하여 다음의 문장을 보자.

대동아전쟁은 세계사의 전환이라고 지칭된다. 나는 깊이 이것을 믿는다. 이것은(대동아전쟁−인용자) 근대를 부정하고 근대문화를 부정하고 그 부정의 바닥에서 새로운 세계와 세계문화를 자기 형성해 가는 역사 창조의 활동이다. 이러한 창조활동을 자각하는 위치에 설 때 우리들은 비로소 자신의 과거를 응시하고 그 전부를 이해할 수 있다. 이러한 정당함 때문에 중국문학연구회에 편협한 입장이 발생했다. 중국문학연구회는 부정되지 않으면 안 된다. 즉, 현대문화는 부정하지 않으면 안 된다. 현대문화란 현대의 어떠한 유럽 근대문화를 우리들 자신에게 투영한 것이다. 우리들은 이러한 자기 자신을 부정하지 않으면 안 된다. 왜냐하면, 우리들은 세계사를 스스로의 내부에서 탄생시켜야 하는 창조자이기 때문이다. 중국문학연구회를 부정하는 것은……자신을 부정함으로써 스스로를 세계화

---

44) 위의 자료, 452쪽.

하는 것이다.[45]

다케우치는 현대 중국연구를 위해 채택한 자신들의 연구방법이 대동아
전쟁에 따른 세계사적인 국면전환으로 인하여 더 이상 의미를 상실했다
고 보는 것이다. 이제는 유럽문화에 기초한 근대와 현대를 부정하고 새로
운 형태의 세계사를 스스로 창출하기 위하여 연구회를 해산한다고 다케
우치는 주장한 것이다.

일본을 비롯하여 제국주의 국가에 의해 주도된 현재의 세속화된 "문화
란 본질적으로 관료문화이다. 관료문화는 성격상 자기 보전保全적이다".[46]
그러나 다케우치가 보기에 41년 12월 8일 이후에 식민지 지배라는 세속
화된 자신을 부정하고 새롭게 생성되기 시작한 대동아문화는 세속화된
관료문화와 다르며 다음과 같은 성격을 갖는다.

대동아문화는 자기 보전문화의 초극 위에서만 구축될 수 있다고 믿는다. 우리 일본은
이미 대동아 제諸지역의 근대적 식민지지배를 관념으로써 부정하고 있는 것은 아닌가. 나
는 이것을 정말로 옳다고 생각한다. 식민지지배의 부정이란 자기보존욕의 파기이다. 개체
가 다른 개체를 수탈함으로써 스스로를 지탱하는 것이 아니라 개체가 스스로를 부정함으
로써 다른 개체를 포섭하는 태도를 스스로의 내부에 생성해 가는 것이다.……이 대동아
이념의 무한한 정당성은 우리들의 일상생활 말단까지 침투해야 하며, 이것을 뿌리까지 움
직여 여기에서 새로운 문화를 스스로 형성해 가지 않으면 안 된다. 행동을 통해서만, 자
기 부정의 행위에 의해서만 창조를 이룰 수 있다. 행위에 의해서 구축된 개념만이 진정한
개념이다.[47]

---

45) 위의 자료, 453쪽.

46) 위의 자료, 449쪽.

47) 위의 자료, 450쪽.

즉, 다케우치는 대동아전쟁에 의해 일본은 식민지를 수탈, 멸시, 차별의 대상으로 보던 스스로를 부정하고 식민지까지 자신의 내부에 포섭하는 대동아 신질서라는 새로운 문화를 건설하려는 매우 올바른 결정을 하였다고 판단한다. 따라서 그동안 자신들이 당파성을 가지고 지향해 왔던 중국문학연구회가 "대동아문화 건설에 대한 존재의미를 잃어버린"[48]만큼 다케우치는 연구회를 해산하는 자기 부정의 행위를 통해서 새로운 창조를 시도하려고 한 것이다.

나아가 다케우치는 새로운 대동아문화 건설을 위한 방법으로 "일본문화는 일본문화 자체를 부정하는 것에 의해 세계화 하지 않으면 안 된다"[49]고 제안한다. 즉, 다케우치가 말하는 대동아문화 건설의 구체적인 모습은 일본과 중국이라는 자타自他의 합치이다. 다케우치는 "존재로서의 중국은 어디까지나 나의 외부에 있지만 나의 외부에 있는 중국은 넘어서야할 것으로써 외부에 있기 때문에 궁극적으로 그것은 나의 내부에 있어야만 한다"[50]고 주장한다. 즉, 서로 분리되어 있는 일본과 중국이 정-반-합이란 변증법적 통일에 의해 대립을 해소하고 서로 상대방을 자신 속에 품어야한다고 주장하는 것이다. 일본이 주장한 그리고 교토학파가 설파한 대동아공영권의 당위론이 다케우치의 뇌리를 강타하고 있다.

4. 전후의 시작과 전쟁책임론

중국전선으로 배치된 다케우치는 중국의 후난성湖南省 웨저우岳州에서 패전을 맞이하고 46년 6월에 일본으로 귀환하였다. 한편 43년 3월에 제

---

48) 위의 자료, 451쪽.

49) 위의 자료, 454쪽.

50) 위의 자료, 455쪽.

92호를 마지막으로 폐간한 『중국문학』은 다케우치가 중국에서 귀환하지 못하고 있던 1946년 3월에 치다 쿠이치千田九一와 오카자키 토시오岡崎俊夫에 의해 복간되었다. 『중국문학』은 자신들의 전쟁협력에 대하여 다음과 같이 표현하면서 복간을 알렸다.

1941년 12월 8일은 전기轉機였다. 우리들은 걱정을 덜었다. 구원받은 기분이었다. 의구심은 사라졌으며 모순된 속박도 풀렸다고 생각했다. 그러나 이것은 바보 같은 착각이었다. 헛된 기대에 지나지 않았다. 고뇌와 암초와 희생의 길은 이미 이처럼 시작되었던 것이다. 일시적인 흥분에서 깨어나 조용히 주위를 돌아볼 때 우리들의 환멸과 적막함은 숨길 수도 없었다.[51]

『중국문학』 동인들은 대동아전쟁을 자발적이고 적극적으로 긍정한 자신들의 태도를 '일시적인 흥분' 상태에서 저지른 '바보 같은 착각'이라고 매우 짧은 문장으로 정리하고 있다. 오카야마 아사코는 이러한 『중국문학』 동인들의 태도에 대하여 "전쟁에 대한 자각적인 관련과 그렇게 된 내적인 경위에 대한 구체적인 검증, 즉 전시 하 중국문학연구회의 존재방식에 대한 비판적 검토가 이루어지지 않았다"[52]고 평가한다. 중국에서 일본으로 귀환한 다케우치는 귀국 후 약 2개월 후인 46년 8월 5일 「각서」를 발표하여 복간된 『중국문학』에 대한 비판의 목소리를 높였다. 다케우치는 "복간 『중국문학』은 폐간 『중국문학』을 부정하지 않고서는 새로운 출

---

51) 千田九一, 「復刊の辞」(『中国文学』第九十三号, 1946年 3月, 5쪽), 앞의 논문, 「竹内好の戦争責任と中国論」, 127쪽에서 재인용. 여기서도 다케우치에 대한 오구마의 평가에 모순이 있다는 사실을 이야기할 수 있다. 즉, 오구마의 말처럼 만약 다케우치 넓게는 『중국문학』 동인들이 소극적이지만 전쟁에 저항한다는 주체적인 생각으로 활동했었다면 자신들의 전쟁책임에 대하여 위와 같은 발언을 하지 않았을 것이다.

52) 앞의 논문, 「竹内好の戦争責任と中国論」, 127쪽.

발을 위한 새로운 당파성을 가질 수 없다"[53]고 단언하면서 8개 항목에 걸친 문학의 전쟁책임 문제를 추궁하기 위한 기준, 방식, 내용을 제시한다.

1. 대동아문학자대회를 조직한 자, 여기에 협력한 자, 영합한 자, 영합하고 싶었지만 영합할 능력이 없었던 자, 이들은 각각의 상황에서 진정한 대표가 아닌 자를 진정한 대표인 것처럼 대우하였으며, 이 때문에 진정한 문학이 아닌 것을 진정한 문학인 것처럼 국민에게 잘못 전달한 것에 대한 책임.

2. 봉건 일본의 유생아遺生兒인 한학은 전쟁의 모든 시기를 통해 유감없이 노예성을 발휘한 점에서 국민에게서 학문을 빼앗은 책임.

3. 중국문학연구회를 현대 지나문학 연구기관이라고 규정함으로써 고전 연구 분야에서 자기 입장의 합리화를 꾀한 지나학은 학문의 방법과 대상을 혼동함으로써 옛날 지나를 포함한 모든 통일체로서 어떤 새로운 지나를 억지로 옛날 지나와 새로운 지나의 둘로 분열시킨 착오에 대하여 책임.

4. 지나사회연구라 칭하면서, 실태조사라 칭하면서, 과학적 연구라 칭하면서 실제로는 국민혁명의 수행과정에서 발생하고 움직이고 있던 진정한 지나를 파악하지 못하고 그러한 껍데기만을 파악한 비과학적 연구자는 이에 대한 책임.

5. 악덕 번역업자, 악덕 출판사, 직업적 지나어 교육업자는 각각이 유포한 해악의 정도에 따른 책임.

6. 모든 관료주의적 학문의 발생 지반地盤으로서의 제국대학, 모든 관립연구소의 책임, 여기에 안주한 기생충의 책임 및 제국대학을 모방하여 사학정신을 망각한 사학의 책임.

7. 전쟁 중에는 지나라 하고 전쟁 후에는 중국이라고 하면서도 그 이유를 발표하지 않은 채 지나라는 단어가 상대를 업신여기고 멸시한 사실을 인정하는 것인지 하지 않는 것인지, 상대가 모멸을 느낀 것이 자신의 고통이었는지 아닌지, 모멸한 것을 잘못이라고 생각하는 것인지 하지 않는 것인지, 이러한 근본적이고 중요한 문제를 단어를 바꾸는 것으로 묻어버리려는 저널리즘은 지나라는 단어를 애매하게 한 것처럼 중

53] 竹内好, 「覚書」(1946.8)『全集』第十三卷, 筑摩書房, 1981, 96쪽.

국이라는 단어도 애매한 것으로 만들어가려는 책임.

8. 자신을 주장하는데 두려워하고, 힘이 약하고, 조직력이 미약하며, 투쟁방법이 졸렬한 중국문학연구회는 역사의 가장 중요한 시기에 혁명세력이 되지 못한 것에 대한 책임을 강하게 느끼고 이후 노력함으로써 이것을 속죄해야 한다.[54]

오카야마는 8개 항목을 분석하여 다케우치의 전쟁책임을 크게 3가지로 분류하여 논하고 있다. 첫째는 민중들과의 관계에서 문학자나 문학의 책임을 논한 1, 2, 6번 항목이다. 즉, 다케우치는 중일전쟁 당시 문학이나 학문을 민중들과 유리된 곳에서 전개했다는 반성을 통해 민중들의 생활에 밀착된 문학의 존재방식 추구를 전후의 과제로 삼는다. 두 번째는 중국을 전공하는 학자나 언론인들의 책임을 논한 2, 4, 7번 항목이다. 이것은 대동아전쟁을 피지배민족의 해방, 새로운 질서의 창조, 서구적 근대의 초극이라는 자신의 문제의식을 재설정하는 내용이다. 이러한 내용은 중국연구에서 사상捨象된 근대성이나 혁명성을 중국근대사의 핵심 요소로 파악하는 것으로 전후에 다케우치가 제시한 방법론의 근간을 이룬다. 세 번째는 중국문학연구회의 책임을 논한 5, 8번 항목이다. 이것은 자신의 내적인 저항을 혁명의 행위로까지 조직하지 못한 스스로의 존재방식에 대한 책임을 묻는 것이다. 다케우치 자신을 포함하여 중국문학연구회의 중국연구가 중국에 대한 일본의 제국주의적 침략을 정치적 관계의 변혁, 즉 혁명으로 연결시키지 못한 책임을 논한 것이다.[55]

첫 번째의 문제제기와 관련된 부분은 다케우치가 일본공산당을 권위에 의존하여 혁명을 담당할 인민들과 괴리되어 있다고 비판하거나 『근대문

---

54) 위의 자료, 100–101쪽.

55) 앞의 논문, 「竹内好の戦争責任と中国論」, 128–131쪽.

학^{近代文学}』 동인들과 나눈 '정치와 문학 논쟁' 등의 형태로 나타났다고 할 수 있다. 두 번째의 문제는 전후 다케우치가 제시한 '방법으로서의 아시아'란 형태로 나타났다. 세 번째의 문제를 다케우치 자신의 전쟁책임 문제라고 한다면, 이와 관련된 내용은 이후에 그리 명확하게 언급되었다고 보기는 힘들다. 이 문제를 직접 언급한 다케우치의 글은 매우 소략하다.

1946년에 작성한 「각서」 이후 다케우치는 전쟁체험이나 전쟁책임을 직접적인 주제로 한 글을 거의 발표하지 않았다. 그러다가 그는 안보투쟁이 한참이던 1960년에 들어서서 이와 관련된 글을 발표한다. 구체적으로 1960년 1월에 발간된 『사상의 과학^{思想の科学}』 제13호에 발표한 「전쟁체험론 잡감^{戦争体験論雑感}」, 1960년 2월 10일에 발행된 『현대의 발견^{現代の発見}』 제3권에 발표한 「전쟁책임에 대하여^{戦争責任について}」, 『문학』 1961년 12월호에 발표한 「전쟁체험의 일반화에 대하여^{戦争体験の一般化について}」, 1964년 8월에 발간된 『사상의 과학』 제29호에 발표한 「'전쟁체험' 잡감^{『戦争体験』雑感}」이 있다. 60년대의 안보투쟁이란 상황에서 발표한 전쟁체험이나 전쟁책임 관련 글은 패전 직후에 「각서」를 통해서 표명한 전쟁책임 문제와는 결을 달리할 것이다. 그럼에도 불구하고 위의 글들은 다케우치가 전쟁에 대하여 직접 언급한 몇 안 되는 글인 만큼 다케우치의 전쟁책임론을 분석함에 있어 중요하다.

원고청탁을 받은 다케우치는 "자신은 전쟁책임론을 포괄적으로 전망할 용의가 없으므로"[56] 간단한 메모 형식의 글인 「전쟁책임에 대하여」를 『현대의 발견』에 투고하였다. 여기서 그는 츠루미 슌스케^{鶴見俊輔}의 전쟁책임문제와 관련된 일련의 연구를 높이 평가한 다음 "전쟁체험의 보편화

56] 竹内好, 「戦争責任について」(1969.2)『全集』第八卷, 筑摩書房, 1980, 210쪽.

가 곤란한 이상 전쟁책임의 보편화는 곤란하다. 그 폭이 넓기 때문에 죄의식을 동반하지 않는 전쟁체험도 있다. 전쟁책임론이 성립하기 위해서는 가해의식의 연속이 전제되어야 하고 이를 위해서는……전쟁 그 자체가 현실적으로 끝나지 않았다는 인식이 필요하다"[57]고 했다. 다케우치는 다양한 형태로 전쟁에 참가한 개인 혹은 집단 가운데는 전혀 가해의식을 느끼지 않는 사람들이 많으며 이러한 상황에서는 전쟁책임을 논하기 어렵다고 판단한다. 바꿔 말하면 전쟁에 참가한 개인적 혹은 집단적 체험이 가해의식으로 지속적으로 존재하지 않는 이상 전쟁책임을 논하기는 힘들다는 주장이다. 이러한 논법에 기초하여 논리를 전개한다면, 전쟁에 직접 관계한 개인이나 집단이 가해자 의식을 가지기 위해서는 자신이 참여한 전쟁이 잘못된 전쟁이었다는 의식을 가지고 있어야 한다. 즉, 다케우치의 위의 문장은 전쟁에 대한 성격규정 문제를 제기한 것이라 볼 수 있다. 다케우치는 넓게는 1931년의 만주사변부터 좁게는 전전에 자신이 매우 의미 있는 전쟁으로 평가한 1941년 12월 8일부터의 대동아전쟁의 성격을 어떻게 규정하고 있을까.

다케우치는 "일본이 행한 전쟁의 성격을 침략전쟁임과 동시에 제국주의 대對 제국주의의 전쟁"이라고 규정하는 만큼 "침략전쟁의 측면에 관해서는 일본인에게 책임이 있으나 대對 제국주의 전쟁의 측면에 관해서는 일본인에게만 일방적으로 책임을 지울 수는 없다"[58]고 판단한다. 따라서 다케우치는 민주주의를 지켜내기 위하여 뭉친 전승국이 독재국가의 반문명적인 전쟁 행위를 재판한다는 전승국의 명분으로 개정된 뉘른베르크

---

57) 위의 자료, 212쪽. 물론 다케우치는 변호인 측의 자위전쟁론에 대한 주장에도 찬성할 수 없다고 하였다.

58) 위의 자료, 216쪽.

재판과 도쿄재판에 대하여 부정적인 견해를 표명한다. 그는 도쿄재판과 관련된 여러 가지 논점을 정리하면서 1차 세계대전까지는 전쟁범죄의 개념을 전시국제법 위반이란 의미로 적용하였으나 2차 세계대전의 전후 처리로 이루어진 뉘른베르크 재판과 도쿄재판에서는 이를 확대 적용하였다고 판단한다. 따라서 그는 도쿄재판에서 피고인들에게 '평화에 반하는 죄'를 적용한 검찰 측 주장과 이를 수용한 재판부에 대하여 "나는 이 점에 의문을 가지고 있다"[59]고 항변하였다. 다케우치는 도쿄재판이 "야만 대 문명, 파시즘 대 민주주의라는 도식"으로 "느닷없이 침략의 죄라는 매체(媒體)를 투입함으로써 혼란"을 "가중"[60]시켰다고 평가한다. 결국 다케우치는 일본이 져야할 전쟁책임은 침략책임(1941년 12월 8일 이전에 이루어진 전쟁)에 한정되어야 하며 제국주의 국가 간의 전쟁(1941년 12월 8일 이후에 이루어지 전쟁)에 대한 책임은 없거나 부분적 이라고 주장한다. 이렇게 본다면 다케우치는 전전에 자신이 가지고 있던 1941년 12월 8일이 가진 '전환'의 의미를 전후에도 부정하지 않고 있었다고 할 수 있다.

이어서 그는 책임의 주체에 관한 논의로 옮겨간다. 다케우치는 "책임은 '책임의식'으로 주체화하지 않으면" 안 된다고 생각하고 있지만 일각에서 전쟁책임은 "모면해도 부끄럽지 않은 것"[61]이란 의식이 있다고 판단한다. 다케우치의 이러한 판단은 전쟁에 참가한 개개인 혹은 집단이 가지고 있는 전쟁체험이 침략행위였다는 인식과 이어지지 않고 있거나 혹은 이러한

---

59) 위의 자료, 215쪽. 도쿄재판에 대한 다케우치의 평가방식이 옳은지 그른지의 문제가 아니라 전쟁의 성격규정에서 도출되는 전쟁책임의 범위와 성격을 살펴보자는 것이다. 필자 역시 도쿄재판에는 승자의 정치적 의도가 상당부분 투영되어 있다고 본다.

60) 위의 자료, 217쪽.

61) 위의 자료, 217쪽.

인식을 거부하는 사람이 존재한다는 사실을 반증한다. 다케우치의 전쟁에 관한 성격규정에 의하면, 이와 같은 사실은 일본이 행한 모든 전쟁을 동아시아의 해방과 새로운 질서를 건설하기 위하여 서구 제국주의 국가들과 행한 전쟁으로 귀결시키는 의식이라고 할 수 있다. 이러한 의식 속에서는 다케우치가 인정한 '침략전쟁'에 대한 책임의식 조차도 존재할 수 없다.

여기서 다케우치는 자신이 인정한 '침략전쟁'의 책임문제를 해결하기 위한 주체를 설정해야하는 과제를 떠안게 되었다. 다케우치는 일본이 아시아 특히 중국에 대한 침략을 뼈아프게 생각하는 실체가 일본 내에 다수 존재하는 만큼 책임의식의 주체로는 "민족감정에 (존재하는-인용자) 자연스러운 책임감의 전통을 근거로 할 수밖에 없다"[62]고 한다. 그러나 그는 모든 것에 대한 전쟁책임이 아니라 "전쟁의 어느 부분, 어느 측면에 책임을 질 것인가에 대한 논의"로 한정하는 것이 "전쟁책임론을 생산적으로 가져가는 방법"[63]이라고 판단한다. 따라서 "전쟁의 시기를 공백으로 두고 그 부분을 잘라버리고 전후를 연결시키는 역사관은 사상적으로 무의미하다"[64]고 한 다케우치의 발언은 위에서 다케우치 스스로가 제한적으로 설정한 전쟁책임의 범위 내에서 이해되어야 마땅하다.

이렇게 본다면 다케우치가 전후에 본격적으로 제기한 '방법으로서의 아시아'가 침략전쟁에 대한 반성에서 나온 것인지 아니면 패전에 대한 원인 분석(≒일본적 근대화에 대한 비판적 고찰)에서 나온 것인지를 재검토하는 작업은 매우 중요한 의미를 지닌다. 이러한 분석을 위해서는 다케우치가 패전 직후인 1948년 11월에 발표한 「중국의 근대와 일본의 근대中国の近代

---

62) 위의 자료, 217쪽.

63) 위의 자료, 217쪽.

64) 앞의 자료, 「戦争体験の一般化について」, 229쪽.

と日本の近代」를 재검토할 필요가 있다. 이와 관련된 내용은 다음 장에서 자세하게 논하겠지만 다케우치의 아래 문장만을 소개한다.

만약 메이지 이후의 일본 근대사가 그대로 순조롭게 진행되었다면 전문연구의 틀을 지키는 것으로 족했었겠지만 원래 없었어야 할 전쟁 그 결과로써의 패전의 고통이 있었다. 그렇다면 일본의 역사가 어디에서 잘못된 것인지를 탐구하는 것에서 출발하지 않으면 지금 자신들이 존재하는 근거를 해명할 수 없다. 이것은 나 자신뿐만 아니라 많은 일본인이 이 근본적인 반성에서 전후를 출발한 것입니다.……나는 전후에 하나의 가설을 세웠다.……중국과 일본을 비교해 보면…….[65]

이 문장만을 본다면 다케우치가 전후에 제시한 '방법으로서의 아시아'는 전쟁책임에 대한 것이 아니라 패전에 대한 반성적 성찰로 제시된 것이라고 볼 수 있다.

5. 결론

다케우치의 전쟁책임과 관련된 문제를 논한 여러 연구자들의 논의를 검토한 결과 공통적으로 지적할 수 있는 문제는 다케우치가 패전을 계기로 대동아전쟁 긍정의 태도를 어떻게 총괄하고 변경하였는지를 재검토할 필요가 있다는 점이었다. 따라서 다케우치가 1932년 중국여행을 통해 자신들과 다르지 않은 중국인을 발견하고 본격적으로 중국을 연구하게 된 계기와 이후 중국을 멸시하고 중국 비하적인 일본의 중국연구에 대한 비판적인 자세를 취하게 된 내용을 검토하였다. 이러한 다케우치에게 중일전쟁은 중국을 사랑하는 연구자로서 납득하기 어려운 고민을 안겨주었

65] 앞의 자료, 「**方法としてのアジア**」, 94–96쪽.

다. 그러나 1941년 12월 8일 미국에 대한 선전포고를 통해 서구적인 근대를 비판하고 일본 민족의 변용을 통해 대동아공영권 건설의 세계사적 의의를 역설한 대동아전쟁이 외부의 권위에 의거하지 않고 내적인 자기부정과 자기혁신을 통해 외부를 변혁할 수 있다고 생각하고 있던 스스로의 사상과 일치한다고 판단한 다케우치는 이 전쟁을 긍정적으로 받아들였다.

패전 이후 다케우치는 자신을 포함한 문학자들과 문학의 전쟁책임을 논하면서 일본이 행한 전쟁은 침략전쟁임과 동시에 제국주의 국가 간의 전쟁이란 성격을 가지고 있으므로 후자에 대한 책임을 일본에게만 전가하는 것에는 동의할 수 없다고 주장하였다. 따라서 다케우치의 전쟁책임론은 모든 것에 대한 전쟁책임이 아니라 전쟁의 어느 부분, 어느 측면에 책임을 질 것인가라는 제한적인 것이었다.

이렇게 본다면 다케우치는 대동아전쟁의 의미 혹은 대동아공영권 건설론이 가지고 있는 사상적 방법(≒사유법)을 전후에도 부정하지 않았다고 볼 수 있다. 그리고 이러한 인식 위에서 일본적 근대화의 문제점을 추적하기 위하여 중국만을 연구대상으로 삼던 전전과는 달리 전후에는 일본적 근대도 연구대상에 포함하는 변화를 겪었다고 할 수 있다. 따라서 다케우치가 전후에 본격적으로 제기한 '방법으로서의 아시아'는 침략전쟁에 대한 반성(≒전쟁책임)에서 나온 것이라기보다는 패전에 대한 원인 분석(≒일본적 근대화에 대한 비판적 고찰)에서 나온 것이라고 보아야 한다.

Chapter 8

전후 다케우치 요시미의
동아시아 담론과 식민지문제

1. 서론

일본은 메이지유신 이후 근대화 과정에서 청일전쟁의 승리로 1895년에 타이완을, 러일전쟁의 승리로 1910년에 조선을 완전한 식민지로 편입하고 총독부를 설치하여 직접 통치하였다. 그리고 1차 세계대전 이후의 안정기를 거쳐 1929년 미국에서 시작된 세계대공황의 영향이 일본에까지 미치자 일본은 이러한 위기에서 벗어나기 위하여 본격적으로 중국침략을 시작하였다. 1931년의 만주사변, 1937년의 중일전쟁, 1941년의 태평양전쟁은 전쟁의 주체였던 일본과 식민지였던 타이완과 조선에서 그리고 전장이었던 중국과 동남아시아에서 수많은 참혹한 상황을 낳았다.

이러한 역사를 반성적으로 성찰한 전후 일본의 진보적 지식인들은 전쟁책임에 대한 논의를 진척시켰다. 전쟁책임 문제를 중심적인 주제로 다루지는 않았지만 마루야마 마사오丸山眞男의 연구는 전쟁으로 나아간 천황제 국가의 전근대성을 비판적으로 고찰하였다. 이러한 비판 위에서 그는 합리성에 기초한 서구적 근대국가 수립을 위해 무엇보다 중요한 '시민' 창출을 자신의 학문적 목표로 삼았다.[1] 아마도 마루야마는 이러한 연구 목표를 달성함으로써 자신의 '전쟁책임'을 다하려고 하였을 것이다. 마루야마의 이러한 연구 성과는 마루야마 학파로 불리는 후지타 쇼죠藤田省三, 하시카와 분죠橋川文三, 마츠시타 게이치松下圭一 등의 학자들에게 계승되어 일본인들의 일상적 삶 속에 천황제가 어떻게 영향을 미치고 있는지에 대한 분석으로 이어졌다. 이러한 연구는 근대국민국가의 주체가 되어야 할 국민들이 국민으로서의 주체성을 상실하고 국가의 전쟁정책을 저지하지 못한 민중들의 '전쟁책임'론으로 이어졌다.[2] 특히 민중들의 '전쟁책임'론은 마루야마가 놓쳐버린 민중을 역사의 주체로 상정하고 연구를 진행한 야스마루 요시오安丸良夫, 카노 마사나오鹿野政直, 이로카와 다이키치色川大吉 등 민중사학파의 일련의 연구와 연결된다. 1930년대 말에 국가의 강제에 의한 전쟁협력 요구가 강화되고 있을 때 좌익에 대한 탄압을 방관하고 있던 자유주의자들 역시 자신들의 '전쟁책임'을 의식하면서 국가와 개인의 관계를 비판적으로 재론하는 전쟁책임론을 전개하였다. 대표적으로는 오구마 노부유키大熊信行가 있다.[3] 오구마는 비이성적 독재국가의 지배형태를 '국가악'이라 칭하고 정치과정에서 주체적 개인의 중요성을 강조하였다. 이러

---

[1] 池田元, 『戰後日本思想の位相』, 論創社, 1997.

[2] 高橋彦博, 『民衆の側の戦争責任』, 青木書店, 1989; 池田元, 『戰後日本の思想と運動』, 論創社, 2012. 전후 일본의 전쟁책임론을 개략적으로 정리한 것으로는 赤澤史朗, 「戦後日本の戦争責任論の動向」 『立命館法学』, 2000年 6号(274号)를 참고할 것.

[3] 오구마 노부유키의 저서 가운데 『戦争責任論』, 唯人社, 1948; 『国家悪──戦争責任はだれのものか』, 中央公論社, 1957 등이 있다.

한 연구는 진보진영의 전쟁협력에 대한 비판적 검토를 통하여 더 이상 일본에서 비참한 전쟁이 일어나지 않기를 바라는 가치의식을 형성하는데 기여하였다. 또한 전향에 대한 연구는 진보진영의 '전쟁책임'을 다루면서 일본공산당에 대한 비판적 연구와 연결되어 좌파내의 권위주의와 관료주의를 비판하고 전후 민주주의를 더욱 풍성하게 만드는데 일조하였다.

그러나 전후 일본에서 이루어진 전쟁책임에 관련된 일련의 연구에는 한 가지 문제가 있다. 서장과 4장에서 살펴 본 것처럼 일본에서 통상적으로 논의되는 전쟁책임론에는 식민지 지배책임까지 포함하지 않는 문제가 있다.

한국에서 식민지문제라고 하면 지역적으로는 일본의 반식민지적 상황에 놓여 있던 중국과 완전한 식민지 지배를 당한 조선과 타이완에 대한 일본의 지배와 관련된 역사적 문제를 지칭한다. 한편 이 장에서 다루는 주제와 관련하여 내용적인 측면의 식민지문제는 일본이 자신들의 근대화 과정에서 일으킨 자기 보전保全적 침략의 문제와 관련된다. 다케우치 요시미竹内好는 "뒤늦게 출발한 일본의 자본주의가 내부 결함을 대외진출에 의해 커버하는 형태를 반복하면서 1945년까지 온 것은 사실이다. 그 근본은 인민의 나약함에 기인하지만 이러한 형태를 성립시키지 않는 계기를 역사상에서 발견할 수 있을까라는 곳에 오늘날 아시아주의의 중요한 문제가 놓여있다"[4]고 하였다. 즉, 다케우치 자신은 과거 일본이 저지른 '대외진출'을 되풀이하지 않는 역사적인 교훈을 찾기 위하여 일본에서 동아시아에 관한 담론을 논한다고 언급하였다. 특히 서양의 침략에 의해 동양의 근대가 촉발되었다는 다케우치의 인식에 의거한다면, 서양과 일본의 침략에

---

4) 竹内好, 「日本のアジア主義」(1963.7)『竹内好全集』(이하 『全集』이라함) 第八卷, 筑摩書房, 1980, 153쪽.

의해 촉발된 중국과 조선의 근대는 반식민지/식민지의 형태로 나타났다.

따라서 다케우치가 패전 이후에 일본적 근대화에 대한 비판적 고찰이란 문제의식에서 일본의 근대를 재론하였다면 그 결과인 조선의 식민지문제에까지 관심의 폭을 넓혔어야 마땅했다고 필자는 생각한다. 필자는 이러한 태도가 일본의 근대화 과정에서 발생한 자기 보전적 침략에 대한 일본 지식인의 주체적인 책임의식이라고 본다. 그러나 다케우치 역시 이 책에서 살펴본 일본의 다른 진보적 지식인들과 유사하게 식민지문제에 대하여 구체적으로 언급하지 않았다. 따라서 이 장은 전후에 다케우치가 일본적 근대화에 대한 비판적 고찰을 통해 제시한 아시아주의에 입각하여 다케우치의 식민지문제에 대한 인식을 살펴본다.

2. 패전에 대한 원인분석과 방법으로서의 아시아

다케우치가 중국전선에서 일본으로 귀환하기 전인 1946년 3월에 과거 『중국문학中國文學』의 동인이었던 치다 쿠이치千田九一와 오카자키 토시오岡崎俊夫는 "지금 우리들은 다시 모임을 결성하고 『중국문학』의 복간을 감행할 기회를 얻었다"[5]고 하면서 『중국문학』을 복간하였다. 그로부터 3개월 뒤인 46년 6월 일본으로 귀환한 다케우치는 46년 8월에 「각서覚書」를 발표하여 『중국문학』 복간을 비판한다. 그는 여기서 "문학에 있어서의 전쟁책임을 중국문학의 측면에서 추구"[6]하기 위한 논점 8개를 제시한다. 오카야마 아사코岡山麻子는 "이것은 복간 『중국문학』에 대해 작성한 것이기는 하나 다케우치 자신이 전후 출발을 시작함에 있어 문학자로서 스스로

---

5) 千田九一, 「復刊の辞」(『中国文学』第九十三号, 1946. 3, 5쪽) 岡山麻子, 「竹内好の戦争責任と中国論」『年報日本史叢』, 2001, 127쪽에서 재인용.

6) 竹内好, 「覚書」(1946.8)『全集』第十三巻, 筑摩書房, 1981, 100쪽.

전쟁책임을 고민하고 '애매한 것을 남기지 않기' 위해 무엇을 할 것인가를 나타"[7]낸 것이라고 평가한다. 1945년 일본이 "패전하였을 때 나에게 연구 상의 하나의 전기轉機가 있었"[8]다고 회상한 다케우치 스스로가 전후의 새로운 출발을 위해 제시한 「각서」 8개 항목은 앞장에서 인용하였다. 오카야마는 8개 항목을 문학자의 전쟁책임(1, 2, 6번 항목), 학자와 언론인의 전쟁책임(3, 4, 7번 항목), 중국문학연구회의 전쟁책임(5, 8번 항목)으로 구분하여 분석한 후 다케우치의 전후 학문적 과제를 논하고 있다.

오카야마는 다케우지가 작성한 「각서」를 전쟁책임론에 입각하여 중국문학연구회 혹은 자기 자신에 대한 비판을 통해 전후의 새로운 사상적 과제를 도출한 것으로 이해한다. 그러나 필자는 이 문제는 좀 더 면밀하게 논할 필요가 있다고 본다. 1945년 8월의 패전은 일본과 일본인에게 심대한 충격을 안겨주었다. 따라서 패전이 일본과 개개의 일본인 모두와 관련되는 거의 모든 사항에 대하여 하나의 내외부적인 전기轉機가 되었음은 분명하다. 문제는 이 전기의 내적 동인이 정의롭지 못한 전쟁에 직접 가담한 다케우치 자신의 전쟁책임에서 기인하는 것인지 아니면 전쟁 그 자체의 성격여하 보다는 국가의 모든 것을 걸고 수행한 전쟁에서 패하였다는 사실(≒일본적 근대화의 문제)에서 온 충격인지를 분명히 해야 한다는 점이다. 다케우치에게 연구 상의 전기를 가져다 준 본질이 어디에 있는지를 정확하게 분석하는 작업은 전후 다케우치를 이해하기 위해서 매우 중요하다.

이 책의 7장에 의하면 다케우치는 1941년 12월 8일의 대미 선전포고를 통한 대동아전쟁으로의 전환을 매우 적극적으로 지지하였다. 그리고

---

7) 앞의논문, 「竹内好の戦争責任と中国論」, 127쪽.

8) 竹内好, 「方法としてのアジア」(1961.11)『全集』第五卷(筑摩書房, 1981), 94쪽.

이러한 인식의 연장선상에서 다케우치는 전후에 도쿄東京재판을 언급하는 과정에서 '일본이 행한 전쟁의 성격을 침략전쟁임과 동시에 제국주의 대對 제국주의 전쟁'이라고 규정하였다. 따라서 다케우치는 침략전쟁의 측면에 관해서는 일본인에게 책임이 있으나 제국주의 국가 상호간의 전쟁에 관해서는 일본인에게만 일방적으로 책임을 지울 수는 없다고 주장하였다. 이러한 사실을 통해 7장에서 일본이 져야할 전쟁책임은 침략책임(1941년 12월 8일 이전에 이루어진 전쟁)에 한정되어야 하며 제국주의 국가 간의 전쟁(1941년 12월 8일 이후에 이루어지 전쟁)에 대한 책임은 부분적이라고 주장한 다케우치는 전전에 자신이 가지고 있던 1941년 12월 8일의 '전환'이 가진 의미를 전후에도 여전히 부정하지 않았다는 사실을 확인하였다. 그러면서 필자는 다케우치가 「각서」를 통해 전후에 본격적으로 제기한 3가지 과제는 전쟁책임에 대한 반성에서 도출된 것이라기보다는 패전에 대한 원인 분석(≒일본적 근대화에 대한 비판적 고찰)에 기초한 것이라고 판단하였다.

우선 전후 다케우치의 출발점이 어디에 있는지를 검토하기 위하여 「방법으로서의 아시아」를 살펴보자. 다케우치는 1960년 1월 25일에 국제기독대학 아시아문화연구위원회 주최로 열린 '사상사 방법론 강좌'에서 '대상으로서의 아시아와 방법으로서의 아시아'를 주제로 강연을 하였다. 이 강연은 61년 11월 20일에 발행된 『사상사의 방법과 대상思想史の方法と対象』創文社에 게재되었다. 이 강연에서 다케우치는 1945년의 패전은 자신에게 하나의 연구 상의 전기였다고 하면서 다음과 같이 패전 직후를 회상하였다.

만약 메이지 이후의 일본 근대사가 그대로 순조롭게 진행되었다면 전문연구의 틀을 지키는 것으로 족했었겠지만 원래 없었어야할 전쟁 그 결과로써의 패전의 고통이 있었다. 그렇다면 일본의 역사가 어디에서 잘못된 것인지를 탐구하는 것에서 출발하지 않으면 지금 자신들이 존재하는 근거를 해명할 수 없다. 이것은 나 자신뿐만 아니라 많은 일본인이 이 근본적인 반성에서 전후를 출발한 것입니다.[9]

다케우치는 패전의 고통에서 벗어나 재출발하기 위해서는 일본의 근대사가 어디에서 어떻게 잘못된 것인지 해명하지 않고서는 패전 이후 자신들의 존재근거를 해명할 수 없다는 본질적인 연구 상의 전환을 맞이하였다. 다케우치는 패전이라는 전대미문의 비참한 결과를 맞이하여 자신들의 근대화 과정에서 무엇이 잘못된 것인지 패전에 대한 성찰이 필요하다고 인식한 것이다. 패전 직후 다케우치의 이러한 문제의식과 유사한 사상과제를 가진 많은 지식인들은 전쟁을 반대하였던 공산주의에 경도되기도 하였으나 다케우치 자신은 공산주의에서 해답을 찾을 수 없었기 때문에 "저 잘못된 전쟁으로의 길, 그 결과 패전이라는 것에서 어떠한 교훈을 찾아 낼 것인가, 혹은 그것을 어떻게 자신의 학문적 과제로 결합시킬 것인가"[10] 고민하면서 하나의 가설을 세웠다. 패전에 대한 원인분석을 위해 다케우치가 세운 가설은 다음과 같다.

후진국의 근대화 과정에는 2개 이상의 형태가 있는 것은 아닌가. 일본의 메이지유신 이후의 근대화는 매우 뛰어난 것으로 동양 제국諸國의 뒤쳐진 식민지화된 나라의 해방운동을 격려하였습니다. 이것이 잘 진척되었다면, 유일한 모범이 되었을 것이지만 결과적으로 마지막에 완전히 역전되어 실패하였다. 그 실패를 되돌아보면 일본의 근대화는 하나의 형태이기는 하지만 이것만이 동양 제국의 혹은 후진국 근대화의 유일하고 절대적인 길은

---

9) 앞의 자료, 「方法としてのアジア」, 94쪽.

10) 위의 자료, 95쪽.

아니고 그 외에 다양한 가능성이 있으며 길이 있는 것은 아닌가라고 생각했습니다.[11]

　서구적 근대화를 받아들여 서양과 같은 제국주의 국가로 성장한 일본은 메이지유신 이후 식민지화된 비서구 국가에게 해방운동의 모범이 될 정도였으나 결국 서구와의 전쟁에서 패배하였다고 본 다케우치는 일본의 근대화 과정의 핵심을 위와 같이 요약하였다. 즉, 일본이 전쟁에서 패하게 된 원인이 일본의 근대화 과정에 내재되어 있다는 것이다. 서구와는 문화적 근원이나 사유법이 다른 일본이 서구를 모델로 하여 근대화를 추진한 것이 일본이 근대화에 실패할 수밖에 없는 이유라고 판단한 다케우치는 일본이 전쟁에서 패하게 된 원인은 물자부족 등 외적인 요인뿐만 아니라 보다 본질적으로는 일본적인 근대화 과정에서 생성되고 쌓여온 내적인 원인에서 패전의 이유를 추출하고 있다.

　따라서 일본의 실패한 근대화를 되돌아보고 패전의 원인을 추구하기 위하여 다케우치는 서구적 근대화 이외의 또 다른 형태의 근대화 모델이 있을 수도 있다는 가설을 세운다. 다케우치가 일본과 대비되는 또 다른 후진국 근대화의 다양한 가능성으로 제시한 것이 중국이다. 패전 이후 다케우치는 1919년 중국 전역에서 민중들이 중심이 되어 일어난 반제국주의 운동인 5·4운동을 분석하여 중국과 일본의 근대화 과정의 차이를 지적한 존 듀이의 문장을 읽고 깊은 영향을 받았다. 다케우치는 "일본은 겉보기에는 상당히 근대화한 것 같지만" 근대화 과정에서 발생한 다양한 갈등과 혼란을 통해 이후에 닥쳐올 시련을 이겨낼 수 있는 일본만의 새로움을 만들어 내지 못했기 때문에 "그 근대화는 뿌리가 얕다"[12]고 평가한 듀이의

11) 위의 자료, 96쪽.

12) 위의 자료, 98쪽.

지적을 매우 선구적이라고 평가한다. 한편 듀이는 서양의 충격으로 타의적인 근대화 과정에 들어선 중국은 군벌이란 "실력자가 지배하고 있었"기 때문에 "근대국가로서의 통일성은 없었"으나 5·4운동의 "혼란을 통해 수면 하에서는 새로운 정신이 움직이고 있었"[13]다고 중국을 높이 평가하였다. 다케우치가 보기에 듀이가 평가한 이러한 중국의 새로운 움직임이야말로 "중국의 새로운 정신, 새로운 근대의 맹아"[14]였다. 다케우치는 전후에 듀이를 통해 "겉보기에는 발전한 듯이 보이는 일본은 엉성하며" "언제 무너질지 모르는" 모래성 같은 근대화를 추진해왔으나 중국은 "매우 내재적으로 즉, 자기 자신의 요구에서 발아한 것인 만큼 강고한"[15] 근대화 과정을 거쳤음을 깨달았다. 이러한 깨달음의 결과 다케우치는 앞서 본 가설에 대한 대답을 다음과 같이 도출할 수 있었다.

근대화의 2가지 형태를 생각할 때……일본의 근대화를 항상 서구 선진국과의 대비만으로 생각한 것은 아닌가라고 생각했다.……그러한 단순한 비교로는 안 된다. 자신의 위치를 명확하게 파악하기에 충분하지 않다. 적어도 중국이나 인도처럼 일본과는 다른 길을 걸어온 별도의 형태를 끌어와서 3가지 모델로 해야만 하지 않을까라고 당시부터 생각하였습니다.[16]

다케우치는 전후에 듀이를 통해서 중국의 근대화가 가진 내재적 요소를 새롭게 인식하였다. 따라서 그는 근대를 논할 때 서구적인 사유법과 문화적 전통에 기초한 서양적 근대, 서양과는 다른 역사와 문화적 전통에 기

---

13) 위의 자료, 98쪽.

14) 위의 자료, 100쪽.

15) 위의 자료, 100쪽.

16) 위의 자료, 101쪽.

초하여 서구적인 근대화를 지향해 온 일본적 근대, 서구의 충격에 의해 자신들의 내적 모순을 극복하려는 혼란한 과정을 거치면서 자신들 나름의 근대화를 형성해 온 중국적 근대라는 3가지 형태의 근대가 있을 수 있다는 생각에 이른다. 이러한 중국을 반면교사로 삼아 일본이 거쳐 온 근대화의 문제점을 재검토하는 것이 전후 다케우치의 새로운 과제였다. 이러한 시각으로 볼 때 중국과 일본의 근대화는 다음과 같은 본질적인 차이점을 가지고 있었다.

일본의 경우에는 구조적인 것을 남겨두고 그 위에 듬성듬성하게 서양문명이 설탕처럼 외부를 감싸고 있다. 중국은 그렇지 않고……원래 중국적인 것은 매우 강고해서 무너지지 않는다. 따라서 근대화에 곧바로 적응할 수 없다. 그러나 일단 근대화에 들어가면 구조적인 것을 무너트리고 내부에서 자발적인 힘을 발생시킨다. 여기서 질적인 차이가 발생하는 것입니다.[17]

다케우치에 의하면, 일본은 메이지유신 이후의 근대화 과정에서 이전의 일본적 정치와 사회 구조의 본질인 천황제를 비롯한 이에家 중심의 가부장적 질서, 여기서 연유하는 가치의식과 사유법 등 구조적인 것을 남겨둔 채 법률과 정치기구에 기초한 서구적 입헌주의, 관료제도, 정당정치 등의 서양문명을 듬성듬성 도입하였다. 즉, 일본은 서구의 "기술을 도입하는데도 완성된 기술만을 도입하고 기술을 잉태하는 과학의 정신을 수용하지 않았"[18]다고 다케우치는 판단한다. 그 결과 메이지유신 이후의 근대화 과정에서 일본이 수용한 서구문명은 피상적인 것에 그치고 말았다. 일

17) 위의 자료, 107쪽.

18) 위의 자료, 107쪽.

본은 "자신이 걸어온" 근대화의 "길이 유일한 형태라고 고집했기"[19] 때문에 결국 패전에 이르게 된 것이라고 다케우치는 판단한다.

3. 방법론의 확립과 일본적 근대에 대한 비판적 고찰

1946년 일본으로 돌아온 다케우치의 첫 원고는 앞에서 본 「각서」였다. 이것은 자신과 문학자들의 전쟁책임을 간략한 형태로 논한 것이었다. 그러나 이후 다케우치는 전쟁책임에 관한 보다 상세하고 구체적인 논의를 더 이상 진척시키지 않는다. 오히려 그는 일본의 근대화에 대한 비판적 재고를 위한 작업을 진행한다. 이러한 문제의식을 구체적으로 표현한 것이 다음 두 편의 논문이다. 다케우치는 세계평론사에서 간행한 『세계문학 핸드북』 시리즈의 하나로 1947년 9월부터 다음해 1월에 걸쳐서 작성한 『루쉰魯迅』과 1947년 11월에 동양문화연구소에서 행한 강연 「루쉰이 걸어온 길魯迅の歩いた道-中国における近代意識の形成-」을 토대로 하여 1948년 4월에 「중국의 근대와 일본의 근대中国の近代と日本の近代」(이후 「근대란 무엇인가近代とは何か」로 제목을 변경함)를 탈고하였다. 이 두 작품이 다케우치에게 있어 전후 작업의 시작이었다.

오카야마는 다케우치의 이러한 작업을 「각서」 3, 4, 7번 항목에서 언급한 중국문학자들의 전쟁책임을 추구하는 작업의 일환으로 진행된 것으로 파악한다.[20] 오카야마는 이러한 다케우치의 전후 중국론을 전시 하에서 다케우치가 놓쳐버린 중국의 실체 특히 중국의 근대성, 국민감정, 혁명성에 대한 새로운 인식과정이라고 평가한다. 그러나 필자는 이 장의 '패전에

---

19) 위의 자료, 109쪽.

20) 앞의 논문, 「竹内好の戦争責任と中国論」, 135쪽.

대한 원인분석과 방법으로서의 아시아'에서 논한 내용을 근거로 다케우치의 전후 작업은 일본적 근대에 대한 비판적 재고로 진행되었다고 판단한다. 이하에서는 「중국의 근대와 일본의 근대」에 대한 분석을 통해 이를 논증한다.

다케우치는 이 글에서 "동양의 근대는 유럽에 의한 강제의 결과"[21]라고 인식한다. 다케우치는 동양이 근대화의 길을 가게 된 것은 서양의 강제 때문이었다고 판단한다. 서양이 그들의 자본주의적 생산양식과 사회제도 그리고 이와 관련된 인간의 의식을 강제적으로 동양으로 가지고 옴으로써 동양은 변화할 수밖에 없었다는 것이다. 그러면 서양이 이러한 요소들을 동양으로 가져올 수밖에 없었던 근원적인 요인은 무엇일까. 다케우치는 "그것은 '근대'로 불리는 것의 본질과 깊이 관련되어 있"[22]다고 보고, "근대란 유럽이 봉건적인 것으로부터 자신을 해방하는 과정에서" "봉건적인 것과 구별된 자신을 자신으로"[23] 인식하는 자기인식이라고 이해한다. 다케우치에 의하면 근대란 독립한 개인의 자기인식 과정으로 이것은 부단한 자기갱신의 긴장에 의해 획득된다. 그리고 이러한 자기갱신은 끝없는 자기 확장을 통해서 자신을 보전保全하는데 이러한 자기 확장이 동양으로의 침투였다.

이러한 판단에 근거해서 본다면 다케우치에게 있어 근대란 서구에서 발생한 서구적인 것 혹은 서구에 의해 동양의 변화가 추진된 것이다. 따라서 다케우치는 서구적인 근대를 부정한 것은 아니며 오히려 근대란 "생산적인 측면에서는 자유로운 자본의 생성, 인간에 대해서는 독립한 평등한

---

21) 竹内好, 「近代とは何か」(1948.4)『全集』第四巻(筑摩書房, 1980), 128쪽.

22) 위의 자료, 130.

23) 위의 자료, 130쪽.

개체로서의 인격의 성립"[24]을 완성할 수 있는 긍정적인 것으로 파악하였다. 단지 다케우치는 근대라는 운동에는 자기보전이라는 부정적인 의미와 자기갱신이라는 긍정적인 의미가 동시에 내재하는 것으로 파악하였던 것이다. 이러한 측면에서 다케우치는 중국의 근대화 과정은 서양의 침입에 대한 자각의 한 형태인 5·4운동을 통해 자신의 내부를 응시하여 혁신의 계기를 포착하였던 반면 일본은 그렇지 못하였다고 파악하였다.[25]

다케우치에 의하면, 유럽의 침입은 동양에서 저항을 낳았다. 그러나 아이러니하게도 이러한 동양의 저항은 비유럽적인 방향으로 흘러간 것이 아니라 오히려 동양을 "점점 더 유럽화하는" 형태로 진행되었으며 나아가 "세계사를 보다 더 동일한 것으로 만드는 요소"[26]가 되었다. 유럽의 동양으로의 침입에 의해 완성된 세계사의 통일은 유럽적인 세계 속에 비유럽적인 이질적인 요소를 포함하는 것으로써 이 때문에 유럽적인 세계 속에는 내부모순이 발생하였고 이러한 내부모순은 러시아, 신대륙, 동양에서의 저항이란 형태로 발현되었다. 여기에서 "동양은 저항을 지속함으로써 유럽적인 것을 매개하면서 이것을 넘어서는 비유럽적인 것을 발현시키고"[27] 있었다. 즉, 동양은 저항을 통해서 자신에게 적합한 근대화의 길을 개척하였다. 이러한 의미에서 다케우치는 동양의 근대란 저항의 역사라고 인식하였다. 다케우치에게 있어 저항이 없는 근대화는 있을 수 없으며 저항의 역사는 근대화의 역사이기도 하였다.[28] 따라서 다케우치는 저

---

24) 위의 자료, 130쪽.

25) 小熊英二, 『民主と愛国』(新曜社, 2002), 412쪽.

26) 앞의 자료, 「近代とは何か」, 132쪽.

27) 위의 자료, 133쪽.

28) 위의 자료, 134쪽. 다케우치의 저항에 대해서는 リチャード・カリチマン, 「竹内好における抵抗の問題」『現代思想』29(8)(2001. 7)을 참조할 것.

항(≒근대화)이 지속되기 위해서는 저항의 결과인 패배(≒자기인식)가 존재해야하며 더욱이 그 패배는 지속적이고 자각적인 형태의 패배감으로 이어질 때 결정적인 의미를 가질 수 있다고 주장한다. 다케우치는 이러한 내용을 "저항이 없는 곳에서는 패배가 존재하지 않으며 저항이 있다고 하더라도 지속되지 않으면 패배감은 자각되지 않는다"[29]고 정리하였다.

이와 같은 의미에서 동양의 저항은 유럽에게는 유럽이 스스로 유럽으로서 인식하는 계기였으며 동양에게는 주체적인 자의식에 기초한 근대화의 과정이기도 하였다. 그러나 다케우치는 일본에는 메이지유신 이후의 근대화 과정에서 주체적인 자의식에 기초한 저항이 미약했다고 진단한다. 다케우치는 저항이란 무엇인가란 물음에 대하여 명확하게 답하지 않으면서 저항에 대한 해답을 추구하는 "노력을 포기하지 않는 한" 이 문제에 대한 해답은 "가능하다"고 조심스러운 자세를 취한다.[30] 그러면서 다케우치는 이러한 노력을 기울이는 과정에서 주의해야할 문제를 제시한다. 그것은 모든 문제의 해답을 추출할 수 있다는 합리주의의 신념이며 나아가 이러한 신념을 가능케 하는 합리주의의 배후에 있는 비합리주의적 의지였다.[31] 다케우치가 보기에 일본에서 합리주의자라고 불리지만 비합리주의자의 대표는 일본의 사상가, 문학자, 유물론자들이었다. 이러한 일본의 상황이 안겨주는 불안감 속에서 다케우치는 "루쉰의 저항 속에서 자신의 기분(저항이란 무엇인가에 대한 해답-인용자)을 이해할 계기를 발견"[32]

---

29) 위의 자료. 134쪽.

30) 위의 자료. 144쪽.

31) 위의 자료. 144쪽.

32) 위의 자료. 144쪽. 다케우치에 의하면, 중국의 송나라 시대에 이미 서구의 근대적 요소와 유사한 시민문학과 시민사회가 존재했지만 중국인들은 이러한 요소를 자각적으로 자신들의 근대와 연결시키지 못하고 있다가 서양의 침입에 의해 자각하게 되었다. 다케우치는 이러한 것을 주체적

하였다. 그러면서 다케우치는 저항을 키워드로 하여 일본과 중국의 근대를 비교하였으며 전후의 재출발을 선언할 수 있었다. 이러한 자기인식 과정을 다케우치는 다음과 같이 정리하였다.

내가 이것을 '동양의 저항'이라는 개괄적인 표현으로 생각하게 된 것은 루쉰에게 존재한 것이 다른 동양의 여러 나라에도 존재한다고 느끼고 여기에서 동양의 일반적 성질을 도출할 수 있지 않을까라고 생각했기 때문이다.[33]

그리고 다케우치는 여기서 실체적인 것으로서의 동양이란 개념을 따지는 일본의 합리주의자들을 향해 그러한 논의는 "나에게는 무의미하고 내용이 없으며 학자의 머릿속에나 있는"[34] 것이라고 일갈한다. 다케우치는 일본의 근대화 과정에는 저항, 즉 자신을 보존하려고 하는 욕구(=자아)가 없었기 때문에 일본은 서구적인 근대의 개념에 서서 동양을 바라보았고 그로 인해 자신들의 타락을 의식하지 못했다고 판단한다. 즉, "저항이 없었던 것은 일본이 동양적이지 않은 것이며, 동시에 자기보존의 욕구가 없는(자아 그 자체가 없는) 것은 일본이 유럽적이지 않다는 것"으로 결국 다케우치가 보기에 일본의 근대화는 "아무것도 아니었다".[35] 따라서 다케우치에게 있어 동양의 실체에 대한 질문은 저항의 존재여부를 묻는 것이라고 할 수 있다. 이러한 개념에 입각하여 전후의 다케우치는 서구적 근대에 저항하지 못한 메이지유신 이후의 일본적 근대를 비판적으로 성찰하고 그

─────────

으로 자각한 인물이 바로 루쉰이라고 판단한다(위의 자료, 129쪽).

33) 위의 자료, 145쪽.

34) 위의 자료, 145쪽.

35) 위의 자료, 145쪽.

성찰을 통해 일본의 자아(≒일본적 근대)를 추구하는 시각을 도출하였다고 할 수 있다. 다케우치의 이러한 사상적 고찰은 전전에 자신이 가진 41년 12월 8일의 '의의'를 파기하지 않으면서도 저항을 자신의 사상 축으로 삼을 수 있었던 요인이라고 판단된다. 이제 다케우치가 이러한 방법론에 입각하여 일본적 근대를 어떻게 비판적으로 고찰하였는지 살펴보자.

다케우치는 유럽의 근대적 사유법과 비교하여 일본적 사유체계의 특징을 다음과 같이 평가한다.

유럽에서는 관념이 현실과 부조화(모순)하면 (그것은 반드시 모순된다.) 그것을 넘어서려는 방향으로, 즉 장場의 발전에 의해 조화를 추구하는 움직임이 발생한다. 여기에서 관념 그 자체가 발전한다. 일본에서는 관념이 현실과 부조화하면 (그것은 운동이 아니기 때문에 모순이 아니다.) 이전의 원리를 버리고 다른 원리를 찾아서 수정한다.……옛 것을 버리고 새로운 것을 도입하는 움직임이 격렬해진다. 자유주의가 쓸모없다면 전체주의를, 전체주의가 쓸모없다면 공산주의라는 식이다.……이러한 것은 끊임없이 실패하지만 실패를 실패로 보는 일은 절대로 없다.……일본 이데올로기에는 실패가 없다. 그것은 영원히 실패함으로써 영원히 성공하고 있다. 무한반복이다. 그리고 그것이 진보인 것처럼 관념되고 있다.[36]

다케우치가 보기에 근대의 핵심적 내용은 관념(≒인식)과 현실 사이에 모순이 발생할 경우 이러한 모순을 해결하기 위하여 정-반-합의 운동이 발생하고 이로 인해 인간의 인식은 발전한다는 것이다. 이러한 발전은 동양 특히 중국에서는 저항으로 나타났으며 중국인들은 자신의 내부를 응시함으로써 자주적인 근대를 이룩할 수 있었다. 그러나 일본은 자신을 침입한 서양문명에 대한 저항 없이 외부의 권위에 의거하여 새로운 원리를 이식하였기 때문에 관념과 현실 사이의 모순을 모순으로 인식하지 못하

---

36) 위의 자료, 147쪽.

였다. 일본은 단지 현실에 적합하지 않는 관념을 끊임없이 새로운 것으로 대체하려고 하였을 뿐이지 현실을 변경하여 모순을 해결하려고 하지 않았다. 이러한 상황에서는 저항이 발생하지 않으며 자신의 실패를 실패로 인지하지 못하고 끊임없이 새로운 관념을 수혈하는 행위를 현실에 적응한 새로운 성공으로 인식하는 것이다. 중국은 현실에 저항하면서 현실 그 자체를 변혁시키려고 하였으나 일본은 저항하지 않고 서구를 그대로 받아들이면서 전통에 기초한 변혁을 이루지 못하였기 때문에 주체적인 자아 혹은 일본적인 근대의 내용이 존재하지 않는다.

다케우치는 "한 번도 현실을 변혁한 경험이 없는 자에게는 현실을 변혁할 수 있다는 관념조차"[37] 일어나지 않는다고 한다. 그는 여기서 서로 다른 것임에도 불구하고 "'새로운' 것과 '올바른' 것이 중첩되"[38]는 일본인의 심리경향이 발생한다고 주장한다. 다케우치는 이러한 일본문화의 특징을 우등생 문화라고 칭한다.[39] 다케우치는 이러한 우등생 문화를 특징

---

[37] 위의 자료, 149쪽. 다케우치가 보기에 메이지유신 이후 일본에서 자신의 내재적 모순에서 발생한 갈등을 해결하고 현실을 변혁하기 위하여 일으킨 최초의 운동은 60년 안보투쟁이었다. 다케우치는 "만약 전쟁체험이 좀 더 정확하게 정리되었더라면 60년" 투쟁에서 민중들은 정부와 국가를 대상으로 "좀 더 나은 투쟁을 할 수 있었을 것"이라고 판단하면서 권력과 권위에 대한 저항을 일반화 하는 방법으로써 "전쟁체험과 전후체험을 겹쳐서 처리하"고 있다(竹内好,「戦争体験の一般化について」(1961.12)『竹内好全集』第八卷, 筑摩書房, 1980, 225-231쪽.

[38] 위의 자료, 148쪽.

[39] 우등생 문화를 자신의 내면에 새긴 일본의 지도자들은 "뒤쳐진 동양 제국(諸國)을 지도하는 것이 자신들의 사명"이라고 인식한다. 그리고 여기서 동양 제국은 자신들의 지도를 받아들이는 것이 지당하다는 독단적인 사고가 발생한다. 이러한 지도자 의식은 일본의 군인과 정치가뿐만 아니라 노동운동과 진보운동 진영에도 존재한다고 판단한다. 다케우치는 구체적인 예로 "일본에서는 제국대학이 사상적으로는 가장 급진적이었다는 점, 학생운동의 투사가 사상검사로 성공한 사실, 우익단체의 중견간부 가운데 좌익출신자가 다수 참가하여 전쟁 중에 작전에 협력한 사실" 등을 제시하고 있다(위의 자료, 150-151쪽).

으로 하는 일본의 근대는 "양이론攘夷論자가 그 대로 개국론開國論자가"[40]되어 버린 전향에서 시작하였다고 판단한다. 그에 의하면 전향은 저항이 없는 곳에서 발생하는 현상으로 자신을 포기함으로써 실현된다. 즉, 일본의 근대에는 주체성이 없다는 것이다. 주체성을 결여한 일본적 근대의 모습은 다음과 같다.

일본은 근대로의 전환점에서 유럽에 대하여 결정적인 열등의식을 가지고 있었다. (이것은 일본문화의 우수성 때문에 일어난 것이다.) 그리고 맹렬하게 유럽을 따라잡기 시작하였다. 자신이 유럽이 되는 것, 보다 더 유럽처럼 되는 것이 탈각의 길이라고 생각하였다. 즉, 자신이 노예의 주인이 됨으로써 노예에서 벗어나려고 하였다.[41]

다케우치는 주체적인 자각이 없는 근대화 과정에서는 주체성이 발현되지 않는다고 주장한 것이다. 다케우치에 의하면 "이러한 주체성의 결여는 자신이 자기 자신이 아니라는 것에 기인하"는 것으로 "스스로를 포기했기 때문에" "즉, 저항을 포기했기 때문에"[42] 발생하는 것이다. 이러한 무저항은 외부의 권위에 의지하여 현실에 적합한 새로운 관념을 수입해온 우등생 문화인 "일본문화의 구조적인 성질에서 유래하는 것"[43]이라고 다케우치는 판단한다.

다케우치가 언급한 우등생 문화라는 일본문화의 구조적 특질은 먼 옛날부터 모든 문화를 외부에서 수입해오던 그리고 "항상 외부를 향해 새로운 것을 기다리고 있는" "무한한 문화수용의 구조 위에 일본의 근대가 자

---

40) 위의 자료, 162쪽.

41) 위의 자료, 158쪽.

42) 위의 자료, 159쪽.

43) 위의 자료, 167-168쪽.

리하고"[44] 있는 현상이었다. 이러한 일본의 근대화 과정이 도달한 최종적인 도착점이 1945년 8월 15일의 패전임은 "의심할 바 없다"[45]고 다케우치는 판단한다. 다케우치는 자신만의 고유한 것에 기초하여 서구의 침략에 대한 저항 과정에서 발생하는 모순과 갈등을 자신의 것으로 소화할 때자기변혁과 혁신이 가능하다고 생각한 것이다.

4. 다케우치와 식민지문제

패전 이후 다케우치는 일본의 근대를 비판적으로 고찰하면서 전후를 시작하였다. 이러한 첫 작업이 근대란 무엇인가란 물음이었다. 다케우치는 근대란 서구에서 시작한 것으로 자기보전이란 부정적인 요소와 자기갱신이란 긍정적인 요소를 동시에 포함하고 있는 것으로 파악하였다. 근대의 자기보전이란 서양이 비서양의 각 지역으로 자신을 확장시킨 행위로식민지 개척이란 행태로 나타났다. 이러한 서양의 침략 때문에 동양에서근대가 시작되었으며 타율적으로 근대를 시작할 수밖에 없었던 중국은 자신의 내부를 응시하는 자기혁신과 저항을 통해 주체적인 근대를 이룰 수있었다고 다케우치는 파악하였다. 한편 그는 주체적인 자기혁신과 저항없이 서양의 근대를 그대로 수입한 일본은 결국 근대화에 실패하고 1945년의 패전을 초래하였다고 파악한다. 특히 다케우치의 이러한 문제의식에는 일본의 근대화과정에 대한 비판적 고찰이란 자기성찰적인 성격이 매우강하다. 따라서 다케우치가 전후에 근대란 무엇인가란 물음을 통해 새로운 전후를 시작하기 위해서는 일본이 이룩한 근대의 구체적인 실체인 식

---

44) 위의 자료, 168쪽.

45) 위의 자료, 166쪽.

민지문제에 대한 논의를 자신의 사상과제 속에 포함했어야 했다. 그러나 다케우치는 전후에 식민지문제를 주제로 한 글을 거의 남기지 않았다.

다케우치는 1932년의 조선만주견학여행 과정에서 약 1주일 정도 조선에 체류하였다. 1974년 10월에 작성한 「잊을 수 없는 사람おもかげの消えぬ人」에서 견학여행 기간 동안 다케우치는 과거 오사카大阪고등학교를 같이 다니던 조선인 친구 A를 만나기 위하여 여행단과는 별도의 행동을 하였다. 다케우치는 고등학교를 졸업하고 조선으로 돌아가는 친구 A의 송별회 자리를 다음과 같이 기억한다.

그 자리에서 그는 처음으로 자신은 독립운동을 한다고 속마음을 밝혔습니다. 당시 얼마간 좌익문학에 심취하여 나카노 시게하루中野重治 등을 읽었기 때문에 조선에서 독립운동의 전통이 끊어지지 않고 있었다고 예상은 하고 있었지만 내 인생에서 최초로 만난 조선인이 서슴지 않고 말하는 것을 보고는 너무 무거운 분위기에 잠시 그의 손을 잡은 채로 아무 말도 할 수 없었습니다.[46]

다케우치는 1974년에도 일본에서 고등학교를 졸업하고 조선으로 독립운동을 하러 간다는 과거의 조선인 친구를 기억하고 있었다. 즉, 한국은 과거 일본의 식민지였으며 조선인들은 일본에 저항하기 위하여 다양한 형태로 자신들의 내부를 응시하고 있었던 사실을 다케우치는 자신의 친구 A를 통해 잘 알고 있었다. 따라서 조선의 저항과 관련된 문제는 다케우치가 일본의 근대를 비판적으로 고찰하는 경우 반드시 언급할 수밖에 없는 주제라고 할 수 있다. 전전 중국에 대한 일본의 지배는 전면적이고 완벽하지 못했던 만큼 중국은 일본의 반식민지 상태에 놓여있었다. 한편 일

---

46) 竹内好, 「おもかげの消えぬ人」(1974.10)『全集』第五巻, 筑摩書房, 1981, 246쪽.

본은 타이완과 조선을 완전한 식민지로 지배하였다. 백번 양보하여 이러한 역사적 상황이 중국 연구자인 다케우치가 식민지문제를 직접 다루지 않은 배경이 될 수도 있다고 생각하지만 그럼에도 불구하고 전후의 다케우치는 근대에 대한 본질적인 물음을 심화시키는 과정에서 식민지문제를 논해야하는 중요한 과제를 놓쳐버렸다고 할 수밖에 없다.

그러나 다케우치의 또 다른 저작을 통해 그가 식민지문제를 어떻게 인식하고 있었는지를 간접적으로 유추할 수는 있다. 다케우치는 1963년 7월에 「아시아주의의 전망アジア主義の展望」(이후 「일본의 아시아주의日本のアジア主義」로 제목을 변경)을 발표하였다. 이 글은 다케우치 자신이 편집을 담당한 『현대일본사상대계現代日本思想大系』 제9권에 게재된 근대 일본의 아시아주의자들의 저작에 대한 해설의 형태로 작성되었다.[47] 일본의 식민지 침략을 비판하는 한국인의 시각이 아니라 다케우치가 전후에 확립한 근대란 무엇인가에 대한 다케우치 자신의 논리 속에서 이 글을 독해하자. 필자는 이러한 방법론에 입각할 때 다케우치 자신의 식민지 인식이 어떠한 것이었던가를 분석할 수 있다고 본다. 즉, 다케우치의 중국연구와 일본 근대

---

[47] 강해수, 「다케우치 요시미의 '방법으로서의 아시아'와 '조선'이라는 토포스」, 『일본공간』18, 국민대학교 일본학연구소, 2015, 170쪽. 이 논문에서 강해수는 다케우치의 글에 대한 일본 내 조선사 연구자들의 비판을 소개하고 있다. 나아가 강해수는 다케우치의 저작을 인용하면서 다케우치가 타자로서의 한국의 존재를 강조하였으며 한국인은 자신들의 역사를 식민지와 해방이라는 연속성으로 파악하고 있지만 일본인들은 그러지 못했다고 일본의 역사인식을 비판적으로 파악하고 있는 점을 강조한다. 강해수는 다케우치의 위와 같은 주장을 한일회담이 한창이던 당시의 시대적 상황 속에서 한일민중간의 연대를 염두에 두고 한 발언이라고 평가한다(169쪽). 만약 다케우치가 당시의 한일협약 반대운동을 추진한 한일민중간의 연대를 이루어내기 위한 의도로 연대론적 아시아주의를 주장하였다면, 우선 우리들은 정말로 일본의 아시아주의 특히 1880년대의 아시아주의는 연대론적 성격이 보다 강했는지를 검정해야한다. 만약, 그렇지 않다고 한다면 다케우치의 이 논문은 다케우치 본인의 의사와는 반대로 역사적인 사실을 아전인수 격으로 해석하여 한일민중간의 연대를 이루어 내려고 한 정치 지향적 논문이 될 수도 있다. 다케우치 자신이 그토록 강하게 비판한 정치우선주의자들의 행위를 본인 스스로 행한 것이 된다.

비판이 서구의 침략에 대한 동양의 저항에 대하여 논한 것이라면 일본의 아시아주의는 일본이 조선으로 '진출' 혹은 침략하는 과정에 대한 논의이다.[48] 달리 말한다면, 다케우치는 서구의 자기보전 과정이 동양에 대한 침략으로 나타났다고 했는데 다케우치가 말하는 아시아주의란 일본의 자기보전 과정이 조선으로의 '진출' 혹은 조선에 대한 침략으로 나타난 것으로 보는지 아니면 서구에 대한 대응방식의 하나로 동양을 아우르기(≒연대) 위한 목적으로 파악하는지를 분석할 필요가 있다. 즉, 동양의 근대화 과정에서 서양 대 동양을 바라보는 논리와 일본 대 조선을 바라보는 논리가 일관되고 있는지 아닌지를 분석하자는 것이다.

다케우치는 『아시아역사사전アジア歴史事典』의 '대아시아주의'란 항목에 대한 설명에 공감하지만 동의하기 어려운 부분도 있다고 하면서 "자신이 생각하는 아시아주의는 어떤 실질적인 내용을 갖춘 객관적으로 규정할 수 있는 사상이 아니라 하나의 경향성이라고 할 수 있는 것"[49]이라고 정의하고 다음과 같이 보다 상세하게 설명한다.

아시아주의는 앞에서도 잠정적으로 규정한 것처럼 각각의 개성을 가진 '사상'에 경향성으로 부착된 것이기 때문에 독립해서 존재하는 것은 아니지만 그러나 최소한 아시아 여

---

48) 여기에서 침략이란 용어와 더불어 '진출'이란 용어도 함께 사용하는 것은 다케우치의 논리, 구체적으로는 '연대론'적 아시아주의에 입각하여 다케우치를 독해하기 위해서이다. 다케우치의 주장대로 서구에 대한 아시아의 '연대'론의 입장에서 본다면 침략이란 개념은 성립하기 어렵기 때문이다.

49) 앞의 자료, 「日本のアジア主義」, 99쪽. 다케우치는 『아시아역사사전』의 '대아시아주의' 항목을 대체적으로 다음과 같이 요약하고 있다. '서구의 침략에 저항하기 위하여 아시아의 여러 민족은 일본을 중심으로 연대하자는 주장으로 초기에는 서구의 침략에서 일본의 독립을 지키기 위한 방법으로써 자유민권론자들의 아시아 연대론에서 출발하였으나 점차 메이지국가의 완성과 식민지화의 가능성이 희박해지면서 민권론을 유지하던 현양사(玄洋社)가 국권론으로 전향하고 아시아주의를 침략을 은폐하는 논리로 사용하였으며 이후 아시아주의는 천황주의와 연동하여 우익의 표어가 되었다'(앞의 자료, 「日本のアジア主義」, 96–97쪽).

러 나라의 연대(침략을 수단으로 하는지 아닌지는 별도로)의 지향을 내포하고 있다는 점
만은 인정하지 않을 수 없다. 이것이 최소한으로 규정한 아시아주의의 속성이다. 그렇게
본다면 '동아공영권'은 분명히 아시아주의의 한 형태이다.[50] (강조-인용자)

다케우치는 자신이 논하는 아시아주의가 구체적인 실체를 동반하는 것
이 아닌 만큼 아시아주의를 정의하기는 매우 곤란하지만 그럼에도 불구
하고 논의의 전개를 위해서 아시아주의에 대한 최소한의 공통분모로 '아
시아 여러 나라의 연대를 지향'하고 있는 점을 강조한다. 다케우치는 천황
제국가의 자립 이후 아시아주의가 침략의 논리를 은폐하는 도구로 사용
되었다는 사실을 부정하지는 않지만 초창기의 아시아주의, 아시아 연대론
에 방점을 두고 있음을 알 수 있다. 다케우치가 아시아주의를 정의하면서
서구에 대한 아시아 각국의 연대를 강조한 것은 그가 1941년 12월 8일에
'의미'(≒대동아공영권)를 전후에도 파기하지 않고 있던 사실과 궤를 같이
한다. 다케우치는 아시아 각국의 연대를 강조한 만큼 침략의 결과인 식민
지문제는 부차적일 수밖에 없었다. 따라서 다케우치는 조선의 식민지화
문제에 대해서도 침략을 강조한 전후 진보적 지식인들이 표방한 입장과는
미묘하게 다른 연대론의 관점을 강조한다. 다음의 인용문을 보자.

조선 문제의 경우 결론은 분명히 '일한합병'이라는 완전침략으로 끝났지만 그 과정은
복잡하였으며 러시아나 청국의 '침략'을 공동으로 방어한다는 하나의 측면도 '사상'으로써
없었던 것은 아니다.[51]

---

50) 위의 자료, 100-101쪽.

51) 위의 자료, 98쪽.

여기서 다케우치가 말한 복잡한 과정이란 두 가지 측면으로 볼 수 있다. 하나는 사상적인 측면으로 메이지유신 이후 천황제국가가 서양에 대하여 완전한 독립을 보장받지 못한 초기에 현양사玄洋社가 일본의 독립을 확보하기 위하여 민권론에 입각하여 아시아 각국의 연대를 주장하다가 이후 일본의 식민지화 가능성이 거의 사라진 단계에서 국권론으로 입장을 바꾸어 침략 용인주의로 이행하는 과정 속에서 표출된 현양사의 복잡한 입장변화를 의미한다. 또 하나는 당시의 동아시아 국제 정치관계의 측면으로 청일전쟁과 러일전쟁을 거쳐 조선을 완전한 식민지로 만드는 과정을 의미한다.

앞에서 전후에 다케우치가 전개한 '근대론'에 입각하여 분석한다고 한만큼 위의 인용문이 일본의 침략을 암묵적으로 인정하는 주장이라 하더라도 이것은 넘어가자. 문제는 '청국의 조선침략을 공동으로 방어한다는 측면'도 있었다는 다케우치의 주장이다. 인용문에 적시된 '러시아나 청국의 침략'이란 아마도 러일전쟁과 청일전쟁을 지칭하는 듯하다. 러일전쟁은 만주의 지배권을 두고 일본이 먼저 러시아의 뤼순항을 공격하면서 시작되었으며, 청일전쟁은 조선에서 일어난 동학농민운동을 진압해달라는 조선 정부의 요청으로 청국과 일본이 조선에 군사를 파병하였고 이후 일본이 조선에 대한 지배권을 확보하기 위하여 아산만에 주둔하고 있던 청나라 군대를 먼저 공격하여 발생한 전쟁이었다. 이러한 구체적인 역사과정을 다케우치가 몰랐을 리는 없다. 여기서 이러한 사실관계는 논하지 않는다. 다케우치에 의하면 동양의 근대란 서구의 자기 보전적 침략의 결과 아시아 각국에서 일어난 저항 주체의 형성 과정이었다. 그렇다면 서구세력의 일부분인 러시아가 아시아로 진출하는 것을 조선과 공동으로 방어하자는 일본의 연대론은 동양에서 주체적으로 제시한 자기변혁의 과정으로 다케우치가 말한 연대론적 아시아주의에 포함될 수 있다. 그러나 청국이 조선을 침략하려고 하자[52]이를 일본과 조선이 공동으로 방어하자는 내용은 다케우치가 말한 동양의 저항과는 일치하지 않는다. 즉, 청국은 동양의 일부이고 당시 청국은 영국과의 아편전쟁에서 패하여 홍콩을 할양할 수밖에 없는 상황에 처하는 등 서구의 침략을 직접 당하고 있었기 때문에 다케우치의 시각에서 본다면 청국은 일본이 적극적으로 연대하여 서양에 대항해야할 '동반자'였다. 따라서 다케우치는 자신의 연대론적 아시아주의에 입각하여 청일전쟁을 이해한다면 청일전쟁은 동양의 내부에서 연대에 실패하여 일어난 분열로 파악해야한다. 아니면 일본의 진보적 학자들의 통설적인 주장과 같이 한중일 3국의 관계 속에서 일본의 자기 보전적 침략행위의 결과로 일으킨 전쟁으로 파악하여야 한다.[53]

다케우치는 현양사가 청일전쟁에 개입한 것은 이권을 챙기기 위해서

---

[52] 동학농민운동에 대한 조선정부의 진압과정이 청일전쟁으로 이어진 과정을 살펴보면 이를 청나라가 침략하려고 했다고 하기는 어렵다. 즉, 조선정부가 일본에 동학농민운동을 진압해달라고 요청하자 일본은 당시 청나라와 맺고 있던 텐진(天津)조약을 근거로 조선파병 사실을 청나라에 알렸다. 그러자 이에 대하여 청나라 역시 조선에 군대를 파견하였다. 그리고 이후 조선에서 양자의 주도권 싸움이 청일전쟁으로 이어졌다. 아무튼 구체적인 사실관계에 대한 확인과 분석은 접어둔다.

[53] 다케우치는 일본이 서구의 식민지화 가능성이 없어지자 현양사는 민권론에서 국권론으로 전향하면서 침략적 아시아주의로 이행하였다고 판단하고 있다. 초기의 연대론적 아시아주의에서 침략적인 아시아주의로 이행한 것에 대한 다케우치의 평가를 세밀하게 분석하는 작업은 별도의 원고를 통해 진행하겠다. 이 작업이야말로 식민지를 경험한 한국에서 다케우치의 동아시아 담론을 논하는 핵심이 될 수 있다고 판단한다. 만약 다케우치가 일본이 조선을 식민지화 한 것을 일본의 자기 보전적 침략과정의 결과라고 본다면, 조선은 어떻게 자신들의 내부를 응시하고 주체적으로 저항하였는지 아니면 저항하지 못했는지를 언급해야 한다. 물론 다케우치가 한국 전문가가 아닌 만큼 구체적으로 이러한 논의로까지 내용을 확대하지는 않았다고 하더라도 어디선가 이러한 과제가 남아 있다는 점을 밝혔어야 했다고 본다. 다케우치에게 이러한 점이 부족했던 것은 아마도 전후의 다케우치는 일본의 근대화 과정에 대한 비판적 고찰이란 문제의식은 강하게 가지고 있었지만 일본의 근대화 과정의 결과인 식민지문제에 대한 고민은 그리 크지 않았기 때문이라고 본다. 이러한 점은 패전 직후의 다른 진보적 지식인들도 크게 다르지 않았다고 필자는 생각한다.

가 아니라 연대를 이루기 위해서였다고 평가한다. 우선 다음의 인용문을 보자.

　　현양사는 천우협天佑俠[54]이란 조직을 만들어 조선에 보내어 동학당과 연락을 취하고 전쟁을 도발하였다.……이 농민전쟁을 도와서 일본의 편으로 만들겠다는 것이 천우협의 자랑거리였으며……동학당은 연락이 불충분했기 때문에 일본군의 공격을 받고 지도자 전봉준과 이용구는 부상을 당하였다.……천우협도 일본 관헌에게 쫓기는 신세가 되었다. 그러나 이 때문에 농민운동의 지도자와 일본의 '지사' 사이에는 의지의 소통이 가능했다. 이러한 인연으로 이후의 러일전쟁 시기에 일본군에게 수송 협력을 하였고 그리고 한일병합의 복선이 되었다.……어쨌든 이 시점에서는 농민과의 결합을 생각하고 있었으며 역시 일종의 아시아주의의 발현형태라고 볼 수밖에 없다. 적어도 주관적으로는 도발만이 목적이 아니라 연대의식이 움직이고 있었다. 그리고 이익을 챙기려는 욕망은 전혀 없었다. 만약 이익을 챙기려는 욕망이 목적이라면 생명의 위험을 감수할 이유가 없다. 그리고 전봉준이나 이용구와 같은 배외주의자의 신뢰를 획득할 이유도 없다.[55]

　　청나라를 적으로 간주하고 조선과 일본의 연합을 논하는 것이 다케우치의 '근대' 개념과는 배치된다는 점은 앞에서 논하였다. 다케우치는 동학군을 도와 청국에 대한 전쟁을 도발하려는 현양사의 행동을 조선과 일본의 연대로 파악한다. 즉, 현양사의 목적은 동학군을 도와서 조선 내부의 혼란을 가중시킨 다음에 이를 이용하여 청나라와 전쟁을 준비하는 것이었다. 이러한 목적 하에서 이루어진 '농민운동의 지도자와 일본의 지사'

54] 일본어로는 텐유쿄(てんゆうきょう)라고 읽는다. 동학농민운동이 발생하자 동학군을 지원하기 위하여 부산에 거주하던 일본인들이 결성한 단체이다. 단체가 결성되자 현양사는 동학군과의 합류를 위해 부산으로 출발하였으며 전북 순창에서 동학군과 회합을 가졌다. 이후 청일 양군의 동학군 진압이 청일전쟁으로 변화하자 이들은 일본군과 합류하여 일본의 전쟁 승리를 위한 역할을 수행하였다.

55] 위의 자료, 116쪽.

사이의 '의지의 소통'을 다케우치는 연대의식에서 발현된 아시아주의라고 본다. 다케우치는 민권론에서 국권론으로 이행하고 있던 시기의 현양사의 아사아주의에도 연대가 주요한 목적이었으며 이권획득의 의도는 없었다고 주장한다. 그리고 조선과 일본의 이러한 연대의 경험은 러일전쟁에서 조선이 일본의 군수물자 수송에 협력하는 것으로 이어졌으며 그 결과 한일합병이 성립하였다고 파악한다.

여기서는 다케우치의 근대에 대한 이해방식에 입각하여 내부를 응시하는 주체형성과 그들이 중심이 된 저항에 대하여 살펴보자. 앞에서 살펴본 강해수의 논문은 다케우치의 「아시아주의의 전망」에 대한 당시 조선사 연구자들의 비판을 잘 소개하고 있다. 이러한 논쟁을 보면 1960년대 일본에서 동학농민운동에 대한 연구수준이 일천하였다고 하더라도 동학농민운동은 지배계층의 착취와 외세에 대항하여 조선의 민중들이 일으킨 자기변혁과 저항운동이었다는 사실 정도는 파악하고 있었다고 할 수 있다. 따라서 다케우치 역시 구한말 조선의 부패한 정치가들의 가렴주구에 저항하여 일어난 동학농민운동은 운동뿐만이 아니라 동학이라는 새로운 이념체계와 평등한 세상을 지향한 사상 혹은 종교운동까지도 포함한다는 사실 정도는 알고 있었을 것이다. 다케우치가 중국의 근대화 과정에서 높이 평가하는 5·4운동 이상으로 동학농민운동은 조선의 피지배계층이 조선의 내부를 응시하면서 스스로 자각적인 주체로 변신하여 사회변혁과 외부세력에 저항한 운동이었다. 그리고 그 에너지는 매우 강력하였다.

다케우치는 동학농민운동을 배경으로 하여 현양사가 동학군과 추진한 연대의 경험은 러일전쟁에서 조선이 일본의 군수물자 수송에 협력하는 것으로 이어졌으며 그 결과 한일합병이 성립하였다고 파악한다. 우선 여기에는 주체의 문제가 있다. 동학농민운동에서 이루어진 연대의 주체는 동학군과 현양사라는 민간이었으나 러일전쟁에서 이루어진 주체는 조선정부와 일본정부였다. 동학군은 자신들의 내부를 응시하면서 조선의 구조적인 병폐와 서구세력에 저항하는 주체였다. 그리고 다케우치의 설명에 의하면 이 단계의 현양사 역시 민권론에 입각하여 국권론을 주장하는 일본정부에게 일정한 개혁을 요구하면서 서구에 대항하고 있던 저항 주체였다. 그러나 러일전쟁 당시의 조선정부와 일본정부는 서양에 대항하는 주체일 수는 있으나 자신의 내부를 응시하면서 자신들의 내부를 개혁할 수 있는 주체는 아니었다.

다케우치가 말하는 이러한 연대는 조선에서 주체적인 자아형성에 어떠한 역할을 하였을까. 다케우치의 주장대로 현양사의 연대론적 아시아주의가 의미를 가지기 위해서는 현양사가 추진한 연대가 조선의 내부를 응시하고 스스로 자각하여 외세에 저항한 동학농민운동을 지원하는 형태가 되어야 한다. 그리고 이러한 연대는 비록 조선이 식민지가 될 수밖에 없었다고 하더라도 조선의 내부를 응시하는 조선의 저항주체를 형성하고 결국은 조선적인 근대로 이어져야만 한다. 그러나 현양사와 연대한 결과 동학농민군이라는 조선의 주체적인 저항은 일본(군)에 의해 사라져 버렸다.

나아가 다케우치는 전봉준을 루쉰과 유사한 내부를 응시하는 저항의 주체로 본 것이 아니라 배외주의자로 보고 있다. 이러한 다케우치의 시각에 의하면 동학농민운동에 참가한 민중들 역시 '배외주의자'가 되는 것이다. 그렇다면 현양사가 '배외주의' 운동의 지도자와 연대하려고 한 것은 무의미하거나 잘못된 선택이 되어 버린다. 나아가 동학농민운동에 참가한 민중을 '배외주의자'로 취급하는 시각은 전후에 다케우치가 저항주체인 민중을 발견하고 재출발한 자신의 사상적 고뇌가 가지는 의미와 모순되어 버린다.

다케우치가 중국의 근대에서 무엇보다 중요하게 파악한 것은 내부를 응시하는 자각한 주체들에 의한 저항이었다. 그러나 다케우치는 전후에 아시아주의를 논하는 과정에서 연대에 방점을 찍은 탓으로 일본의 침략에 대하여 내부를 응시하면서 치열하게 자각한 조선 민중들의 저항을 놓쳐 버렸다. 그 결과 다케우치에게 있어 식민지에 대한 논의는 일천할 수밖에 없었다고 판단된다.

5. 결론

전후에 다케우치가 전개한 일본적 근대화에 대한 비판적 고찰을 통해 그가 제시한 아시아주의의 내용을 살펴보았다. 그리고 여기에 입각하여 다케우치의 식민지문제에 대한 인식을 살펴보았다.

다케우치는 서구에서 시작한 근대란 자기보전이란 부정적인 요소와 자기갱신이란 긍정적인 요소를 동시에 포함하고 있는 것으로 파악하였다. 근대의 자기보전이란 서양이 비서양의 각 지역으로 자신을 확장시킨 행위로 식민지개척이란 행태로 나타났다. 다케우치는 타율적으로 근대를 시작할 수밖에 없었던 중국은 자신의 내부를 응시하는 자기혁신과 저항을 통해 주체적인 근대를 이룰 수 있었으나 주체적인 자기혁신과 저항 없이 서양의 근대를 그대로 수입한 일본은 결국 근대화에 실패하고 1945년의 패전을 초래하였다고 파악한다.

다케우치는 근대란 자기 보전적인 침략행위라고 정의한 만큼 일본적 근대를 비판적으로 고찰하기 위해서는 식민지문제를 자신의 사상과제 속에 포함했어야 했다. 그러나 다케우치는 그러한 작업을 거의 진행하지 않았다. 이유가 무엇일까.

다케우치는 일본의 아시아주의란 서구의 침략에 대한 아시아 각국의 연대를 강조한 것이라고 이해한다. 이러한 이해 방식은 그가 1941년 12월 8일의 '의미'를 전후에도 파기하지 않은 사실과 궤를 같이 한다. 다케우치는 자신의 연대론적 아시아주의에 입각하여 청일전쟁을 이해한다면, 청일전쟁은 동양의 내부에서 연대에 실패하여 일어난 분열로 파악해야만 자신의 논리적인 일관성을 유지할 수 있다. 그리고 다케우치의 주장대로 현양사의 연대론적 아시아주의가 의미를 가지기 위해서는 현양사가 추진한 연대가 조선의 내부를 응시하고 스스로 자각하여 외세에 저항한 동학농민운동을 지원하는 형태가 되어야 한다. 그리고 이러한 연대는 비록 조선이 식민지가 될 수밖에 없었다고 하더라도 결국은 조선적인 근대로 이어져야만 한다. 그러나 현양사와 연대한 결과 동학농민군이란 조선의 주체적인 저항은 일본(군)에 의해 사라져 버렸다. 다케우치는 전후에 아시아주의를 논하는 과정에서 연대를 강조했기 때문에 일본의 침략에 대하여 주체적으로 자각한 조선 민중들의 저항을 놓쳐 버렸다. 그 결과 다케우치는 식민지문제에 대한 논의를 진척시킬 수 없었다.

필자 역시 현재의 동아시아 국제정세 속에서 다양한 형태의 연대를 부정하지는 않는다. 다만 화해와 공존의 가능성을 넓히기 위한 동아시아 담론은 식민지문제를 직시하고 식민지 지배의 결과 발생한 피해에 대한 해원解寃의 기능을 할 수 있어야 한다고 필자는 생각한다. 동아시아 담론이 이러한 기능을 수행하기 위해서는 한국과 일본의 연대가 아니라 개개인의 국적과 관계없이 식민지 지배의 피해자들이 가해자들에게 저항할 수 있는 연대가 되어야 한다. 이러한 측면에서 본다면 다케우치와 같은 연대에 중점을 둔 동아시아 담론은 침략이란 형태로 나타난 식민지문제를 놓

쳐버릴 뿐만 아니라 결국 저항을 통한 자기 혁신을 이룰 수도 없다.[56]

---

56) 이러한 측면에서 최근 한일 간에 과거사 특히 일본군 '위안부'문제를 둘러싸고 양국의 진보적 지식인들 사이에 발생한 연대와 균열은 식민지문제에 대한 재고를 필요로 한다. 예를 들면, 박유하에 대한 일본의 진보적 지식인들의 지지에는 자신들이 강조해온 탈민족주의 혹은 탈국가주의 주장이 한국에서 한국 내부를 향해 나타났다는 사실에 대한 일방적인 기대감이 혼재되어 있다고 보인다. 필자는 아사히신문(朝日新聞)이 2007년 12월 16일 박유하의 저서 『화해를 위해서』에 일본의 오사라기 지로(大佛次郎) 논단상을 수여한 것이 하나의 예라고 본다. 필자는 이러한 일본의 상황에서는 '식민지 지배책임'에 대한 보다 진전된 논의가 나오기 어렵다고 본다. 한일 간에 저항을 위한 연대가 실현되기 위해서는 한국과 일본의 진보적 지식인들은 자신들의 주장과 의견을 달리하는 상대방에 대해 더 많이 알기 위하여 열린 마음을 가지고 묵묵하게 노력할 필요가 있다.

Chapter 9

다케우치 요시미의
루쉰 읽기와 저항론

1. 서론

1945년 8월 15일은 일본의 근현대사에서 커다란 변곡점이었다. 메이지유신부터 패전까지 정치, 경제, 사회, 문화의 모든 영역에서 주도권을 행사하고 있던 전쟁 긍정론자들은 역사의 뒷편으로 물러날 수밖에 없었다. 그리고 전쟁에 직간접적인 책임이 있는 사람들은 전쟁에 패한 책임이든 부당한 전쟁을 수행한 책임이든 자신들의 전쟁책임에 대하여 추궁당하는 입장에 설 수밖에 없었다. 이러한 전쟁책임론은 일본에서 여전히 전후 사상의 중요한 주제이기도 하다. 그러나 아이러니하게도 전전戰前에 전쟁을 긍정하고 적극적으로 옹호하였음에도 불구하고 전후에 자신의 전쟁책임에 대하여 별도의 자기비판 없이 전후 민주주의 시대의 진보적 지식인으로 분류되는 인물이 한 명 있다. 바로 다케우치 요시미竹內好이다.

1941년 12월 8일에 일본이 미국에 대한 선전포고를 하자 다케우치는 1941년 12월 16일 『중국문학中国文学』 제80호에 「대동아전쟁과 우리들의 결의大東亞戰爭と吾等の決意」를 발표하였다. 이 글에서 다케우치는 이 전쟁은 대동아공영권 건설의 세계사적 의의를 제시한 것이라고 역설하면서 전쟁을 긍정하였다. 이후 다케우치는 1943년 12월에 입대하여 중지中支 파견 독립혼성제17여단에 배속되어 중국에서 전쟁에 참가하였으며, 중국의 후난성湖南省 웨저우岳州에 있는 부대에서 패전을 맞이하고 1946년 6월에 일본으로 귀환하였다. 귀환 이후, 1946년 8월 5일에 자신을 포함한 『중국문학』 동인들에 대한 전쟁책임을 추궁한 「각서覚書」를 발표하였다. 그러나 다케우치는 「각서」 발표 이후 자신의 구체적인 전쟁체험이나 전쟁책임에 대한 글을 발표하지 않고 있다가 1960년대의 안보투쟁 시기에 간략한 형태로 전쟁책임에 대한 글들을 발표하였다. 이 글들에서 다케우치는 일본이 행한 전쟁은 "침략전쟁임과 동시에 제국주의 대 제국주의의 전쟁"이란 성격을 가지고 있으므로 후자에 대한 책임을 "일본인만이 일방적으로 책임질 수는 없다"[1]고 주장하였다. 이러한 다케우치의 글을 분석한 이 책의 7장과 8장에 의하면, 다케우치는 전전에 자신이 긍정적으로 평가한 서구에 대항하는 방법론으로서의 대동아공영권론이 가지는 사상적 의미를 전후에도 부정하지는 않았다.

이러한 분석대로 다케우치가 전전에 전쟁을 긍정하고 전후에도 전전에 가지고 있던 자신의 사상적 방법론을 부정하지 않았다면, 전쟁을 반대하고 비판하였던 집단에 의해 다케우치는 전쟁을 적극적으로 옹호한 지식인으로 비판받아야 했다. 물론 일본에서 다케우치의 전전과 전후의 행동

---

1) 竹内好, 「戦争責任について」(1960) 『竹内好全集』(이하 『全集』으로 표기) 第8卷, 筑摩書房, 1980, 216쪽.

에 대하여 비판적인 시각이 존재하는 것도 사실이다.[2] 그러나 이러한 비판적인 시각이 있음에도 불구하고 대체적으로 전후에 이루어진 다케우치에 대한 평가는 전후에 체제 비판적인 저항적 자세를 견지한 진보적 지식인으로 분류되었다.

다케우치를 진보적 지식인으로 분류한 연구들 가운데 몇 가지를 소개하면 다음과 같다. 중국인의 시각에 기초한 쑨거는 중국적인 근대화를 긍정적으로 논한 다케우치의 주장을 적극적으로 평가한다.[3] 전후 일본의 정치변동과 사상사적인 맥락을 추적한 오구마 에이지大熊英二는 다케우치가 "'진정한 동아해방'이라는 사상을" "수용함으로써 침략의 현실에 '저항'"[4] 하였다고 평가한다. 오니시 야스미츠尾西康充는 전후에 다케우치의 논의로 촉발된 국민문학논쟁의 측면에서 다케우치가 대동아문학자대회 참가 거부를 표명하고 이어서 중국문학연구회 해산과 『중국문학』폐간을 결정하면서 "대정익찬체제에 대한 마지막 저항의 자세를 보였다"[5]고 평가한다. 아키야마 아라타穐山新는 전후 사상의 근본적인 과제로 제기된 주체성 논쟁의 시각에서 다케우치의 저항을 "주체성의 발견"[6]이라고 평가한다.

이들의 평가는 대체적으로 전후 일본의 사상과제라는 시각에서만 논의되고 있을 뿐으로 전전 특히 1930년대 중반 이후의 사상적 과제와의 관

2] 예를 들면 다음의 논문이 있다. 上村希美雄, 「戦後史のなかのアジア主義」 『歴史学研究』 第561号, 1986年 1月.

3] 쑨거 지음 · 윤여일 옮김, 『다케우치 요시미라는 물음』, 그린비, 2007.

4] 小熊英二, 『民主と愛国』, 新曜社, 2002, 409쪽.

5] 尾西康充, 「竹内好と国民文学論争」 『人文論叢』 第30号, 三重大学, 2013, 1쪽.

6] 穐山新, 「中国を語る作法と「近代」」 『社会学ジャーナル』 第32号, 2007, 84쪽. 이처럼 주체성의 관점에서 다케우치의 저항론을 논한 연구로는 다케우치가 "발견한 루쉰의 저항은 '노예가 노예임을 거부하고 동시에 해방의 환상을 거부하는 것', '자기임을 거부하고 동시에 자기 이외의 것임을 거부하는 것'"(28쪽)이라고 한 竹内成明, 「竹内論」 『思想の科学』 第5次(57), 1966년 12월이 있다.

련성은 미미하다. 이들의 논의에는 전쟁을 긍정한 전전의 주장과 이를 부정하지 않으면서도 전후에 체제 비판적 행동을 한 다케우치를 통일적인 논리구조 속에서 파악하려는 시각이 결여되어 있다고 할 수 있다. 이러한 과제를 풀어가기 위한 실마리는 이미 1950년대 후반에 하시카와 분죠[橋川文三]에 의해 제시되었다. 하시카와는 일본낭만파를 논하는 과정에서 "일본낭만파의 문제제기를 가장 정통파적인 형태로 계승하고 있는 유일한 사람이 다케우치라고 생각한다"[7]고 명확하게 주장하였다. 즉, 하시카와는 "다케우치의 태평양전쟁에 관한 이중구조론(대중국·아시아 침략전쟁과 대영미 제국주의전쟁)이 그대로 야스다[保田]적=일본낭만파적 해석에서 기원하는 것으로 보지는 않지만, 적어도 그 배경에 존재하는 일본근대 사상사의 중첩된 혼란을 포함하지 않고서는"[8] 논할 수 없다고 평하였다.

전후 다케우치에 대한 평가에는 한 가지 논증해야 할 과제가 존재한다.

---

7) 橋川文三, 『日本浪漫派批判序説』, 未来社, 1960, 35쪽.

8) 위의 책, 253쪽. 인용문의 야스다는 일본낭만파의 대표주자인 야스다 요주로(保田與重郎)를 지칭한다. 하시카와는 이 책에서 일본낭만파와 농본주의를 엄밀하게 구분한다. 하시카와에 의하면 양자는 1930년대 일련의 경제공황 과정에서 괴멸적인 타격을 입은 농촌의 붕괴, 도시 중산층의 불안, 정치적 폐색(閉塞)에서 오는 무력감에서 출발하였다. 하시카와는 이러한 상황에서 제기된 양자의 문제의식에는 메이지유신 이후 진행된 일본적 근대화에 대한 총체적인 문명비판이 존재한다고 본다. 그러나 농촌출신자들이 다수를 점하는 농본주의자들은 현실적인 모순의 궁극적 해결을 천황에게 호소하나, 도시중산층이 중심을 이루는 일본낭만파는 전통과 공동체를 중요시하는 점에서는 보수주의로 회귀할 가능성이 있으나 천황제를 옹호하지는 않는다고 분석한다. 이러한 측면에서 일본낭만파가 가진 혁명적 에너지를 전후 일본의 정치 사회적 상황에서 재구성하려고 한 것이 하시카와의 연구이다. 그렇다고 해서 필자가 일본낭만파를 진보진영의 사상이라고 평가하는 것은 아니다. 전쟁을 긍정한 다케우치의 주장은 서양과 동양을 대립시켜 서구문명 중심의 근대를 총체적으로 비판한 것이며, 주체성이 결여된 일본적 근대에 대한 다케우치의 비판은 내부적인 요소 즉, 일본적 전통에 대한 자기혁신과 저항을 통해 '근대적 초극'을 지향했다는 점에서 일본낭만파의 사유방식과 매우 유사한 면이 있다. 이 글은 다케우치의 사상적 근원과 일본낭만파의 연관성에 대하여 논한 것이 아닌 만큼 상세한 논증은 다른 지면을 통해 다루겠다. 단, 이러한 내용은 전후 다케우치 연구자들의 한계를 넘어서서 전전과 전후를 관통하는 통일적인 논리구조(≒일본 근대 사상사의 과제) 속에서 다케우치를 파악하려는 필자의 문제의식과 연관된다. 이러한 문제와 관련되는 연구로 岡山麻子, 「竹内好の『民族』概念と保田與重郎」, 『史境』 48号, 2004가 있다.

즉, 전전에 전쟁을 긍정한 다케우치가 전후에도 전쟁을 긍정하는 사상적 방법론을 부정하지 않았음에도 불구하고, 전후에 다케우치를 진보적 지식인으로 평가한 계기 혹은 원인이 무엇인가에 대하여 답해야 한다는 것이다. 이러한 문제에 답하지 못한다면, 일본에서 자신들의 전쟁책임을 논하고 전후 민주주의를 추진해 온 진보적 인사들이 다케우치와 함께한 행동은 매우 부적절한 것이 되고 만다. 물론 전후에 진보진영에 속하는 지식인들 가운데 자신의 전쟁책임을 명확하게 언급하지 않으면서 일본적 근대와 전쟁을 비판하는 자세를 취한 이들도 있다. 필자는 마루야마 마사오丸山真男나 다케우치는 자신의 전쟁체험을 명확하게 논하지 않은 부류의 지식인이라 판단한다. 이들이 전쟁과 관련한 자신의 문제를 명확하게 논한 이후에 전후 활동을 재개했다면 사상가로서 가장 명확한 자기 비판적 자세를 취했다고 할 수 있으나 이러한 문제는 이 장의 주제가 아닌 만큼 이에 대해서 논하지는 않겠다. 이 장은 전후 다케우치가 견지한 저항의 논리혹은 저항 근거지가 무엇이었는지를 논증하는 것을 목표로 한다. 이를 통해 앞에서 제시한 과제에 답하고자 한다.

이러한 과제는 전후 일본의 사상사 특히 전후 진보진영의 저항 논리와 일본적 근대를 비판적으로 고찰하는 지성을 살펴볼 수 있는 주제이기도 하다. 그리고 이러한 연구는 한국의 민주주의를 추동해 온 비판적 지성에 대한 자기 반성적 시각을 제공할 수도 있다. 이를 위해서 다케우치 자신이 근대 중국의 저항을 체현하고 있다고 평가한 루쉰魯迅을 어떻게 독해하였는지를 살펴본다. 그리고 루쉰의 저항정신을 가장 잘 나타내는 쟁찰掙扎[9]에 대하여 다케우치는 어떠한 판단을 하였는지를 논한다. 이러한 사상 형

---

9) 『全集』 제1권 「魯迅」의 주석에 의하면 중국어 쟁찰(掙扎)은 루쉰의 정신을 이해하기 위하여 중요한 용어인 만큼 중국어 그대로 인용한다고 하면서 현대 일본어로는 '저항'에 가까운 의미라고 적고 있다(155쪽). 이 장에서는 쟁찰을 저항으로 번역하여 사용한다.

성과정을 통해 전후 다케우치의 저항 논리가 어떻게 토대를 갖추었는지 살펴본다.

2. 비판적 시선으로 만난 루쉰

『다케우치 요시미 전집^{竹内好全集}』의 연보에 의하면 다케우치가 루쉰을 본격적으로 읽기 시작한 것은 1936년 8월경에 『중국문학월보^{中国文学月報}』에 게재할 '루쉰 특집호'를 준비하면서였다. 그러나 연보에는 다케우치가 왜 루쉰 특집호를 준비했는지에 대해서는 언급이 없다. 다만 이즈음에 루쉰의 건강이 그리 좋지 않았기 때문에 그의 생이 얼마 남지 않았다는 것을 예상한 작업이었을 가능성은 있다. 다케우치는 특집호를 준비하면서 9월 하순부터 「루쉰론^{魯迅論}」을 집필하였다. 그러던 중 1936년 10월 19일에 루쉰이 사망하자 그는 루쉰에 관해 준비하고 있던 3편의 글을 발표하였다. 우선 1936년 12월에 발행된 『중국문학월보』 제20호의 '루쉰 특집호'에 「루쉰론」, 다케우치 자신이 번역하여 게재한 「루쉰 '사망'^{魯迅 『死』}」, 이에 대한 논설 「루쉰 '사망' 부기^{魯迅 『死』 付記}」를 발표하였다. 그리고 다케우치는 1936년 12월에 개조사^{改造社}에서 간행한 『문예^{文藝}』 제4권 제12호에 루쉰 추도 원고로 작성한 「최근의 중국문학^{最近の中国文学}」을 발표하였다.

이후 다케우치는 루쉰에 관한 글을 발표하지 않고 있다가 1943년 10월에 발행된 『문학계^{文學界}』 제10권 제10호에 「루쉰의 모순^{魯迅の矛盾}」을 발표하였다. 이 원고는 1944년 12월 21일에 일본평론사가 동양사상총서로 발행한 『루쉰^{魯迅}』[10]의 「서장-삶과 죽음에 대하여^{序章-死と生について}」의 원

---

[10] 『竹内好全集』 제1권의 해제에 의하면 『루쉰』은 5개의 저본이 있다고 한다. 최초의 판이 소실되어 없어진 것을 다케우치가 1946년 7월에 원고를 복원할 때 지나(支那)란 표현을 중국으로 변경하고 명확한 오기 등을 수정하였다고 한다. 또한 각각의 저본마다 약간의 문장이 삽입되거나 표

형이 되었다고 한다. 또한 44년에 발간된 『루쉰』은 전후에 용어와 명확한 오기 등을 수정하여 1946년 11월에 재발간한 『루쉰』의 바탕이 되었다. 1944년 12월에 일본평론사에서 발간한 『루쉰』의 원고는 1943년 11월 9일에 완성되었다. 원고를 완성한 다케우치는 1943년 12월 4일에 입대하였다. 1946년 6월 일본으로 귀환한 다케우치는 1946년 8월에 일본의 패전 이후 자신의 첫 주장인 「각서」를 발표하고 이어서 10월에 『아사히평론』 10월호에 「루쉰의 죽음에 대하여魯迅の死について」를 게재하였다. 이후 그는 1947년 8월에 「루쉰과 마오쩌둥魯迅と毛澤東」, 10월에 「루쉰과 그의 아내 쉬광핑魯迅とその妻許廣平」, 11월에 「루쉰과 린위탕魯迅と林語堂」을 발표하였으며 같은 달 15일에 동양문화연구소에서 주최한 공개강연에서 「루쉰이 걸어온 길-중국에서 근대의식의 형성」을 발표하였다. 이 발표는 1948년 11월에 게재한 「중국의 근대와 일본의 근대-루쉰을 실마리로-」 (이후 「근대란 무엇인가」로 제목변경)의 바탕이 되었다. 이어서 다케우치는 1948년 2월에 「절망과 진부함絶望と古さ-魯迅文学の一時期-」, 「루쉰의 언과 행魯迅の言と行」, 5월 『국토国土』에 「루쉰의 저항감각魯迅における抵抗感覚」(『全集』第2卷에서 『루쉰입문魯迅入門』의 「8 사건」에 수록), 6월에 「루쉰과 일본문학魯迅と日本文学」, 1949년 12월에 치쿠마서방筑摩書房에서 발행한 『철학강좌』 제1권 「철학의 입장哲学の立場」에 「루쉰」 등을 발표하였다. 『철학강좌』에 발표한 「루쉰」은 이후에 「사상가로서의 루쉰思想家としての魯迅」이란 제목으로 변경하였다. 이처럼 다케우치는 전후에 루쉰에 대한 글을 집중적으로 발표하면서 전후 활동을 시작하였다. 이러한 다케우치의 작업은 루쉰을 재

현이 변경된 곳이 있다. 그러나 내용적으로 전혀 다른 의미로 읽어야하는 정도의 수정은 없다고 판단된다. 전집에 수록된 것은 1961년 5월 미래사(未來社)에서 간행한 것이다. 자세한 내용은 『全集』1권, 399쪽을 볼 것.

평가하는 과정을 통해 전후 자신의 사상적 토대를 형성하는 여정이기도 하다.

위에서 다케우치가 루쉰에 관해 작성한 원고를 시간적 순서로 살펴보았다. 이들 원고는 크게 세 개의 시기로 구분할 수 있다. 첫 번째는 1936년에 루쉰 특집호 준비와 루쉰의 사망에 즈음하여 발표한 「루쉰론」과 「최근의 중국문학」이다. 두 번째는 루쉰에 관한 첫 원고를 발표한 이후 한동안 루쉰에 대한 언급이 없다가 입대를 앞두고 작성한 「루쉰의 모순」과 『루쉰』이다. 세 번째는 귀환 이후에 발표한 「루쉰의 죽음에 대하여」, 「중국의 근대와 일본의 근대」, 「루쉰의 저항감각」, 「사상가로서의 루쉰」이다. 지금부터는 첫째 1936년 다케우치가 20대 중반에 작성한 『「루쉰론」, 둘째 1943년 입대 직전에 작성한 『루쉰』, 셋째 패전 이후에 작성한 「루쉰의 죽음에 대하여」, 「루쉰의 저항감각」, 「사상가로서의 루쉰」을 중심으로 시간적인 전개에 따라 다케우치가 루쉰을 어떻게 읽고 있었는지 살펴보자.

다케우치는 1932년 외무성의 지원을 받아 조선만주견학여행으로 베이징北京을 방문한 이후 본격적으로 중국을 연구하기로 결심하였다. 이후 그는 1933년에 도쿄東京대학 지나支那문학과의 졸업논문으로 중국현대문학을 주제로 한 「위다푸郁達夫연구」를 제출하였다.[11] 졸업논문에서 다케우치

---

11) 위다푸는 1913년 일본에 유학하면서 서양의 근대소설을 탐독하였으며 1921년에는 궈모뤄(郭沫若) 등과 도쿄에서 문학 단체 창조사(創造社)를 결성하고 문학 활동을 시작하여 자신의 대표적인 단편소설 『침윤(沈淪)』을 발표하였다. 1922년 중국으로 귀국한 그는 상하이(上海)에서 『창조계간(創造季刊)』이란 잡지의 편집을 담당하였다. 그는 1930년에 상하이에서 좌익작가연맹이 결성되자 초대회원으로 가입하나 얼마 지나지 않아 탈퇴하였다. 1937년 중일전쟁이 시작되자 그는 다양한 형태의 항일운동을 전개하였으며 1942년 싱가포르로 이주한 이후에는 이 지역 일본 헌병대의 통역을 담당하기도 하였다. 1945년 9월 그는 사망하였는데 일본헌병에 의해 살해되었다는 설과 한간(漢奸=친일파)으로 비밀리에 처형되었다는 설이 있으나 명확하지는 않다.

는 위다푸 연구를 통해서 "창조사創造社의 낭만주의운동이 갖는 일면을 논증하여 중국현대문학사의 중요한 측면"[12]을 규명하려고 하였다. 중국현대문학의 시작은 1915년에 창간된 『신청년新靑年』이 주도한 백화운동 즉, 언문일치 운동이다. 루쉰, 저우쭤런周作人 등이 활동한 문학연구회와 위다푸, 궈모뤄郭沫若 등이 활동한 창조사가 이 운동의 중심이었다. 다케우치는 졸업논문에서 루쉰이 활동한 문학연구회는 언문일치의 새로운 사조를 이어받아서 해외의 선진문학을 소개하고 문학이론을 탐구하면서 자연주의운동을 도입하고 점차 인도주의로 이어졌으나 위다푸가 활동한 창조사는 예술을 위한 예술을 지향하며 창작활동을 통해 중국문학의 지위를 높이려하였다고 평가한다. 다케우치는 창조사의 활동을 전기와 후기로 나눌수 있는데 전기는 낭만주의를 표방하며 예술을 위한 예술을 지향한 시기이며 후기는 혁명문학운동을 주장한 시기였다고 판단한다. 창조사의 이러한 성격변화로 인하여 위다푸는 창조사와 결별한다. 다케우치는 창조사에서 활동하던 위다푸의 "생활감정을 지배하고 있던 것은 그를 압박하고 있던 봉건적 잔재에서 이어진 우울함"이었으며 "그는 해방의 기쁨을 노래하는 대신 자신을 감싸고 있는 부자유를 저주하였다"[13]고 평가하였다. 연구의 결과 다케우치는 위다푸는 "시대의 전환기에서" "새로운 고민속으로 뛰어들지 못하고 자신이 걸어온 길을 고집함으로써 고민에서 벗어났다"[14]고 평가하였다.

다케우치의 졸업논문에는 중국연구에 매진한 다케우치의 문제의식과 중국을 바라보는 그의 시각이 드러난다. 다케우치는 위다푸 연구를 통해

---

12) 竹内好, 『郁達夫研究』(1933) 『全集』第17卷, 筑摩書房, 1982, 77쪽.

13) 위의 자료, 76쪽.

14) 위의 자료, 160쪽.

서구의 침략에 직면한 중국의 암울한 상황과 그 속에서 중국인들이 자신들의 봉건적 잔재와 힘겹게 싸우고 있는 시대적 모습을 본 것이다. 이러한 갈등과 투쟁 속에서 위다푸는 결국 자신을 감싸고 있는 봉건적 잔재를 타파하지 못하고 기존의 질서와 타협하였다는 것이 다케우치의 결론이었다. 다케우치는 위다푸 연구를 통해서 시대를 호령하며 세계를 식민지화하고 있는 서구에 맞서는 방법과 자신들을 둘러싼 봉건적 잔재를 타파할 논리를 발견하지 못하였다. 이러한 한계는 루쉰을 만나면서 극복된다.

다케우치는 1936년에 작성한 「루쉰론」에서 루쉰이 1918년 5월 『신청년』에 발표한 「광인일기狂人日記」에 대하여 두 가지 점을 지적한다. 하나는 구어체 문장을 사용한 "신문학 최초의 작품"으로 "중국문학이 하나의 새로운 시대를 구획하고" 있다고 높이 평가하는 점이며, 다른 하나는 "이데올로기적으로는 당시의 진보한 지식계급과 비교하여 그다지 앞선 부분은 없다"[15]고 하면서 루쉰보다 높이 평가할 수 있는 진보적 지식인으로 우위吳虞와 저우쮜런周作人을 언급한 점이다. 그러면서 다케우치는 「광인일기」를 다음과 같이 평가한다.

「광인일기」는 봉건적 질곡에 대한 저주이기는 하지만 그 반항 심리는 본능적이고 충동적인 증오에 그치고 있으며, 개인주의적인 자유로운 환경에 대한 갈망을 명확하게 하지 않고 있다. 따라서 대중감정의 조직자이기는 하지만 선구적 의의는 매우 희박하다. 대체로 그의 작품에 깔려있는 동양적인 음예陰翳는 생활에 배어든 민간풍습에서 유래하는 것으로 유교적이지는 않지만 특히 윤리적인 색체에서 기질적으로 근대의식의 반대자인 백성百姓 근성을 충분히 벗어나지 못한 부분이 있다.[16]

15) 竹内好, 「『魯迅論』(1936)『全集』第14卷, 筑摩書房, 1981, 39~40쪽.

16) 위의 자료, 40쪽

다케우치는 루쉰의 「광인일기」는 그동안 중국문학의 중심을 이루어온 문어체를 버리고 구어체로 작성한 선구성은 있지만 중국의 봉건적 질곡에 저항하기 위하여 서구의 근대적인 요소를 명확하게 지향하는 적극성은 없다고 평가한다. 이러한 작품의 특징은 결국 루쉰이 중국적인 전통과 풍습을 완전히 부정하지 못한 루쉰의 사상적 한계에서 기인한다는 것이다. 즉, 다케우치는 루쉰의 사상적 한계를 다음과 같이 평가한다.

루쉰은 이상주의자가 아니라는 치명상을 입고 있다. 바꿔 말하면 루쉰의 경우 설정된 목적의식이라든가 행동규범을 가지고 있지 않다. 기질적으로는 큰 차이가 없는 저우쭤런이 북유럽풍의 자유주의를 수용한 어떤 의미에서 개인적 허무주의 철학을 창출한 것에 비하면 루쉰은 어디까지나 문학자의 생활이며 그런 만큼 관념적 사색 훈련을 결여한 18세기적 유취遺臭를 가지고 있다.[17]

다케우치는 루쉰의 이러한 한계와 특징은 루쉰이 가진 숙명적 모순이며 나아가 현대 중국문학의 모순이기도 하다고 평가하면서 루쉰은 러시아의 객관적인 사실주의 문학의 창시자 니콜라이 "고골 혹은 안톤 체홉은 될 수 있어도 니체는 될 수 없다"[18]고 비유하였다. 즉, 다케우치는 루쉰이 현재의 중국이 처한 상황을 서구의 침략에 저항하지 못하는 봉건적 질곡과 모순으로 뒤엉킨 있는 그대로의 사실로 인식하지만 이러한 사실을 주체적으로 자각하여 자신이 처한 환경과 자신의 삶을 스스로 변혁하려는 서구적 근대성에 입각한 주체적 존재가 되지는 못하였다고 판단하였다.

다케우치는 루쉰의 이러한 모순이 「아큐정전阿Q正傳」에서 더욱 분명한

---

17) 위의 자료, 40-41쪽.

18) 위의 자료, 41쪽.

형태로 전개된다고 보았다. 즉, 루쉰은 「아큐정전」에서 "정치와 이데올로기의 괴리라는 역사적 사실을 차용하여 자기비판을 행하고 있는데" 이러한 "인간적인 성장-역사의 진행에 따라 폭로되는 자신의 모습-의 이면에는 작가로서의 에너지가 종언을 고하는 비극", 즉 "루쉰의 '방황'이 시작되고 있다"[19]고 다케우치는 분석한다. 이러한 방황은 순수 문학자의 생활을 추구하던 루쉰이 1930년에 중국좌익작가연맹이 성립되자 주요발기인으로 참가하거나 "창조사와 논쟁을 벌이는 사이사이에 많은 마르크스주의 문학이론을 번역하"[20]는 것으로 나타났다. 다케우치는 이러한 루쉰의 변신은 루쉰 자신의 "사상성의 결여"에서 기인하는 것이며 결국 "스스로의 개인 철학을 구축하지 못한 루쉰의 모순이" 좌익문학의 대두라는 "새로운 객관세계에 영합적으로 통일되어 구상된 것에 지나지 않는다"[21]고 혹평하였다. 그러나 이러한 평가는 이후에 살펴보는 것처럼 1944년에 출판된 「루쉰」에서는 상당히 수정된다. 다케우치는 루쉰이 좌익의 대두라는 새로운 객관세계에 영합한 구체적인 사례를 다음과 같이 들고 있다.

> 루쉰이 청년들에게 자국의 고전을 읽는 것을 금지한 것은……넓은 의미의 문화주의적 계몽이라는 자기 나름대로의 공리주의적 입장에서 제기한 것이다. 자국의 고전을 읽기보다는 서구의 근대정신을 섭렵하는 것이……유익하다고 그의 체험이 가르쳐준 것이다.……이것은 전환기에 나타난 사상이 아니라 앞에서 밝힌 것처럼 그의 본원적인 모순이 청산되지 않고 새로운 사태에 적응하여 형태를 바꾼 것에 지나지 않는다.[22]

---

19) 위의 자료, 42쪽.
20) 위의 자료, 43쪽.
21) 위의 자료, 43쪽.
22) 위의 자료, 44쪽.

다케우치는 1936년에 작성한 「루쉰론」에서 루쉰의 18년에 걸친 문단 생활은 『신월新月』, 창조사, 일상생활을 문학의 소재로 삼은 소품문파小 品文派, 1933년에 창간된 『문학文学』을 중심으로 활동하던 문인들이 모여 전민족의 일치단결을 통해 중국의 위기를 극복하자고 주장하면서 1936 년 6월에 창립한 문예가협회文藝家協會 등과의 치열한 논쟁과 싸움에 가까운 비판이 중심이었다고 언급한다. 그리고 루쉰의 「광인일기」와 「아큐정전」을 분석한 결과 다케우치는 루쉰은 "문학을 매우 순수한 거의 가치만의 세계에서 생각하"고 있었기 때문에 "문학을 정치주의적 편향에서 지키려"[23)고 열정적으로 논쟁하였다고 분석한다. 다케우치는 이러한 루쉰의 문학 활동을 "현실 세계와는 거리가 먼 문학의 절대가치를 추구한" 것으로 1930년에 방황에 빠지면서 "스스로 잃어버린 육체를 연모한 정신의 비통한 광란에 지나지 않는"[24)다고 평가 절하했다.

이렇게 본다면 20대 후반의 다케우치는 근대적 이성을 강조한 헤겔의 영향을 강하게 받고 있으며 봉건적 잔재와 근대화의 과정에서 발생한 모순을 주체적으로 일소하려는 실존주의적 인간상을 가지고 있었다고 할 수 있다.[25) 이러한 다케우치의 사상 경향은 1941년 12월에 미국에 대한

---

23) 위의 자료, 44쪽.

24) 위의 자료, 45쪽. 다케우치는 이 인용문의 바로 앞에서 "그가 몸으로 행한 쟁찰 속에(彼が, 身を以てする掙扎の中に)"라는 문장을 적고 있다. 다케우치가 여기서 사용한 쟁찰(掙扎)이라는 용어는 앞의 내용으로 보아 루쉰이 『신월』, 창조사, 소품문파, 문예가협회 등 여러 집단들과 행한 싸움에 가까운 치열한 논쟁을 지칭하는 것 이상의 의미는 없다. 루쉰에 관한 첫 번째 글인 「루쉰론」에서 다케우치는 이후에 루쉰의 사상과 행동을 높이 평가한 '쟁찰'이란 단어를 앞서 지적한 한 곳에만 사용하였다. 이 시기의 다케우치는 당시의 중국이 처한 시대적 상황과 이러한 시대적 분위기를 반영한 중국 근대문학사의 위치 속에서만 루쉰을 바라보고 있다.

25) 다케우치는 1936년 12월에 작성한 「최근의 중국문학」에서 혁명문학 시기에 중국에서는 이전 시기에 이루어진 자아의 성장이 멈추고 작품은 사회적 요구에 합치시킨 것이 대부분이었다고 분석한다. 따라서 중국의 많은 "작가들은 복잡한 현실 속에서 자신을 잃어버리고 자신을 잃어버렸

일본의 선전포고를 서구적 근대를 넘어설 수 있는 아시아적 전회로 판단하는 계기가 되었다.

3. 루쉰의 일본유학과 문학적 자각

중국근대문학사는 크게 문학혁명의 시기, 혁명문학의 시기, 민족주의 문학의 시기로 나눌 수 있다. 문학혁명의 시기는 1911년 신해혁명辛亥革命으로 청나라가 멸망한 이후 1919년에 일어난 5·4운동의 사상적 요구를 배경으로 하는데 앞에서도 언급한 것처럼 1915년 『신청년』 창간으로 시작된 구어체문학운동이 핵심을 이룬다. 혁명문학의 시기는 1924-27년에 걸쳐 일어난 이른바 대혁명의 시기와 연동하여 진행되었다. 1927년 장제스蔣介石에 의한 4·12쿠테타 이후 국민당과 공산당의 국공합작이 분열되면서 중국의 정치상황은 매우 혼란스러워졌다. 이러한 상황 속에서 일본 유학파를 중심으로 혁명에 공헌할 수 있는 문학을 강조하는 주장이 대두되었다. 청팡우成仿吾, 리추리李初梨 등의 후기 창조사 구성원과 장광츠蔣光慈, 첸싱춘錢杏邨 등의 태양사太陽社 구성원들 사이에서 일어난 혁명문학 논쟁이 대표적이다. 이러한 논쟁을 거쳐 문학에서도 사회주의 리얼리즘이 주류를 이루게 되었으며 마침내 1930년에는 좌익작가연맹左翼作家聯盟이 결성되었다. 연맹의 활동은 사회 참여적 문학 활동의 대중화 작업과 국민당의 정치적 입장을 지지하는 문학자 단체와의 이념논쟁을 중심으로 진행되었다. 특히 후자는 정치와 문학의 관계에 대한 논쟁으로 구체화되었다.

다는 자각을 가지지 못한 채 기계적으로 대상을 묘사하는 것에 지나지 않았"(竹内好, 「最近の中国文学」(1936)『全集』第14卷, 筑摩書房, 1981, 50쪽)다고 다케우치는 평가한다. 즉, 다케우치는 중국의 근대문학이 문학혁명에서 혁명문학으로 전환하면서 근대적 자아에 대한 자각과 성숙이란 과제가 말살되고 문학 그 자체의 존재감이 사라졌다고 본 것이다. 1936년 20대 중반의 다케우치는 문학혁명을 통해 키워온 서구적 자아의 싹을 잘라버린 혁명문학을 비판적으로 평가한다.

1931년의 만주사변과 37년의 중일전쟁이 중국 전토를 대상으로 전개 되면서 중국민족의 위기극복을 주장하는 민족주의문학의 시기가 도래한 다. 1930년 상하이上海에서 좌익작가연맹이 결성된 이후 혁명문학에 반대 하고 보편적 인간성을 강조한 신월파新月派와의 논쟁이 격화되자 1931년 1월에 국민당 정부가 상하이에서 혁명문학 진영에 속하는 러우스柔石, 후 이에핀胡也頻, 리웨이선李偉森, 인푸殷夫, 펑겅馮鏗의 5명을 체포하고 살해하 는 사건이 일어났다. 이러한 상황에서 9월 일본의 만주침략, 만주침략에 따른 1932년 1월의 상하이사변, 1935년 일본군의 간섭에 의한 지둥冀東, 오르도스(Ordos, 쑤이위안 綏遠이라고도 함) 지역의 분할 시도가 진행되었 다. 그러자 다수의 문학자들은 인민대중 속으로 들어가서 항일운동에 대 한 필연성을 설명할 수 있어야 한다고 주장하였다. 그 결과 1936년 6월에 상하이에서 『문학』 동인들을 중심으로 한 100여명의 문학자들은 "중화 민족은 생사존망의 위기에 서 있다. 따라서 문예가는 그 특수한 입장에서 전 민족 일치의 구국운동 속에 있으면서 자신의 역할을 해야만 한다"[26]고 선언하면서 '중국문예가협회中國文藝家協會'를 결성하였다. 그리고 문예가협 회는 문학자들 사이에서 항일구국전선을 조직하고 문예상의 차이를 넘어 서서 민족의 이익을 위해 일치단결할 것을 주장하면서 '국방문학'이라는 슬로건을 제시하였다.

루쉰은 이러한 주장에 대하여 동의하고 있었지만 참가하지는 않았다. 이전부터 『문학』 동인들과 대립하고 있던 루쉰을 중심으로 한 작가 76명 은 "중국은 어제부터 침략당하고 있었던 것은 아니며 우리들도 지금까지 현실에서 눈을 뗀 적이 없다. 현재 민족위기의 절정에 있으며 우리들은 각

---

26) 竹内好, 「最近の中国文学」(1936)『全集』 第14卷, 筑摩書房, 1981, 47쪽

자 고유한 입장에서 종래에 견지해 온 신념에 기초하여 민족의 자유를 위한 공작을 강화하면 된다"[27]는 주장의 '문예공작자선언'을 발표하였다. 그리고 이들은 '문예공작자文藝工作者' 조직을 만들어 민족혁명전선의 대중문학이란 슬로건을 제시하였다. 문예가협회에 대한 루쉰의 비판은 종파주의와 정치주의적 편향에 대한 것이며 이러한 비판의식은 루쉰 자신의 경험에 기초한 것이다.[28]

이러한 중국근대문학사의 상황을 염두에 두면서 다케우치가 1946년 11월에 작성한 「루쉰」을 중심으로 루쉰의 사상과 문학적 자각에 대한 다케우치의 인식을 살펴보자. 다케우치는 루쉰에게 있어 사상형성의 첫 계기는 일본에 유학하던 시기에 경험한 일본 학생들과의 갈등이라고 본다. 다케우치는 루쉰에 대한 일반적인 전기내용에는 의심스러운 부분이 있다고 판단하지만 루쉰이 "국민을 구하기 위하여 의학에 뜻을 세웠"으나 일본의 의학교에서 러일전쟁에서 일본의 승리에 환호하는 분위기에 동조할 수밖에 없었던 경험과 러시아의 첩자로 활동하다가 일본군에 체포된 중국인들의 모습을 통해 "육체보다도 정신이 중요하다는 것을 알았기 때문에 의학을 그만두고 문학으로 바꾸었다"[29]고 하는 일반적인 전기내용을 부정하지는 않았다. 단지 다케우치는 이러한 회심回心의 배경에는 러일전쟁의 경험 이외에도 다른 것이 있었다고 본다.

루쉰이 센다이仙台에 있는 의학교를 다니던 시기에 후지노藤野 교수가 루쉰의 노트를 수정해 준 적이 있었는데 일본인 학생들은 이것을 시험문제를 알려준 것이라고 주장하여 갈등이 있었다. 이 갈등을 통해 루쉰은 "중

---

27) 위의 자료, 47쪽.

28) 竹内好, 「魯迅の死について」(1946)『全集』第1卷, 筑摩書房, 1980, 186–187쪽.

29) 竹内好, 「魯迅」(1946)『全集』第1卷, 筑摩書房, 1980, 56–57쪽.

국은 약소국이다. 따라서 중국인은 당연히 저능아이다. 점수가 60점 이상인 것은 자신의 능력이 아니다. 그들이 이렇게 의심하는 것도 이상하지 않을지도 모르겠다"[30]고 중국인의 참혹한 현실을 자각하였다고 다케우치는 판단한다. 다케우치는 루쉰이 러일전쟁과 일본학생들과의 갈등을 통해 "동포의 참혹함뿐만 아니라 그 참혹함에서 자기 자신까지도 본 것"[31]이라고 판단한다. 루쉰은 "동포의 정신적인 빈곤을 문학으로 구제하려는 적극적인 희망을 가지고 센다이를 떠난 것이 아니"라 오히려 자기 자신의 "굴욕을 곱씹으면서" "센다이를 떠났"[32]다고 다케우치는 판단한다. 루쉰 자신이 경험한 굴욕감이 루쉰 자신의 회심의 축을 형성한 것이며 이것이야말로 루쉰 문학의 근본을 형성한 것이라고 다케우치는 판단한다. 따라서 다케우치는 루쉰의 문학을 다음과 같이 평가한다.

  나는 루쉰의 문학을 본질적으로 공리주의로 보지 않는다. 인생을 위해, 민족을 위해, 혹은 애국을 위한 문학이라고는 보지 않는다. 루쉰은 성실한 생활가이며, 열렬한 민족주의자이며, 그리고 애국자이다. 그러나 그는 이러한 것으로 그의 문학을 지탱하지는 않았다. 오히려 이러한 것을 부정하는 지점에서 그의 문학이 성립하고 있다. 루쉰 문학의 근원은 무無라고 할 수 있는 어떤 것이다. 그 근저적인 자각을 획득한 것이 그를 문학자로 만든 것이기 때문에 이것이 없이는 민족주의자 루쉰, 애국자 루쉰도 결국 말뿐인 것이다.[33]

  다케우치는 루쉰의 문학은 스스로가 획득한 자각을 바탕으로 자신과 중국인이 경험한 굴욕에 대한 참혹함을 속죄하는 활동이었던 것이며 그

---

30) 위의 자료, 59쪽.

31) 위의 자료, 60쪽.

32) 위의 자료, 61쪽.

33) 위의 자료, 61쪽.

결과가 민족주의적이고 애국적인 형태로 나타났을 뿐이라고 본 것이다. 다케우치의 이러한 판단은 일반적으로 루쉰의 전기에서 설명하는 내용과는 인과관계가 역전된 것이다.

1909년 일본에서 중국으로 돌아온 루쉰은 베이징에서 생활하였는데 다케우치는 루쉰이 1918년 그의 첫 작품 「광인일기」를 발표하기 이전에 베이징에서 생활하던 시기가 그의 사상형성에 매우 중요하다고 판단한다. 즉, 다케우치는 이 시기에 루쉰은 회심이라고 할만한 "정치와의 대결에 의해 획득한 문학적 자각"[34]을 사상의 근저로 형성하였다고 판단한다.

루쉰의 베이징 시기는 중국근대문학사의 측면에서 보면, 문학혁명 시기의 전반부에 해당한다. 이시기는 문학혁명의 요소가 배양되고 있었으며 다양한 분야에서 가치의 전환이 일어나고 있던 계몽의 시기였다. 량치차오梁啓超는 1902년 요코하마橫浜에서 문학잡지 『신소설新小說』을 창간하면서 그 창간호에 「소설과 군치의 관계를 논함小説と群治を論ず」이라는 정치소설론을 게재하였다. 당시 22세였던 루쉰 역시 당시의 다른 많은 청년들과 비슷하게 이 논문에서 많은 영향을 받았을 것이라고 생각되나 저우쭤런이 발표한 루쉰의 전기 내용처럼 루쉰은 점차 "량치차오에게서 멀어졌다"[35]고 보는 것이 적절하다고 다케우치는 판단한다. 즉, 루쉰이 만약 량치차오에게 영향을 받았다면, "그 속에서 자신의 본질적인 것을 추출하기 위하여 그 속으로 몸을 던지는 방식으로 '저항'적인 수용방식을 취하였"[36] 것이라고 주장하면서 다음과 같이 량치차오와 루쉰의 관계를 정리한다.

---

34) 위의 자료, 55쪽.

35) 위의 자료, 71쪽.

36) 위의 자료, 72쪽

나는 루쉰이 '민족정신을 진흥'하려고 하지 않았다고는 말하지 않는다. 그러나 그가 '사회를 감화'시키기 위하여 '문학을 활용'했다고는 도저히 생각할 수 없다.……그렇게 본다면 작품끼리의 모순이 설명되지 않기 때문이다. 그러면 어떻게 해석할까……루쉰과 량치차오 사이에 결정적인 대립이 있으며, 그 대립은 루쉰 자신의 내면적 모순을 대상화한 것이라고도 생각되는 만큼……루쉰은 량치차오에게서 대상화된 자신의 모순을 본 관계라고 나는 생각한다. 그것은 바꿔 말하면 정치와 문학의 대립이라고 할 수 있는 관계이다.[37]

이처럼 다케우치는 일본에서 귀국한 루쉰은 문학자로서의 자각에 입각하여 사회 참여적 문학론에 대하여 저항적인 방식을 통해 자신의 내면적 모순을 대상화하는 루쉰 고유의 문학적 방식을 발효시키고 있었다고 판단한다. 이러한 다케우치의 판단은 1936년에 작성한 「루쉰론」에서 본 것과는 다르다.

4. 루쉰의 저항적 삶

중국근대문학사의 제2기에 해당하는 혁명문학의 시기에 루쉰은 다양한 내용의 강연을 하였다. 이러한 강연은 당시의 구체적인 정치상황과 결합되면서 루쉰에게 정치와 문학의 관계를 재고하는 결정적인 계기가 된다. 루쉰은 1927년 4월 황푸黃埔군관학교에서 「혁명시대의 문학」을, 9월에는 광저우廣州 여름 학술강연회에서 「위진魏晉의 풍도風度 및 문장, 즐거움, 술의 관계」를 주제로 강연을 하였다. 다케우치는 이 두 강연의 공통점으로 "정치에 대하여 문학은 무력하다고 보는"[38] 루쉰의 태도를 지적한다.

황푸군관학교는 1923년에 중국공산당과 국민당이 통일전선을 수립하

---

37) 위의 자료, 72-73쪽
38) 위의 자료, 138쪽.

기로 결정하고 24년에 1차 국공합작을 실현한 결과 광저우에 세워진 군사교육기관이다. 이를 통해 국공 양당은 군벌세력에 대항할 수 있는 국민혁명군을 조직하고 26년에는 북양군벌을 토벌하기 위하여 북벌전쟁을 시작한다. 북벌은 순조롭게 진행되었으며 국민혁명군이 장악한 중국의 남부와 중부에서는 혁명의 분위기가 고조되었다. 그러나 북벌이 한창 진행 중이던 25년에 쑨원孫文이 사망한 이후 국민당 내부의 좌우대립이 격화되었다. 그 결과 장제스를 중심으로 하는 국민당 우파가 권력을 장악하였다. 이후 1927년 북벌전쟁에서 우위를 점한 장제스는 합작정부에서 공산당원들을 숙청하고 남경에 국민당 정부를 수립하였다. 즉, 루쉰이 위의 두 연설을 한 1927년의 중국은 장제스의 쿠데타로 인한 국공분열과 국민당 정부의 분열이란 정치상황이 전개되고 있던 시기였다. 이로 인해 중국에서는 "어제의 동지가 적과 동지로 분리되어 서로 살육"하는 상황이 전개되고 "혁명의 고조와 혼란이 중첩되었다."[39] 이처럼 중국에서는 5·4운동과 문학혁명이, 국민혁명과 혁명문학이, 만주사변과 민족주의 문학이 정치와 문학의 관계를 밀착시키고 있었다. 즉, "문학적 논쟁이 정치세력의 대립과 일치"[40]하고 있었다. 이처럼 중국근대문학의 제2기인 혁명문학 시기에는 혁명에 봉사하는 문학만이 문학이라는 주장이 공공연하게 행해졌으며, 일반적으로 지지받고 있었다. 그러나 루쉰은 여기에 반발하였다. 루쉰의 이러한 태도는 제3기의 민족문학의 시기에도 일관되고 있다.

1926년 반국민군 군벌은 일본과 영국 등의 제국주의 국가와 연합하여

---

39) 위의 자료, 137쪽.

40) 竹内好, 「魯迅入門」(1953) 『全集』 第2卷, 筑摩書房, 1981, 60쪽. 본문에서도 언급한 것처럼 「루쉰입문」의 「8 사건」은 1948년 5월에 발표한 「루쉰의 저항감각」을 저본으로 하고 있다. 따라서 이 장에서 인용한 「루쉰입문」의 59쪽에서 75쪽 사이의 문장은 원래 1948년 5월에 작성한 글이다.

국민군을 공격하였다. 이러한 상황 하에서 베이징의 학생과 노동자들은 국민군을 지지하면서 반제국주의 시위를 시작하였다. 시위대는 자신들의 주장을 청원하기 위하여 3월 18일 북양군벌 돤치루이段祺瑞 행정부의 국무원 앞으로 진출하였다. 그러자 돤치루이는 청원 군중들에게 발포하여 사상자가 발생하였다. 루쉰은 정부를 격렬하게 비판하였다. 그러자 돤치루이 정부는 시위와 관련된 사람들을 체포하였는데 이때 루쉰은 베이징을 탈출하여 샤먼廈門으로 피신하였다. 다케우치는 3·18 사건은 "루쉰의 생애에 결정적인 타격을 준 사건의 하나"[41]라고 단정한다. 즉, 3·18 사건은 루쉰에게 절망을 가져다준 사건이었다. 다케우치는 3·18 사건을 전후한 중국의 문단을 다음과 같이 평가한다.

이 사건이 아직 해체되지 않았던 베이징의 문화계에 준 충격은 복잡했다. 사건 그 자체가 정치적임과 동시에 문화적이었다. 이미 『신청년』이 신구 진영으로 분열되고 있었으며 그 대립은 문학의 내부에도 반영되었으며 교육사회에도 반영되었다.……문학논쟁이 정치세력의 대립과 일치하는 양상이었다. 그러한 논쟁의 한가운데서 사건이 일어났다.……탄압자의 만행을 규탄하는 목소리가 일반적이었지만 한편으로는 학생의 본분을 넘어서서 정치행동을 한 학생에게 책임을 묻거나 혹은 침묵을 통해 정치에 등을 돌리는 자가 많았다.[42]

문단의 분열상황 속에서 발생한 3·18 사건은 문단의 분열을 더욱 촉진했으며 심지어 사건의 책임을 학생들에게 돌리는 주장도 등장하였다. 특히 돤치루이 정권의 탄압으로 인해 정치적인 발언을 삼가는 문인들도 상당수 존재했다. 이러한 상황에서 루쉰만이 집요하게 탄핵문을 발표하는

---

41) 앞의 자료, 「魯迅」(1946), 139쪽.
42) 앞의 자료, 「魯迅入門」(1953), 60쪽.

저항적인 투쟁을 계속하였다. 후일 루쉰은 황푸군관학교에서 행한 연설 「혁명시대의 문학」을 통해 당시의 문단을 다음과 같이 평가하였다.

베이징에 있으면서 얻은 경험으로 지금까지 알고 있던 선인先人들의 문학에 대한 논쟁에도 점차로 의혹을 가지게 되었습니다. 그것은 학생총살사건(3·18사건-인용자)경이었을 겁니다. 언론탄압도 매우 삼엄했습니다. 그 때 나는 생각했습니다. 문학, 문학이라고 소리치는 것은 도움이 되지 않는다. 힘이 없는 자의 외침이지 않을까. 실력이 있는 자는 말없이 사람을 죽입니다. 압박받고 있는 자는 약간의 주장을 하거나 문장을 발표하거나 하는 정도로 죽임을 당합니다. 운 좋게 살해당하지 않고서 매일 외치거나 고통을 호소하거나 불평을 주장하여도 실력이 있는 자는 여전히 압박하고 학대하며 살육합니다. 그들을 어떻게 할 수가 없습니다. 그러한 문학이 도대체 사람들에게 유익할까.[43]

이 연설에서 루쉰은 3·18 사건 당시에 문학은 무력했다고 주장하였다. 즉, 루쉰은 "군벌에 대해서 무력한 문학이 혁명에 대해서 유력할 수가 없"으며 만약 "문학이 '혁명'에 유력하다면 그것은 '3·18' 시기에 돤치루이에 대해서도 유력했어야만 했"[44]으나 문학은 그렇지 못했다고 주장한 것이다. 다케우치는 이 시점에서 루쉰은 "문학이 '위대한 힘을 가지고 있다'"는 신념을 "부정했다"[45]고 판단한다. 다케우치에 의하면 "정치에 대하여 문학이 무력한 것은 문학이 스스로 정치를 소외"시키기 때문에 발생하는 것인 만큼 문학은 "정치에서 자신의 형체를 보고 그 형체를 깨뜨림으로써, 즉 무력함을 자각함으로써 문학은 문학다워지는 것"[46]이다. 따

---

43) 앞의 자료, 「魯迅」(1946), 138-139쪽.
44) 위의 자료, 141쪽.
45) 위의 자료, 143쪽.
46) 위의 자료, 143쪽.

라서 다케우치는 진정한 "정치와 문학의 관계는 종속관계이거나 상극관계가 아니"라 "정치에 영합하거나 혹은 정치를 백안시하는 것"이 아니라 "정치에서 자신의 형체를 깨뜨리는" "모순적 자기 동일의 관계"[47]라고 정의한다. 즉, 진정한 문학이란 "정치에 반대하는 것이 아니라 단지 정치적인 행위로 자신을 지지하는 문학을 혐오하는 것"[48]이다. 다케우치는 정치에 대하여 문학이 무력하다고 보는 루쉰의 "자각적 태도"는 국민혁명기에 나타난 것이 아니라 일본에서의 체험을 통해 이미 형성된 것으로 판단하며, 이러한 태도는 루쉰이 "암흑 속에서 자신을 형성하는 작용"을 "반복"하는 행위이며 "그가 생애를 통해서 끊임없이 탈피할 때마다 회귀하는 축과 같은 것"[49]이라고 평가한다. 다케우치에 의하면, 루쉰은 혁명이 시대를 풍미하고 있던 당시에 문학이 혁명에 유력한 수단이 될 수 있다는 주장에 반대함으로써 문학자의 자각적인 태도를 확립할 수 있었다.[50]

1927년 4월 장제스에 의한 반공 쿠데타는 루쉰에게 3·18 사건 이상의 충격을 주었다. 당시 쫑센中山대학의 교수로 있던 루쉰은 체포된 학생들을 구하기 위하여 백방으로 노력하였으나 학교당국이 성의를 보이지 않자 결국 교수직을 사직하였다. 다케우치는 루쉰의 분노는 쿠데타를 일으킨 장제스와 국민당 우파에 대한 것 이상으로 그동안 동지라고 생각하던 집단에 대한 배신감이 더욱 심각했다고 판단한다. 다케우치에 의하면, 체포된 학생들은 "군벌에 의해서가 아니라 군벌에 대항하는 혁명을 선동하고 지도한 자의 손에 체포되"었기 때문에 루쉰은 "적이 아니라 동지에

---

47) 위의 자료, 143–144쪽.

48) 위의 자료, 144쪽.

49) 위의 자료, 144쪽.

50) 위의 자료, 148쪽.

게 배신당한"[51] 분노가 더욱 충격이었다. 이러한 경험을 통해 루쉰은 "모든 정치적 폭력을 증오해야 함을 골수에 새기고"[52] 몸으로 체득하였다. 그 결과 루쉰은 "압박자에 대한 증오와 피압박자에 대한 동정이라는 정의감에서" 출발하여 "공산주의자를 자처하는 혁명문학(프롤레타리아문학)과 투쟁"[53]하는 과정을 거쳐 반봉건, 반관료, 반제국주의 노선의 공산주의에 근접해갔다.

다케우치는 이러한 루쉰의 행위를 "혁명이라는 역사적 사건이 내면적 가치전환-인간의 변혁과 일치하는 사례"[54]라고 평가한다. 즉, 끊임없이 변화하는 환경에서 자신을 다잡는 루쉰의 이러한 자기변혁은 "언제나 사건과 관련하여 그 저항감 속에서 살아가"[55]는 저항적 삶을 형성하는 토대라고 평가하며 루쉰과 저항감의 관계를 다음과 같이 정리한다.

가시를 뚫고 발을 내딛는 저항감 속에서만 그는 자신의 존재를 자각하였다. 만약 저항감이 없으면 자신을 잃어버린다는 불안감이 항상 따라다니며 그 불안감에서 벗어나기 위해서는 항상 저항감을 지속해야만 한다.[56]

저항적 삶을 통해 투쟁과 저항을 지속적으로 견지했기 때문에 루쉰은 그 많은 중국의 근대문학자 가운데 가장 생명력이 긴 문학자일 수 있었다

---

51) 앞의 자료, 「魯迅入門」(1953), 62쪽.

52) 위의 자료, 63쪽.

53) 위의 자료, 64쪽.

54) 위의 자료, 64쪽.

55) 위의 자료, 64쪽.

56) 위의 자료, 66-67쪽.

고 다케우치는 평가한다.[57)]

다케우치는 루쉰의 이러한 태도는 국민당의 탄압으로 인하여 좌파문학
가들이 혁명문학에서 탈락하고 만주사변 이후 민족저항문학을 주장하는
'문예가협회'가 조직되었으나 루쉰은 여기에 반대하고 '문예공작자'를 만
들어 격렬한 논쟁을 지속하는 바탕이 되었다고 판단한다. 일본제국주의
의 침략 강화로 인해 제기된 통일전선 주장에 루쉰 역시 동의하였음에도
불구하고 루쉰이 좌파연합의 전통을 고집하면서 문예가협회와 논쟁을 계
속한 것은 그가 이전에 경험한 배신자를 용서할 수 없었기 때문이었다.[58)]
다케우치는 논쟁을 계속할 수밖에 없다는 루쉰의 주장을 다음과 같이 인
용한다.

다시금 '연합전선'의 주장이 나오자 이전에 적에게 투항한 일군의 '혁명작가'들이 '연합'
의 선각자인 듯한 얼굴로 하나둘 나타났다. 정의를 물리치고 적과 내통한 비열한 행위가
지금에 와서는 모두 '전진'을 위한 빛나는 업적인 듯하다.[59)]

1926년의 3·18 사건, 1927년 4월의 반공쿠데타, 1931년 1월 국민당
정부가 혁명문학진영에 속하는 문인들을 살해한 사건을 경험한 루쉰은
만주사변이 발생하자 "1931년 9월 대일출병 청원을 위해 걸어서 난징南
京에 도착한 학생단을" 맞이한 관료가 "항일전의 진정한 수행자가 아니라
는 것", "탄압에 굴복하여 혁명적 작가의 대중조직인 '좌익작가연맹'을 배
신한 '민족주의문학'자는 민족주의의 올바른 내용인 민족혁명전쟁의 진

---

57) 위의 자료, 66쪽.

58) 위의 자료, 73-74쪽.

59) 위의 자료, 74쪽.

정한 담당자가 아니라는 것", "내부의 적에 대한 투쟁에서 동지를 배신한 비열한 자는 외적에 대한 투쟁에서도 동지를 배신할 위험성이 있다는 것"을 알고 있었기 때문에 "전선의 통일이 필요할수록 타협에 의한 통일을 형성하는 것은 진정한 통일을 방해하는 것에 지나지 않는다"[60]고 주장하였다. 다케우치는 이러한 루쉰의 태도는 "정말로 통일이 필요하다고 하더라도 형태만의 통일"은 "불가능하며" "어떠한 이유에서도 비열한 자들을 용서할 수 없으며" 이들을 용서한다면 "'사자死者'에 대한 실례"인 만큼 "타협할 수 없다"[61]는 자신의 결의를 나타낸다고 평가한다. 다케우치에 의하면, 루쉰의 이러한 결의는 몸으로 체험한 그의 저항적 삶에서 기인하는 것이었다. 따라서 루쉰에게 있어 이러한 모순 즉, 제국주의 침략에 대해 문예전선을 통일할 수밖에 없는 상황에서도 통일전선에 같이 결합한 신용할 수 없는 문예인들과 타협할 수 없는 논쟁을 지속할 수밖에 없는 모순적 상황을 뛰어넘을 비약이 필요했다. 그 비약이 바로 루쉰의 저항적 삶이었다.

5. 다케우치의 저항론

다케우치는 루쉰이 1918년 「광인일기」를 발표한 이후 1936년 사망하기까지 루쉰의 문단생활은 격렬한 논쟁으로 점철되었으며 이에 대한 평가는 그의 문학적 측면에서 설명해야한다고 주장한다. 그러면서 다케우치는 루쉰 문학의 핵심을 이루고 있는 요소에 대하여 설명한다. 다케우치는 루쉰 사상의 근본에는 "사람은 살아야만 한다"는 신조에 기초해있다

---

60) 위의 자료, 「魯迅の死について」(1946), 189–190쪽.

61) 위의 자료, 「魯迅入門」(1953), 74쪽.

는 리창지李長之의 의견에 찬성하면서 "루쉰의 근저에 있는 것은 어떤 누군가에 대한 속죄의 마음이었지 않았나"라는 "종교적인 죄의식에 가까운 것"[62]이라고 판단한다. 이러한 루쉰의 문학은 루쉰 자신의 삶의 방식에 그대로 나타나는데 그것이야말로 "'저항'이라는 단어가 나타내는 격렬하고 처참한 삶의 방식"[63]이라고 다케우치는 판단한다. 구체적으로 문학혁명의 시기에 많은 선구적인 문학자들이 문학적으로 실패했음에도 불구하고 루쉰은 「광인일기」와 「아큐정전」을 통해 성공적으로 문학의 혁명을 완수한 것과 혁명문학 시기에 창조사나 태양사와 진행한 악전고투의 논쟁, 민족주의 문학운동 시기에 다수의 문예가협회에 대하여 소수의 문예공작자 집단을 이끌면서 논쟁을 주도한 삶을 다케우치는 루쉰의 저항적 삶의 대표적인 예라고 제시한다.[64] 다케우치는 루쉰의 이러한 저항적 태도를 다음과 같이 평가한다.

　루쉰의 방식은 이렇다. 그는 물러서지도 않고 추종도 하지 않는다. 우선 자신을 새로운 시대와 대결시키면서 '저항'에 의해 자신을 다잡고 다잡은 자신을 다시 그 속에서 끄집어

62] 위의 자료, 「魯迅」(1946), 6–7쪽. 44년에 출간된 『루쉰』에서 다케우치는 "리창지는 그의 장편 평론 『루쉰비판』의 일부에서 루쉰의 작품에 죽음을 취급한 것이 많은 점을 지적하고 이것을 루쉰이 사상가가 아니라는 것, 루쉰의 사상은 근본에 '사람은 살아야만 한다'는 생물학적인 하나의 관념을 벗어나지 못한 방증으로 이용하고 있"는데 "나는 리창지의 설을 탁견이라고 생각한다"(앞의 자료, 「魯迅」(1946), 6쪽)고 적고 있다. 그러나 다케우치는 1948년 5월호의 『국토(国土)』에 발표한 「루쉰의 저항감각(魯迅における抵抗感覚)」(『全集』第2卷에서 『루쉰입문(魯迅入門)』의 「8 사건」에 수록)에서 리창지의 의견이 날카롭다고 평가하면서도 루쉰의 사상을 "생물학적 자연주의 철학과 동일시하는 리창지의 의견에" "찬성할 수 없다"고 이전에 자신이 밝힌 의견을 수정하였다. 그러면서 "'사람은 살아야한다'는 루쉰의 근본 사상"은 "직접적으로 신해혁명의 희생자들"에 대한 "속죄적인 삶의 방식"을 의미한다고 주장한다(竹内好, 「8 事件」『全集』第2卷, 73쪽).

63] 위의 자료, 8쪽.

64] 위의 자료, 9–10쪽.

낸다. 이 태도는 하나의 강인한 생활자의 인상을 준다.……그의 강인한 투쟁적 생활은 사상가로서의 루쉰의 모습으로는 설명할 수 없다.……그러면 이것은 무엇으로 설명되어야 할 것인가. 그를 격렬한 투쟁생활로 몰아넣은 것은 그의 내심에 존재하는 본질적인 모순이라고 나는 생각한다.[65]

많은 사람들은 루쉰의 저항적 삶이 루쉰의 사상적 진보의 결과인 듯이 설명하고 있지만 다케우치는 루쉰의 저항적 삶은 루쉰 자신에게 존재하는 본질적인 모순에서 나온 태도라고 지적한다. 다케우치는 루쉰의 본질적인 모순을 "계몽가 루쉰과 어린아이에 가까운 순수 문학을 믿는 루쉰의 이율배반적인 동시존재로서 하나의 모순적 통일"[66]이라고 본다. 즉, 다케우치는 루쉰이 중국의 당면한 현실적인 문제를 지적하고 이를 개선하기 위하여 민중들에게 정치성이 강한 문학을 통해 호소하면서도 정치가 문학에 영향을 미치는 행위에 반대하는 모순을 지적한 것이다. 바꿔 말하면, 루쉰 자신이 정치편향적인 문학에 반대하면서도 루쉰에게 있어 민중들을 계몽하려는 정치적인 활동 수단이 문학일 수밖에 없는 모순이 루쉰 자신의 내부에서 하나로 통합되어 있는 모습을 다케우치는 '루쉰의 이율배반적'이면서 '하나의 모순적 통일'로 설명한다. "계몽가와 문학자 이 둘은 아마도 루쉰 자신도 의식하지 못한 채 부조화인 채로 서로 갈등하며 조화되지 못했"[67]다고 다케우치는 판단한다. 이러한 "루쉰의 모순은" "현대중국문학의 모순이기도 하며" "루쉰과 중국문학은 서로 대극에 서있으면서 동시에 '저항'에 의해 매개된 전체로서는 하나였다"[68]고 다케우치는 정의

---

65) 위의 자료, 10–11쪽.

66) 위의 자료, 13쪽.

67) 위의 자료, 13쪽.

68) 위의 자료, 13쪽.

한다. 즉, 루쉰의 저항적 삶은 루쉰이 논쟁을 통해서 자기 자신 속에 내재하는 모순과 중국의 현실적인 문제를 지적하고 치열하게 투쟁하는 과정이었다. 그리고 그 과정에 필요한 투쟁 수단이 문학이었다.

다케우치는 1949년 12월에 철학강좌 제1권에 발표한 「루쉰」(『전집』 제1권에서 「사상가로서의 루쉰」이란 제목으로 수록)에서 루쉰의 비타협적 정신은 중국문학이 근대문학으로서의 자율성을 쌓는 토대가 되었다고 평가하면서 루쉰의 저항정신을 다음과 같이 총괄한다.

자유, 평등, 그 외 일체의 부르주아 도덕의 수입에 대하여 루쉰은 저항하였다. 저항한 것은 이러한 것들을 권위로써 외부에서 강요한 것에 저항한 것이다. 기반이 없는 전근대 사회에 새로운 도덕을 들여오는 것은 이것들을 전근대적으로 변형시켜버릴 뿐이며 인간을 해방하지는 못하며 오히려 억압자에게 이로운 수단으로 전화되어버린다는 사실을 루쉰은 알아차렸다. 이 통찰은 체험에 기초한 것으로 이러한 점에서 그는 식민지적 현실에서 눈을 떼지 않았다고 할 수 있다.……따라서 루쉰은 새로운 가치를 내세워 전통적 가치에 대항하려고 한 동시대 진보주의자에게 전혀 동조하지 않았으며 오히려 그들과 집요하게 싸웠다.……루쉰은 외부에서 주어진 구제救濟를 신뢰하지 않았다. 여기서 그의 반역은 자신에 대한 반역이라는 형태로 나타난 것이다.[69]

루쉰의 처절할 정도의 저항적 삶과 강인한 생명력은 '사람은 살아야만 한다'는 그의 소박한 생활신조와 몸으로 체험한 경험에 의한 것이라고 평가하는 다케우치는 중국의 사상사적 측면에서 루쉰의 위치를 전통을 변혁하려고 끊임없이 노력한 쑨원과 근대중국을 완성한 마오쩌둥을 이어주는 존재로 평가한다. 즉, 다케우치는 루쉰을 "근대중국이 그 자체의 전통속에서 자기변혁을 행하기 위하여" 거쳐야 했던 매개자의 역할을 수행한

---

69) 竹内好, 「思想家としての魯迅」(1949)『全集』第1卷, 1980, 160-161쪽.

존재로 파악한다. 따라서 다케우치에 의하면 중국의 근대는 "새로운 가치가 외부에서 부여된 것이 아니라 낡은 가치의 갱신으로 다시 태어나는 과정"[70]일 수밖에 없었다. 이러한 다케우치의 시각은 전전의 자신의 생각을 부정하지 않으면서 일본적 근대를 비판적으로 재고하는 「근대란 무엇인가近代とは何か」란 논문으로 구체화되었다고 할 수 있다. 여기서 다케우치는 "저항을 통해서 동양은 자신을 근대화하였"으며 "저항의 역사는 근대화의 역사이며 저항을 통하지 않은 근대화의 길은 없다"[71]고 하면서 루쉰의 저항과 자신의 관계를 다음과 같이 설명한다.

루쉰의 저항에서 나는 자신의 기분(저항이란 무엇인가에 대한 해답-인용자)을 이해할 계기를 얻었다. 저항이란 것을 내가 생각하게 된 것은 그때부터였다. 저항이란 무엇인가라고 묻는다면 루쉰이 가지고 있었던 것이라고 대답할 수밖에 없다.[72]

다케우치가 루쉰 읽기를 통해서 획득한 루쉰의 저항적 삶이 가진 자기갱신의 과정은 다케우치에게 있어 전후 출발을 위한 출발점이자 저항의 근거지였다. 다케우치는 이러한 저항 근거지를 토대로 하여 일본적 근대의 토대가 된 일본적 전통≒천황제[73]를 날카롭게 비판하였다. 나아가 그

---

70) 위의 자료, 163쪽

71) 竹内好, 「近代とは何か」(1948)『全集』第4卷, 1980, 134쪽. 처음 발표제목은 「중국의 근대화 일본의 근대(中国の近代と日本の近代)」였다.

72) 위의 자료, 144쪽. 다케우치가 60년 안보투쟁의 과정에서 도쿄도립(東京都立)대학의 교수직을 사퇴한 것도 "전향은 저항이 없는 곳에서 일어나는 현상이다"(162쪽)고 한 자신의 발언을 그대로 실천한 것이라 할 수 있다. 즉, 다케우치는 엄청난 대중들의 반대에도 불구하고 미일안보조약이 국회에서 비준된 것에 대한 저항으로 교수직을 사퇴하는 '쟁찰'적인 삶을 실천한 것이다.

73) 다케우치는 1950년 6월 『아사히평론(朝日評論)』(제5권 제6호)에 발표한 「인민에 대한 분파행동-최근 일공의 움직임에 대하여-(人民への分派行動-最近の日共の動きについて-)」(『全集』에서는 「日本共産党論(その二)」으로 제목을 변경하여 수록)에서 일본공산당의 권위주의, 우

는 정치와 문학 논쟁에서 문학의 자율성을 주장한 입장을 전후 일본공산당 비판으로 이어갔다. 다케우치는 전전 특히 루쉰의 저항적 삶을 명확하게 정리하기 이전에는 저항의 문제나 의미에 대하여 별로 언급하지 않았다. 즉, 1936년경의 다케우치는 일본이 주체적 비판과 갈등(≒저항) 없이 서구적 근대를 지향한 것에 대한 비판적 재고가 부족했으며 서양에 대한 동양이라는 의식이 강했다고 할 수 있다. 이러한 의식이 1941년 12월에 표명한 대동아공영권 건설의 세계사적 의의로 나타났다고 할 수 있다.

그러나 1943년 이후 다케우치는 루쉰의 저항적 삶에 대한 재인식 과정에서 전통적 가치에 대한 저항을 통해 자기 갱신하는 중국적 근대를 발견한다. 이러한 발견은 전후에 다케우치가 일본적 근대에 대한 비판적 고찰을 전개하는 토대가 되었다. 그리고 이러한 사유법은 전후에 일본적 사유와 전통을 변혁하려는 다케우치 자신의 저항론을 형성하였다. 이러한 이유로 다케우치는 전전에 전쟁을 긍정하는 자신의 사유법을 부정하지 않았음에도 불구하고 진보적 지식인으로 분류될 수 있었다고 판단된다.

6. 결론

이 장은 다케우치가 전전에 전쟁을 긍정하고 전후에도 자신이 전쟁을

등생문화, 폐쇄성을 비판하면서 이러한 일본공산당의 구조적 문제는 천황제와 불가분의 관계에 있는 일본인의 정신구조와 유사하다고 논한다(「日本共産党論(その二)」『全集』第6卷, 1980, 149쪽). 그리고 다케우치는 1953년 8월 『세계(世界)』에 발표한 「굴욕의 사건(屈辱の事件)」에서 1945년 8월의 패전으로 일본에서도 공화제의 실현 가능성이 있었지만 이를 현실 속에서 구현하지 못한 사실을 언급하면서 "일본의 천황제와 파시즘에 대하여……우리들의 내부에 뼈 덩어리 자체가 되어버린 천황제의 무게를 고통의 실감(實感)으로 끄집어내는 것에 우리들은 여전히 정직하지 못하다. 노예의 피를 한 방울 한 방울 짜내, 어느 날 아침 정신이 들었을 때 자신이 자유로운 인간이 되어있었다는 이러한 방향으로의 노력이 부족하다. 이것이 8·15의 의미를 역사 속에 정착시키는 것을 방해하고 있다"고 하였다(竹内好, 「屈辱の事件」(1953)『全集』第13卷, 筑摩書房, 1981, 78-79쪽).

긍정하게 된 사상적 방법론을 부정하지 않았음에도 불구하고 전후에 진보적 지식인으로 평가된 원인을 추적하고 있다. 여기에는 전전과 전후를 관통하는 통일적인 논리구조(≒일본 근대 사상사의 과제) 속에서 다케우치의 사상을 파악하려는 필자의 문제의식이 반영되어 있다.

다케우치는 1936년에 작성한 「루쉰론」에서 루쉰의 「광인일기」는 그동안 중국문학의 중심을 이루어온 문어체를 버리고 구어체로 작성한 선구성은 있지만 중국의 봉건적 질곡에 저항하기 위하여 서구의 근대적인 요소를 명확하게 지향하는 적극성은 없다고 평가한다. 이러한 작품의 특징은 결국 루쉰이 중국적인 전통과 풍습을 완전히 부정하지 못한 루쉰의 사상적 한계에서 기인한다고 다케우치는 파악한다. 즉, 20대 중반의 다케우치는 루쉰은 주체적으로 자각하여 자신이 처한 환경과 자신의 삶을 스스로 변혁하려는 서구적 근대성에 입각한 주체적 존재가 되지는 못하였다고 판단하였다.

그러나 1943년에 완성하여 44년에 출간한 『루쉰』과 그 이후의 글에서 다케우치는 저항적 삶을 통해 투쟁과 저항을 지속적으로 견지한 루쉰의 삶을 높이 평가한다. 돤치루이 정부가 항일시위 군중에게 발포한 1926년의 3·18 사건, 1927년 4월 장제스의 반공쿠데타, 1931년 1월 국민당 정부가 혁명문학진영에 속하는 문인들을 살해한 사건을 경험한 루쉰은 만주사변이 발생하자 관료는 항일전의 진정한 수행자가 아니라는 것, 탄압에 굴복하여 혁명적 작가조직을 배신한 민족주의 문학자는 민족혁명전쟁의 진정한 담당자가 아니라는 것, 내부의 적에 대한 투쟁에서 동지를 배신한 비열한 자는 외부의 적에 대한 투쟁에서도 동지를 배신할 위험성이 있다는 것을 인지하고 끊임없이 변화하는 환경에서 자신을 다잡고 언제나 사건과 관련하여 그 저항감 속에서 살아가는 삶을 지속한다. 다케우치는 루쉰의 저항적 삶은 루쉰이 논쟁을 통해서 자기 자신 속에 내재하는 모순과 중국의 현실적인 문제를 지적하고 치열하게 투쟁하는 과정이며 그 과정에 필요한 투쟁 수단이 문학이라고 파악한다.

다케우치는 루쉰을 전통을 변혁하려고 끊임없이 노력한 쑨원과 근대중국을 완성한 마오쩌둥을 이어주는 존재로 평가한다. 따라서 다케우치에 의하면 중국의 근대는 새로운 가치가 외부에서 부여된 것이 아니라 낡은 가치의 갱신으로 다시 태어나는 과정일 수밖에 없었다. 다케우치가 루쉰 읽기를 통해서 획득한 루쉰의 저항적 삶이 가진 자기 갱신의 과정이야말로 전후 출발을 위한 출발점이자 저항의 근거지였다.

다케우치는 이러한 저항 근거지를 토대로 하여 일본적 근대의 토대가 된 일본적 전통≒천황제를 날카롭게 비판하였다. 이러한 이유로 다케우치는 전전에 전쟁을 긍정하는 자신의 사유법을 부정하지 않았음에도 불구하고 전후에 진보적 지식인으로 분류될 수 있었다고 판단된다. 그러나 역설적이게도 이러한 다케우치의 태도는 일본의 전쟁책임 나아가 식민지 지배책임에 대해서는 구체적으로 언급하지 않는 원인이기도 했다.

결장

전쟁책임론에서
'식민지 지배책임론'으로

인류의 참혹한 희생을 가져온 두 번에 걸친 세계전쟁의 근본원인은 제국주의 국가 간의 팽창정책, 즉 제국주의 국가 서로간의 식민지 침략과 지배정책이 충돌한 것이라고 할 수 있다. 이러한 성격을 가진 전쟁에서 승리한 미국은 문명의 이름으로 패전국을 재판하고 자신들의 정당성을 주장하기 위한 수사rhetoric가 필요했다. 이러한 연합국의 수사가 구체화된 것이 뉘른베르크재판과 도쿄재판이다. 이러한 성격을 갖는 도쿄재판은 식민지 확보와 그 지배과정에서 일어난 다양한 형태의 범죄를 취급하지 않았다. 그것은 제국주의 국가들의 식민지 지배에 대한 반성적 인식이 전혀 없었기 때문이며, 오히려 직간접적으로 정치, 경제, 문화적 영역에서 기존의 식민지 체제를 유지하여 지속적으로 자신들의 이익을 관철시키려고 하는 국제정치적인 이해관계가 깔려 있었기 때문이다.

패전국 일본의 전쟁책임을 추궁한 도쿄재판의 대상 시기는 1931년 만주사변의 계기가 된 1928년 장쭤린張作霖 폭살사건에서 1945년 패전까지였다. 따라서 이와 연동하여 일본에서 통상적으로 논의되는 전쟁책임론에는 1931년 이전에 발생한 식민지 지배 관련 내용은 포함하지 않는다. 즉, 일본에서 말하는 전쟁책임론에는 좌·우파를 막론하고 1931년 만주사변을 시작으로 하는 15년 전쟁 동안에 일어난 강제동원·징집 등의 문제에 한정하여 논하는 경향이 강하다. 일본의 진보적 지식인들조차도 청일전쟁을 전후한 식민지 확보과정에서 일어난 범죄와 그 이후 1910-20년대에 식민지 지배과정에서 자행한 범죄를 그들의 전쟁책임론에서는 거의 다루지 않는다.

의식적이든 아니든 일본의 진보진영에서 전쟁책임과 식민지 지배책임을 하나의 틀 속에서 사고하지 못한(≒분리하여 사고하는) 이러한 논리구조는 다케우치가 전쟁은 침략전쟁임과 동시에 제국주의 국가 상호간의 전쟁이라는 성격을 가지고 있으므로 제국주의 국가 간의 '책임을 일본에게만 전가하는 것에는 동의할 수 없다'고 주장한 것과 궤를 같이한다. 이러한 다케우치의 주장은 일본의 주류집단에서 아시아를 침략한 전쟁책임은 져야하지만 제국주의 국가로서 식민지를 지배한 책임은 없다는 주장과 매우 닮아있다. 일본의 진보진영은 부정하겠지만 이 지점은 보수진영의 주장과 묘하게 공통분모를 형성하고 있다.

식민지를 지배했던 제국주의 국가들은 자신들의 식민지 지배책임을 불문에 부쳤다. 따라서 연합국은 도쿄재판을 통해 일본을 단죄할 때 일본이 조선과 타이완을 식민지로 지배하면서 자행한 범죄행위는 재판 대상에 포함하지 않았다. 단지 연합국 특히 미국에 대하여 전쟁을 행한 책임만을 물었다. 결국 뉘른베르크재판과 도쿄재판은 제국주의 국가들의 식민지 지배에 관한 책임을 물은 것이 아니라 패전국에 대한 전쟁책임만을 물었던 것이다. 이렇게 본다면, 제국주의 국가의 식민지 지배에 대한 책임을 묻고 이를 통해 식민주의를 청산하려는 '탈식민' 작업의 중심적인 주체는 식민모국의 '사람'이 아니라 식민지 출신의 '사람'들에 의해서 이루어질 수밖에 없다.

전후 일본의 진보진영이 전쟁책임론을 식민지 지배책임으로 확대하지 못한 원인으로 다음과 같은 3개의 층위를 지적할 수 있다. 첫째, 전후 새롭게 출발한 진보진영의 논리구조와 운동이 결국은 내셔널리즘으로 수렴되어 버렸다는 사실이다. 둘째, 전후 진보진영의 사상운동이 자신들의 내부로 향했다는 사실이다. 셋째, 다케우치 요시미가 제시한 아시아 담론이 식민지 지배책임을 소거했다는 사실이다.

이 책의 1부에 해당하는 첫 번째 층위(≒내셔널리즘으로의 수렴)는 다음과 같다. 전후 진보진영의 일익을 담당한『근대문학』동인들은 전향의 시대를 경험함 지식인들이다. 따라서 이들은 전후 활동의 출발점을 운동의 패배, 전향, 전쟁의 압박이라는 어두운 자기체험을 바탕으로 할 수밖에 없었다. 그 결과 그들은 더 이상 전향하지 않고, 패배하지 않고, 자신의 길을 마지막까지 가기 위하여 실존적 자기인식의 길을 모색하였다.

한편 GHQ를 통해 일본을 지배하게 된 미국은 전전의 황국사관에 기초한 역사교육을 부정하고 세계 여러 나라와 호혜 평등의 원칙 아래서 상호 교류하는 민주 시민을 양성하는 역사교육을 강조하였다. 여기에 호응한 진보진영 특히 일본공산당 계열의 지식인들은 황국사관 비판과 전후 변혁에 복무할 수 있는 주체형성이 가능한 역사학을 자신들의 과제로 설정하였다. 특히 이시모다 쇼石母田正를 중심으로 한 진보진영의 역사학자들은 민중에게서 고립되었기 때문에 그들과 연대하지 못했고 그 결과 전쟁을 저지하지 못했다는 자기비판을 통해 황국사관을 철폐하기 위하여 민중들과 함께하는 국민적 역사학 운동을 전개하였다. 이 운동에 참가한 진보진영의 역사학자들은 GHQ의 지배하에 있던 일본의 상황을 식민지로 정의하며, 해방을 위한 활동주체를 국민으로 설정하고 그 토대가 될 '민족국가의 역사'='국민사'를 모색하였다. 진보진영은 이 운동을 추진하는 과정에서 '역사와 민족을 발견'한 것이다. 즉, 진보진영이 추진한 국민적 역사학 운동은 미국의 식민지가 된 일본이라는 상황 하에서 일본민족의 역사를 '일본의 현실과 그 변혁을 위해 잃어버려서는 안 되는 중요한 민족의 재산'으로, '일본의 인민이 올바른 민족의식과 애국심을 기르기 위하여 역사적인 사고법을 민중들 속에서 양성하고 이를 통하여 민족 그 자체를 지키는 힘을 키워가'는 원천이라고 파악하였다.

이처럼 민족해방의 과제를 달성하기 위하여 민족문제에 집착하게 된 이시모다는 민족을 '근대국민국가의 형성과정에서 만들어진 국민을 기본적인 단위로 하면서 전근대사회로까지 거슬러 올라가 동일한 역사적 기억을 갖는 혈연적, 문화적 공동체 집단'으로 정의하였다. 이러한 시각의 근본에는 조국과 민족에 대한 애정을 가지고 조국의 장래를 짊어질 국민을 어떻게 해서 만들어 낼 것인가라는 문제의식이 강하게 자리 잡고 있었다. 위와 같은 내용을 함유한 이시모다의 민족 담론은 천황과 상층 지배계층을 민족에서 제외한 사실 외에는 보수주의자들의 민족 담론과 그리 다르지 않았다.

진보진영 특히 이시모다의 황국사관 비판과 국민적 역사학 운동은 내셔널리즘에 기초하여 전후 일본의 새로운 국민 만들기를 시도한 문부성의 역사교육 방침과 겹치는 측면을 가진다. 이러한 역사교육을 받은 세대는 전후 일본의 사회변화와 더불어 변혁의 주체가 되지못하고 체제 내부로 흡수되어 버렸다. 진보진영의 이러한 민족 담론은 패전 직후에 식민지 지배책임에 대한 문제를 적극적으로 공론화 시키지 못한 내부로 향한 시각을 형성하는 원인의 하나가 되었다고 판단된다.

이 책의 2부에 해당하는 두 번째 층위(≒내부로 향한 사상운동)는 다음과 같다. 패전 직후 진보진영에서 가장 첨예한 내부갈등 요인은 전쟁협력에 대한 자기갈등과 내부비판이었다. 1930년대 후반에 체제 저항적인 모든 이들에게 전쟁에 협력할 것이 강요되었다. 나아가 단순한 협력이 아니라 천황제적 국가지배체제를 자신의 내면세계에 받아들일 것이 요구되었다. 따라서 전향문제에 대한 논의는 자기 자신의 내면세계에 대한 추궁의 문제이기도 했다. 이러한 문제에 답하는 과정에서 진행된 스스로의 전쟁협력에 대한 자기반성 즉 전향문제에 대한 논의는 결국 자신의 내부로 향하였다.

전향을 윤리적 기준과 선악으로 판단하는 일본공산당의 논의를 제외한다면, 진보진영의 사상운동이 가진 공통분모는 내부로 향한 시선이었다. 혼다는 집단지성이 저지른 오류와 자기반성의 세계로, 요시모토는 일본 사회가 가지는 전근대성의 내부로, 츠루미는 개인의 내면세계로 시선을 가지고 갔다. 진보진영의 사상운동이 내부로 향한 결과 진보진영은 스스로의 전쟁협력에 대한 반성적 인식은 이루어내었다. 그러나 이들의 연구는 전쟁책임에 대한 시기를 1931년의 만주사변에서 시작하여 1945년의 패전까지로 한정하여 논함으로써 전쟁수행 주체를 미국과 일본으로 고정시키는 문제를 낳았다. 그 논리적 귀결이 식민지 지배책임에 대한 인식부족으로 이어졌다.

일반적으로 전향은 국가권력의 강제에 의하여 발생한 공산주의 사상의 포기란 의미로 사용된다. 이때 전향을 할 수밖에 없었던 개인은 전향의 과정에서 매우 예민하게 내면적인 갈등을 겪게 되며, 전향 이후에도 정치권력이나 국가지배체제에 대한 저항 혹은 동화에 대하여 민감하게 반응하게 된다. 그러나 전향이 국가권력의 강제가 아니라 그동안 자신의 가치의식과 행동기준으로 삼아온 전거를 스스로 부정하는 내면적 가치체계의 변경으로 일어난 것이라면, 이야기는 달라진다. 전향을 자신의 내면세계의 문제로 다룬 대표적인 인물 가운데 한명이 미요시 주로三好十郎이다. 마르크스 진영의 문학운동에 종사하고 있던 미요시는 1930년 초반에 전개된 정치와 문학 논쟁과 아내의 죽음을 계기로 문학은 혁명운동에 복무해야만 한다는 일본공산당의 정치우선주의적 문예정책에 반대하고 있는 그대로의 사실에 대한 철저한 묘사를 통한 강렬한 현실감있는 예술을 주장한다. 이러한 미요시의 전향은 내적 갈등을 통해 재탄생한 미요시 스스로에 의한 자발적 전향 선언이다. 이 선언은 사상과 생활을 일원적으로 파악하려는 전후 『근대문학』 동인들의 태도와 궤를 같이 하고 있다.

전후 일본사회에 국내적인 평화와 국민통합이라는 전후 민주주의적 요소가 강하게 자리 잡으면서 점차 국가에 매몰된 국민이 대거 등장하였다. 이러한 상황 속에서 진보진영의 구성원들은 운동에서 점차 이탈하였다. 그러자 진보운동의 새로운 저항 축은 국가권력에 대한 저항에서 인간의 내면 속에 만들어진 자아와 주체성으로 이동하였다. 그 후의 진보운동은 자신의 현실적인 생활과 실천에 관련된 문제를 중심으로 움직이고 있었다. 이러한 것을 잘 보여주는 진보운동이 전학련의 한일회담 반대투쟁이다.

전학련의 한일회담 반대논거는 일본의 군사적 팽창과 일본자본의 해외시장 진출에 대한 거부였다. 전학련은 한일회담에 내포된 군사적 측면에 주목하여 한일회담의 성사는 베트남 전쟁이 격화되고 있는 상황에서 결국 한국을 미일 군사동맹에 포섭하려는 것이라고 비판하였다. 전학련은 한미일의 반공체제 완성이라는 정치정세에 너무 치중한 나머지 한일 국교정상화를 위해 우선 해결해야 할 본질적인 문제인 자신들의 식민지 지배책임을 놓쳐버렸다. 즉, 전학련과 진보적 지식인들은 일본제국주의 부활이란 면만 강조하고 전쟁의 근원이 '식민주의'의 연장인 냉전구조 속에서 발생한다는 점을 놓쳐 버렸다. 그들은 냉전을 '식민주의'와 연계하여 사고하지 못하였다. 전학련은 일본자본의 해외진출은 국내 생산기반의 와해와 노동시장의 악화로 이어지는 만큼 한일회담 성사를 반대하였다. 그리고 전학련은 한일회담 반대운동을 일본 노동운동의 활성화와 전위적 노동자 대중의 창출전략으로 파악하였다. 이러한 시각에는 한국에 대한 일본의 역사적 책임문제는 개입할 여지가 없다. 더구나 한일회담 반대투쟁의 논리가 노동자들의 경제주의적 투쟁으로 회귀하면서 운동을 주도한 진보적 지식인들은 식민지 지배책임과의 관련성을 자각할 수 없었다.

결국 전학련과 진보적 지식인은 일본이라는 내부로 향한 시각에서 한일회담을 보고 있었기 때문에 한일회담이 전후의 새로운 식민지 침략의 첫발임을 인식하고 있었음에도 불구하고 이것을 과거 자신들의 식민지 지배 행위에 대한 책임 논의로까지 발전시키지 못하였다.

이 책의 3부에 해당하는 세 번째 층위(≒식민지 지배책임의 소거)는 다음과 같다. 다케우치 요시미竹内好에게 중일전쟁은 중국을 사랑하는 연구자로서 납득하기 어려운 고민을 안겨주었다. 그러나 다케우치는 1941년 12월 8일 미국에 대한 선전포고를 통해 서구적인 근대를 비판하고 일본 민족의 변용을 통해 대동아공영권 건설의 세계사적 의의를 역설한 대동아전쟁을 외부의 권위에 의거하지 않고 내적인 자기부정과 자기혁신을 통해 외부를 변혁할 수 있는 계기라고 생각하여 이 전쟁을 긍정하였다.

패전 이후 다케우치는 자신을 포함한 문학자들과 문학의 전쟁책임을 논하면서 일본이 행한 전쟁은 침략전쟁임과 동시에 제국주의 국가 간의 전쟁이란 성격을 가지고 있으므로 후자에 대한 책임을 일본에게만 전가하는 것에는 동의할 수 없다고 주장하였다. 따라서 다케우치의 전쟁책임론은 모든 것에 대한 전쟁책임이 아니라 전쟁의 어느 부분, 어느 측면에 책임을 질 것인가라는 제한적인 것이었다. 이렇게 본다면 다케우치는 대동아전쟁의 의미 혹은 대동아공영권 건설론이 가지고 있는 사상적 방법(≒사유법)을 전후에도 부정하지 않았다. 따라서 다케우치가 전후에 본격적으로 제기한 '방법으로서의 아시아'는 침략전쟁에 대한 반성(≒전쟁책임)에서 나온 것이라기보다는 패전에 대한 원인 분석(≒일본적 근대화에 대한 비판적 고찰)에서 나온 것이라고 할 수 있다.

이러한 원인분석을 통해 다케우치는 타율적으로 근대를 시작할 수밖에 없었던 중국은 자신의 내부를 응시하는 자기혁신과 저항을 통해 주체적인 근대를 이룰 수 있었으나 주체적인 자기혁신과 저항 없이 서양의 근대를 그대로 수입한 일본은 결국 근대화에 실패하고 1945년의 패전을 초래하였다고 파악한다. 다케우치는 근대란 자기 보전적인 침략행위, 즉 식민지개척이라고 정의한 만큼 일본적 근대를 비판적으로 고찰하기 위해서는 식민지문제를 자신의 사상과제 속에 포함했어야 했다. 그러나 다케우치는 그러한 작업을 거의 진행하지 않았다. 이유가 무엇일까. 다케우치는 일본의 아시아주의를 서구의 침략에 대한 아시아 각국의 연대라고 정의한다. 이러한 정의는 그가 1941년 12월 8일의 '의미'를 전후에도 파기하지 않은 사실과 궤를 같이 한다.

다케우치는 아시아 각국의 연대라는 아시아주의를 통해 일본적인 전통과 서구적인 근대에 대한 저항이란 새로운 시각을 제시하였다. 그리고 그 저항의 주체와 방법으로 아시아(≒중국)를 강조하였다. 그러나 다케우치는 아시아를 개별적인 것이 아니라 서구에 대립되는 하나의 개념 혹은 범주로 취급한 나머지 아시아 내부의 문제를 고려하지 않았다. 좀 더 자세하게 말하면, 다케우치가 말한 아시아에는 일본과 전쟁을 전개한 중국만 존재했을 뿐이지 일본의 완전한 식민지 상태였던 한국이나 타이완 등 다른 아시아의 여러 나라는 존재하지 않았다. 따라서 그의 아시아 담론에는 당연히 일본의 식민지 지배문제는 애초부터 존재하지 않았다. 전후 다케우치 요시미가 제시한 아시아 담론은 서구적 근대에 대항하기 위해 연대를 이루는 주체와 방법으로 아시아를 강조한 나머지 아시아 내부의 지배/피지배라는 식민지적 상황을 사상捨象해버렸다.

여기서 한 가지 과제가 발생한다. 즉, 다케우치가 전전에 전쟁을 긍정하고 전후에도 자신의 사상적 방법론을 부정하지 않았음에도 불구하고 전후에 진보적 지식인으로 평가된 원인은 무엇일까. 다케우치는 루쉰 읽기를 통해 획득한 저항적 삶과 자기 갱신의 과정을 전후의 출발점으로 삼았다. 그는 이러한 저항 근거지를 토대로 하여 일본적 근대의 토대가 된 일본적 전통=천황제를 날카롭게 비판하였다. 이러한 이유로 다케우치는 전전에 전쟁을 긍정한 자신의 사유법을 부정하지 않았음에도 불구하고 전후에 진보적 지식인으로 분류될 수 있었다고 판단된다. 그러나 역설적이게도 이러한 다케우치의 태도는 일본의 전쟁책임 나아가 식민지 지배 책임에 대해서는 구체적으로 언급하지 않는 원인이기도 했다.

필자 역시 현재의 동아시아 국제정세 속에서 다양한 형태의 연대를 부정하지는 않는다. 다만 화해와 공존의 가능성을 넓히기 위한 동아시아 담론은 식민지문제를 직시하고 식민지 지배의 결과 발생한 피해에 대한 해원解寃의 기능을 할 수 있어야 한다. 동아시아 담론이 이러한 기능을 수행하기 위해서는 한국과 일본의 연대가 아니라 개개인의 국적과 관계없이 식민지 지배의 피해자들이 가해자들에게 저항할 수 있는 연대가 되어야 한다. 이러한 측면에서 본다면 다케우치가 주장하는 연대에 중점을 둔 동아시아 담론은 침략이란 형태로 나타난 식민지문제를 놓쳐버릴 뿐만 아니라 결국 저항을 통한 자기 혁신을 이룰 수도 없다.

현재 한국에서 동아시아 담론을 논하는 중요한 의의는 한중일 동아시아 3국의 관계를 미래지향적으로 설계하고 인류 보편적 가치에 기초하여 화해와 공존의 가능성을 넓히기 위함이다. 이러한 목적을 달성하기 위해서는 19세기 이후 3국의 과거사를 재논의하고 일본이 행한 동아시아 지역에 대한 침략과 식민지 지배에 대한 책임문제를 3국의 공통 이슈로 다룰 필요가 있다. 그러나 일본은 1965년에 체결된 한일협정에서 식민지 지배를 포함하여 한일 간에 발생한 과거사문제는 모두 청산되었다고 주장하고 있다. 특히 그들은 식민지 지배는 당시의 실정법에 기초하여 실시된 합법적 조치로 전혀 위법적 상황이 없었던 만큼 자신들이 져야할 법적 책임은 없다는 논리를 전개하고 있다. 일본이 이러한 역사 인식에 서있는 이상 현재 동아시아 3국의 갈등을 유발하고 있는 근원인 식민지 지배와 관련된 문제는 해결할 수 없다. 이러한 동아시아의 정치 상황을 근본적으로 변경하기 위해서는 식민지 지배 그 자체가 인류의 보편적 가치에 위배되는 행위였음을 제기하고 여기서 발생하는 모든 문제에 대한 책임여부를 묻는 담론 구조를 창출할 필요가 있다. 즉, '전쟁책임론'에서 '식민지 지배 책임론'으로의 전환이다.

달리 말하면, 한국 측 입장에서는 1965년 한일회담의 틀에서 벗어나 식민지 지배책임에 입각한 새로운 한일관계를 정립할 필요가 있으며, 일본 측에서는 전후 일본의 진보진영에서 전개한 '전쟁책임론'에서 벗어나 '식민지 지배책임론'으로 논의구조를 변경할 필요가 있다. 물론 이러한 논의구조의 재정립과 변경은 제국주의 국가들이 행한 식민지 지배 그 자체를 부정하고 이들이 행한 식민지 지배는 인류 보편적 가치에 반하는 것임을 선언하는 작업이기도 하다.

이 책에서 제시한 '식민지 지배책임'이란 서양의 근대화 과정에서 발생한 제국주의 국가의 식민지 건설과 운영에 관련된 일체의 행위에 대한 책임을 지칭한다. 따라서 일본의 '식민지 지배책임'이란 일본이 근대화 과정에서 타이완과 조선을 식민지로, 중국을 반식민지로 만들고 이를 경영하는 과정에서 일으킨 일체의 문제에 대한 책임을 말한다.

참고문헌

1. 자료

- 「대법원 판결, 사건번호 2013다61381(징용에 의한 강제노동 피해자인 원고가 신일철주금을 상대로 낸 손해배상청구소송)」, 2018년 10월.
- 「더반선언문 및 행동프로그램」, 국가인권위원회, 2009.
- 『現状分析』第9号, 現状分析研究会, 1959年 6月.
- 『現代の眼』, 7巻2号, 1966年2月.
- 『現代の眼』1981年 3月号, 現代評論社, 1981年 3月.
- 『現代の理論』, 1966年 1月号, 1966年1月.
- 『思想の科学』106号, 思想の科学社, 1970年 9月.
- 『探求』(『探求』第6号, 弁証法研究会, 1959年4月)復刻版, こぶし書房, 2007.
- 上田薫編, 『社会科教育史資料』1, 東京法令出版, 1974.
- 臼井吉見 監修, 『戦後文学論争』全2巻, 番長書房, 1972.
- 神山茂夫編著, 『日本共産党戦後重要資料集』全3巻, 三一書房, 1971.
- 社会運動資料刊行会編, 『日本共産党資料大成』, 社会運動資料刊行会, 1951.
- 『資料戦後学生運動』全8巻, 三一書房, 1968.
- 『竹内好全集』全17巻, 筑摩書房, 1980-82.
- 『鶴見俊輔集』全12巻, 筑摩書房, 1991.
- 日本共産党中央委員会 五〇年問題文献資料編集委員会, 『日本共産党五〇年問題資料集』全4巻, 新日本出版社, 1957.
- 平野謙・小田切秀雄・山本健吉 編集, 『現代日本文学論争史』全3巻, 未来社, 1956.
- 『平野謙全集』第一巻, 新潮社, 1975.
- 『三好十郎の仕事』全4巻, 學芸書林, 1968.
- 『吉本隆明全著作集』全15巻, 勁草書房, 1969.

2. 연구서

- 고야마 히로타케 저·최종길 역, 『전후 일본의 공산당사』, 어문학사, 2013.
- 김진 편역, 『일본 학생운동사』, 백산서당, 1986.
- 다야 치카코 저, 이민효·김유성 역, 『전쟁범죄와 법』, 연경문화사, 2010.
- 미야지마 히로시, 『일본의 역사관을 비판한다』, 창비, 2013.
- 쑨거 지음·윤여일 옮김, 『다케우치 요시미라는 물음』, 그린비, 2007.
- 요시미 순야 지음·최종길 옮김 『포스트 전후사회』, 어문학사, 2013.

- 위르겐 오스트함멜·이유재, 박은영 옮김, 『식민주의』, 역사비평사, 2006.
- 전쟁과 여성 대상 폭력에 반대하는 연구행동센터, 『그들은 왜 일본군 '위안부'를 공격하는가』, 휴머니스트, 2014.
- 최종길, 『근대일본의 중정국가 구상』, 경인문화사, 2009.
- 치모토 히데키 지음·최종길 옮김, 『천황제의 침략책임과 전후책임』, 경북대학교출판부, 2017.
- 후지타 쇼조 저·최종길 역, 『전향의 사상사적 연구』, 논형, 2007.
- 荒井信一, 『戦争責任論』, 岩波書店, 2005.
- 粟屋憲太郎, 『東京裁判への道』, 講談社, 2013.
- 粟屋憲太郎, 『東京裁判論』, 大月書店, 1987.
- 池田元, 『戦後日本思想の位相』, 論創社, 1997.
- 池田元, 『戦後日本の思想と運動』, 論創社, 2012.
- 石母田正, 『歴史と民族の発見』, 東京大学出版会, 1952.
- 石母田正, 『続·歴史と民族の発見』, 東京大学出版会, 1953.
- 石母田正, 『戦後歴史学の思想』, 法政大学出版局, 1977.
- 石母田正, 『中世的世界の形成』第16版, 東京大学出版会, 1984.
- 伊藤晃, 『転向と天皇制』, 勁草書房, 1995.
- 井上清, 『くにのあゆみ批判』, 解放社, 1947.
- 井上清, 『昭和の五十年』, 講談社, 1976.
- 臼井吉見, 『近代文学論争』下, 筑摩書房, 1975.
- 内海愛子 他, 『戦後責任』, 岩波書店, 2014.
- 梅野正信, 『社会科歴史教科書成立史研究』, 日本図書センター, 2004.
- 大熊信行, 『戦争責任論』, 唯人社, 1948.
- 大熊信行, 『国家悪--戦争責任はだれのものか』, 中央公論社, 1957.
- 大森映, 『労農派の昭和史』, 三樹書房, 1989.
- 荻原遼, 『朝鮮戦争』, 文藝春秋, 1997.
- 小熊英二, 『民主と愛国』, 新曜社, 2002.
- 海後宗臣, 『歴史教育の歴史』, 東京大学出版会, 1969.
- 片上宗二, 『日本社会科成立史研究』, 風間書房, 1993.
- 片島紀男, 『三好十郎傳』, 五月書房, 2004.
- 加藤章, 『講座歴史教育』, 弘文社, 1982.
- 加藤哲郎, 伊藤晃, 井上學 編, 『社会運動の昭和史』, 白順社, 2006.
- 鹿野政直, 『近代日本思想案内』, 岩波書店, 1999.

- 近代外交史研究会編, 『変動期の日本外交と軍事』, 原書房, 1987.
- 昆野伸幸, 『近代日本の国体論ー〈皇国史観〉再考』, ぺりかん社, 2008.
- 斎藤勉, 『スターリン秘録』, 扶桑社, 2001.
- 社会運動調査会編『左翼団体事典』, 武蔵書房, 1963.
- 塩田庄兵衛『戦後日本の社会運動』, 労働旬報社, 1986.
- 宍戸恭一, 『現代史の視点』, 深夜叢書社, 1982.
- 宍戸恭一, 『三好十郎との対話』, 深夜叢書社, 1983.
- 思想の科学研究会編, 『共同研究 転向』上中下, 平凡社, 1959, 1960, 1962.
- 高崎宗司, 『検証 日韓会談』, 岩波書店, 1996.
- 高橋彦博, 『民衆の側の戦争責任』, 青木書店, 1989.
- 田中單之, 『三好十郎論』, 菁柿堂, 1995.
- 千本秀樹, 『天皇制の戦争責任と戦後責任』, 青木書店, 1990.
- 鶴見俊輔, 『戦時期日本の精神史』, 岩波書店, 1982.
- 鶴見俊輔・鈴木正・いいだもも, 『転向再論』, 平凡社, 2001.
- 永原慶二, 『皇国史観』, 岩波書店, 1983.
- 永原陽子編, 『植民地責任論』, 青木書店. 2009.
- 西村博子, 『実存への旅立ち』, 而立書房, 1989.
- 日暮吉延, 『東京裁判』, 講談社, 2008.
- 橋川文三, 『日本浪漫派批判序説』, 未来社, 1960.
- 長谷川亮一, 『『皇国史観』という問題』, 白澤社, 2008.
- 畑田重夫, 『アジア・アフリカ講座Ⅲ 日本と朝鮮』, 勁草書房, 1965.
- ヴィクター・コシュマン著 葛西弘隆訳, 『戦後日本の民主主義革命と主体性』, 平凡社, 2011.
- 平野謙編, 『日本プロレタリア文学運動史』, 三一書房, 1955.
- 藤原彰・荒井信一編, 『現代史における戦争責任』, 青木書店, 1990.
- 兵本達吉, 『日本共産党の戦後秘史』, 新潮社, 2005.
- 本多秋五, 『物語戦後文学史』, 新潮社, 1960.
- 本田秋五, 『増補 転向文学論』, 未来社, 1964.
- 丸山国雄, 『新国史の教育ーくにのあゆみについてー』, 惇信堂, 1947.
- 山内登美雄, 『ドラマトゥルギー』, 紀伊国屋, 1994.
- 渡部徹編, 『一九三〇年代日本共産主義運動史論』, 三一書房, 1981.

3.연구논문

- 강해수, 「다케우치 요시미의 '방법으로서의 아시아'와 '조선'이라는 토포스」『일본공간』18, 국민대학교 일본학연구소, 2015.
- 고성빈, 「다케우치 요시미(竹内好)의 동아시아론」『아세아연구』55(1), 2012년 3월.
- 김동기, 「다케우치 요시미(竹内好)의 아시아 연대 방법론에 대한 비판적 고찰」『오늘의 문예비평』36, 2000년 3월.
- 박진우, 「전후일본의 역사인식과 '황국사관'」『황국사관의 통시대적 연구』, 동북아역사재단, 2009.
- 윤여일, 「내재하는 중국」『역사비평』87, 2009년 5월.
- 이재승, 「이행기 정의」『법과 사회』제22권, 2002년.
- 조경란, 「냉전시기(1950-60년대) 일본 지식인의 중국인식」『사회와 철학』제28집, 2014년 10월.
- 최종길, 「냉전의 전개와 일본공산당의 혁명노선 변경」『일본근대학연구』제68집. 2020년 5월 30일.
- 赤澤史朗, 「戰後日本の戰爭責任論の動向」『立命館法学』2000年6号(274号), 2000年6月.
- 穐山新, 「中国を語る作法と「近代」」『社会学ジャーナル』第32号, 2007,
- 生松敬三, 「主体性論争」『国文学 解釈と鑑賞』, 至文堂, 1961.
- 坂垣竜太, 「日韓会談反対運動と植民地支配責任論」『思想』No1029, 2010年1月.
- 今井勇, 「三好十郎の反戦・平和」『三好十郎研究』創刊号, 三好十郎研究会, 2007.
- 岩佐茂, 「主体性論争の批判的検討」『人文科学研究』28, 一橋大学, 1990年1月.
- 岩垂寿喜男, 「日韓条約の批准阻止をはじめとする諸闘争の中間的総括」日本社会党中央本部機関紙局『月刊社会党』105, 1966年2月.
- 上村希美雄, 「戦後史のなかのアジア主義」『歴史学研究』第561号, 1986年1月.
- 梅野正信, 「社会科成立期における歴史教育書の作成と4つの歴史教育(Ⅱ)」, 『鹿児島大学教育学部研究紀要』第47巻, 1995.
- 梅野正信, 「社会科成立期における歴史教育書の作成と4つの歴史教育(Ⅲ)」, 『鹿児島大学教育学部研究紀要』第49巻, 1997.
- 大久保佑香里, 「1946-55年におけるアジア太平洋戦争の認識と記述」, 『三田学

会雑誌』108巻1号, 2015.

- 岡山麻子, 「竹内好の戦争責任と中国論」『年報日本史叢』, 2001.
- 岡山麻子, 「竹内好の『民族』概念と保田與重郎」『史境』48号, 2004.
- 尾西康充, 「竹内好と国民文学論争」『人文論叢』第30号, 三重大学, 2013.
- 角田将士, 「戦後初期歴史教科書『くにのあゆみ』における歴史認識形成の論理」『社会科教育論』第47号, 2010.
- 梶村秀樹, 「日韓交渉と日本資本主義」日本朝鮮研究所『朝鮮研究月報』11, 1962年11月.
- 加藤章, 「「社会科」の成立と「国史」の存続」, 『長崎大学教育学部教育学科研究報告』第25号, 1978.
- 兼重宗和, 「占領下における日本史教育」, 『徳山大学論叢』第26号, 1986.
- 久保田芳太郎, 「戦後'政治と文学'論争」『国文学 解釈と鑑賞』, 至文堂, 1961.
- 佐藤勝巳, 「『日朝中三国人民連帯の歴史と理論』への私の意見(1)」『朝鮮研究』90号, 1969年.
- 佐藤美奈子, 「アジアを語るということ」『社会科学研究』58(1), 東京大学, 2006年 9月.
- 竹内成明, 「竹内論」『思想の科学』第5次(57), 1966年 12月.
- 千本秀樹, 「日本における人民戦線史観の批判的研究」, 筑波大学博士請求論文, 2002.
- 旗田巍, 「日韓会談の再認識ー日本人の朝鮮観」『世界』, 1963年12月.
- 藤島宇内, 「'日韓交渉'の思想と現実」『思想』, 1961年3月.
- 村井淳志, 「国民的歴史学運動と歴史教育」『教育科学研究』(4), 首都大学東京, 1985.7.
- 森山重雄, 「'政治と文学'論争ーコップの解体」『日本文学』23巻12号, 1974.
- リチャード・カリチマン, 「竹内好における抵抗の問題」『現代思想』29(8), 2001.7.
- 綿貫ゆり, 「'政治と文学'論争ー『近代文学』の'戦中'と'戦後'」『人文公共学研究論集』第35号, 千葉大学, 2018年9月.

4. 각 장 논문의 첫 발표 지면

- 서장; 「동아시아의 역사화해를 위한 시론」『일본역사연구』제51집, 2020년 4월 30일.
- 1장; 「전후의 시작과 진보진영의 전쟁책임 문제」『일본사상』제39호, 2020년 12월 30일.
- 2장: 「전후 일본의 황국사관 재편과 지식인」『인문과학』제66집, 2017년 8월 15일.
- 3장: 「이시모다 쇼(石母田正)의 민족 담론」『일본학』37집, 2013년 11월.
- 4장: 「전향연구 재론」『일본사상』제22호, 2012년 6월 30일.
- 5장: 「전후 일본의 사회변동과 전향론」『일본사상』제28호, 2015년 6월 30일.
- 6장: 「전학련과 진보적 지식인의 한반도 인식」『일본역사연구』제35집, 2012년 6월 30일.
- 보론: 「미요시 주로(三好十郎)의 전향 배경」『일본역사연구』제37집, 2013년 6월 30일.
- 7장: 「대동아전쟁과 다케우치 요시미의 전쟁책임론」『사림』제64권, 2018년 4월 30일.
- 8장: 「전후 다케우치 요시미의 동아시아 담론과 식민지문제」『인문과학연구논총』제 39권 제2호, 2018년 5월 30일.
- 9장: 「전후 다케우치 요시미의 역사인식」『일본역사연구』제49집. 2019년 6월 30일.

전후 일본의 사상운동과
식민지 지배책임

지은이 | 최종길

1판1쇄 발행일 | 2022년 12월 30일

펴낸곳 | 아트앤아트피플
펴낸이 | 송영희
디자인 | 쏘울기획
마케팅 | 김철웅

제작 · 인쇄 | 으뜸사
발행형태 | 무선제본

출판등록 | 2015년 7월 10일 (제 315-2015-000048호)

주소 | (우07535) 서울특별시 강서구 양천로 67길 32
전화 | 070-7719-6967
팩스 | 02-6442-9046

홈페이지 | http://www.artnartpeople.com
이메일 | artnartpeoplekr@gmail.com

ISBN | 979-11-90372-34-3(93910)
값 | 22,000원